中共中央宣传部文化名家暨"四个一批"人才工程项目
"新时代高等教育发展理论中国化研究"成果

高等教育现代化研究丛书

主　编／卢晓中

高等教育现代化：

理论发展与实践探索

卢晓中　等—著

科学出版社
北京

内 容 简 介

本书在对高等教育发展理论的基本理论问题、主要理论流派和现代发展进行系统梳理和深入探讨的基础上，从现代高等教育发展理论的视域对高等教育发展理论与高等教育现代化的关系、高等教育现代化的目标与模式作了系统阐述。同时，从国际比较的角度，选择几个典型国家，对其高等教育现代化模式、特征及发展趋势进行了探析，并从高等教育现代化的“中国基因”、基本路向和高等教育现代化的内涵式发展、信息化等方面，对中国高等教育现代化的发展选择进行了深入系统的研究。

本书可供从事高等教育发展理论研究和高等教育现代化研究的研究者和高校师生参阅。

图书在版编目（CIP）数据

高等教育现代化：理论发展与实践探索 / 卢晓中等著. —北京：科学出版社，2020.10

（高等教育现代化研究丛书 / 卢晓中主编）

ISBN 978-7-03-066404-4

Ⅰ. ①高… Ⅱ. ①卢… Ⅲ. ①高等教育-教育现代化-研究-世界 Ⅳ. ① G649.1

中国版本图书馆 CIP 数据核字（2020）第 199651 号

责任编辑：郭勇斌 彭婧煜 陈楚迎 / 责任校对：杜子昂
责任印制：张 伟 / 封面设计：黄华斌

科学出版社 出版
北京东黄城根北街 16 号
邮政编码：100717
http://www.sciencep.com
北京中石油彩色印刷有限责任公司 印刷
科学出版社发行 各地新华书店经销
*
2020 年 10 月第 一 版 开本：720×1000 1/16
2022 年 1 月第三次印刷 印张：18 3/4
字数：363 000

定价：118.00 元

（如有印装质量问题，我社负责调换）

本书编委会

主编：卢晓中

编委：（以姓氏笔画为序）

王胜兰　叶志明　刘兵飞

孙丽昕　汤晓蒙　李俊义

卓泽林　战双鹃　饶丽娟

丛书序

在当今时代，现代化已然成为一个时代主题。世界各国都在大力推进国家现代化，以立于世界民族之林。在国家现代化中教育现代化又被许多国家置于重要战略地位。进入新世纪随着教育重要战略地位日益彰显和落实，我国教育现代化进程明显提速。特别是《国家中长期教育改革和发展规划纲要（2010—2020 年）》把基本实现教育现代化作为国家教育改革发展的战略目标。2017 年出台的《国家教育事业发展“十三五”规划》提出的“十三五”时期教育改革发展的总目标是：“教育现代化取得重要进展，教育总体实力和国际影响力显著增强，推动我国迈入人力资源强国和人才强国行列，为实现中国教育现代化 2030 远景目标奠定坚实基础。”随着高等教育在国家发展、民族复兴中所扮演的越来越重要的角色，高等教育日益走向“社会的中心”，中国高等教育现代化也被提到前所未有的高度，推进高等教育现代化是促使我国从高等教育大国向高等教育强国迈进的必然选择，也成为从国家到地方正在掀起的高等教育改革发展热潮的主要路向。

伟大的实践需要伟大的理论。特别是习近平同志 2016 年 5 月在哲学社会科学工作座谈会上指出：“坚持和发展中国特色社会主义，需要不断在实践和理论上进行探索、用发展着的理论指导发展着的实践。”同样，中国高等教育现代化实践急需高等教育现代化理论给予指导和引领。高等教育现代化作为一种历史进程，显然它又是一种发展着的实践，如何为之构建和确立科学、适宜的高等教育现代化理论，便成为当前高等教育理论界必须面对并做出解答的重大课题。这也是我们组织出版“高等教育现代化研究丛书”的初衷。

高等教育现代化理论是现代高等教育发展理论的重要内容，高等教育现代化研究也是现代高等教育发展研究的重要组成部分。在我看来，对于现代高等教育发展理论体系的构建，有以下几个基本向度。

一是以多样性作为现代高等教育发展理论的逻辑起点。与传统高等教育发展不同，现代高等教育发展的一个最为普遍的也是最为本质的现象即多样性，这既与教育的价值追求（满足每个人的教育需求和社会对教育的多样化需求）有关，也是高等教育发展到现代的阶段性的特殊现象。应当说，高等教育多样性既是高等教育发展到现代的结果性现象，又是现代高等教育发展出现的种种新现象、新特征和新问题的原因或根源所在，或可称之为原因性现象。比如，高等教育大众化与多样化的互为因果关系也反映了高等教育多样性作为现代高等教育发展的结果性现象，以及出现新现象、新特征和新问题的原因或根源的这一现象。现代高等教育发展理论需要解释这一现象，回答这一现象带来的高等教育发展的种种问题。

二是从高等教育原理与国际比较高等教育相互联系的视角来构建现代高等教育发展理论体系。教育发展理论的出现首先源于比较教育的发展。即在20世纪七八十年代，比较教育学逐步发展为两个主要分支领域，一个是国际教育，另一个就是发展教育。当然，在我国，从发展学的角度研究教育发展问题相对晚一些，发轫于20世纪90年代。21世纪初，人们又提出从教育原理的角度构建发展教育学，即从教育的本质及其规律来探究教育发展问题，甚至有人提出“教育的本质就是发展”。

由此也提出了一个问题，即如何将高等教育原理的角度与国际比较高等教育的角度相联系，来寻求对高等教育发展问题的正确认识。如果说国际比较高等教育为人们认识高等教育发展问题提供了一个“宽度”，那么高等教育原理则为认识高等教育发展问题提供了一个“深度”，“宽度”和“深度”两个向度就构成了现代高等教育发展研究的基本视角。其中，国际比较高等教育的视角，一方面，可为发现高等教育发展的普遍规律提供案例和依据（如高等教育大众化理论）；另一方面，它也可为发现特殊规律提供个案（如印度高等教育发展的“人才外储理论”）。高等教育原理的视角更多的是揭示高等教育发展的普遍性规律。国际比较高等教育角度的“宽度”则时常反映高等教育发展的特殊性。特殊性可以是普遍性的个案（通常包括个案归纳出来的普遍性和普遍性演绎出来的个案，也可以是普遍性的例外，而作为普遍性例外的特殊性可能有以下两种情形：一是这种特殊性可能是高等教育发展的一种现象，深究其本质，与普遍性所反映的高等教育发展本质并无二致；二是这种特殊性可能反映的就是高等教育发展的本质。不论何种情形，我们都需要“透过现象看本质”，这正是高等教育原理的本体功用。

三是构建“发展理论—发展理念—发展实践”现代高等教育发展研究的分析框架。高等教育发展理论作为高等教育发展的理论基础，是高等教育发展实践的理论依据，对高等教育发展实践起指导和引领作用。但高等教育发展理论对高等教育发展实践的指导和引领往往难以直接实现，需要通过一个中介，这个中介就是高等教育发展理念。高等教育发展理念是在一定的高等教育发展理论指导下形成的（广义的高等教育发展理论包括高等教育发展理念），它实际上是高等教育发展主体对高等教育发展理论的一种主观认识、主观态度和价值选择，对于高等教育发展实践可以起直接的指导和引领作用。比如，高等教育发展战略是具有实践性特征的，如果说高等教育发展理论是将高等教育发展问题、发展实践的感性认识上升到了理性认识，那么高等教育发展战略则使高等教育发展理论以另一种精确的形式重新走向高等教育发展实践。

四是以系统发展观作为现代高等教育发展理论的核心理念和思想。从现代高等教育发展理论的系统发展观来观照高等教育发展问题，如高等教育的可持续发展理论等，都贯穿了这一思想理念。

五是关注高等教育自身的发展，尤其是人的发展问题，促使现代高等教育发展理论从工具理性向价值理性转变。这是跟传统的发展理论更多关注教育与国家、教育与社会的关系等宏观问题明显不同的地方。

构建现代高等教育发展理论的以上基本路向，对于建立新时期高等教育现代化理论也同样适合。本丛书着重于对高等教育现代化的理论问题与实践问题进行深入探讨，涵盖高等教育现代化的诸多方面，力图体现高等教育现代化的理论问题研究与实践问题研究相结合，宏观问题研究与微观问题研究相结合等原则。本丛书各分册中既有对高等教育现代化的基本理论问题和专题问题的系统研究，也有对国际高等教育现代化问题和国外高等教育现代化有关专题的比较研究，还有对中国高等教育现代化发展及有关专题的深入探讨。虽然有的专著书名上并没有直接冠以“现代化”之词，但皆为高等教育现代化研究的题中应有之义。

本丛书是广东高水平大学重点建设学科群——华南师范大学“面向教育现代化重大战略的教育学学科群”，以及华南师范大学高等教育学博士点重点支持的重要成果。各分册的主要撰写者都是本学科领域的学者，他们为丛书的顺利出版付出了艰辛的努力。尽管如此，由于高等教育现代化实践是发展着的，因此，正如“用发展着的理论指导发展着的实践”所表达的意蕴，高等教育现代化理论也必然是发展着的，这便意味着高等教育发展理论体系的完善永远在路上。我们期待各位方家对本丛书提出批评指正，以使我们通过持续的高等教育现代化研究，不断完善现代高等教育发展理论体系和高等教育现代化理论。

卢晓中

教育部长江学者特聘教授

2017 年 4 月

前 言

进入 21 世纪以来，高等教育因其在国家、社会和人的发展中扮演着日益重要的角色而受到愈来愈多的重视，世界各国都在纷纷谋划本国高等教育的未来发展和推动高等教育的现代化。在我国，高等教育同样受到前所未有的重视，国家和省级层面出台了众多有关高等教育改革发展的重要政策和规划，这些政策和规划推动着中国高等教育的高质量发展和现代化。在经历了近 20 年的高等教育大众化进程，中国高等教育迎来普及化时代，这也意味着中国高等教育将进入一个新的大发展阶段。高等教育的大发展，高等教育面临的新形势，都急切需要科学、适切的高等教育发展理论提供指导和引领，尤其在当今时代，缺乏正确的发展理论指导和引领的高等教育发展必然是盲目的，而因为这种盲目给高等教育发展带来的失误甚至危害是难以想象的，会比以往任何时候都大得多。这可能是我想再写一本有关高等教育发展理论探讨和高等教育现代化实践探索的新书的主要动因吧。另外，多年来，我一直从事现代高等教育发展理论的研究和教学，出版过几本有关高等教育发展理论的著作。近年更着力于高等教育发展理论中国化的探索，2018 年我承担了中共中央宣传部文化名家暨“四个一批”人才工程项目“新时代高等教育发展理论中国化研究”，围绕这一主题发表过一些文章。这些文章也引起学界的一定关注和积极反响。随着中国高等教育发展形态的变化，特别是进入普及化时代的高等教育所面临的一些新形势、新问题，我也感到原有的高等教育发展理论需要与时俱进，及时赋予其时代的内涵，并不断充实新的内容。尤其是如何使高等教育发展理论与本国高等教育改革发展更密切地关联起来，更好地与高等教育发展实践相联系，以形成新时代更具中国特色、真正能够指导和引领高等教育现代化实践的高等教育发展理论，这可能是我想写此书的另一个重要动因。还有一个动因是我想把近年来自己在有关方面做过的一些研究、发表过的文章认真梳理一下，纳入我的高等教育发展理论体系构建和高等教育发展理论中国化研究的一些新思考之中。2017 年上半年我给

2016级的博士生和国内访问学者上现代高等教育发展理论研究的专业课，我把这些想法与他们进行交流，大家反响热烈，很快形成了一起来完成这项工作的共识。接着大家着手讨论和确定大纲，并开始了紧张的研究和撰写工作。有些章节（“国外高等教育现代化模式与特征”的“日本高等教育现代化模式与特征”和“印度高等教育现代化模式与特征”部分），我还专门请从事有关方面研究的汤晓蒙副教授和卓泽林博士参与撰写，2018级博士生王胜兰也协助我完成了中国高等教育现代化的信息化发展部分。经过两年多时间的努力，终于完成书稿。本书的提纲由我提出并经大家讨论确定，具体撰写分工如下：卢晓中撰写前言、第二章第一节、第二节和第五章第三节、第四节；孙丽昕撰写第三章第一节；汤晓蒙撰写第四章第三节；卓泽林撰写第四章第四节和第五章第二节；饶丽娟撰写第一章第一节、第二节；李俊义撰写第二章第三节、第五章第一节；刘兵飞撰写第一章第三节和第二章第四节；战双鹃撰写第四章第一节、第二节；叶志明撰写第三章第二节。本书的修改、统稿工作主要由卢晓中来完成。

本书是集体智慧的结晶。为了写好本书，大家进行了刻苦的钻研，付出了辛勤的劳动。特别是李俊义协助做了许多书稿的整理和协调工作。在本书的写作过程中我们参考和引用了不少学者的优秀研究成果，都尽可能标示出来，以表达尊重和感谢之意。科学出版社为本书的编辑出版花费了大量心血，在此深表谢意。本书出版得到广东高水平大学重点建设学科群——华南师范大学“面向教育现代化重大战略的教育学学科群”和中共中央宣传部文化名家暨“四个一批”人才工程项目的经费支持。尽管我们付出了很大努力和得到多方支持，但由于时间、水平有限，本书难免存在疏漏之处，敬请各位读者不吝赐教。

卢晓中

2020年3月

目　录

丛书序
前言
第一章　高等教育发展理论与高等教育现代化 ……1
　第一节　发展学的观点：发展是教育的本质 ……1
　　一、本质与教育本质 ……1
　　二、双视角下的教育本质说 ……5
　　三、基于发展哲学的教育本质新视野 ……7
　第二节　发展理论及其对高等教育发展问题的适切性 ……9
　　一、一般发展理论及对高等教育的适切性 ……9
　　二、教育发展理论及其对高等教育发展的影响 ……19
　第三节　发展理论与高等教育现代化 ……22
　　一、发展理论对现代高等教育发展的观照 ……23
　　二、现代高等教育发展理论的流派及特征 ……36
　　三、高等教育发展理论对高等教育现代化实践的影响 ……44
第二章　变革视野下高等教育发展理论的创新 ……52
　第一节　社会变革视野下高等教育发展理论的创新 ……52
　　一、社会变革与高等教育发展理论的关系 ……52
　　二、适应社会变革需要的高等教育发展理论创新 ……55
　第二节　高等教育变革视野下高等教育发展理论的创新 ……61
　　一、高等教育变革的现状与趋势 ……61
　　二、高等教育变革与高等教育发展理论创新 ……64
　第三节　技术变革视野下高等教育发展理论的创新 ……71
　　一、技术变革的现状与高等教育发展的趋势 ……71
　　二、当代技术变革与高等教育发展的关系 ……73
　　三、适应技术变革需要的高等教育发展理论创新 ……78
　第四节　现代高等教育发展理论的系统发展观 ……82

一、系统发展观：现代高等教育发展理论的核心理念 …… 82
二、高等教育系统发展观的内涵及特征 …… 89
三、高等教育系统发展的实现策略 …… 93
第三章　高等教育现代化的目标与模式 …… 98
第一节　高等教育现代化的发展目标 …… 98
一、作为目标的教育现代化 …… 98
二、高等教育现代化目标的特征 …… 101
三、高等教育现代化目标的分层类 …… 104
第二节　高等教育现代化的推进模式 …… 109
一、高等教育现代化的推进模式概述 …… 109
二、高等教育现代化的先发内生型模式 …… 110
三、高等教育现代化的后发外生型模式 …… 111
四、高等教育现代化的混合型模式 …… 114
五、适应时代发展的我国高等教育现代化模式选择 …… 126
第四章　国外高等教育现代化模式与特征 …… 131
第一节　美国高等教育现代化模式与特征 …… 131
一、美国高等教育现代化模式演进历程 …… 132
二、美国高等教育现代化模式特征 …… 140
三、美国高等教育现代化模式发展趋势 …… 144
第二节　英国高等教育现代化模式与特征 …… 149
一、英国高等教育现代化模式演进历程 …… 149
二、英国高等教育现代化模式特征 …… 154
三、英国高等教育现代化模式发展趋势 …… 157
第三节　日本高等教育现代化模式与特征 …… 161
一、日本高等教育现代化模式演进历程 …… 161
二、日本高等教育现代化模式特征 …… 169
三、日本高等教育现代化模式发展趋势 …… 172
第四节　印度高等教育现代化模式与特征 …… 176
一、印度高等教育现代化模式演进历程 …… 176
二、印度高等教育现代化模式特征 …… 200
三、印度高等教育现代化模式发展趋势 …… 204
第五章　中国高等教育现代化的发展选择 …… 207
第一节　高等教育现代化的“中国基因” …… 207
一、中国高等教育现代化的历史基因 …… 208

二、中国高等教育现代化的文化基因 ……212
三、中国高等教育现代化的制度基因 ……217
第二节　中国高等教育现代化发展的基本路向 ……221
一、“自上而下”与“自下而上” ……223
二、国际化与本土化 ……226
三、一体化与多样化 ……229
四、传统与现代 ……231
第三节　中国高等教育现代化的内涵式发展 ……232
一、高等教育内涵式发展的历史发展与时代内涵 ……232
二、中国高等教育现代化的“人”性回归 ……238
三、中国高等教育现代化的体制创新 ……248
四、中国高等教育现代化的质量文化建设 ……264
第四节　中国高等教育现代化的信息化发展 ……270
一、我国教育信息化发展历程及特征 ……270
二、教育信息化引领教育现代化的制约因素 ……276
三、教育信息化引领高等教育现代化的未来路向 ……278

第一章　高等教育发展理论与高等教育现代化

高等教育发展理论与高等教育现代化是理论与实践的关系范畴在高等教育领域的反映。高等教育发展理论是基于高等教育活动存在和发展的客观事实的规律揭示，高等教育理论和思想有其历史性，承载着高等教育发展历史中释放和展现的办学智慧。同时，高等教育发展的每个时代都有其思想和学术成果，并丰富和完善着已有的理论。业已形成的高等教育发展理论在当代社会又影响到高等教育现代化的发展水平。高等教育发展理论与高等教育现代化的内在关系梳理，将完善高等教育发展理论自身，也为推动高等教育现代化提供思想支撑。

第一节　发展学的观点：发展是教育的本质

当触及高等教育发展理论时，常常会引发追问：高等教育活动中为什么会需要理论？高等教育发展理论为什么有出现和存在的合理性、合法性？是什么因素促使高等教育发展理论诞生？高等教育发展理论又何以会不断地创新和完善？可以用一句话概括：发展学的观点揭示了社会和教育的发展，推动高等教育发展理论的形成和完善。

一、本质与教育本质

（一）本质为何及如何

理解本质，需要弄清三个基本问题，即什么是本质，本质是否存在，本质是变量还是恒量。

1. 什么是本质

“什么是本质”这一问题是对“本质”这一概念的解释。马克思主义认为，本质是事物的内在联系和根本特征，是事物质的规定性[①]；《现代汉语词典》（第七版）提到，本质是指“事物本身所固有的，决定事物性质、面貌和发展的根本属性”；还有研究者，如郝文武提出，事物本质是事物间的必然、普遍、内在和稳定联系，是一事物区别于其他事物的根本特点[②]；韩震提出，消除了现象的差异之后的稳定的结构就成为本质，本质超越多样的现象，获得了同一的形式和内涵[③]。

倘若进一步抽象本质的基本特征，可概括为内在性（隐藏于事物内部）、规定性（规定了事物的属性）、稳定性（不易变化）、唯一性（事物特有）。

2. 本质是否存在

“本质是否存在”这一问题是对事物本质客观存在与否的主体认识。

在生活中，我们常常说某人本质不错、某件事情从本质上讲是没有问题的，以此类举，意味着“本质”一词实际上已经深入到人们的日常生活中，自然毋庸置疑“本质”的存在。在科学上，本质代表着事物的共相，它是不依赖人而转变的自然规律。

之所以引发此问，涉及三个方面缘由：一是在哲学思潮上，出现反本质主义的后现代主义哲学观，尽管后现代反本质主义思想是反对绝对本质主义或极端本质主义，并非否定“本质”存在本身，但其由于过于强调差异性和非中心性而陷入“无本质主义”；二是就主体（及本质）而言，其特征之一便是“内在性”，即隐藏在事物内部或背后而非显现于外；三是从主体视角看，因本质具有抽象性，只能运用抽象思维，间接地被主体认识。鉴于主体认识的时空局限性或对事物本质把握的偏差性，导致事物本质言语描述的多样性或认识的不确定性，进而产生了对本质存在的质疑。

3. 本质是变量还是恒量

这一问题是对本质稳定性的理解，从哲学上看，有传统本质主义哲学观和辩证唯物主义哲学观。传统本质主义哲学观认为本质是绝对、唯一、永恒的存在；辩证唯物主义哲学观认为本质是辩证的、唯物的，教育本质是一个不断被超越的存在，即强调本质是发展的。

---

① 中共中央马克思恩格斯列宁斯大林著作编译局. 马克思恩格斯全集（第 23 卷）[M]. 北京：人民出版社，1972：669.

② 郝文武. 从本体存在到本质生成的教育建构 [J]. 教育研究，2004（2）：23-27.

③ 韩震. 本质范畴的重建及反思的现代性 [J]. 哲学研究，2008（12）：54-57.

从人们的认识上，表现为传统绝对主义和相对主义两大派系。传统绝对主义认为，物的本质是永恒不变的性质、结构或形式，是超越时空限制的东西；相对主义认为，本质有本体的本质和具体的本质。本体的本质是永恒不变的，只因认识发展而对其揭示的程度不同。具体的本质是本质时代演变的产物，是不同时期赋予本质的新的内涵。本质的变化过程是从永恒不变的本体存在扩展为具有特定规定性的具体存在的过程，是主体建构性实践过程的认知变化①。

综上所述，以上关于本质的释义表明，本质是决定事物为此类物而非他类物的根本性质，是事物本身所固有的属性，是事物的内在规定性，隶属哲学的范畴。

本质是客观的、超越性的存在，只是鉴于本质需要靠理性理解和把握及限于人们的认识水平差异，导致人们对“本质”存在的争议。

事物的本质阐释了该事物的类属和种差，认清事物的本质就可以把握事物发展的规律性、必然性。本质是相对稳定的，是本体特征与发展的融合。

（二）教育本质为何及如何

教育本质是“本质”在教育这一特殊“事物”的表征，是本质在“教育”中的规定性。将对“本质”的阐述和诠释引申到教育，对教育本质的理解就变得更加明朗。对教育本质的把握依然要回答几个基本问题，即为何要明晰教育本质，教育本质为何，教育本质的特殊性何在。

1. 为何要明晰教育本质

教育本质是教育言说的逻辑起点，是教育学领域一个重要理论而又具有实践指导价值的问题。因此，也是教育研究者、教育工作者首先必须回答和厘清的问题。无论是从事初等教育、中等教育还是高等教育，都必须阐明这一“源”问题。揭示教育的本质，对教育理论与实践的科学化具有奠基性的重要意义。

2. 教育本质为何

如果本质就是诠释“是什么”及“如何”的话，那么教育的本质即回答“教育是什么”这一根本问题。教育是什么，自教育产生之日起就被关注着并成为争论和追问的焦点话题，在教育学界，对“教育”的理解可谓仁者见仁、智者见智。如美国著名教育家杜威提出了“教育即生长”的观

---

① 郝文武. 从本体存在到本质生成的教育建构［J］. 教育研究，2004（2）：23-27.

点，我国教育家叶圣陶先生也提出“教育是农业”的观点[①]。从近现代教育来看，人们普遍将教育理解为培养人的活动，也有人提出教育就是“培养美的、高尚的心灵”[②]，如此等等。

教育的概念是历史范畴，不同时期有对教育的不同理解与阐释，教育的内涵也随之变化，很难给出一个确切的定义。我国现代意义上的教育通常是从广义和狭义两个角度去理解。广义的教育泛指一切有目的地影响人的身心发展的社会实践活动；狭义的教育主要指学校教育，即教育者根据一定的社会要求和受教育者的发展规律，有目的、有计划、有组织地对受教育者的身心施加影响，期望受教育者发生预期变化的活动。

厘清教育的概念不等于理解了教育的本质，概念只是反映“事物本质属性的思维形式”[③]，而非本质本身；本质是哲学范畴，而概念则是言语或认识范畴。

关于教育的本质如何，历史上有众多学说，每种学说在不同时期占据不同地位。就我国而言，新中国成立以来，关于教育本质问题争议不休，众说纷纭[④]。出现关于教育本质是上层建筑说、教育本质是生产力说、教育本质是培养人的活动说、教育本质是“美的教育”说、教育本质的多质说等诸多学说。

在新中国成立初期到“文化大革命”结束这段时期，教育本质是上层建筑说占据主导地位，即认为教育作为一种意识形态，是社会上层建筑之一，对经济、政治起一定的反作用，尤其强调教育的政治功能，这是受当时社会局势和阶级斗争的影响；党的十一届三中全会确定了党和国家工作重点转移到经济建设上来，教育与经济的联系愈发紧密，此时教育本质是生产力说占据重要地位，其理论依据是马克思关于教育必须与生产劳动相结合的思想，与我国“教育必须为无产阶级政治服务，教育必须与生产劳动相结合”的教育方针及“培养有社会主义觉悟的有文化的劳动者”的培养目标相吻合；教育的本质是培养人的活动说是教育产生之日起就被广泛认可的，突出教育育人这一根本使命，这一学说是以马克思主义关于人的本质和文化作用的基本理论为指导，“教育的本质是通过传承文化使个体社会化的活动，并促进社会的发展和个体的全面发展”[④]。

① 黎琼锋. 教育是什么：源自教育隐喻的理解［J］. 教育研究与实验，2006（3）：37-40.
② 柯领. 追问教育的本质［M］. 北京：人民日报出版社，2011：3.
③ 张岱年. 中国哲学大辞典［M］. 上海：上海辞书出版社，2018.
④ 刘智运，胡德海. 对教育本质的再认识［J］. 北京大学教育评论，2004（4）：102-107.

3. 教育本质的特殊性何在

教育本质是本质在教育领域的个性体现。教育本质除具备本质的一般特性外，还有更丰富的典型特征。主要表现在：一是教育的本质离不开对两大规律和两大关系的阐述，即教育与人的规律（教育与人的关系）、教育与社会的规律（教育与社会的关系）；二是教育的本质离不开对人性的探索。教育的根本是培养人，教育本质的关键要体现作为主体的人的价值性。

综上所述，教育本质是教育之所以为教育而非其他社会活动的根本属性。教育本质不是一种外在功能，而是一种内在结构，是教育存在与发展的根本属性，是教育存在与发展的出发点。明确教育本质就是确立教育的逻辑起点是什么。

教育本质经历了从一元本质说到多元本质说，又不断对多元本质说进行反思的过程。教育本质亦包含本体的本质和相对的本质。本体的本质是对教育共性的探索，相对的本质是对教育具象的表征。从根本而言，教育共性是不变的，变化的是教育具象及人们对教育本质认识的发展水平。

任何关于教育本质的学说既有时代的局限，又都有一定的历史合理性。历史上对教育本质有不同理解，形成不同的教育本质说。以上关于教育本质的几种学说都是从教育功能视角出发理解教育本质的。

教育本质的发展是对教育理论的丰富，也是对教育实践进行反思的结果。对教育本质的探索不仅要关注教育“是什么”，还应关注教育“如何是”，教育恰恰是在“如何是”中形成其本质①。

教育本质的变化过程是从永恒不变的教育本体存在扩展为具有特定规定性的教育具体存在的过程，是教育主体确认自我价值和选择教育规律的构建性实践过程②。

二、双视角下的教育本质说

对教育是什么，历史上先后出现不同的观点，对教育概念的描述可谓竞相争鸣。对教育本质的理解有农业说、生产说，在我国又有上层建筑说、生产力说、培养人的活动说、“美的教育”说或多质说及符合性的交叉；发展至今，又出现教育产业化、教育现代化、教育民主化、教育公平化、终身教育及教育可持续化等问题，为教育本质的探讨增添新的色彩。不同

---

① 孙迎光. 马克思政治经济学批判语境中的本质观及中国当代教育本质自觉［J］. 南京社会科学，2020（1）：142-149.

② 郝文武. 从本体存在到本质生成的教育建构［J］. 教育研究，2004（2）：23-27.

的教育本质观，在很大程度上决定了人们对于教育功能、教育目标与价值等问题的理解。

以上对教育及教育本质的理解离不开对两大关系的剖析、两大价值观的引导及两大哲学基础的支撑，两大关系即教育与人的关系和教育与社会的关系；两大价值观即个人本位价值观和社会本位价值观。心理学家侧重研究教育与人的发展的关系及其规律，而经济学家、社会学家侧重研究教育与社会发展的关系及其规律，前者从哲学视角上看属于本体论范畴，后者则属于社会论范畴。因此，本节重点基于本体论和社会论二分说或双重说揭示教育本质及其内容。

（一）教育本质的二分说

1. 本体论语境下的教育本质观

本体论的教育本质，探究的是教育的本源或教育之所以为教育的根本特性所在。古今中外对教育本质的理解有多种学说之争，但教育存在的根本价值则是本体论的教育本质要追溯的。

（1）本体论哲学基础。本体论是基于认识论的理性哲学基础，从本源去解释事物的存在的一种理论方式，探究“世界的本源和基质”，追寻“真”是什么[①]。古希腊的哲学家亚里士多德将哲学规定为关于“本体”之学，在万物的变化之中寻找始所从来或者“本体常如”的东西，即关于“存在”“本源”之说。万物本质不在于其本身，而是超越于它们之上的“本体”。

（2）本体论的本质观。本体论是从始初本基去理解和把握本质的，致力于探讨事物的本性究竟是什么。本体论的本质主义表现为：任何真实的概念都反映客观实在的本质[②]。世界的差异性存在已经肯定了本质的存在。本质不会因差异而消失，不能因为认识的暂时性而否定认识事物本质的必要性。

（3）本体论语境下的教育本质观。本体论的教育本质观认为，无论教育目的、功能如何变迁，也无论人们对教育价值的认识程度如何，教育培养人、促进人的发展、促进知识的繁荣这一根本使命没有变，这在任何历史时期都是不争的事实。因此，培养人、促进人的发展、促进知识的繁荣便是本体论语境下教育本质最好的释义。

---

① 叶晓玲，李艺. 现象学作为质性研究的哲学基础：本体论与认识论分析［J］. 教育研究与实验，2020（1）：11-19.

② 韩震. 本质范畴的重建及反思的现代性［J］. 哲学研究，2008（12）：54-57.

2. 社会论视角下的教育本质观

（1）社会论的哲学基础。社会论的教育以政治论的实用主义哲学为基础。政治论的实用主义哲学强调和肯定教育的社会价值，主张教育应以社会需求为中心，将服务社会的功能作为发展定位的导向，根据社会发展需要来制定教育目的和构建教育活动。

（2）社会论视角下的教育本质观。社会论从教育与社会的关系阐释教育本质。基于教育的社会制约性、生产性、历史性、阶级性等社会属性理解教育本质；基于教育的社会功能，从社会本位的立场认识教育本质，认为无论哪种教育职能的实现，其根本都是指向服务社会，促进社会进步与发展。有人提出，只有认识到社会对教育的要求才能形成反映时代要求的教育本质①。

（二）教育本质的双重说

教育本质的双重说是教育本质的二分说的融合和超越，是认识论哲学基础与政治论哲学基础、个人本位价值观与社会本位价值观的双向渗透。

教育本质的双重说从教育、社会、人的三边辩证关系阐释教育本质。教育本质揭示的是教育与人的发展、教育与社会发展的关系与规律，“教育是通过培养人的活动促进社会发展”“教育是个体的社会化与社会的个性化的实践活动”②都体现了教育的双重本质观。十八大以来，政府强调的立德树人，培养德智体美劳全面发展的社会主义建设者和接班人，从现代语境下进一步诠释了教育的双重本质观。

综上所述，纵观历史不同发展时期，有不同的教育本质学说，折射不同的教育本质观。有基于认识论、个人本位的教育本质观，有基于政治论、社会本位的教育本质观，也有基于两者融合视角，从教育、社会、人的三边辩证关系理解教育的本质。

三、基于发展哲学的教育本质新视野

（一）发展哲学概述

1. 发展的哲学语义

“发展”一词最早产生于胚胎学，代表一种自然的生命演变过程。发

---

① 郝文武. 从本体存在到本质生成的教育建构［J］. 教育研究，2004（2）：21-25.

② 高源远. 从人的发展看教育、社会和人的三者关系［J］. 考试周刊，2013（58）：182.

展指事物由小到大，而哲学语境下，发展指事物“由简到繁，由低级到高级，由旧物质到新物质的运动变化”①。发展是一定起点上“发”与“展”的结合，纵向与横向的运动变化结果。在现实语境下发展与现代化密切相关。

2. 发展哲学的思想

发展哲学伴随时代发展浪潮应运而生，是研究者和实践者基于对发展问题的观照和对发展实践的理性反思，将“发展”上升到哲学视域与范畴，从哲学高度解释发展的本质、规律、关系等，指导人们观察、思考、解决重大发展问题并自觉进行发展实践的基本方法。

发展哲学是关于发展普遍规律的学说，揭示的是发展主客体间的特殊矛盾性问题，是时代要求推动下的一种追求和哲学思想的时代产物②。以发展的眼光审视人类生存与发展问题是发展哲学的生长点，也是促进发展哲学持续繁荣的动力源。追溯发展哲学的哲学基础，仍是马克思主义哲学。

（二）发展哲学的本质观

世界上的一切事物都是变化发展的，发展具有永恒性。关于事物的本质，发展哲学观认为，事物的本质是特定事物的本质，是事物的特定发展阶段的本质，是内在地包含着无限差异和多样性的本质，是具有时代内涵和现代意义的本质。

（三）教育本质新视野：教育的本质即发展

1. 发展是教育的应然价值

从心理学向度，教育是促进受教育者身心发展；从教育学向度，教育就是促进人的个性全面发展；从社会学向度，教育旨在通过培养人的实践活动促进社会发展；从历史学向度，教育经历从传统到现代的发展。无论何种向度，发展都是教育的应然价值。

2. 教育的本质即发展

发展哲学本质观适切于对教育本质的理解，从发展学的角度认识和研究教育问题，我们便形成“教育的本质即发展”的论断。不论是人的发展，还是教育对社会发展的影响及教育自身的发展③，其本质都是发展。

---

① 卢晓中. 发展教育的研究视角［N］. 中国社会科学报，2010-07-01（04）.

② 刘林. 当代社会发展观的哲学阐释［D］. 哈尔滨：黑龙江大学，2004.

③ 卢晓中. 发展教育的研究视角［N］. 中国社会科学报，2010-07-01（04）.

综上所述，以发展哲学为基础，从发展学新视角提出“教育的本质即发展”，给予教育本质全新的诠释。因此，教育随着社会发展和变革而发展和变革，既可能跟在社会发展和变革后面发展和变革，亦可能与社会发展和变革同步，还可能先于社会发展和变革。

第二节　发展理论及其对高等教育发展问题的适切性

教育的本质即发展，研究教育发展问题离不开发展理论的指导，发展理论对于发展研究来说居于核心地位，对发展理念形成和发展的实践落实具有指导和引领作用。对于教育而言，要树立正确的教育发展观，有必要厘清和透彻把握影响教育发展的理论，对高等教育发展理论而言，主要包括以下两方面：一是影响高等教育的教育发展理论；二是适应高等教育的一般发展理论。遵循从外在到内在的逻辑构建，本节从一般发展理论逐步深入到教育发展理论。

一、一般发展理论及对高等教育的适切性

发展理论与人们对发展问题的关注相伴而生，经历了时代的嬗变和转换，出现了多种流派的发展理论。从自然、经济、社会、人等单边或多边视角，出现了经济增长论、增长极限论、可持续发展论等发展理论。发展社会学家从区域发展维度研究，形成了反映后发型国家发展的现代化理论、依附理论，从全球发展关系提出世界体系理论、全球化理论，等等。这些不同视域的发展理论对特定历史时期的发展理念和实践产生积极的影响。

（一）西方经典发展理论及其对当代高等教育的适切性

面对广大发展中国家的现代化问题，发展社会学提出了三种不同的发展理论。这三种理论具有不同的知识与时代背景，在不同的时期先后占据发展理论研究与应用的主导地位。它们之间有一种前后承转的关系。

西方经典发展理论盛行于 20 世纪 50 年代后，主要有现代化理论、依附理论与世界体系理论三大理论，先后产生于不同的阶段并逐步走向融合。

1. 现代化理论及其思想

（1）现代化理论的缘起。现代化理论是第二次世界大战以来主要的发

展理论流派之一，基于研究欧美国家从传统走向现代化的发展经验抽象概括形成，最早可追溯到 18 世纪的英国工业革命和法国大革命。第二次世界大战后的理论研究，试图将欧美的发展经验、价值观念引入发展中国家，使其从落后的传统社会变为先进的现代社会。

（2）现代化理论基本思想。现代化理论依托的是进化论和结构功能主义理论①，先后由“经典的现代化理论”演进为“后现代化理论”，其基本假设是，发展中国家可借助发达国家的经验和做法走向现代化发展道路②。经典的现代化理论运用关于欧洲社会变迁与社会进化的经典理论来解释和指导广大发展中国家的现代化发展，研究传统社会和现代社会的对立与转化是其基本出发点，强调社会进化论、西方文化中心论、发展道路的同一论等；后现代化理论扬弃了传统与现代的二元对立，从逆向角度肯定了传统对现代的价值。同时，不再专注于发展中国家走效仿或复制西方国家的发展道路，尊重国家发展的历史逻辑，突出西方现代化经验，同时关注社会进化论、发展的内因论。

现代化理论以“传统-现代”为核心概念，主要思想表现：现代化是从“传统型”国家向“现代型”国家迈进的过程，现代化进程的主要动力来自内部，阻力也来自内部的障碍；各个国家在发展过程中会不可避免地越来越多地具有现代化国家的特征。

2. 依附理论及其思想

（1）依附理论的诞生。依附理论诞生于 20 世纪 60 年代，源自拉丁美洲经济复苏计划破产的反思，以弗兰克（Frank）为首的依附学派应运而生。依附理论是发展中国家自身的研究成果。

（2）依附理论的基本思想。依附理论用西方国家与非西方国家之间的不平等关系来解释发展中国家欠发达的原因，是一种外因论的发展观。该理论以马克思关于资本剥削与资本扩张的理论及列宁的帝国主义和殖民地理论为基础，以“中心-边陲”“发达-欠发达”为核心概念，主要思想为：殖民主义导致发展中国家对发达国家在经济、政治、技术、文化等方面形成依附，是发展中国家欠发达的主要原因，通过消除资源不平等，探讨发展中国家发展的途径和模式。

3. 世界体系理论及其思想

（1）世界体系理论的产生。世界体系理论由美国学者伊曼纽尔·莫里

---

① 周长城. 发展理论的演变（上）［J］. 国外社会科学，1997（4）：2-7.

② 许庆豫. 教育发展论：理论评价与个案分析［M］. 福州：福建教育出版社，2001：25.

斯·沃勒斯坦（Immanuel Maurice Wallerstein）及其团队的研究形成。在20世纪70年代，一些非西方国家和地区的经济取得突破性发展，在某种程度上超越西方发达国家；同时，美国等发达国家在此阶段出现金融、能源、战争等危机，引发研究者对第一阶段和第二阶段理论的再思索，提出世界体系理论。

（2）世界体系理论的基本思想。世界体系理论将整个世界视为一个统一的整体，以世界体系作为社会科学的分析单元，探讨世界体系总体的发展规律，并从其总体的发展过程中分析作为部分的国家和社会的发展，而非从二分层面分析国家或区域的发展①。

世界体系理论以"核心""半边缘""边缘"为核心概念，从三维的动态演变解释西方发达国家与非西方发展中国家之间的循环发展体系，认为核心与边缘是相对而言，处于超越与被超越的动态模式下。民族国家总处在发展之中，在循环发展的每一个阶段总处在向核心或边缘的转换过程中，资本主义国家与社会主义国家在发展变迁中的矛盾构成世界体系的动态发展。

4. 三大经典发展理论对当代高等教育发展的适切性

尽管三大经典理论着眼于经济向度，但同样适切于高等教育发展，表现在以下几个方面。

其一，现代化理论与依附理论从外因与内因角度对欠发达国家经济落后进行归因适，这也切于高等教育发展，或者说高等教育发展受制于国内国外双重因素，制定科学的高等教育发展战略，必须研究和集中辨别这些外部因素。

其二，世界高等教育中心国家（或称高等教育强国）试图通过高等教育合作、援助，将其高等教育理念、模式、技术、方法等渗入边缘国家，在促进高等教育边缘国家高等教育发展的同时，高等教育边缘国家又购买了高等教育服务，在此过程中形成对高等教育中心国家的依附，高等教育中心国家又在无形中维持了其在高等教育发展中的中心地位。

其三，当代国际教育交往和合作也日益频繁，在世界体系理论指导下，各国的高等教育相互渗透、相互依赖关系越来越明显。高等教育边缘国家通过与高等教育中心国家开展教育合作或获得教育支持，对先进高等教育理念、模式的创造性实践，可以在世界体系的框架中获得后发型发展，追赶甚至超越原高等教育中心国家，成为世界高等教育的新中心地带。

---

① 周长城. 发展理论的演变（下）[J]. 国外社会科学，1997（5）：7-10.

（二）全球语境下的可持续发展理论及对高等教育的影响

1. 可持续发展理论及其主要思想

（1）可持续发展理论的产生。可持续发展理论作为社会发展理论的重要方面，发端于20世纪六七十年代，其背景是在发达国家由工业社会向后工业社会转化、发展中国家谋求现代化的过程中，遇到了大量始料不及的问题和矛盾，如人口激增与资源的有限性问题、生态平衡问题、道德伦理与市场竞争法则的关系等。面临持续性、整体性、协调性的挑战。可持续发展概念的第一次提出是在1987年联合国世界环境与发展委员会发布的《我们共同的未来》研究报告中。1992年6月，联合国环境与发展大会正式将“可持续发展”确立为当代人类发展的主题。

（2）可持续发展理论的基本思想。可持续发展指既满足当代人的需要，又不对后代人满足其需要的能力构成危害的发展。其中，当代人的需要是建立在不破坏生态平衡条件下的消费标准和满足所有人合理要求的标准之上的需要。

可持续发展突出发展的主题，以“发展”“可持续”为核心概念，从人与自然、人与社会关系出发，强调经济、社会、生态和谐统一，关注人与人关系的公平、人与自然的协调共生。

可持续发展的目标指向发展及确保人类生存得以实现，本质是寻求经济与环境生态之间的动态平衡，核心在于公平性，涉及几代人的经济福利[①]。

2. 可持续发展理论对高等教育的适切性

（1）可持续发展理念是高等教育发展的核心。高等教育人才培养、科学研究、服务社会、文化传承等基本职能的实现程度直接影响国民经济和社会发展水平。作为社会子系统，高等教育需要在与社会其他子系统的良性互动中获得可持续发展。

高等教育可持续发展为整个国家实施和实现可持续发展注入活力。但在高等教育大众化浪潮下，陆续彰显的规模、质量、结构、效益不能协调统一的问题，导致人才资源不能得到优化配置和高效利用，严重影响了高等教育发展对经济社会可持续发展的促进作用[②]。经济社会可持续发展呼唤高等教育的可持续发展，可持续发展理念继而成为高等教育健康发展的核心。

---

① 范柏乃，马庆国. 国际可持续发展理论综述［J］. 经济学动态，1998（8）：65-68.

② 袁惠龙. 我国高等教育可持续发展问题研究［D］. 天津：天津大学，2006.

（2）可持续发展理论适切于高等教育发展。可持续发展的原则表现为持续性原则、公平性原则、整体性原则。持续性原则表现为资源的持续利用和生态系统发展的持续性。高等教育的持续性，是持续性原则在高等教育领域的具体体现。高等教育应立足当下，放眼未来，将当代发展与未来发展结合，以未来发展的可能性作为制定当代发展战略的前提，保证高等教育在生态允许的范围内合理开发，合理利用教育资源、社会资源、自然资源。

持续性原则内含了公平性原则，可持续发展在高等教育的公平性原则上表现为不同时代的高等教育资源配置的公平、同时代的不同区域高等教育资源配置的公平、同时代的不同类型层次高等教育资源配置的公平等。

可持续发展必然是整体、系统生态发展，破坏了其中某一部分，其后果必将波及整体。高等教育是一个系统，系统具有整体性，系统内部各要素形成共生关系，具有纵、横向度的关联和相互依附，系统中任何要素的缺失或者破坏，都将影响其持续性。

（3）可持续发展理论指导高等教育发展战略。高等教育可持续发展作为可持续发展理论在高等教育发展领域的具体体现，构成了整个可持续发展战略的重要组成部分。高等教育质量战略、特色战略、供给侧改革战略、国际化发展战略、差异化发展战略等都是可持续发展战略选择，可持续发展战略也将成为未来高等教育大众化进程中最主要的战略选择与目标追求。高等教育以实现规模、质量、结构、效益的协调发展和培养可持续发展的人才为目标，最终实现人与社会和自然协调发展的高等教育发展观①。

（三）科学发展观理论及对我国高等教育发展的影响

1. 科学发展观理论的形成

科学发展观理论是基于中国经济社会发展新阶段出现的因经济、社会、人的发展带来的自然失衡、结构失衡、区域失衡、心理失衡、伦理失衡问题，基于对外开放进程中显现的整体利益观念和全球战略意识缺失问题，在对马克思主义、毛泽东思想、邓小平理论和“三个代表”重要思想的继承与发展基础上提出的。经过十余年的探索与实践，其科学内涵和基本内容在实践中不断拓展和深化，构成马克思主义理论的“中国化”理论成果体系。

① 王秦辉. 我国高等教育可持续发展问题研究［D］. 哈尔滨：哈尔滨工程大学，2007.

科学发展观理论是对西方经典发展理论的有效整合与超越①。庞元正将科学发展观概括为四个发展历程，即发展=经济增长→发展=经济增长+社会变革→发展=可持续发展的发展观→发展=以人为中心的综合发展观②。

与西方经典发展理论相比，科学发展观理论不仅关注经济发展和社会发展，更关注人的发展，赋予发展理论时代发展的内涵，是传统发展观走向现代科学发展观的演变，继承并超越了可持续发展理论，是中国化可持续发展实践的本质概括。

2. 科学发展观理论基本观点

科学发展观是由以人为本的发展观、全面发展观、协调发展观、可持续发展观构成的理论体系。

科学发展观的主题内涵即"坚持以人为本，树立全面、协调、可持续的发展观"③，科学发展观的"第一要义是发展，核心是以人为本，基本要求是全面协调可持续，根本方法是统筹兼顾"④。

3. 科学发展观理论对我国高等教育发展的适切性

科学发展观理论尽管是从实现经济、社会领域视角提出的发展理论，但同样适用于作为社会子系统之一的高等教育，为高等教育价值建构和可持续发展提供理论基础。

（1）科学发展观理论适用于高等教育发展战略。国际化、全球化、现代化是高等教育发展趋势，其有赖于构建以人为本、全面、协调、可持续发展的高等教育体系。高等教育发展的根本理念与价值是追求最大限度促进人的发展，这正是科学发展观的本质核心所在。高等教育在制定战略时要依据当前发展现状并预见未来的可能性，发挥高等教育的先进性、前瞻性。

（2）科学发展观理论对高等教育改革与发展具有指导性。高等教育持续、健康、有序、协调发展是全球竞争环境下高等教育主要的阶段性任务。在高等教育大众化、全球化进程中，高等学校盲目比拼，陷入追逐规模的外延式发展竞争，引发高等教育质量危机和对人才培养的担忧；在高等教育改革和发展的目标指向上，出现片面关注高等教育的经济、政治功能，导致其社会文化效应退减，引发经济发展与社会发展、经济发展与人的发展失衡。反思高等教育改革与发展中的问题，将科学发展观的人本理念、

① 郭祥才，李一，亢安毅. 科学发展观的哲学底蕴与当代发展的哲学思考［M］. 北京：人民出版社，2009.

② 庞元正. 当代中国科学发展观［M］. 北京：中共中央党校出版社，2004.

③ 中共中央文献研究室. 十六大以来重要文献选编（上）［M］. 北京：中央文献出版社，2005：849.

④ 胡锦涛. 坚定不移走中国特色社会主义伟大道路为夺取全面建设小康社会新胜利而奋斗［N］. 人民日报，2007-06-26（01）.

全面协调发展、可持续发展理念引入高等教育，对指导高等教育改革与发展具有适切性价值。

（3）科学发展观理论对判断高等教育“发展性”是适切的。高等教育是否发展，是不是理性、健康地发展，是否着眼于质量内涵的提升，是否指向人的生存与发展能力的提升等一系列问题都归于高等教育科学发展问题。高等教育发展离不开对高等教育发展的“整体性”（即系统内部各要素的发展）、“协调性”（即高等教育系统与社会外部系统的协调性、高等教育系统内部各要素的平衡性）、“持续性”（即从时间上把握发展性和协调性，处理好高等教育规模、质量和效益的关系，实现高等教育持续健康发展）的考量。

（四）习近平关于高等教育的重要论述及其对我国高等教育改革发展的影响

1. 习近平关于高等教育的重要论述的形成及哲学基础

（1）习近平关于高等教育的重要论述的形成。习近平关于高等教育的重要论述是党的十八大以来习近平在不同场合以不同形式发表的有关高等教育改革和发展的意见和看法，是以习近平总书记为核心的中国共产党领导集体对新时代中国高等教育的理论总结，也是中国特色社会主义高等教育实践的智慧结晶[①]。

习近平关于高等教育的重要论述是习近平新时代中国特色社会主义思想理论体系的重要组成部分，与毛泽东思想、邓小平理论、“三个代表”重要思想及科学发展观一脉相承，是对毛泽东等中国共产党主要领导人教育思想的继承与发展，体现了继承性、发展性、时代性等特征。

（2）习近平关于高等教育的重要论述的哲学基础。习近平关于高等教育的重要论述是习近平新时代中国特色社会主义思想理论体系的重要组成部分，其哲学基础源自马克思主义哲学，是马克思主义基本原理同中国高等教育实践相结合的最新成果。正如习近平在全国高校思想政治工作会议上强调的，办好我们的高校，必须坚持以马克思主义为指导，全面贯彻党的教育方针。[②]习近平关于高等教育的重要论述经过十八大以来的探索与实践，其科学内涵和基本内容在实践中不断拓展和深化，构成马克思主

① 杨志成. 中国特色社会主义教育学理论体系发展的新境界——习近平教育思想研究［J］. 中国教育学刊，2017（5）：1-8.

② 张烁. 习近平在全国高校思想政治工作会议上强调：把思想政治工作贯穿教育教学全过程 开创我国高等教育事业发展新局面［N］. 人民日报，2016-12-09（01）.

义理论“中国化”的成果体系。

马克思主义哲学为解决我国高等教育改革发展的基本问题和不断提高我国高等教育改革发展的能力提供了辩证唯物主义的世界观和方法论。习近平关于高等教育的重要论述坚持和运用马克思主义唯物论，为解决新时代中国高等教育发展中的深层次问题、高等教育供给侧结构性矛盾问题，提出了系列新思想、新理念和新战略①。如基于马克思关于“个人全面发展”学说提出人才观；基于马克思主义公平正义观，直击我国高等教育的公平正义问题，提出“办人民满意的教育”，倡导全民享有接受公平教育的机会，并以深化改革为重要手段推动高等教育公平正义，使更多弱势群体学生能够享有更多高质量的教育资源②，等等。

2. 习近平关于高等教育的重要论述

习近平关于高等教育的重要论述主要包括高等教育人才观、高等教育领导权、高等教育公平论、高等教育卓越观、高等教育特色观、高等教育文化观、高等教育教学观。

（1）高等教育人才观。习近平关于高等教育的人才观阐述的是新时代中国特色高等教育培养什么人及为谁培养人的基本问题。在 2016 年全国高校思想政治工作会议上，习近平提出“让学生成为德才兼备、全面发展的人才”③。2018 年全国教育大会上，习近平指出：“我国是中国共产党领导的社会主义国家，这就决定了我们的教育必须把培养社会主义建设者和接班人作为根本任务，培养一代又一代拥护中国共产党领导和我国社会主义制度、立志为中国特色社会主义奋斗终身的有用人才。”④

（2）高等教育领导权。习近平关于高等教育领导权的论述阐释的是中国特色社会主义高等教育由谁领导的问题，这是办好中国特色社会主义高等教育的根本问题。我国是社会主义国家，这决定了高等教育的社会主义办学方向，这是由中国特色社会主义的本质特征决定的。中国共产党的领导是中国特色社会主义最本质的特征，是中国特色社会主义制度的最大优势，这决定了高等教育必须坚持中国共产党的领导。在 2016 年全国高校

① 汪信砚. 习近平新时代中国特色社会主义思想的哲学基础研究述评［J］. 武汉大学学报（哲学社会科学版），2018（2）：5-15.

② 鲍嵘，牛晓雨. 习近平新时代高等教育观识读［J］. 江汉大学学报（社会科学版），2018（5）：107-114.

③ 张烁. 习近平在全国高校思想政治工作会议上强调：把思想政治工作贯穿教育教学全过程 开创我国高等教育事业发展新局面［N］. 人民日报，2016-12-09（01）.

④ 吴晶，胡浩. 习近平：坚持中国特色社会主义教育发展道路 培养德智体美劳全面发展的社会主义建设者和接班人［EB/OL］. http://www.xinhuanet.com/politics/2018-09/10/c_1123408400.htm（2018-09-10）［2020-08-10］.

思想政治工作会议上，习近平指出："我国高等教育发展方向要同我国发展的现实目标和未来方向紧密联系在一起，为人民服务，为中国共产党治国理政服务，为巩固和发展中国特色社会主义制度服务，为改革开放和社会主义现代化建设服务。"[①]"我们的高校是党领导下的高校。""办好我们的高等教育，必须坚持党的领导，牢牢掌握党对高校工作的领导权。"[②]

（3）高等教育公平论。习近平的高等教育公平论回应的是如何办好人民满意的高等教育，让广大学生接受公平而有质量的高等教育。习近平的治国理政思想特别突出人民性的价值取向并内化于其教育思想之中，如十九大报告提出："推动城乡义务教育一体化发展，高度重视农村义务教育，办好学前教育、特殊教育和网络教育，普及高中阶段教育，努力让每个孩子都能享有公平而有质量的教育。"[③]彰显了以人民为中心发展教育的理念。关于高等教育公平问题，习近平从高等教育入口着眼，提出："考试招生制度的指挥棒要改，真正实现学生成长、国家选才、社会公平的有机统一。"[④]面对高等教育优质资源的不充分、地域不平衡等带来的高等教育不公平问题，为办好人民满意的高等教育，增强人民的获得感和幸福感，以改革高考制度、推进中西部及城乡高等教育资源配置等方式，推动解决高等教育不公平问题。习近平高等教育公平论继承了马克思的公平正义理念，体现了新时期中国高等教育公平正义的新特点，回答了新时期中国高等教育公平正义中出现的新问题[⑤]。

（4）高等教育卓越观。习近平关于高等教育的卓越观是对中国特色高等教育发展目标的阐述及对高等教育追求卓越的期许。2014 年，习近平在北京大学师生座谈会上的讲话中明确指出："党中央作出了建设世界一流大学的战略决策，我们要朝着这个目标坚定不移前进。"[⑥]"双一流工程"是对"985 工程""211 工程"的传承和创新，是中国共产党几代领导人卓越高等教育思想的纵深发展。

（5）高等教育特色观。习近平关于高等教育的特色观展现的是我们高

---

① 张烁. 习近平在全国高校思想政治工作会议上强调：把思想政治工作贯穿教育教学全过程　开创我国高等教育事业发展新局面［N］. 人民日报，2016-12-09（01）.

② 习近平. 习近平谈治国理政（第二卷）［M］. 北京：外文出版社，2017：379.

③ 习近平. 决胜全面建成小康社会　夺取新时代中国特色社会主义伟大胜利——在中国共产党第十九次全国代表大会上的报告［M］. 北京：人民出版社，2017：46.

④ 习近平. 习近平谈治国理政（第三卷）［M］. 北京：外文出版社，2020：349.

⑤ 鲍嵘，牛晓雨. 习近平新时代高等教育观识读［J］. 江汉大学学报（社会科学版），2018（5）：107-114.

⑥ 习近平. 青年要自觉践行社会主义核心价值观——在北京大学师生座谈会上的讲话［N］. 人民日报，2014-05-05（02）.

等教育屹立于世界高等教育之中的独特性，既体现我国高等教育具有的世界高等教育共性特征，又突出符合国情的个性特点。习近平关于高等教育的特色观从两个角度理解，一是从国家角度，“中国独特的历史、特殊的文化、特殊的国情，决定了我们必须走自己的高等教育发展道路，扎实办好中国特色社会主义高校”[①]。这决定了我们必须坚持中国共产党的领导，必须加强思想政治教育。二是从高等学校的办学角度，“要支持有条件的高校创一流，但不能把高校分为三六九等，而是要鼓励高校办出特色，在不同学科不同方面争创一流”[②]。

（6）高等教育文化观。习近平关于高等教育的文化观体现的是习近平在文化育人方面的观点。习近平在 2014 年 2 月中共中央政治局第十三次集体学习中指出：“努力用中华民族创造的一切精神财富来以文化人、以文育人。”2016 年，习近平在全国高校思想政治工作会议上指出：“要更加注重以文化人、以文育人，广泛开展文明校园创建，开展形式多样、健康向上、格调高雅的校园文化活动，广泛开展各类社会实践。”[③]习近平的文化观是对中华民族优秀文化深厚的、持久的、高度的自信，也是对高等学校校园文化的高度重视，充分表明高等学校文化对育人的重要影响。

（7）高等教育教学观。习近平高等教育教学观主要涉及教师观和课程观。习近平从教师的作用、教师责任、教师素养等方面回答了新时代高等学校教师观问题，认为：“高校教师要坚持教育者先受教育，努力成为先进思想文化的传播者、党执政的坚定支持者，更好担起学生健康成长指导者和引路人的责任。”[④]习近平提出“四有”的“好教师”的标准，即有理想信念、有道德情操、有扎实学识、有仁爱之心，为新时期我国高等学校教师队伍的建设和发展指明了方向。同时对思想政治课教师提出“六要”标准，即政治要强、情怀要深、思维要新、视野要广、自律要严、人格要正。关于课程观和教学观，习近平提出：“用好课堂教学这个主渠道，思想政治理论课要坚持在改进中加强，提升思想政治教育亲和力和针对性，满足学生成长发展需求和期待，其他各门课都要守好一段渠、种好责任田，使各类课程与思想政治理论课同向同行，形成协同效应。”[⑤]“围绕教师、教材、教法推进改革，探索形式多样、行之有效的教学方式方法，切实在

① 习近平. 习近平谈治国理政（第二卷）［M］. 北京：外文出版社，2017：376.

② 习近平. 习近平谈治国理政（第三卷）［M］. 北京：外文出版社，2020：349.

③ 习近平. 习近平谈治国理政（第二卷）［M］. 北京：外文出版社，2017：378.

④ 习近平. 习近平谈治国理政（第二卷）［M］. 北京：外文出版社，2017：379.

⑤ 张烁. 习近平在全国高校思想政治工作会议上强调：把思想政治工作贯穿教育教学全过程 开创我国高等教育事业发展新局面［N］. 人民日报，2016-12-09（01）.

素质教育上取得真正的突破。”[①]同时重视第二课堂建设，强调第二课堂对开拓学生眼界和能力、丰富学生生活、增强社会体验感的重要性。

3. 习近平关于高等教育的重要论述对我国高等教育发展的影响

（1）习近平关于高等教育的重要论述为我国高等教育改革发展提供价值导向。正确的价值导向是高等教育改革发展的基石。习近平关于高等教育的人才观突出“德才兼备”“全面发展”的价值取向，为我国高等教育人才培养改革提供了价值理念和导向。习近平关于高等教育的公平论着眼“公平正义”的价值导向，把教育公平性原则作为高等教育改革的价值追求，实施高考制度改革，实施“中西部高等教育振兴计划”等专项工程，实施农村生源定向招生计划，实施少数民族加分政策等，推进了高等教育公平价值理念的实现。习近平关于高等教育的重要论述突出卓越和特色价值导向，实施系列高等教育提升工程，引导高等学校坚持走内涵式发展战略，走特色发展之路，不断提升办学质量，提升人才培养的能力和服务社会经济发展的水平。

（2）习近平关于高等教育的重要论述为高等教育改革提供了目标和范式。高等教育持续、健康、有序、协调发展是全球竞争环境下高等教育主要的阶段任务。

习近平关于高等教育的重要论述为高等教育改革提供了目标和范式，也为处理高等教育改革发展中的内外部矛盾与问题提供了基本规则和路径选择，对高等教育改革发展发挥引领、规范、支撑和保障作用。习近平关于高等教育的人才观、特色观、卓越观等为高等学校的人才定位、内涵建设和特色发展等指明了方向和目标；习近平关于高等教育的公平论为高等教育招生制度改革、完善招生模式与分配机制[②]、办好人民满意的高等教育等指明了方向；习近平关于高等教育的教学观为高等教育教学改革提供了新理念、新目标和新范式；等等。

二、教育发展理论及其对高等教育发展的影响

教育发展理论主要研究教育发展与国家发展、社会发展的关系，以及在这一关系框架下的教育自身发展问题[③]。

① 习近平. 习近平谈治国理政（第三卷）［M］. 北京：外文出版社，2020：350.

② 仇永民. 论习近平新时代中国特色社会主义高等教育思想的理论内涵和价值取向［J］. 中共郑州市委党校学报，2019（2）：5-8.

③ 卢晓中. 社会变革视野下高等教育发展理论创新［J］. 高等教育研究，2011（10）：20-25.

在国内外教育发展历程中，产生诸多教育发展理论，涉及不同层次教育的发展理论、不同价值追求的教育发展理论，在此不一一详解，重点介绍三个对教育尤其是对高等教育有重要影响力的发展理论。

（一）教育先行理论及其对高等教育的影响

1. 教育先行理论的提出及其基础

联合国教科文组织国际教育发展委员会在《学会生存——教育世界的今天和明天》中指出："现在，教育在全世界的发展正倾向于优先经济的发展，这在人类历史上大概还是第一次。"[①]

长期以来，经济社会发展在经历以蒸汽为主的工业革命—以电力为主的工业革命—以信息为主的工业革命—以绿色为主的工业革命的嬗变与转化中，不断引发人类对教育问题的反思和关注。分析现代化大生产规律，基于全球竞争形势，智力、人才成为世界各国综合国力竞争的关键因素，教育特别是高等教育先行的意识逐步增强。

早在20世纪80年代，邓小平同志就对知识、人才、教育与社会主义现代化建设的关系，对教育与未来发展的关系有着深刻的理解和认识，提出了教育要"面向现代化、面向世界、面向未来"，充分体现了教育先行的发展观和战略选择。教育先行旨在实现我国经济社会的持续、稳定、协调发展。

追溯起源，马克思关于生产力的理论曾提出了生产力—科学技术—人才—教育的逻辑关系，这便是教育先行理论的根基和哲学基础。

2. 教育先行理论的内涵

教育先行是从教育与社会的宏观关系上阐释教育先行于经济、社会等，是针对经济先行、社会先行而言的，阐明教育与未来经济发展的关系，是全球语境下对现代教育或教育现代化提出的要求，是对传统教育跟随经济社会发展、适应经济社会发展的超越与创新。

教育先行，即教育要超前发展，可从两个维度理解：一是从地位上，相对经济、社会发展而言，教育应优先发展；二是从创新上，教育不仅要适应经济社会发展，更要超越经济社会发展，发挥对经济社会发展的带动与引领作用。

3. 教育先行理论对高等教育发展的影响

经济全球化的势头正劲，与高素质、国际化人才主要"供给商"的高

---

① 联合国教科文组织国际教育发展委员会. 学会生存——教育世界的今天和明天［M］. 北京：教育科学出版社，1996.

等教育的矛盾日益突出。缺失超前意识，“依附”、适应经济社会发展，必将削弱高等教育“助推器”的动力机制。

基于教育先行理论，优先经济社会发展、引领经济社会发展成为高等教育的时代使命，高等教育要实现“四个先行”，即研究先行、理论先行、理念先行、战略先行，从借鉴与移植转向“高等教育化”的改造与创新，进而引领社会变革与经济发展。

（二）教育终身化理论及其对高等教育发展的影响

1. 教育终身化理论的形成及其理论基础

终身教育从一股思潮发展为一种教育理念，经过长期探索、不断充实和完善，逐步形成理论体系。

我国古代著名思想家、教育家孔子指出人非生而知之，须终身努力学习，我国有成语“学无止境”。古希腊的大教育家苏格拉底说：“教育真正的本质在使人们经由一生的时间，达成真实的生活目的。”①这些都是早期终身教育思想的雏形。20 世纪五六十年代新技术革命带来的经济急剧变化、科技飞跃发展，面对社会发展挑战，人们终身学习的愿望、意识增强。联合国教科文组织成人教育专家保罗·朗格朗（Paul Lengrand）认为：“教育不能停止在儿童期和青年期，只要人还活着，就应该是继续的，教育必须以这样的做法，来适应个人和社会的连续性的要求。”②

今天，信息时代、全球格局促使社会变迁、职业发展提速升级，进一步更新知识观念，获得新的适应力、应变力成为时代发展的要求，单靠有限的学习时间、空间、类型、方式的学校教育是难以达成的。因此，如何冲破传统学校教育的局限，根本改革传统学校教育甚至教育体系，产生一种全新的教育理念成为当代世界的重要教育思潮。以社会化学习理论为指导的终身教育和学习型社会两个基本观念（思想）备受推崇③，教育终身化理论应运而生。

2. 教育终身化理论的基本思想

教育终身化即终身教育。终身教育是对一切人进行一切形式和内容的教育，是在社会现代化浪潮中产生和发展起来的一种新型教育形态。教育终身化理论以社会化学习理论为奠基，是可持续发展理论在教育领域的一个重要成果，与教育民主化理论一脉相承。该理论以人和人的发展为根本

① 贾敏. 浅析终身教育思想的演变与深化［J］. 高等继续教育学报，2017，30（2）：71-75.
② 朗格朗. 终身教育引论［M］. 周南照，陈树清，译. 北京：中国对外翻译出版公司，1985.
③ 曹延亭. 终生教育为什么会成为当代世界的一个重要教育思潮［J］. 外国教育研究，1985（3）：3-5.

出发点和归宿，以培养完善、适应新时代、新社会、新世界的“新人”为目标，以构建和谐终身化学习为旨趣的社会，是对教育的回归。

教育终身化理论的核心概念是“教育”“终身化”。其中“终身化”是从教育的动态视角出发，从纵向时间维度理解，教育贯穿人的一生；从横向空间维度包括各个阶段的教育，集家庭教育、学校教育、社会教育于一体的开放、综合、圆周式的新兴教育体系；此外，教育终身化本身就是追求与时俱进的教育。

3. 教育终身化理论对高等教育的影响

教育终身化理论带动高等教育理念的转变。在传统的教育体系中，高等教育被视为教育体系的终结，学习型社会与终身教育体系的提出，使高等教育的发展理念、教育理念、管理理念悄然变化。在教育终身化的大背景下，高等教育要树立为学习者服务的管理观，树立培养主动学习、自主学习意识，培养创新能力与应变能力的质量观，树立民主教育的价值观。

教育终身化理论影响高等教育战略选择。高等教育不再是教育的终结，而是终身教育体系的一环。高等教育要拓展办学思路，在教育发展目标的设计、教育内容的选择上应兼顾与大学前教育和大学后教育的衔接；在教育模式和路径上，整合政府、市场、高等学校三方力量，有效整合教育资源，为学习者提供多元化的学习服务。高等教育将由学历教育拓展到非学历教育，在推进学历教育的同时开发培训教育系统，探索构建满足多元学习者的多元载体、多元内容、多元形式的教育模式，推动高等教育终身化。

综上所述，国内外历史上产生诸多影响高等教育发展的理论，有经济、社会领域的一般发展理论，也有教育领域的发展理论。其中，一般发展理论由西方经典发展理论（以现代化理论、依附理论、世界体系理论最为典型）、全球语境下的发展理论（如可持续发展论）及与中国国情相适应的特色发展理论（即科学发展观理论、习近平关于高等教育的重要论述）构成。教育领域的发展理论以教育先行理论与教育终身化理论最具有代表性。

以上理论的基本思想适用于高等教育领域，对高等教育的发展产生重大影响，成为高等教育发展理念、高等教育发展战略的理论依据。

第三节　发展理论与高等教育现代化

高等教育现代化是现代化建设的重要组成部分，也是高等教育发展到一定阶段的战略选择。随着高等教育日益走向社会的中心，高等教育现代化对社会发展的引领作用逐渐凸显。发展理论作为一种比较成熟的分析框架，对于高等教育发展理论研究同样有着重要的价值。在其观照下形成的高等教育发展理论既源于高等教育发展实践又将对高等教育发展实践产生重要的指导意义。高等教育现代化作为高等教育发展的战略目标，其实践过程既是现代高等教育发展理论的源泉，更需要得到高等教育发展理论的指导和引领。探讨发展理论与高等教育发展及现代化实践的关系、分析现代高等教育发展理论内涵及特征，是高等教育理论研究的一个迫切的时代命题。

一、发展理论对现代高等教育发展的观照

发展理论主要关注经济社会等各个领域的发展问题。如果要运用发展理论研究高等教育发展问题，首先必须解决好两大问题：一是发展理论的“高等教育化”问题；二是高等教育发展与社会发展的关系问题。

（一）发展理论的“高等教育化”

对于发展问题，每一种发展理论都有自己的分析框架。如新古典主义的“增长=发展”、结构功能主义的“结构-功能”、现代化理论的“传统-现代”、依附理论的“中心-边陲”、世界体系理论的“核心-半边缘-边缘”等。另外，这些分析框架也都曾对教育发展研究，尤其是确立研究的分析框架产生过重要影响。发展理论运用于探讨高等教育发展问题，首先将面对或需要解决以下两个问题。

一是发展理论的“高等教育化”问题，也就是说作为主要研究社会发展问题的发展理论，它所确立的理论分析框架，以及与之相关的基本概念或术语是否适用于高等教育发展研究？现代化理论、依附理论，或者世界体系理论所提出社会发展的分析框架，以及“先发内生型”“后发外生型”等相关的概念或术语是否仍然适用于探讨高等教育发展？这可以从研究对象和内容与理论框架的关系角度进行考察。因为研究对象和内容基本决定了理论的分析框架以及相关概念或术语，故而需考察运用同样的发展理论研究的社会问题与高等教育发展问题之间的关系。由于不同时期和不同国家（地区）的高等教育发展与社会发展的关系不尽相同，因而有必要从时间和国家（地区）这两个维度及其他相关联的角度考察高等教育发展与社会发展的关系。众所周知，教育随着人类社会的产生而产生，发展而发展。人类社会的发展和高等教育发展的进程，又是由社会发展与教育发展

的内在关系规律决定的。人类社会进入现代以来，高等教育发展与社会发展的关系总体上呈现出一种积极互动的关系，即高等教育发展对社会发展起着推动作用，社会发展反过来也推动高等教育的发展。但这是否意味着社会发展处于什么样的发展状态和水平，高等教育也就必然处于同样或类似的发展状态和水平？这一结论似乎并不确定。对于早期的后发外生型国家，其教育却可能是后发内生型的，甚至是先发内生型的。比如，从社会发展来看，德国通常被认为是后发外生型国家，但其教育在相当程度上被认为是先发内生型。这也是发展理论"高等教育化"需要特别注意的问题。因此，需要对具体国家和地区做具体分析。但从一般意义上来说，这一结论有相当的普适性。随着时代发展，以经济为先导的全球化趋势使经济社会发展状态和水平在相当程度上决定了一个国家和地区高等教育的发展状态和水平，反之亦然。另外，由于现代化是一种全球化的总体进程，我们首先应当从这一总体进程上来把握社会发展状态和水平与高等教育发展状态和水平的关系，并将具体国家和地区的情况置于这一总体进程之中。所以说，从以上意义将发展理论运用于探讨社会发展问题的分析框架，经过"高等教育化"的改造，可用来探讨高等教育发展问题。如果从高等教育发展与社会发展的关系问题为其共同的研究对象和内容的角度，这一分析框架用于探讨高等教育发展问题有其合理性。

二是就发展理论自身问题而言，运用任何发展理论探讨发展问题，都有其合理和不足，没有哪一种发展理论是完美的，而且它还受到各国不同国情的制约。加拿大学者海霍（Hayhoe）就直言不讳，认为依附理论和现代化理论并不适合中国的具体国情[①]。也有人抨击世界体系理论及其分析框架。如诺亚（Noah）和埃克斯坦（Eckstein）认为世界体系理论分析这种方法源于依附理论，它是"新的简单化"，即把主要注意力集中在第三世界和工业化国家之间不均等的力量关系上，而且分析问题的框架是建立在以下基础上：将第三世界国家视为工业化国家的被动受害者，以及把第三世界国家当前的经济困难归结为长期受殖民统治影响的结果。在诺亚和埃克斯坦看来，建立在这一基础上的分析框架显然站不住脚，因为从逻辑上说，"如果世界体系分析有任何效果的话，那它不可能解释第三世界一些地区的社会革命或其他地区的发展"[②]。同样地，把这种分析框架运用于高等教育发展问题研究时，也必然存在类似的问题。西卡（Sica）和普

① Hayhoe R. A Chinese puzzle［J］. Comparative Education Review，1989，33（2）：155-175.

② Eckstein M A，Noah H J. Dependency theory in comparative education：The new simplicitude［J］. Prospects，1985，15：213-225.

雷希尔（Prechel）则通过一些统计数据来说明西式教育的传播和经济依附之间并无多大联系，这是因为教育扩充与经济发展之间本身就没有多大的联系，还有教育的入学措施和依附关系之间也没有重大关联。[①]所以，把主要用于经济领域的依附理论和世界体系理论引入来探讨教育发展问题，它的有效性和合理性显然有局限。对这些理论的运用本身有一个选择、修正和扬弃的问题。同样的，对高等教育发展问题的探讨，也会碰到类似的问题，即在探讨高等教育发展问题时运用何种发展理论或如何运用某种发展理论及综合运用发展理论的问题。

（二）高等教育发展与社会发展的关系

高等教育发展理论研究，主要探讨高等教育发展与社会发展的关系问题（这与将发展理论运用于探讨社会发展问题的研究对象和内容基本一致），以及在这一关系框架下高等教育自身发展问题。这里主要探讨高等教育发展与社会发展的关系问题，是因为高等教育自身发展受其外部关系问题影响和决定，在此背景下人的发展问题才成为高等教育发展的出发点和最终诉求。

1. 高等教育发展与社会总体发展的关系

高等教育发展与社会总体发展的关系可以通过二者的现代化进程进行阐释。“现代化”是发展理论的一个核心概念和命题，“现代化”与“发展”是两个近似甚至同义的概念，人们对这一点的认识开始趋于一致。开始探讨“现代化”这一命题之前，首先需要明晰两个基本立足点：一是把“现代化”看作历史进程，即从 18 世纪后期西方工业革命以后出现的一个世界性发展进程（但由于划分依据不同，对现代化进程起始时间的认识也存在争议，如有人认为现代化进程是从 17 世纪 40 年代英国资产阶级革命开始，还有人认为是从更早的欧洲的文艺复兴或 16 世纪的宗教改革开始。这里是以生产力的发展和生产工具的改进为划分依据），从这种意义上说，“现代化”是一个历史范畴；二是把“现代化”视为一个全球性进程，“是一个囊括了所有国家和民族的全球性变革过程”，只有这样，“才能从整个人类文明演变的意义上把握这场人类历史上伟大社会变革的实质”，同时，把“某个国家的现代化置于这个过程的总坐标中，分析它的时空地位以及由此形成的特征和特殊的制约条件”[②]。

---

① Sica A，Prechel H. National political-economic dependency in the global economy and education development［J］. Comparative Education Review，1981，25（3）：384-402.

② 张琢. 国外发展理论研究［M］. 北京：人民出版社，1992：153-154.

虽然因18世纪60年代开始的第一次工业革命而发轫的社会现代化进程是以涉及经济与技术及生产结构问题的变革为特征和目的，但它所带来的影响和涉及的范围又远远不止于此。它“实际上是可怕的非常复杂的政治、社会和文化大变动的问题”①。作为与经济、政治、社会及文化密切相关的教育（高等教育包含其中），随之而来的“大变动”自然不可避免，如国民教育制度的建立，初等义务教育的发展与普及，以及自然科学知识进入学校课堂并开始冲击长期被神学统治的教坛。当时的这些“大变动”在今天已被看作教育现代性滋长和教育现代化肇始的重要标志。随着19世纪60年代以电动机的广泛运用为标志的第二次工业革命的兴起和20世纪中叶以计算机的发明和广泛应用为标志的第三次工业革命，对教育现代化进程都相继产生了具有里程碑意义的推动与牵引。由此可见，教育现代化是适应社会现代化进程而产生并发展起来的。也正因为如此，教育现代化反过来又推进了社会现代化，从社会现代化进程的每一次大变革中都不难找到受现代教育影响和推动的痕迹。

如果把以上进程意义上的现代化上升到理性层面来认识，似乎同样可以找到社会现代化与教育现代化之间的一致性。因为人除了固有的自然性的一面外，更是社会的人。人的本质“在其现实性上，它是一切社会关系的总和”②。社会是人的社会，社会活动是由人的活动构成的。从这一意义来说，社会的现代化也就是人的现代化，更确切地说，社会现代化与人的现代化是同一个过程。社会现代化，归根结底是依赖于人的现代化。不论是以欧美发达国家为代表的先发型现代化国家所走过的“机械现代化—国家现代化—人的现代化”的渐进道路，还是发展中国家和地区面临来自先发型现代化国家的压力和新科技革命的挑战，而选择的“人的现代化—机械现代化—国家现代化”这一后发型现代化路径，其中人的现代化都是必不可少的。要实现人的现代化，又有赖于教育的发展，即教育的现代化。所以说，教育现代化是社会现代化所不可缺少的重要条件和因素。与此同时，社会现代化实际上也促进了教育现代化，除了社会现代化进程对教育发展不断提出需求，形成教育现代化的内在动力以外，社会现代化也为教育现代化在观念、制度、器物等层面提供支持与条件。如果把教育活动作为社会活动的一个方面来认识，教育现代化本身就是社会现代化的题中应有之义，或是社会现代化的一个重要方面。

---

① 奇波拉. 欧洲经济史（第三卷）[M]. 徐璇，译. 北京：商务印书馆，1989：10-11.

② 中共中央马克思恩格斯列宁斯大林著作编译局. 马克思恩格斯全集（第 1 卷）[M]. 北京：人民出版社，1972：18.

综上可知，教育现代化与社会现代化相辅相成，它们之间很难做出一个简单的归因，而是一种互动的关系，甚至在一定意义上是同一的关系。

如果把以上所论及的进程意义上的“现代化”纳入到实践层面来认识，尤其是考察社会现代化与教育现代化的时序关系，即二者孰先孰后？这需要历史地加以认识。比如，在社会、经济及科技发展相对缓慢的前现代化或现代化初期，从某种意义上“教育的功能只是再现当代社会和现在的社会关系”[①]，教育培养适应现在社会的人，就是培养适应未来社会的人。学习过去也是为了适应未来。当然以此情形，教育现代化根本无须超前，而更多的是受社会现代化的牵引而缓慢发展。但当今时代经济、社会及科技飞速发展，世界日新月异，教育“在历史上第一次为一个尚未存在的世界培养新人”，“替一个未知的世界培养未知的儿童”[②]。随着教育在经济、社会及科技发展中的作用越来越大，教育现代化与社会现代化的时序关系开始发生变化，《学会生存——教育世界的今天和明天》一书指出，“教育在全世界的发展正倾向先于经济的发展，这在人类历史上大概还是第一次”，“这种倾向首先大胆地和成功地出现在诸如日本、苏联、美国这些国家。许多别的国家，特别是发展中国家，在过去几年中，不顾由此带来的沉重牺牲和一切困难，也选择了这条道路”[③]。这实际上揭示了教育现代化与社会现代化之间的内在发展规律，反映了教育现代化的社会性和时代性特征。

2. 高等教育发展与社会诸方面发展的关系

以上从一般意义上阐述了教育发展与社会发展的时序关系，下面着重对二者涉及的政治、经济、文化诸方面关系做一探讨，进一步明示高等教育发展与社会发展之间的关系。

（1）高等教育发展与政治发展

从政治发展与教育的关系来看，可从两方面阐释：一是政治的发展制约着教育的发展；二是教育通过发挥其政治功能来促进政治的发展与进步。

无论是先发型现代化国家，还是后发型现代化国家，政治都是一个国家现代化启动和发展的重要因素。尤其是对于后发型现代化国家来说，如

---

① 联合国教科文组织国际教育发展委员会. 学会生存——教育世界的今天和明天［M］. 北京：教育科学出版社，1996：34.

② 联合国教科文组织国际教育发展委员会. 学会生存——教育世界的今天和明天［M］. 北京：教育科学出版社，1996：38.

③ 联合国教科文组织国际教育发展委员会. 学会生存——教育世界的今天和明天［M］. 北京：教育科学出版社，1996：38.

前所述，强有力的政治领袖是这些国家踏上社会现代化（包括教育现代化）征程的必不可少的先决因素。同时，政治因素还制约着教育现代化的教育目标、受教育权和教育体制及教育领导权等。就教育目标而言，它在一定程度上是由政治因素所决定的。比如，马来西亚在1994年公布的“2000年的教育目标”提出：“培养效忠及团结的马来西亚人；培养拥有尊贵品德、有学识、敏捷及平和的人类。”①《中华人民共和国教育法》明确规定：“国家坚持以马克思列宁主义、毛泽东思想和建设有中国特色社会主义理论为指导，遵循宪法确定的基本原则，发展社会主义的教育事业”，“教育必须为社会主义现代化建设服务、为人民服务，必须与生产劳动和社会实践相结合，培养德、智、体、美等方面全面发展的社会主义建设者和接班人”。

受教育权也在相当程度上为政治因素所决定，或者说它本身就是一个政治问题。如近现代西欧一些国家教育体系中的“双轨制”，以及中国古代的“学在官府”，都是政治因素在受教育权上的集中体现。

此外，政治因素对教育体制（尤其是管理体制）的制约也显而易见，如美国在教育管理体制上所实行的分权制与其联邦制政体密切相关；同样，法国、新加坡、韩国及中国等在教育管理上所实行的中央集权制也是其政体使然。至于政治因素对教育领导权的影响，也同样不言而喻，虽然对于不同的国家来说，这一影响在方式和程度上可以有所不同和差异。

教育的政治功能促进政治发展可以体现在以下几个方面：一是教育通过培养政治领袖来促进政治发展；二是从“化民成俗”的角度，教育可以提高人的政治素质和培养符合国家政治要求的公民；三是教育能够促进民主政治的发展；四是教育具有转移民俗风尚的力量。

高等教育的政治功能非常广泛，主要彰显在以下三方面：

首先，高等教育通过培养人来发挥政治功能。这包括两个方面。一是培养政治精英，世界各国的政治精英尤其是政治领袖，多出自大学尤其是名牌大学。如美国的哈佛大学、耶鲁大学，英国的牛津大学、剑桥大学，法国的巴黎高等师范学校，日本的东京大学、早稻田大学，中国的清华大学等都是政治领袖的摇篮。二是培养人的政治理想和信念，高等教育阶段是一个人的政治思想和信念形成、发展和成熟的重要时期。

其次，高等教育可以促进民主政治发展。这是由高等教育的传统精神和社会责任所决定的，因为学术自由和学术自治是高等教育的“最悠久的

① 一言. 马来西亚2000年的教育目标［J］. 世界教育信息，1994（4）：1-4.

传统之一”，“失去了自治，高等教育就失去了精华”。[①]大学的学术自由和学术自治不仅促进了大学学术的繁荣，而且也使大学不畏权贵，敢于针砭时弊。同时，大学是“社会的良心”和“国家的思想库”，它是“社会之光，不应随波逐流”。[②]这就要求大学保持对社会的批判以履行其“社会的良心”的责任，以及通过对社会的预警来扮演好“国家的思想库”的角色。要更好履行这一责任和体现这一角色，大学的学术自由同样必不可少，因为“学术自由既要对社会进行谴责，与此同时又要对社会负责”[③]。事实上，世界许多国家政治民主化进程中的重大事件便是由大学引发的，或大学在政治民主化进程中产生过重要的推动作用。世界银行和联合国教科文组织高等教育与社会特别工作组 2000 年 2 月发表报告书《发展中国家的高等教育：危机与出路》论述了高等教育在促进现代化民主政治发展中的作用，“更普遍地说，一个社会如果希望建立并维护一个多元的、对公民负责任的民主制度，那么它可以从一个强有力的高等教育部门获得两方面的益处：首先，高等教育可以承担研究和解释民主制度的任务。大学和学院里发起的有关民主问题的辩论和研究，可以让社会更清楚地认识到什么样的民主形式更适合于这样的社会”。“其次，高等教育有助于培养民主所需要的有见识的公民。因为高等教育可以向学生逐渐灌输有关民主的准则和态度，而这些学生将来会成为医生、律师、记者、政治家、商业领袖，他们将有助于提高整个社会公民的知识水平。就目前来看，高等教育在教育过程中十分注重的诸如保持多元性、学会宽容、力争优秀、进行合理辩论等有益的品质，对于民主来说同样是重要的。”[④]

最后，高等教育起着转移民俗风尚的特殊作用。大学被誉为“世俗的教会”和“人类精神的家园”，当年冯友兰写的《国立西南联合大学纪念碑碑文》指出：“联合大学以其兼容并包之精神，转移社会一时之风气，内树学术自由之规模，外来‘民主堡垒’之称号，违千夫之诺诺，作一士之谔谔。”[⑤]

（2）高等教育发展与经济发展

经济发展与教育的关系涉及教育客观规律的揭示。认识这一问题同样可以着眼于两方面：一方面，经济决定教育发展；另一方面，教育具有显

---

① 布鲁贝克. 高等教育哲学［M］. 王承绪，等译. 杭州：浙江教育出版社，1988：28.

② 杨东平. 大学精神［M］. 沈阳：辽海出版社，2000：7.

③ 布鲁贝克. 高等教育哲学［M］. 王承绪，等译. 杭州：浙江教育出版社，1988：48.

④ 世界银行，联合国教科文组织高等教育与社会特别工作组. 发展中国家的高等教育：危机与出路［M］. 蒋凯，译. 北京：教育科学出版社，2001：36-37.

⑤ 杨东平. 大学精神［M］. 沈阳：辽海出版社，2000：424.

著的经济功能。经济对教育发展的决定作用体现在以下三个方面。

第一，经济发展水平在相当程度上决定教育发展水平。一般而言，一个国家和地区有什么样的经济发展水平，便有什么样的教育发展水平。比如，根据 1994 年世界银行的报告，经济合作与发展组织各成员国的高等教育平均毛入学率已达到 51%，跨入了高等教育的普及化阶段。按照联合国教科文组织 1995 年发表的《世界教育报告》的统计，美国和加拿大的高等教育适龄人口（18—22 岁）的毛入学率 1992 年就已达到 82%，中等收入国家为 21%，低收入国家仅为 6%。1996 年 17 岁青年期望接受的高等教育年限为：经济合作与发展组织各成员国平均为 2.3 年，澳大利亚、加拿大、芬兰及美国则超过 3 年；而 WEI（The World Education Indicators，世界教育指标）成员国的这一指标从 0.7 年（巴西和印度尼西亚）至 2.2 年（阿根廷）不等。①这些数据表明经济发展水平在一定程度上决定着一个国家和地区的高等教育发展阶段和水平。这是由教育发展的客观规律所决定的。

然而，对后发型国家来说有时情况会有例外。20 世纪六七十年代，出于追赶先进国家的需要，以及对“没有教育的现代化就没有人的现代化，也就没有经济的现代化”这一“全面现代化”思想认识和行动纲领的认同，一些发展中国家和地区，尽管其经济发展水平比较低，仍然选择教育“倾向先于经济的发展”的道路。甚至“不顾由此带来的沉重牺牲和一切困难”，“如刚果人民共和国，不顾国家每人收入之低（约 220 美元），现在每四个居民中就有一个进免费小学；或者像古巴，虽然资源有限，但已迅速向普及小学教育、成人扫盲发展，并且扩大了中等教育”②。再如亚洲“四小龙”，在这一时期大力发展与其外向型经济相适应的实用性教育尤其是职业技术教育，虽然这些国家和地区的经济发展水平当时并不高，但其职业技术教育却达到相当的水平。发展中国家和地区这一教育超前发展战略有时也确实“带来了沉重的牺牲”，如 20 世纪 50 年代韩国高等教育超前发展所承受的“沉重的牺牲”。

在以高科技、信息化为特征的知识经济时代，后发型国家（主要指发展中国家）的教育发展的超前性更多体现在高等教育的大众化上。对后发型国家教育发展的这一“超前性”，人们怀疑当年韩国付出的“沉重的牺牲”会不会在一些后发型国家重演？这有必要比较当时与今天的社会、经济及科技

---

① 卢晓中. 现代高等教育发展论纲［M］. 广州：广东教育出版社，2005：48.

② 联合国教科文组织国际教育发展委员会. 学会生存——教育世界的今天和明天［M］. 北京：教育科学出版社，1996：38.

发展的大背景。20世纪五六十年代西方发达国家处在工业社会中后期，美国等少数国家已开始进入了“后工业社会”，但后发型国家还大都处在农业社会和工业社会前期。今西方发达国家已普遍进入到后工业社会，特别是由于信息技术发展等因素，发展中国家今天受后工业社会的影响要比当时受工业社会的影响大得多。另外，伴随着经济全球化进程，在同一个发展中国家，往往多种经济形态并存，如农业社会、工业社会和信息社会并存，尽管其经济主体可能还处于工业社会中期甚至前期。特别是在20世纪五六十年代，推动人类社会进步的“第一生产力”——科学技术的发展远没有像今天这样迅速，对社会的影响如此巨大，与社会生活的联系如此密切。如果说20世纪五六十年代发生在韩国高等教育发展上的问题，主要是违背了一个国家的教育发展与经济社会发展相适应这一教育发展的客观规律而受到惩罚的话，那么随着当今经济社会及科技的发展，特别是在经济全球化的条件下，应从更广泛的意义上理解教育发展与经济社会发展相适应这一客观规律。也就是说，一个国家的高等教育发展，不仅要与本国经济社会发展相适应，而且应在一定程度上与世界经济社会发展相适应。在这一社会和时代背景下，后发型国家的高等教育发展如同其国家现代化进程一样，不可能完全像先发型国家那样走渐进式的发展道路，而是可以也应当适度超前发展。所以，当今一些后发型国家提出并启动高等教育大众化进程，不能仅对此做一个简单的历史比较就认为其“为期过早”。实际上，1993年联合国教科文组织发表的《世界教育报告》的分析结果早就表明，经济发展到一定水平以后，高等学校入学率高低已与经济发展水平无关或关系不大。该报告把低收入国家D组（人均国民生产总值一般低于6000美元的国家）和E组（人均国民生产总值低于3500美元）合为一组进行分析，发现低收入水平与接受高等教育的学生人数之间看不出有什么联系。

第二，经济结构在相当程度上决定着教育结构，尤其是对高等教育结构起更直接的决定作用。作为国民经济大系统中各个部分的构成比例及联系方式的经济结构，包括产业结构、行业结构、技术结构、消费结构、分配结构及区域结构等。根据高等教育的发展规律，高等教育结构需要与经济结构相适应，经济结构的调整与变化会引起高等教育结构产生相应的调整与变化。具体而言，高等教育的科类结构与产业结构相对应，层次结构与技术结构相对应，形式结构与消费结构和分配结构相对应，地区结构与国民经济的区域结构相对应。[①]

---

① 教育部人事司. 高等教育学（修订版）[M]. 北京：高等教育出版社，1999：11.

全球出现高等教育大众化趋势，后发型国家也紧跟其后。各国面临一个很重要的问题：高等教育如何大众化？1973 年马丁・特罗（Martin Trow）提出著名的高等教育发展“三阶段”理论，更多是考虑已启动高等教育大众化进程的欧美发达国家的高等教育数量与规模的扩张。当前，许多后发型发展中国家纷纷启动高等教育大众化进程，依然把马丁・特罗当年的理论奉为圭臬。比如，一些国家仅注重高等教育数量与规模的扩张，而较少对发展的层次、类型、形式及科类等结构性问题予以关注。或将问题简单化，即将扩张部分主要确定在高等教育的某一个层次和类型上（如中国 1999 年开始启动高等教育大众化进程，其中就把高等教育扩招主要安排在高等职业教育这一层次和类型上）。虽然这在一定时期和阶段有其合理的一面，但高等教育大众化的长期进程涉及整个系统的方方面面，需要从长计议，做好长远的整体规划，应在对经济社会和科技发展的未来需求进行科学预测的基础上，从数量和结构两方面科学规划和合理推进高等教育的大众化进程。如果再深究韩国在 20 世纪 50 年代发展高等教育的失误原因，除了过早启动高等教育大众化进程等因素外，还有一个重要原因，便是它把发展重点放在一些与本国经济发展严重脱节的人文社会科学类的高等学校及专业科类上，导致大学毕业生的结构性失业非常严重。

第三，经济体制在相当程度上决定着教育体制，教育体制必须与经济体制相适应，经济体制的变革必然带来教育体制的变革。近年来后发型国家如日本、马来西亚、俄罗斯等，为了提高高等学校适应经济社会发展的能力，增强其适切性（根据联合国教科文组织对高等教育针对性的界定，它指“高等学校的作为与社会期望的符合程度”）①，纷纷对高等教育体制进行改革，扩大高等学校的办学自主权。比如，日本进行的大学组织运营中行政、财政制度的弹性化改革实际上就涉及大学自治。日本长期以来在教育宏观管理上实行中央集权制，对大学一直存在管理过死、整齐划一的问题，早为日本高等教育界诟病。1987 年日本临时教育审议会的《关于教育改革的第四次咨询报告》（终结报告）指出：“从总体上说，我国的大学是封闭式的，职能僵化，不能充分适应日本社会和国际的要求”，“教育行政体制划一僵化，使教育缺乏活力。且迄今为止教育行政仅仅将其工作局限于学校教育，而没有灵活地适应校外教育对其工作提出的新要求”。②日本对大学自治问题给予了特别的关注，一个重要举措就是把独立行政法

① 赵中建. 全球教育发展的研究热点——90 年代来自联合国教科文组织的报告［R］. 北京：教育科学出版社，2003：105.

② 瞿葆奎. 教育学文集：日本教育改革［M］. 北京：人民教育出版社，1991：621.

人制引进国立大学。值得注意的是日本除了对大学自治问题给予重视外，更强调从提高高等教育质量和承担社会责任来认识大学组织运营中的弹性化改革问题。马来西亚政府20世纪90年代中期为了把大学从烦琐的官僚程序中解放出来，使大学取得财政和行政方面的更大自主权，提高办学效率和效益，决定从1996年开始，马来西亚的大学逐步实施企业化管理。率先在全国大学中实施企业化管理的是马来西亚大学，之后马来西亚的其他几所主要大学也相继进行了企业化管理改革。大学实行企业化管理后，大学被允许举债、下海经商、建立公司、取得和拥有股票，以及收取学费。对于社会担忧的大学企业化会导致私有化，马来西亚教育部一再表示，企业化不等于私有化，所有大学企业化后仍受政府管辖，政府绝不会把大学交给私人机构管理。至于大学教师们所担心的商业文化可能会影响教学质量和学术自由，政府也给予高度重视，表示将加强对高等教育企业化后的质量监控和对学术自由的保护。

俄罗斯在高等教育管理制度方面改变了苏联计划经济时期“铁板一块”的状况，变得更加富有弹性。学校自治显然就是这种“富有弹性”的管理体制的重要体现，特别是在办学和财产使用方面的自主权明显扩大。1992年《俄罗斯联邦教育法》已明确提出了大学自治的原则。与过去明显不同的是，从那时起绝大多数国立大学无须教育部的同意就可以增加新的院系和雇用新的教职员。这些机构有权对四分之一的学生收取学费。①1996年俄罗斯的《俄罗斯联邦教育法》（修订版）和《俄罗斯联邦高等及大学后教育法》也对学校自治和学术自由从总体上做了重申和强调。此外，高等学校内部的管理也同样体现其灵活性。如学生入学、退学和转学的一定灵活性：由于住院或正当理由保留学籍的（免费的或缴费的）退学大学生，有权在五年内复学；保障高等学校学生有从一校转学至另一校的自由；转学后的学校应为学生保留与该生首次进入该级高等专业教育机构时相同的权利。同时，在高等教育办学形式和投资体制方面，它改变了苏联时期单一的国家主体办学体制，建立起国家、地方、社会和公民个人等多主体办学体制。投资体制方面，与多主体办学体制相适应，同时也鉴于国家经济困境，改国家包揽的单一投入体制为多元投入体制，除国家拨款外，国立高等教育机构获取补充资金的渠道还包括：一是提供收费的补充教育服务；二是鼓励企业、社会团体和个人向高等学校投资；三是招收自费生；

① 周岳峰. 俄罗斯联邦发展高等教育和信息技术的国家政策［J］. 世界教育信息，2000（3）：19-22.

四是从事经营性活动。[①]

在中国，1984年党的十二届三中全会通过《中共中央关于经济体制改革的决定》，与之相适应，1985年中共中央出台了《中共中央关于教育体制改革的决定》，明确指出要从根本上解决现行教育中存在的种种问题，“必须从教育体制入手，有系统地进行改革”，经过改革，“各级各类教育能够主动适应经济社会发展的多方面的需要”。1993年《中国教育改革和发展纲要》进一步明确提出：“在九十年代，随着经济体制、政治体制和科技体制改革的深化，教育体制改革要采取综合配套、分步推进的方针，加快步伐，改革包得过多、统得过死的体制，初步建立起与社会主义市场经济体制和政治体制、科技体制改革相适应的教育新体制。”作为教育体制改革和发展的一个直接成果是民办教育在三十多年里获得了长足发展，成为我国教育体系中一个不可缺少的重要方面。

关于教育的经济功能，马克思从“再生产劳动能力”的角度进行了阐释：“要改变人的本性，使他获得一定种类劳动的技能、准确性和熟悉程度……就要有一定的教育。”[②]20世纪50年代末美国经济学家舒尔茨（Schultz）发表的著名的“人力资本理论”，也阐述了教育改善和提高人力资本、促进经济发展的功能。教育的经济功能主要分为两个方面，一个是经济的适应功能，另一个是经济的发展功能。所谓经济的适应功能就是通过培养适应经济发展需要的人才来促进经济的发展；所谓经济的发展功能就是通过教育来促进经济结构的调整和创造新的就业岗位。比如，从粗放型经济向集约型经济的转型，从劳动密集型经济向智力密集型经济转型，其中教育能否培养出适应新经济发展需要的人才是一个非常重要的前提。教育创造新的就业岗位主要是培养人才的创新素质，使学生不仅是一个求职者，而首先成为新工作岗位的创造者。这是联合国教科文组织在20世纪90年代提出的一个重要的教育发展理念。

高等教育与经济社会发展的关系更为密切，它对经济发展的促进功能更为广泛。高等学校除人才培养这一职能外，还有发展科学和为社会服务等主要职能，这些职能显然与经济发展的关系更加直接和密切。

（3）高等教育发展与文化发展

从广义的文化意蕴来说，教育应是文化的题中应有之义。从狭义的文化概念来说，教育与文化也密切相关。从教育受文化的影响来说，历史上

① 陈先齐. 俄罗斯高教体制改革评述［J］. 高等教育研究，1996（11）：97-101.

② 华东师范大学教育系. 马克思恩格斯论教育［M］. 北京：人民教育出版社，1999：209.

几乎每次文化发展的重大事件都曾对教育产生过划时代的影响。欧洲文艺复兴确立了人在世界万物中的中心地位，开创了科学和理性的思维方式，创造了人文精神。欧洲文艺复兴对教育的影响深远而持久，特别是它所倡导的人文主义为大学冲破神学的桎梏、繁荣学术和艺术带来了契机。虽然16—18世纪欧洲大学曾经历过一个所谓的“冰河期”，与当时因文艺复兴带来的大学外面的新文化与艺术、新哲学与科学的繁荣景象形成了强烈的反差。但正是由于这一反差，给大学以深刻的触动，使大学明白如果不进行变革，它将面临被抛弃或被其他机构取代的生存危机。因为“如果社会不能从原有机构中获得它需要的东西，它将导致其他机构的产生”[①]。在此基础上，17、18世纪启蒙运动者通过将“哲学自由”思想引入大学来对大学进行变革，促使了18世纪末以后大学再度复兴和19世纪经典大学理念的生长、发展和繁荣。

文化对教育的影响是非常深刻而持久的，尤其对一个国家教育特色的形成起着独特的作用。众所周知，美国的文化传统具有鲜明的多元文化、实用主义和个人主义色彩，这种文化决定了美国人在接受外来文化影响上的价值取向：多元文化传统使美国对外来文化始终保持着开放、兼容的态度；实用主义文化传统使美国在接受外来文化影响的同时注意对外来文化进行符合本国实际的改造和创新；个人主义文化传统既为美国民族增添了许多生气和活力，同时也强化了其“文化自我中心主义”的倾向。历史上，美国的高等教育最早是受英国影响，后又取法德国，到19世纪下半叶以后，特别是20世纪逐渐形成了具有美国特色的高等教育发展模式，成为世界高等教育的强国，这是多元文化、实用主义和个人主义等文化传统所产生的合力使然。

亚洲“四小龙”从总体上来说属于东亚文化圈，儒家文化是其主流文化之一。儒家文化对这些国家和地区教育的发展都有不可忽略的作用与影响。儒家文化崇尚知识和教育，“万般皆下品，唯有读书高”。这种文化传统使得亚洲“四小龙”从当局到普通民众对教育一直拥有很高的热情，这一热情也经常左右教育发展的进程、形式和内容。像韩国、中国台湾在20世纪六七十年代普遍出现的高等教育超常规发展，在很大程度上是为民众的热情所驱使。儒家文化传统鄙视技术和职业教育，视为“雕虫小技”，这使得亚洲“四小龙”在面对经济发展的强大压力与需求，要确立大力发展职业技术教育的发展战略时，需要冲破更多的传统阻力。此外，东亚许

---

① 克拉克. 高等教育新论——多学科的研究［M］. 王承绪，等译. 杭州：浙江教育出版社，1988：32.

多国家和地区普遍存在的“应试教育”等现象都能够从文化传统上找出根源。

值得注意的是，对于后发型国家和地区来说，有一个如何解决发达国家的“文化殖民主义”对其教育的影响的问题。尤其在信息时代，一方面文化信息的传播更加便捷和迅速，特别是作为一种现代文化现象的跨国（甚至是跨地区）性的虚拟教育机构的出现，改变了传统意义上的学校时空、地域及师生概念；另一方面由于发达国家在经济和科技发展水平等方面的先发优势，使之对信息的拥有、控制和支配，一般要比后发型国家占有更多的先机。如果信息技术、网络设施及控制过程过于集中，也可能会出现“新的信息或文化殖民主义”①。对此，联合国教科文组织曾发出告诫：“务必确保这些在各地区、各大洲和全球网络上建立的虚拟教育机构尊重不同的文化与社会特性。”

教育具有文化发展的功能是指它在传承文化、选择文化、批判和创造文化等文化发展方面具有独特的功效。比如，可持续发展思想体现了一种先进的现代文化，如何使这一先进文化成为人类社会的主流文化和共同文化，有赖于肩负传承人类文化使命的教育。从历史上看，教育在传播人类文化的方面常常是不遗余力，扮演着先导和先锋的角色。如从文化学的角度，历史上人文主义和科学主义作为一种文化现象，之所以能交替出现鼎盛和繁荣期，与教育的传播密切相关。同时，作为教育的文化发展功能的另一方面，文化创造将不断地对现有的可持续发展文化进行适应时代需要的改造和创新，形成可持续发展的新思想、新文化。由此可见，通过传承、选择和创造一种适应时代需要的可持续发展文化，并借助文化本身所具有的影响社会的特殊功能来促进社会的可持续发展，是教育的文化发展功能的重要体现。

二、现代高等教育发展理论的流派及特征

基于以上发展理论对高等教育发展的观照，特别是对高等教育发展与社会发展的实践关系的考察，从理性思维领域、哲学高度认识和把握高等教育的发展变化规律，发现和构建高等教育发展理论，并用以检验、指导甚至引领高等教育的改革和发展。“高等教育发展理论主要研究高等教育发展与国家、社会发展的关系，以及在这一关系框架下的高等教育自身发

① 王一兵. 高等教育国际化——背景、趋势与战略选择［J］. 教育发展研究，1999（2）：1-5.

展问题。”[1]纵观世界几种主要的几种高等教育发展理论都可发现这一显著特征。下面尝试将主要的高等教育发展理论做一简单评述，并力图分析印证这些理论具有的共同特征。

（一）主要高等教育发展理论

随着高等教育的发展，20世纪50年代以来，不断涌现出了一批比较典型的高等教育发展理论。这主要包括马丁·特罗的“高等教育发展阶段论”，约瑟夫·本-戴维（Joseph Ben-David）的“学术中心论”，埃里克·阿什比（Eric Ashby）的“遗传环境论”，克拉克·克尔（Clark Kerr）的“多元化巨型大学观”和天野郁夫的“制度类型论”。这些理论源于高等教育发展的实践，对于研究国际高等教育的发展机制、解释其发展历程和特质及为当今中国高等教育发展提供理论借鉴都有着重要的价值。

1.“高等教育发展阶段论”

“高等教育发展阶段论”由马丁·特罗提出，他曾是美国加利福尼亚大学（伯克利分校）公共政策研究生院的社会学教授，以研究高等教育著称，并兼任学校高等教育研究所所长。马丁·特罗从20世纪50年代末开始关注高等教育大众化对现代社会发展的意义，他依据学生占同龄人口比例把高等教育发展过程划分为英才阶段（小于 15%）、大众阶段（15%—50%）、普及阶段（50%以上）三个阶段，即为“高等教育发展阶段论”。该理论对整个国际高等教育界产生巨大影响，成为分析研究国际高等教育发展的主要理论之一。这一理论认为高等教育发展从“结构-历史”的角度可以分为“英才—大众—普及”三个阶段，从一个阶段发展到另一个阶段的过程中充满着矛盾，并非完全彻底的转换，而是有着不同教育形态的存续，是一个量变和质变的过程。高等教育发展阶段的“马丁·特罗模型”有效性存在限制。随着各国高等教育发展的验证，马丁·特罗承认“从英才至大众，进一步向普及化阶段，高等教育依次发展，是基于美国的发展模式，不一定反映欧洲的现实”[2]。高等教育发展受各国不同历史、传统、法制和政治等因素影响，“把这一模型用于跨国教育体制的发展预测时，必须慎重”。该模式的有效性主要体现在“历史走向”和“功能志向型”的方法检验方面。

马丁·特罗的“高等教育发展阶段论”对研究世界高等教育发展的

① 卢晓中. 社会变革视野下高等教育发展理论创新［J］. 高等教育研究，2011（10）：20-25.

② 喜多村和之. 论高等教育体制的发展阶段［C］//广岛大学大学研究中心. 大学论集（第8集）. 广岛：广岛大学出版社，1980：52.

主要贡献主要体现在以下几个方面：一是通过对发达国家高等教育发展的研究，率先提出了高等教育的发展阶段理论，揭示了其普遍趋势与规律，全面而充分地展示了三个阶段的不同特征，提出了分析高等教育发展过程的重要概念与手段；二是阐明了高等教育发展的量变和质变的辩证关系，为理解世界高等教育发展过程提供了重要的理论武器；三是正确提示了阶段转移时期必然出现的矛盾及必须解决的问题，对发达国家高等教育发展预测及规划提供了可靠的理论依据①。

2. “学术中心论”

“学术中心论”由约瑟夫·本-戴维提出，他是以色列著名的社会学家，赫维拉大学的社会学教授。约瑟夫·本-戴维从科学社会学的角度论述世界学术中心的转移与高等教育的关系，在世界高等教育界产生了巨大影响。他的代表作有《科学社会学》（1971 年）、《学术中心》（1977 年）、《科学与教育》等，这些著作为国际高等教育发展研究提供了有力的理论工具。约瑟夫·本-戴维从科学社会学视角论述了世界学术中心的不断转换：从 18 世纪的英国转移到 19 世纪的法国和德国，20 世纪又转移到美国。伴随这种学术中心的转移，各国高等教育也随之发展变化。前述各国之所以能成为学术中心，其高等教育机构发挥了重大作用。法国高等工业学校的创立，使其成为 19 世纪的世界学术中心。而柏林洪堡大学的“科研与教学统一”思想，迅速风靡世界各地。受其影响，美国创立研究生院制度，培养高水平的科学研究人才，从而一跃成为 20 世纪的世界学术中心并将这一优势保持至今。世界各国大学模式基本上都受到学术中心国家大学模式的影响。例如，美国通过到德国学习的留学生，创建了第一所研究性大学——约翰斯·霍普金斯大学。日本引进德国大学的讲座制，成为帝国大学的主要组织形式。大学自治、学术专门化、学术和教育发展的关系等思想，也是通过学术中心国传播到世界各地的①。显然，世界学术中心的转移是以各国高等教育体制和发展水平为前提的，且受制于高等教育与其社会发展之间的关系。

3. “遗传环境论”

埃里克·阿什比提出著名的“遗传环境论”，他是英国著名的高等教育发展理论家，曾先后担任剑桥大学副校长和贝尔法斯特女王大学校长。埃里克·阿什比发表了一系列高等教育论著，主要包括《大学的社区》（1963 年）、《英国、印度和非洲的大学》（1966 年）、《科技发达时代

① 史朝. 国际高等教育发展理论评述（上）［J］. 外国教育研究，1998（4）：1-6.

的大学教育》（1974 年）。这些著作以比较生态学的研究方法研究世界高等教育的发展历程，“遗传环境论”对世界高等教育发展理论研究产生了巨大的影响。

“遗传环境论”认为大学是遗传与环境的产物。埃里克·阿什比从生物进化的角度提出了这一观点，在《科技发达时代的大学教育》中写道：“大学是继承西方文化的机构。它保存、传播和丰富了人类的文化。它像动物和植物一样向前进化。所以任何类型的大学都是遗传与环境的产物。”[①]受传统环境因素制约，英国、美国高等学校虽然均获得德国大学的“基因”，发展却各具特色。英国大学由于缺乏竞争环境和重视人文教育的传统，大学发展的影响主要来自“教学自由”，大学教授可以超出专业范围，公开发表自己的主张。德国大学模式进入美国后，在德国大学的优良基因下，且受美国实用主义传统影响，研究生院制度应运而生，继而发展起来一批研究性大学。这无疑是在美国新的环境下，大学的传统产生突变的结果。

埃里克·阿什比从生物进化的角度看大学的发展进化，探讨高等教育发展的动力问题，指出高等教育发展取决于政府、社会（市场）和大学三者的合力处于一种不稳定的平衡状态。并认为这种不稳定的平衡状态是世界各国高等教育体系存在的普遍现象。解决这一问题就必须协调好政府、社会（市场）和大学三者之间的关系。他还阐述了科技革命与高等教育变革的关系，认为人类社会发生了四次教育革命。第四次革命大大提升了高等教育的功能，将工艺学引入科学教育，工艺学不仅是应用科学，能满足社会需求，而且是人文主义的表现。这有助于高等教育解决人类社会面临的战争、种族冲突、环境污染和核战争威胁等问题[②]。此外，埃里克·阿什比还从生物学遗传和环境角度阐述了高等教育体系发展的双重机制原理。在现代社会中，大学固有的传统势力要保持大学以非职业教育为宗旨，而主要社会力量都在迫使高等教育向职业教育方面发展。他指出高等教育体系的特点是深受传统势力的影响，从而显示出生物学家所称的种系发育的惯性。这是因为大学的职能之一就是保存和延续文化遗产。另外，大学还要随时适应所处的社会环境。所以，高等教育体系和生物体系有类似之处，它们都是遗传和环境影响的结果，是自然和人为培养的产物。所以各地大学既有共性，又各具特色。

---

① 阿什比. 科技发达时代的大学教育［M］. 滕大春，滕大生，译. 北京：人民教育出版社，1983：139.

② 史朝. 国际高等教育发展理论评述（上）［J］. 外国教育研究，1998（4）：1-6.

4.“多元化巨型大学观”

克拉克·克尔提出了著名的“多元化巨型大学观”，他是美国当代最负盛名的高等教育专家，曾担任加利福尼亚州大学校长、卡内基高等教育委员会主席，为美国当代高等教育的改革与发展做出了卓越贡献，其代表性著作有《大学的功用》（1963 年）、《高等教育的巨大转变》（1991 年）等。他的“多元化巨型大学观”“联邦政府干预与大学发展”“大学为社会服务”等为国际高等教育理论界广泛接受。

克拉克·克尔认为“多元化巨型大学是一个不固定的、统一的机构。它不是一个社群，而是若干个社群——本科生社群和研究生社群；人文主义者社群；社会科学家与自然科学家社群；专业学院社群；一切非学术人员社群；管理者社群。”按照克拉克·克尔的形象比喻，“传统大学”是一个居住僧侣的村庄，“现代大学”是一座城镇——一座由知识分子垄断的工业城镇，“多元化巨型大学”是一座充满无穷变化的城市，这座城市里存在着各种各样的“文化群体”，高度的不一致和多样化就是“多元化巨型大学”的主要特征。克拉克·克尔在论述完大学观之后，又论述了现代大学的功能。“如今，知识是社会的核心。越来越多的人和越来越多的机构从来没有像现在这样需要，甚至是要求知识，大学作为知识的生产者、批发商和零售商，不可避免地要向社会提供服务。”[①]

克拉克·克尔认为堪称“美国模式”的“多元化巨型大学”是霍普金斯观念和威斯康星观念相互结合的产物。在多元化巨型大学基础上，又发展起一批高质量的研究型大学，即“联邦拨款大学”。克拉克·克尔认为这些大学的发展始于第二次世界大战期间联邦政府对科学研究的资助。研究型大学一直得到联邦政府的重点扶植。这些大学在得到联邦政府大量拨款的同时，对国家、社会、经济和科技的发展起着重大的战略作用。它们的发展和改革影响着培养高级人才的重大战略任务，是国家培养高级人才的战略基地。这种联邦政府向大学重点投资，然后向大学寻求解决各种当前急需问题（如 20 世纪 60 年代遭遇的卫生、健康和环境问题）的方法，使联邦政府与主要研究型大学之间形成了一种相互依赖的关系，成为“联邦大学”。这些大学学科齐全，设有专业学院、学生上万、教师上千，即“多元化巨型大学”。

5. 天野郁夫的“制度类型论”

“制度类型论”由天野郁夫提出，他是日本高等教育理论家、东京大

① 克尔. 大学的用处［M］. 陈学飞，等译. 南昌：江西教育出版社，1993：80.

学教育学教授。天野郁夫在翻译国外著名高等教育理论著作基础上开始研究日本高等教育发展。他在《变革时期的大学》(1980 年)、《大学——试炼的时代》(1988 年)、《探究日本的大学》(1990 年)及《高等教育的日本构造》(1986 年)系列著作中借鉴马丁·特罗和埃里克·阿什比的理论，用以分析日本高等教育在国外高等教育模式影响下的形成过程。他提出作为现代日本高等教育体制基础的日本高等教育“二元二质结构论”和现代日本大学分类等理论颇具日本特色。

天野郁夫运用马丁·特罗的理论和约瑟夫·本-戴维的“三结构理论”(职业结构、阶级结构和高等教育结构)分析日本高等教育大众化的发展进程。他认为社会如拥有以强大而稳固的以中产阶层为中心的阶级结构和僵硬的职业结构，那么高等教育结构就不易变化和扩充。如果一个社会的职业结构是流动的，且高等教育在形成职业种类或者说在形成中产阶级的过程中起主导作用，那么高等教育结构就成为升迁流动的主渠道。另外流动的职业结构能使新的高学历职业种类不断产生，高等教育结构又会对这种职业结构的变动做出灵活调适。高等教育数量发展的可能性就是这样受阶级结构、高等教育结构、职业结构三者关系左右①。天野郁夫研究发现，第二次世界大战后日本高等教育数量的发展并不是依靠国立大学的扩招，而是依靠质量很高及集中于大城市的私立大学的扩招。日本高等教育能够迅速走向大众化的原因是私立大学加强了培养白领工人的职能。

天野郁夫分析日本高等教育发展用得最多的是他的“二元二质结构论”。这一理论认为在 19 世纪后半叶日本构建近代高等教育制度时，既仿效德国柏林大学的模式，建立了以培养国家统治型人才为主要目的的“精英型”帝国大学；又因 19 世纪后半叶，欧美的工业化发展产生了对新型人才的需求，同时仿效德国的工科大学、英国的市民大学和美国的赠地学院等“大众型”高等教育机构，日本创立了“大众型”专门学校。这样，日本就形成了与欧美不同的“帝国大学-专门学校”并存的二元结构。同时，由于受教育资源限制，功能的补充并不是在帝国大学和专门学校同一水平面上而是在纵向的等级中进行。同时解决质量问题和数量问题的要求导致了帝国大学与专门学校之间多层次高等教育结构的形式。①这便形成了日本高等教育发展的“二元二质结构”。第二次世界大战前的这种“二元二质结构”在第二次世界大战后的高等教育改革中原封不动地保留下来。只不过“帝国大学-专门学校”这根轴变成了“中央国立大学-地

① 史朝. 国际高等教育发展理论评述(下)[J]. 外国教育研究，1998(6)：19-23.

方国立大学”。高等教育的等级结构依然如故。在这种理论下，天野郁夫将近代日本高等教育的发展过程总结为：“我国的高等教育，大学——高等学校和专门学校，进一步在官学和私学这种二元二质结构的基础上取得了发展。”[①]

最后，天野郁夫在分析马丁·特罗“高等教育发展阶段论”局限性基础上，提出了高等教育发展“制度类型论”。他认为高等教育分别遵循着各国不同的发展路径，要说明以前的高等教育发展过程，进一步准确预测今后的方向，这就需要提出“制度类型论”。“相对其类型的不同，设定阶段转移的多重道路。”比如，高等教育规模和功能要顺利从“精英型”进入“大众型”，在“精英型”阶段的高等教育体制中，必须并存着同“精英型”不同的“大众型”机构。在美国那种机构类型是赠地学院。在第二次世界大战前的日本，其“功能的对等物”是专门学校，尤其是私立专门学校，从第二次世界大战后看，是以专门学校为中心合并的新制大学，特别是私立大学[②]。

（二）现代高等教育发展理论的构建特征

通过对以上几种代表性国际高等教育发展理论的简要评述，可以看出，高等教育发展既有其共同特征，也存在个体差异。这便是高等教育发展规律性的体现。高等教育改革须遵循其发展逻辑，协调好社会、政府、高等学校的关系，认识高等教育发展的阶段性，把握好质与量的平衡，是世界高等教育发展的必然途径。为更好把握高等教育发展理论，认识高等教育发展规律，并运用其指导高等教育实践，有必要对高等教育发展理论的特征进行简单的概括。

首先，高等教育发展理论具有发展性特征。高等教育发展理论主要研究的是发展与教育的关系问题及如何通过教育来促进社会发展和人自身的发展，主要从发展的视角来研究教育发展问题。发展理论的概念系统和分析框架适用于高等教育发展理论的研究，但要注意二者的合理整合和融会贯通，要把教育的发展放到整个社会发展的背景中去考察，最后使立足点回到教育自身发展问题上来。[③]而且，“发展理论”是不断发展的，现代化理论也需要不断予以“现代化”。人的理性能够认识教育现代化问

---

① 天野郁夫. 高等教育的日本构造［M］. 町田：玉川大学出版社，1986：57.

② 天野郁夫. 高等教育的日本构造［M］. 町田：玉川大学出版社，1986：158-163.

③ 谢锦霞. 试论发展理论在发展教育理论研究中的适用性［J］. 教育探索，2004（1）：56-58.

题，这种认识随着时间的推移和研究的深入会不断深化。[①]现代化理论、依附理论和世界体系理论等发展理论的出现便是一个不断修正和发展的过程。同样的，马丁·特罗的“高等教育发展阶段论”、天野郁夫的“制度类型论”等都需要在实践中不断加以检验和修正。因此，随着高等教育不断发展，在其迈向现代化的进程中，需要运用不断发展着的理论来解释、指导和引领高等教育现代化实践。

其次，多样性是现代高等教育发展理论的逻辑起点。与传统高等教育发展不同，现代高等教育发展的一个最为普遍和最为本质的特征是多样性。这既与教育的价值追求（满足每个人的教育需求和社会对教育的需求，两者均表现为多样性）有关，也是高等教育发展到现代以来的阶段性特殊现象。高等教育多样性既是高等教育发展到现代的结果性现象，又是现代高等教育发展出现的种种新现象、新特征和新问题的原因或根源所在，或可称之为原因性现象。比如，高等教育大众化与多样性互为因果关系反映了高等教育多样性作为现代高等教育发展的结果性现象，以及出现新现象、新特征和新问题的原因或根源的这一现象。现代高等教育发展理论需要解释这一现象，并回答这一现象带来的高等教育发展的种种问题。

最后，高等教育发展理论在价值取向上要实现向高等教育系统和人自身发展的转向。关注高等教育自身的发展，尤其是人的发展，促使现代高等教育发展理论从工具理性向价值理性转变。这跟传统的教育发展理论更多关注教育与国家、教育与社会的关系等宏观问题有明显差异。作为“培养人的社会活动”的教育主体性的确立，在新发展教育理论看来，教育不仅是经济、社会发展的基础，而且它是为人本身服务的，是人的基本权利和基本需求之一。教育不仅是促进社会发展的工具，而且它本身就是社会发展的核心。同时，作为社会大系统的子系统，教育在社会文化的再生产、社会流动、文化传统的继承和保护等方面都起着不可替代的作用，这时，教育的发展才真正被人们所认识。人的发展和教育的发展成为发展教育理论的重要问题[②]。此外，高等教育发展理论研究还需关注高等教育发展理论体系构建的“宽度”和“深度”，即需要从高等教育理论与国际比较高等教育相互联系的视角构建现代高等教育发展理论体系，以进一步提升研究的理论品位。以系统发展观研究和观照高等教育发展可以看作高等教育

---

① 褚宏启. 教育现代化的路径［M］. 北京：教育科学出版社，2000：15.

② 卢晓中. 社会变革视野下高等教育发展理论创新［J］. 高等教育研究，2011（10）：20-25.

多样性引申出来的核心理念和本体性要求。以上均是高等教育发展理论构建体现出来的一般特征。

三、高等教育发展理论对高等教育现代化实践的影响

高等教育现代化是整个社会追求的宏伟理想。这一理想意味着高水平的大学、领先世界的科学技术水平和与之相互助长的发达的经济实力，以及建筑于其上的整个民族的兴盛和人民生活质量的提高。然而，现代高等教育发展理论研究需要不断清晰高等教育现代化的内涵和效应，探讨高等教育现代化背后的观念基础和理论基础。唯有如此，在追求高等教育现代化的过程中，才能真正实现期望与结果的一致。因此，理解高等教育现代化，高等教育发展理论需要先思考与探讨支撑人类社会现代化过程的理论和观念，梳理现代化过程的主要内容和表现，这将引导我们全面客观地把握高等教育现代化过程，并科学地实现高等教育现代化。①这不仅意味着高等教育发展理论与高等教育现代化实践之间密切关联，而且意味着高等教育发展理论对高等教育现代化实践的重要价值。

发展是一个永恒的概念，现代化是发展的一个阶段或目标。现代化理论作为一种有影响的思潮兴起于20世纪50年代初，它是发展理论的一个分支，教育现代化问题的实质就是教育发展问题②。同样，高等教育现代化的实质属于高等教育的发展范畴。高等教育现代化作为高等教育发展的战略目标，高等教育发展理论研究必须努力解决高等教育现代化的内容、前提、进程、趋向及基本特点等问题，为高等教育现代化战略目标的选择和顺利实施提供理论指导和引领。为此，必须在准确把握高等教育现代化实践内涵的基础上，认识高等教育现代化理论构建的特征。

（一）高等教育现代化与高等教育发展的关系

教育现代化是指与教育形态的变迁相伴的教育现代性不断增长的历史过程。教育现代性的增长是现代教育一些特征的集中反映，它体现了教育现代化过程中教育呈现出的一些新特点和新性质，教育现代性的增长是教育现代化进程的根本特征。一个国家的教育现代化程度的高低主要体现在教育现代性的增长方面。教育现代性的增长主要从教育形态的变迁中体

① 俞冰，刘标，许庆豫. 高等教育现代化的危机与消解［J］. 清华大学教育研究，2012（5）：27-34.
② 褚宏启. 教育现代化的路径［M］. 北京：教育科学出版社，2000：5-8.

现出来，教育形态是表象，教育现代性则表明这种形态的性质和本质。教育现代化是一个持续的发展过程，将会无限期地持续下去；处于教育高度现代化阶段的国家也还存在不少亟待解决的教育问题，其教育现代化的水平还需进一步提高，教育的高度现代化作为一个发展阶段在这些国家持续着；处于教育现代化变革阶段的国家则力图早日进入高度现代化阶段。教育的现代性主要体现在教育的世俗化、国家化、科层化、理性化、民主化、专业化、科学化和福利化等方面，这些在不同的文化背景下，其变迁有不同的表现。就本质而言，教育现代化就是不断解决存在的问题，使教育发展趋向合理化和理性化的过程，即权力、资源分配更加合理，教育结构功能更加合理。教育现代化进程对于社会核心要素的现代化进程而言具有相当大的依附性①。教育现代化的要素最终要服务于“人的现代化”，因为“人的现代化”是教育现代化的根本标志②。

高等教育现代化属于教育现代化的一个重要部分，对教育现代化具有巨大的引领与推动作用。高等教育在一定程度上代表了一个国家的教育、科技、文化的总体发展水平。随着高等教育不断走向社会的中心，高等教育现代化进程问题日益受到人们的关注。高等教育现代化从根本上来说就是以人性回归为核心的“人”的现代化，人性回归是高等教育现代化的根本标志，是高等教育现代化之现代性的最鲜活内涵③。人的现代化、管理的现代化和社会的现代化，尤其文化的现代化既是高等教育现代化的基本条件，更是高等教育现代化的终极目标与诉求。高等教育现代化的过程就是实现高等教育民主化、科学化、法制化、公平性与效益性的过程，借鉴国外成功经验，突显中国特色，采取改革与创新策略、促进人性回归是高等教育现代化的重要途径。从内容上看，高等教育现代化是一种全球高等教育发展历程，是社会现代化背景下高等教育领域发生的急剧变革，是发展中国家有计划、高效率地学习、借鉴和模仿发达国家高等教育，以期迅速改变落后状况的发展过程，涉及高等教育领域的理念、质量、受众、功能等各个方面④。

综上所述，高等教育现代化是高等教育发展的一个阶段或目标。现代化的本质就是发展，高等教育现代化是高等教育发展到一定阶段的具体状

---

① 褚宏启. 教育现代化的路径［M］. 北京：教育科学出版社，2000：8-39.

② 李健宁，潘苏东. 关于教育现代化指标体系设置的构想［J］. 现代大学教育，2004（1）：11-16.

③ 尹达，徐凤. 高等教育现代化：本质内涵、时代特征与实现路径［J］. 山东高等教育，2015（11）：19-23.

④ 俞冰，刘标，许庆豫. 高等教育现代化的危机与消解［J］. 清华大学教育研究，2012（5）：27-34.

态，即高等教育现代化是“反映未来某阶段或现实高等教育发展的最高水平及其综合实力的最强状态”①。高等教育现代化的内涵十分丰富，它要求要以先进的教育思想观念为指导，使高等教育与经济、社会的现代化发展相适应，达到现代高等教育的世界先进水平，培育出满足现代经济和社会建设要求的新型劳动者和高素质人才。高等教育现代化既是宏观与微观的统一，也是目标与过程的统一，要求在思想观念、规模、结构、质量、效益、公平、体制、机制等各个方面全面实现现代化②。

（二）高等教育现代化的实践特征

高等教育现代化是高等教育强国的基本指标。高等教育现代化首先是教育对象的现代化、教育目的的现代化、教育内容的现代化与教育方式的现代化。高等教育的个性化、终身化、信息化、国际化、普及化及开放性、创新性和公平性是高等教育现代化的基本要素，这些要素共同作用于高等教育系统中的各个环节，包括招生录取体系、管理培养体系、质量监控体系等。从根本上来说，高等教育系统各要素的作用对象都指向“人”，“人”才是高等教育现代化的核心，才是高等教育现代化的最大推动者③。可见，高等教育现代化的目标指向是人的现代化。下面拟对高等教育现代化的实践特征进行简单概括。

1. 高等教育个性化

实现高等教育个性化是知识经济和信息时代社会发展及人才需求多元化的客观需要。实现学生创新精神和实践能力的培养目标更需要实施个性化教育，注重因材施教、个性化教学、培养创新型人才的具体实践。社会本位的价值取向是个性化实现的阻碍。如 1985 年《中共中央关于教育体制改革的决定》指出：“社会主义现代化建设的宏伟任务，要求我们不但必须放手使用和努力提高现有的人才，而且必须极大地提高全党对教育工作的认识，面向现代化、面向世界、面向未来，为九十年代以至下世纪初叶我国经济和社会的发展，大规模地准备新的能够坚持社会主义方向的各级各类合格人才。”1993 年中共中央国务院印发的《中国教育改革和发展纲要》指出：“各级各类学校要认真贯彻‘教育必须为社会主义现代化建设服务，必须与生产劳动相结合，培养德、智、体全面发展的建设者和

---

① 眭依凡. 高等教育现代化的理性思考［J］. 高等教育研究，2014（10）：1-10.

② 瞿振元. 实现高等教育现代化需要理论先行［J］. 中国高教研究，2013（12）：3-5.

③ 尹达，徐凤. 高等教育现代化：本质内涵、时代特征与实现路径［J］. 山东高等教育，2015（11）：19-23.

接班人’的方针，努力使教育质量在九十年代上一个新台阶。”这些表述体现了高等教育发展的社会本位倾向。个性化教育是指尊重高等学校学生个性，促进学生个性充分自由发展的教育，要求确立学生在教育中的主体地位，教师的行为和培养方式的设计都要服务于学生的发展。个性化教育关注人的独特性，强调因材施教。因此，为顺应时代发展要求，高等教育必须尊重个性、培养个性、张扬个性①。个性化是高等教育发展多样化、特色化的根基，没有教育对象的个性化，就无从说起高等教育系统的多样化和特色化。从这种意义上说，个性化决定了或间接地表现为高等教育机构的多样化及其发展的特色化。

2. 高等教育终身化

高等教育终身化是不同于传统高等教育的一种理念，也是高等教育现代化的战略目标。在快速变化的时代，竞争激烈，科技发达，社会发展对劳动者文化素质的要求越来越高，求职的压力也越来越大，一次性学校教育已经无法满足不断更新知识的需要，高等教育终身化已经成为人们适应社会的必然选择。美国、日本等国家均已建立了较为完善和成熟的终身教育体系，建设终身教育体系是世界教育发展的趋势，也是高等教育现代化战略目标之一。从这个意义上来说，构建终身教育体系是建设高等教育强国的主要指标。终身教育是人类社会从工业化向知识型经济转变过程中提出的新要求，是构建学习型社会的需求。“信息爆炸”的现实及职业岗位变动的频繁，职前高等教育的局限性与不适应性暴露无遗，高等教育的终身化已经成为知识经济社会的必然选择。

3. 高等教育信息化

20 世纪 90 年代以来信息技术的发展，以国际互联网为标志的信息革命席卷全世界，深刻地影响着社会生产方式、生活方式和思维方式，彻底改变了传统的知识创造、收集、储存、传播的方式与途径。高等教育信息化不仅是提高高等教育质量的需要，也是国家高等教育整体水平提升的标志。信息技术和互联网的发展给高等教育带来了深刻影响，使教育观念、教育内容、教育方法和教育结构发生革命性的变化。许多国家从 20 世纪 90 年代初期就开始重视教育的信息化建设。美国 1993 年就提出要把教育构架在因特网上，使信息高速公路通向每一所学校、教室和图书馆，使美国每一个 8 岁儿童都能够独立阅读网上信息，12 岁儿童能借助网络学习。

① 张安富. “十化”趋势：我国高等教育现代化发展的基本特征［J］. 国家教育行政学院学报，2010（12）：53-57.

1999年国务院批转教育部的《面向21世纪教育振兴行动计划》中，把实施现代化远程教育工程；形成开放式教育网络，构建终身学习体系，作为重要内容。未来几十年，信息技术必将在全国高等学校教学过程中得到深入应用，并不断引发教学变革。统一化、模式化的教学形式将逐渐弱化，而个别化的自主学习、个性化教学将会成为主导的教育形式。信息化成为高等教育现代化的重要物质条件和战略目标。

4. 高等教育国际化

高等教育国际化已经成为不可回避的历史潮流，欧洲“博洛尼亚进程”是欧洲高等教育国际化和一体化的时代体现。高等教育发达国家大学都是面向全世界招聘优秀教师，海外学生占在校学生的比例有的高达20%以上，我国台湾和香港地区的大学教师大多具有国外高水平大学的学习经历和博士学位。可以说，这些国家和地区的高等教育国际化程度都非常高，在一定程度上反映出这些国家和地区具有较高的高等教育办学水平。国际化是高等教育发展的战略选择。中国的高等教育要根据国情，走中国特色的国际化之路。首先，确立高等教育国际化的办学理念和战略，从思想、组织、人力、物力、财力入手，与世界高等教育接轨。其次，加强世界一流大学建设，提高教学质量、科研水平和管理水平。再次，扩大国际交流与合作，推进大学与世界高水平大学之间的师生互换、学者互访，扩大留学生规模，开展国际化专业认证，参与国际型人才培养。最后，高等教育应着力培养学生的国际视野和国际情感，这是推进高等教育国际化的重要途径。通过教师的国际招聘、教学与科研的国际交流与合作，吸收、借鉴世界各国高等教育办学理念和办学模式，提升高等教育的国际影响力和竞争力。同时，高等教育应吸取不同国家高等教育的优良经验，与世界高等教育融通，继承和保持各自高等教育发展进程中的优势和精华，彰显民族高等教育的特色和个性①。

5. 高等教育普及化

高等教育普及化已经成为世界各国高等教育发展的必然趋势，不少国家已经实现或部分实现高等教育普及化。根据高等教育发展的现状与趋势，实现高等教育普及化目标有其可能性。高等教育普及化是高等教育民主化、个性化的表现。高等教育普及化可以挖掘潜在的人力资源，使人尽其才，才尽其用，实现个体的人生价值。但长期以来，世界各国的国民平

① 张安富．“十化”趋势：我国高等教育现代化发展的基本特征［J］．国家教育行政学院学报，2010（12）：53-57.

均受教育水平不均衡，一些国家的劳动力受教育水平偏低，结果只能是“制造大国”，而非“设计大国”“创新大国”，造成人力资源的极大浪费。因此，高等教育普及化成为提升国家综合竞争力与人力资源总体水平的重大战略选择。另外，由于世界经济的快速发展，民众对高等教育的需求日趋旺盛，高等教育普及化时代正在走来，高等教育规模适度扩张政策将会持续一个相当长的时期。高等教育普及化具有大规模、多样性、个性化和社会化四大特点；高等教育普及化涵盖平民教育、个性教育、包容教育和开放教育的理念。为更好地迎接高等教育普及化的到来，应在遵循高等教育普及化理念的同时，构建面向全体国民的高等教育体系，创造个性化的高等教育模式并建立社会化的高等教育运行机制，以此实现向高等教育普及化阶段的顺利过渡①。

以上关于高等教育现代化的个性化、终身化、信息化、国际化和普及化等实践特征，并非相互割裂，毫不相关，而是相互影响和相互促进，共同构成了一幅高等教育现代化的宏伟蓝图，其最终诉求指向人的现代化。

（三）高等教育发展理论对高等教育现代化实践的回应

高等教育现代化是时代的迫切要求，而对于发展中国家来说，这将仍然是一个长期的过程，还会面临许多困难和问题。研究和解决这些困难和问题是高等教育发展理论研究义不容辞的责任。与此同时，高等教育发展理论需要担负起引领功能，以加速高等教育现代化进程。通过对高等教育现代化实践的研究，高等教育现代化理论体系得以不断丰富和完善。

经过多年努力，发展中国家高等教育现代化建设得到巨大的改善。但整体来看与世界先进水平还存在差距，高等教育的管理、文化和体制等各方面还需要进一步改革和完善。高等教育现代化的“软件问题”主要表现在“管理上的行政化、主体依赖、形式民主，文化方面的官本位、专制传统、裙带关系，价值观上的等级观、政绩观、圈层观等”②。这些问题成为制约高等教育现代化的巨大阻力。此外，高等教育机构内部也面临着危机。首先，传统的统一的大学价值观正在解体。现代化过程中，普遍的、绝对的、统一的东西遭遇挑战，现代社会分裂为一个个碎片，每个碎片有其自身的意义与目标，依托自身的力量延续与发展。大学置身于这样的时代背景中，把人们团结在一起研究高深学问的力量被消解了。“如纽曼或

---

① 别敦荣，王严淞. 普及化高等教育理念及其实践要求［J］. 中国高教研究，2016（4）：1-8.

② 蔡宗模. 西部高等教育现代化的软件建设分析［J］. 中国高教研究，2014（10）：27-31.

雅斯贝尔斯在他们的名著中提出的那样，认为大学建立在一个基本的、认知的‘理念’之上的观念现在已经站不住脚了。现代社会中有多少种认知结构，就会有多少种大学理念。随着大学使自身合法化的理念或一种基本认知模式的丧失，以及认知模式中多元秩序的涌现，就出现了身份认同的问题。”其次，大学的学术权威式微。现代社会的学者们通过对学术资源的集体垄断，共同积累着他们在学术界的声望与影响力，控制着对学术知识的解释，制定着衡量专业技能的标准。现在，统一的标准不复存在，学术权威失去了其合理性。最后，大学内部异质性丛生。海德格尔曾经说过："各门科学千差万别。它们探讨对象的方式根本不同。这许多支离破碎的学科，在今天只是被各大学科系的技术组织维系在一起，并且只是靠各学科的实际应用目的而保持其意义。反之，各门科学的根株在其本质深处则已经死亡了。"[①]现代性洗涤了大学精神，大学本身所蕴含的人文主义精神被工具理性驱使的官僚体制遮蔽了[②]。可见，无论在实践还是理念方面，高等教育现代化都面临着危机和困境。

推进高等教育现代化需要理论先行。高等教育现代化，首先是教育思想观念的现代化，实现高等教育现代化必须以先进的高等教育理论作为支撑[③]。世界上的经济强国总是与教育，特别是高等教育强国相伴而生，这些国家在实现教育现代化的进程中无不具备独特的、先进的、符合本国实际的教育理论，这些先进的教育理论不仅指导着本国的教育实践，而且对世界高等教育进程产生深刻的影响。高等教育现代化归根结底表现在培养人的现代性的发展程度上。高等教育现代化，物质条件是基础，教学内容和方法是核心，体制机制是保障，教育理念起着先导作用。只有依靠高等教育发展理论研究，才能推动体制机制的实质性转变，开展教育实践的变革。当然，发展理论的变革源于实践，而不是凭空产生的，同时又在指导实践进程中不断修正、丰富、完善、提升。高等教育发展理论在不断丰富和完善，指导高等教育现代化实践的作用也在不断彰显。在推进高等教育现代化的进程中，需要发挥高等教育发展理论的先导作用。

高等教育发展理论研究要兼顾微观和宏观两个方面。一方面，要注重对教学内容、方法、手段的研究，要用先进的教学方法把现代科学发展的最新成果反映在课堂教学中。在研究"如何教"的同时，要研究学生"如

---

① 俞冰，刘标，许庆豫. 高等教育现代化的危机与消解［J］. 清华大学教育研究，2012（5）：27-34.
② 德兰迪. 知识社会中的大学［M］. 黄建如，译. 北京：北京大学出版社，2010：13-25.
③ 瞿振元. 实现高等教育现代化需要理论先行［J］. 中国高教研究，2013（12）：3-5.

何学”，因为教学的最终目的是促进学生的学习，促进学生的发展是教育的灵魂。另一方面，要继续注重教育基本理论、基本规律和重大实践问题的研究。高等教育的功能与属性问题、教育公平与社会公平的关系问题、素质教育的内涵和途径问题、教育的目的性和价值性问题、教育的发展战略和重大政策问题等，都要努力做出科学的判断和理性的分析，要从理论与实践的结合上予以正确回答，为教育决策的科学化服务；要承担起高等教育研究的社会责任，回应社会关切的问题。对社会反映最集中、最突出、最迫切的重大问题，高等教育发展理论研究要力争形成舆论引导，凝聚社会共识，不断推进高等教育现代化建设。高等教育现代化是高等教育健康发展的现实需要与应然选择，具有浓厚的国际趋向性、历史延续性和法治敦促性，要深刻把握中国特色高等教育现代化的本质内涵、时代特征与实现路径，在改革、创新和发展的过程中，构建和谐、民主、公平与高效益的素质教育文化，为不断实现高等教育的现代化而努力①。这样就必须加强高等教育发展理论研究，不断为高等教育现代化提供理论支持。

对高等教育现代化本质、目的及功能等有关问题的理论认识，影响和决定着高等教育现代化的实践选择，只有将理论认识与实践选择有机统一起来，才能顺利推进高等教育现代化进程。高等教育现代化的本质是实现人的现代化，在实践中必须以此为根据选择、组织和开展教育实践活动。但是，理论和实践之间间隔的伴生性决定了高等教育现代化进程不可能完全按照理论认识的预定轨道平稳前行，而必然在理论认识和实践选择的张力中呈现波浪形、螺旋状发展态势。②因此，必须不断加强高等教育发展理论研究，发展高等教育发展理论，努力提高理论的科学性，充分发挥理论的先导作用。

① 尹达，徐凤. 高等教育现代化：本质内涵、时代特征与实现路径［J］. 山东高等教育，2015（11）：19-23.

② 李国仓. 论中国高等教育现代化进程中的理论认识与实践选择［J］. 江苏大学学报（社会科学版），2015（3）：56-60.

第二章　变革视野下高等教育发展理论的创新

人文社会科学扎根于人类社会，人类社会的重大变革往往都伴随和驱动着人文社会科学的创新，一方面人类社会的变革需要人文社会科学提供方向引领，另一方面人类社会的变革也为人文社会科学的创新提供了肥沃的土壤。同样地，高等教育发展理论的创新总是与人类社会的变革有着内在的关联，因为高等教育发展理论着重于探讨高等教育与国家、社会发展的关系及在这一关系框架下高等教育自身发展的问题。本章主要探讨社会变革、高等教育变革、技术变革这三大变革视野下高等教育发展理论的创新，并从系统论的角度探讨现代高等教育发展理论的系统发展观。

第一节　社会变革视野下高等教育发展理论的创新

世界处在一个社会大变革时代。社会变革对高等教育发展的影响究竟有哪些？面对社会变革，高等教育发展究竟需要什么样的发展理论？这是当前高等教育理论界必须认真回答的问题。因此，需要在社会变革与高等教育发展理论关系的认识基础上，着重从理论构建视角、要素和问题域等诸方面对高等教育发展理论的发展与创新做一初步探讨。

一、社会变革与高等教育发展理论的关系

所谓高等教育发展理论，主要研究高等教育发展与国家发展、社会发展的关系，以及在这一关系框架下的高等教育自身发展问题。因此，要探讨社会变革与高等教育发展理论的关系，必须厘清以下两对关系：一是高等教育发展与社会变革的关系，二是高等教育发展实践与高等教育发展理论的关系。

从高等教育发展与社会变革的关系而言，高等教育发展总是与社会变

革（包括社会危机，变革与危机常常是相关联的，危机中常常预示着变革，而变革往往也是充满着风险甚至危机）密切相关，这可以从两方面来认识：一是从“适应论”的角度来看，一种社会变革往往会对高等教育发展提出新需求，它要求高等教育发展适应这种变革；二是从“引领论”的角度来说，今天高等教育发展对社会变革越来越具有引领作用，也就是说高等教育发展可以在相当程度上促使社会变革，这种“促使”，不仅指高等教育发展可能引起社会变革，更是要主动、自觉地引领社会变革。尤其是当高等教育走向“社会的中心”、高等教育的社会功能日益彰显时，高等教育发展对社会变革的这种“引领”功能愈加显著。

对于高等教育发展实践与高等教育发展理论的关系，我们同样可从理论与实践关系的一般意义来认识，即实践是理论发展的源泉，理论引导实践的发展。值得注意的是，不同时期的高等教育发展理论对高等教育发展实践的引导作用并不一样。比如，在高等教育发展理论相对贫乏的时代，如中世纪早期，欧洲大学的发展实践基本是自发的，很难谈得上有明确的发展理论指导。所以，人们常常认为早期的中世纪大学的创建和发展是“实践在先、理论在后”。真正的“理论在先、实践在后”则是在 19 世纪以后，尤其是德国柏林大学的创建与发展，从一开始便有了明确的办学思想或理念。进入 20 世纪下半叶以来，随着现代高等教育逐渐进入“社会的中心”，高等学校成为社会的“轴心机构”，高等教育发展对于国家和社会的发展变得越来越重要，而且高等教育无论是自身的运作，还是服务的对象，都日益复杂和多样，这就使得高等教育发展理论对高等教育发展实践的引导作用愈加彰显。一个国家和地区有没有正确的高等教育发展理论，对这个国家和地区的高等教育发展至关重要。同样，一个高等教育机构有没有正确的高等教育发展理论，直接关系到这个高等教育机构的生存和发展。这也是当前在全球重视探索高等教育发展理论的原因。1998 年 10 月联合国教科文组织在巴黎召开的首次世界高等教育大会，实际上就是全球的一次高等教育发展理论的大讨论，当时联合国教科文组织高级官员季米特里·别里泽谈到该次会议将成为“地球村”新大学的“思想实验室”。事实证明，这次世界高等教育大会给世界各国高等教育发展实践带来的影响是非常广泛和深远的。在中国，高等教育发展理论对高等教育发展实践的影响，从有关高等教育大众化理论对近十年我国高等教育大众化发展进程的影响可见一斑，尽管这种影响未必都是积极的，甚至也出现过由于对高等教育大众化理论的误解而导致某些实践的误区。

正是以上两种关系，在相当程度上决定了社会变革与高等教育发展理论的关系，即高等教育发展理论通过引领高等教育发展实践，以适应社会变革甚或引领社会变革；而同时高等教育发展理论在这一过程中也不断丰富和创新。

20 世纪后半叶出现的较有代表性的高等教育发展理论①，如马丁·特罗的“高等教育发展阶段论”、约瑟夫·本-戴维的“学术中心论”、埃里克·阿什比的“遗传环境论”、克拉克·克尔的“多元化巨型大学观”及天野郁夫的“制度类型论”等，也都是因剧烈的社会变革引起的高等教育大变革、大发展而产生的。如第二次世界大战后世界各国都处在一个大变革、大发展时期，社会变革既为高等教育发展提供了机遇，又使高等教育发展面临许多挑战和危机。比如，这一时期发达国家高等教育发展迅猛，集中表现在规模迅速扩大，数量显著增长，同时又面临着深刻的危机。大学的所有方面如管理、经营、财政、课程、教师雇用及培养、学生选拔、科研资助、师生关系等都充满着矛盾，都等待教育发生一个质的变化。正是在这一背景下，马丁·特罗论述了高等教育发展阶段的普遍趋势和规律，阐明了数量与质量的辩证关系，并指出了高等教育阶段发展时必然出现的矛盾及必须解决的问题；约瑟夫·本-戴维告诉人们世界学术中心是不断变化的，伴随着这种学术中心的转移，各国大学教育也在发展变化，大学教育实际上引导着这一转移，学术中心国家的大学模式影响着世界各国的大学模式；埃里克·阿什比则用比较生态学的方法，通过研究世界高等教育发展历程，提出了大学是遗传与环境的产物，从大学发展动力的角度阐述了大学与政府、社会的关系，以及科技革命与大学教育变革的关系；克拉克·克尔则从历史的角度阐述了各种大学观与社会变革的关系，提出了面对社会变革的“多元化巨型大学观”；天野郁夫提出了高等教育的阶级结构、高等教育结构和职业结构“三种结构论”、日本高等教育的“二元二质结构”、“制度类型论”。

值得注意的是，重大的社会变革常意味着认识论及方法论的大发展、大突破，这种大发展、大突破往往具有普适意义，对高等教育发展理论的创新和发展同样具有重要的启迪意义。如中国社会处在一个变革和转型的重要时期，高等教育自 20 世纪 90 年代以来获得了前所未有的大发展。新时期中国高等教育将进入新的发展阶段，如 2019 年中国高等教育的毛入学率已达到 51.6%，已进入到普及化阶段。同时，我们也面临世界“百年未有之大变局”，这对中国社会将产生重大影响。那么，应如何确立适宜

① 史朝. 国际高等教育发展理论述评（上）[J]. 外国教育研究，1998（6）：1-6.

的高等教育发展理论为，中国高等教育新时期的发展提供理论引领？习近平新时代中国特色社会主义思想和习近平关于高等教育的重要论述，尤其是提出的“创新、协调、绿色、开放、共享”的新发展理念，无疑对中国高等教育发展理论的创新和发展提供认识论和方法论上的指引。

二、适应社会变革需要的高等教育发展理论创新

面对新时期的社会变革，高等教育发展理论亟须创新。

1. 高等教育发展理论的创新应当重视引领社会变革，从“高等教育适应论”视角到“高等教育引领论”视角

如果说以往的高等教育发展理论更多的是回应社会变革对高等教育发展提出的新需求，呈现出明显的“适应性”特征，那么在新时期，随着高等教育日益进入“社会的中心”和高等教育对国家发展和人的发展的作用日益彰显，高等教育发展理论应充分发挥对高等教育发展的引导作用，并通过这一引导作用发挥对社会变革的引领功能。

高等学校的社会职能是一个历史范畴，正如克拉克·克尔所认为的“高等教育的漫长的历史，包括一个从少数职能到很多职能的延续几个世纪的运动，最初缓缓地增加，但是比较新近，迅速地增加”①。今天的高等学校，除了人才培养、发展科学和直接为社会服务三大社会职能外，还应承担起促进甚至在一定意义上引领社会变革的社会职能。胡锦涛在清华大学百年校庆上提出高等学校全面提高高等教育质量的“四个必须”，其中包括“全面提高高等教育质量，必须大力推进文化传承创新”。所谓“文化创新”，实际上提出了高等学校促进和引领文化变革与发展这一重要问题，应当说这是对高等学校的社会职能的新认识和新发展。引领社会变革的高等教育，迫切需要能够正确引导高等教育发展的高等教育发展理论，高等教育发展理论也是通过引导高等教育发展，进而引领社会变革，其典型案例是印度的“人才外储”高等教育发展理论。正是在这一发展理论的引导下，印度实施大力发展高等教育的战略，尤其是加强信息产业的高层次人才培养，从而有效引领了印度产业转型升级和高科技产业的发展。20世纪 90 年代联合国教科文组织提出的一个十分重要的思想，就是怎样使高等学校培养的大学毕业生不仅成为现有工作岗位的“求职者”，而且要使他们成为未来工作岗位的“创造者”，这就有赖于高等教育在人才培养

① 克尔. 高等教育不能回避历史——21 世纪的问题［M］. 王承绪，译. 杭州：浙江教育出版社，2001：263.

上的适应与创新的统一。在我国，从长期以来高等教育是一种“求职者”的教育，今天对高等教育的认识，不仅是“求职者”的教育，更是“创业者”的教育。高等教育的这一重要转变实际上表征着高等教育发展理论正从单纯的“高等教育适应论”视角向“高等教育引领论”视角转变的趋势。

2. 高等教育发展理论的创新应当避免理论的“依附”，从发展理论的借鉴与移植到“高等教育化”的改造与创新

历史上曾有过三种不同的教育理论构建模式，即“经验—理论”模式、“心理理论—教育理论”模式及“相关学科理论—教育理论”模式[①]，显然，高等教育发展理论应属于第三种模式，即通过对相关学科有关理论（主要是发展理论）的“借鉴”或“移植”而形成高等教育发展理论。但“借鉴”或“移植”容易形成“依附”[②]，一旦形成“依附”，则成为高等教育理论发展的误区。如何避免这一误区，“高等教育化”的改造是必不可少的，这就需要回答这样一个问题：研究社会发展问题的发展理论，它所确立的理论分析框架，以及与之相关的基本概念或术语等，是否仍适用于高等教育发展问题的研究？

比如，对于早期的后发外生型国家，其高等教育却可能是后发内生型的，甚至是先发内生型的。德国通常被认为是后发外生型国家，但其高等教育在相当程度上被认为是先发内生型的。另有研究数据表明高等教育规模扩大与经济发展之间并无多大联系。[③]这一从比较教育学角度获得的结论或认识与从教育学原理角度得出的认识似乎并不一致。这就有一个如何认识和处理普遍与特殊、本质与现象的关系问题，即教育学原理角度的“深度”更多是揭示教育发展的普遍性，而比较教育学角度的“宽度”则时常反映教育发展的特殊性。特殊性可以是普遍性的个案，通常包括个案归纳出来的普遍性和普遍性演绎出来的个案；也可以是普遍性的例外，虽然这种情况并不多见，但又是值得高度关注的地方。普遍性通常反映的是教育发展的本质，作为普遍性例外的特殊性可能有以下两种情形：一是这种特殊性可能是教育发展的一种现象，深究其本质，与普遍性所反映的教育发展的本质并无二致；二是这种特殊性也可能反映的是教育发展的本质。不论是何种情

① 方展画. 教育理论研究的认识定位问题［J］. 华东师范大学学报（教育科学版），1995（2）：47-58.

② 潘懋元，陈兴德. 依附、借鉴、创新？——中国高等教育学科建设之路［J］. 北京大学教育评论，2005（1）：28-34.

③ Sica A，Prechel H. National political-economic dependency in the global economy and education development［J］. Comparative Education Review，1981，25（3）：384-402.

形，我们都需要“透过现象看本质”。这正是在教育发展研究中把教育学原理角度与比较教育学角度相联系、相结合的关键所在，也应是发展理论的“高等教育化”改造需要特别注意的地方。

高等教育发展理论在探讨高等教育发展问题尤其是高等教育发展与社会发展的关系时，应当关注从单一的线性关系到多维的非线性关系，力求避免发展理论的传统分析框架或术语运用的“简单化倾向”。高等教育作为人类社会活动的产物，“它不同于自然事物之组合那样单纯、机械，可以用化学分析去解释，揭示它的因素构成，社会现象中的事物，其促成它的因素都不是单一的，不是线性因果的联系”[①]，而是多种历史力量交互作用的合力。以往的发展理论如现代化理论的“传统-现代”、依附理论的“中心-边陲”的分析框架，以及“后发外生型”“先发内生型”概念术语的使用都不同程度地存在简单化倾向。诺亚和埃克斯坦对世界体系理论及其分析框架进行过抨击，认为世界体系理论的这种方法源于依附理论，它是“新的简单化”。[②]所以，探讨高等教育发展问题时运用何种发展理论或如何运用某种发展理论，以及综合运用发展理论的问题，本身就有一个选择、修正和扬弃的问题，而这里的“选择”“修正”和“扬弃”，实际上就是一个“高等教育化”的创新过程。

3. 高等教育发展理论的创新应当倡导理论发展的多样性，从寻求普适性的发展理论到主张发展理论的特殊性和多元发展理论的兼容

如本书前章所述，任何一种发展理论运用于探讨发展问题，都有其合理的一面和不足的地方，没有哪种发展理论是十全十美的，而且它还受到具体国家国情的制约。比如，海霍就认为，依附理论和现代化理论并不适合中国的具体国情。[③]高等教育发展理论也是如此，习近平总书记关于教育的重要论述中的一个核心思想就是扎根中国大地办好中国特色社会主义大学。要办好中国特色社会主义大学需要中国特色的高等教育发展理论作为引领，笔者曾提出“扎根中国大地办大学亟须高等教育发展理论中国化”的观点，正在是从这一意义而言的。还值得特别提及的是，每当一种新的高等教育发展理论出现以后，都经历了不断反思、修正和质疑的过程，这里既包括来自理论创立者本人的反思、修正，也有其他人的质疑。如马丁·特罗在 1978 年的文章《精英和大众高等教育：美国模式与欧洲现

---

① 么加利. 走向复杂：教育视角的转换［D］. 上海：华东师范大学，2002.

② Eckstein M A，Noah H J. Dependency theory in comparative education：The new simplicitude［J］. Prospects，1985，15：213-225.

③ Hayhoe R. A Chinese Puzzle［J］. Comparative Education Review，1989，33（2）：155-175.

实》中，反复强调国家间的差异，尤其是欧洲模式与美国模式的不同。不仅如此，在后来论及高等教育发展阶段理论的时候，他又强调，大众化理论反映的是高等教育发展中的一般问题，它“并不打算描述和解释具体社会在特定阶段的高等教育系统的发展”，因为每个国家的发展必然“反映着这一社会独特的历史、社会、经济、文化和政治特性”。在这篇文章中，马丁·特罗进一步阐述了其“高等教育发展阶段论”11 个方面的量变和质变的不平衡性，修正了早先关于量变和质变的划一性观点。1998 年 5 月 31 日，马丁·特罗参加了日本广岛召开的“日本高等教育研究学会学术研讨会”，在其提交的论文《从大众高等教育走向普及》中，对自己早先提出的“高等教育发展阶段论”中的“普及教育”的内涵做了新的解说，他认为大众化高等教育与普及化高等教育的区别不再是越来越多的学生进入各种各样的学校学习，今后普及高等教育不在于注册人数，而在于参与和分享，即与社会大部分人，几乎包括在家里或在工作单位的全体成年人密切相连的“继续教育”。[①]法格林德（Fagerlind）和沙哈（Shah.）在《教育与国家发展——一个比较的观点》一书中认为第二次世界大战后的教育发展经历了“天真时期（age of innocence）”和“怀疑主义时代”，也经历了人力资本理论、现代化理论和依附理论三个理论范式，每个理论范式都试图在先前理论范式的反思过程中进行修正；天野郁夫针对马丁·特罗的“高等教育发展阶段论”提出了“制度类型论”，在他看来，一国高等教育能够顺利发展，是否由精英化阶段进入大众化阶段，关键取决于该国高等教育创办时期形成的“原型结构”，由于原型不同，各国规模发展具有不同的道路。美国有美国的道路，欧洲有欧洲的道路，因此，要说明以前的高等教育发展过程，进一步要预测今后的方向时，需要提出“制度类型论”，即“相应其类型的不同，设定阶段转移的多重道路”。[②]

应当说，这些反思、修正或质疑，除了高等教育发展理论本身的不完善外，实际上也有人们对发展理论的普适期待使然的因素。

劳丹（Laudan）认为，理论有两种不同的类型：一种是一组比较特殊的学说，可用特殊的实验进行检验，可用来做实验方面的预测并解释自然现象；另一种是由比较普遍、不易被检验的各种学说或假说组成的，它们涉及的不是某一理论，而是一系列理论，是理论的整个谱系。他将后一种理论类型称为“研究传统”。在他看来，每一门学科都有一部充满研究传

① 特罗. 从大众高等教育到普及高等教育［J］. 濮岚澜，译. 北京大学教育评论，2003（4）：5-16.
② 史朝. 国际高等教育发展理论述评（下）［J］. 外国教育研究，1998（7）：19-23.

统的历史，如社会学中的功能主义等，这些研究传统都有共同的特征：一是都有许多特殊理论，有的是同时代的，有的是前后相继的，可以用来说明并构成这一传统；二是都有某些区别于其他研究传统的形而上学规定和方法论规定；三是都经历过许多不同的、表述往往相互矛盾的、长期的发展形式。研究传统为发展特殊理论提供了一套指导方针和合适的研究方法。根据劳丹“研究传统”的概念①，白玫把第二次世界大战后出现的高等教育发展理论划分为五个研究传统：注重高等教育发展内在逻辑的进化论范型、注重高等教育功能的结构功能范型、注重量与质互动的结构历史范型、注重冲突的依附论范型、注重高等教育发展与人的发展的辩证统一范型。这些研究传统时常冲突和对立，在发展过程中也此消彼长，比如，“进化论范型对于大学内在逻辑的坚决捍卫和结构功能论对于摧毁大学传统的决心之间始终存在一条不可逾越的鸿沟”②。这也使得寻求发展理论的普适性变得并不容易，而基于发展理论的特殊性所主张的多元发展理论的兼容似乎更加符合实际。正如波普尔所说：“科学家的目的不在于发现绝对的确定性，而在于发现越来越好的理论。”③

4. 高等教育发展理论的创新应当不断拓展自身的问题域，从关注高等教育发展的工具理性到对高等教育发展的价值理性的追寻

波普尔认为，科学理论发展是从“问题到问题的不断进步——从问题到愈来愈深刻的问题”。问题不仅构成了科学发现的起点，而且还构成了科学发展运行的轨迹。第二次世界大战以后，由于所有发展中国家都面临着国家工业化和现代化的现实问题，这时人们关心的是经济发展，而教育不过是经济发展的一个重要前提条件而已。所以发展教育理论更多的是从工具意义上关注教育与国家、社会的关系，及其在这一关系框架下的教育发展问题。后来一些发展理论也开始关注人的发展及其与经济社会发展的关系，如英克尔斯（Inkeles）认为，在任何社会与任何时代，人都是现代化进程中最基本的因素。只有国民在心理与行为上都发生了转变，形成了现代的人格，现代的经济、政治、科技、教育与文化机构中的工作人员都具有人格的现代性，这个社会才能成为现代社会。但是，不可否认，人的现代化在英克尔斯的理论中仍然处于为社会现代化服务的“工具性”地位，而不是现代化的目的，即其理论逻辑是“人的现代化—机械现代化—国家（社会）现代化模式”。④

---

① 劳丹. 进步及其问题［M］. 刘新民，译. 北京：华夏出版社，1990：80.
② 白玫. 高等教育发展理论研究［D］. 广州：华南师范大学，2010.
③ 波普尔. 客观知识——一个进化的概念［M］. 舒炜光，等译. 上海：上海译文出版社，1987：378.
④ 张应强. 高等教育现代化的反思与建构［M］. 哈尔滨：黑龙江教育出版社，2000：182.

随着时代的发展，发展理论从社会发展观开始向人的发展观转变，“人的发展”也逐渐成为整个发展研究的重要组成部分和问题域。如1985年在伊斯坦布尔举行的一次国际圆桌会议上，各国代表指出，忽视人的发展的状况日趋严重。会议声明提醒人们，“人的发展”正处在危机之中，应当使各国和全世界都意识到这种危机，意识到忽视“人的发展”的代价和危险，意识到在“人的发展”方面还有采取行动的机会，并呼吁各国学者要从各个方面对“人的发展”进行研究。①也正是在这一时代背景下，作为“培养人的社会活动”的教育主体性才得以确立。因此，“人的发展”和教育系统的发展成为发展教育理论的重要问题域。如同其他发展理论一样，高等教育发展理论一开始也是以工具意义的高等教育发展与国家、社会发展的关系作为主要研究对象和问题域，同样也存在忽略人的发展的问题。及至今日，一些高等教育发展理论对高等教育发展问题的研究，仍不是从人的角度而更多是从经济、政治等角度来探讨。人们对高等教育发展理论的解读往往也会出现类似的情况。理论上的偏颇或误解必然带来实践上的偏差。比如，中国在20世纪末启动高等教育大众化进程，马丁·特罗的“高等教育发展阶段论”成为这一时期的重要指导理论。但不能不注意，马丁·特罗的理论经常被误解，如把数量规模增长（即高等教育毛入学率）作为高等教育发展的主要表征。对这一理论误解的结果是高等教育发展的实践误区，如在许多地方，高等教育的规模（高等教育毛入学率）成为衡量高等教育发展的主要甚至唯一指标，使高等教育发展脱离了科学发展的轨道，可能也就远离了高等教育发展的本质价值。出现以上问题，究其原因，与发展理论的价值预设有一定的关联，因为在发展理论看来，发展一定是“良性”的，而所谓的“良性”，实际上表明了一种价值预设。正是在这一价值预设下，高等教育发展理论更多关注高等教育发展的工具意义，而疏于对高等教育发展进行价值追问，即什么样的高等教育发展才是良性的？我们究竟需要什么样的高等教育发展？

当今社会变革使得高等教育在国家和社会发展中扮演着越来越重要的角色，“高等教育从来没有变得像今天一样对发展中国家具有举足轻重的作用，虽然它不能保证高速的经济增长，但是缺少它持续的进步就不可能实现”，因此，“在越来越多的国家，高等教育无可争议地成为教育发展的重点”②。作为引导高等教育发展的高等教育发展理论，应当不断地拓

---

① 扈中平. 人的全面发展：历史、现实与未来［M］. 成都：四川教育出版社，1988：前言.

② 世界银行，联合国教科文组织高等教育与社会特别工作组. 发展中国家的高等教育：危机与出路［M］. 蒋凯，译. 北京：教育科学出版社，2001.

展"问题域"，不仅要关注高等教育发展与国家、社会发展的关系，而且更要关注高等教育发展与人的发展的关系，并将两个关系密切联系起来。近几年在中国高等教育界对大学素质教育、高等教育与可持续发展、科技教育人文化，以及高等教育发展的良性与发展的代价的关系等问题的探讨，表明人们已开始重视高等教育发展理论中人的发展问题，重视对高等教育发展的价值取向的重新思考，由此也体现了高等教育发展理论的问题域正从关注高等教育发展的工具理性到对高等教育发展的价值理性的追寻的一种时代趋向。

第二节 高等教育变革视野下高等教育发展理论的创新

我们正处于一个大变革时代，不但社会正在经历快速的变革和转型，高等教育自身的变革也如火如荼。高等教育变革必将对高等教育发展理论研究提出新的要求，如何对高等教育的现代变革进行超前引领，是高等教育发展理论研究必须面对的一个重大课题。

一、高等教育变革的现状与趋势

1. 高等教育的现代变革趋势

1995 年，联合国教科文组织在《高等教育变革与发展的政策性文件》中指出，在迅速变革的时代，高等教育所面临的主要挑战可归纳为三个主要方面："适切性""质量"和"国际化"，并将促进高等教育多样化视为应对这三大挑战的共同行动纲领——"多样化是当今高等教育中一种最受欢迎的趋势，理应得到全力支持"[①]。20 多年过去了，回顾全球高等教育变革历程，我们可以发现这份文件的精确预见——多样化已成为现代高等教育变革最为主要的趋势和特征，而且在回应上述三大挑战中发挥了极其重要的作用。

一方面，高等教育体系的多样化适应和满足了不断增长的高等教育需求。"对高等教育的社会需求大大增加，因而必须满足越来越多样化的顾客的需要。"[②]在过去的 10 多年中，包括中国在内的很多发展中国家的高

---

① 联合国教科文组织. 高等教育变革与发展的政策性文件［C］//赵中建. 全球教育发展的研究热点：90 年代来自联合国教科文组织的报告. 北京：教育科学出版社，1999：142.

② 联合国教科文组织. 高等教育变革与发展的政策性文件［C］//赵中建. 全球教育发展的研究热点：90 年代来自联合国教科文组织的报告. 北京：教育科学出版社，1999：139.

等教育最为显著的变革就是经历了从精英化教育到大众化教育的转变过程。高等教育的多样化是与高等教育大众化相伴相生的，高等教育大众化必然带来高等教育需求的多样化，并引发各国高等教育体系的变革——“在大众化过程中，针对各种不同需求的高等教育机构类型不断涌现出来，单一的精英型高等教育体系逐步转变为多层次、多类型的可以满足大众多样化教育需求的高等教育体系。”①在这个变革过程中，中国很多民办高等学校和高职院校获得了更多的发展机遇，同时也促使了以公立高等学校为主的传统普通高等学校的主动变革。

另一方面，高等教育办学方式和教育模式的多样化回应了知识获取方式的变革。自 20 世纪下半叶以来，以信息技术为标志的科技革命对知识获取方式产生了深远影响，并要求高等教育必须进行相应的调适和改变——“知识的进步、发展、传播和应用方面出现的深刻变化，也要求作为知识之组成部分的高等教育进行革新和改革”②。虽然信息技术并不会完全取代现场课堂教学的模式，也不可能完全取代大学，但信息技术对大学确实已经产生了广泛的影响，互联网已经使知识获取的方式发生了很大的改变，并且已经开始深入影响教与学。美国麻省理工学院网络公开课的开放课程模式，彻底改变了知识分享的面貌，迅速蔓延至全球并引发其他大学大规模的模仿，现在很多国家的主要大学都开设了网络公开课。如今，不但远程高等教育在全球得到蓬勃的发展，网络上的竞争也正成为大学竞争的新动向，在大数据时代，大规模开放在线课堂（massive open online course，MOOC）所掀起的风潮正席卷全球。可以预料，“云时代”和人工智能时代，将给人类的知识获取方式带来更为深远的影响，并要求高等教育办学方式和教育模式做出新的回应。

2. 高等教育发展理论的超前引领

高等教育现代变革的多样化趋势，使得高等教育系统日益纷繁复杂，并直接引发不同国家和高等学校的适应性改革——“各国政府当局和高等院校本身，都已经或正在对高等院校的结构与形式以及教学、训练和学习方法等进行深刻的改革”③。但正因为高等教育系统的复杂性，仅有顺应潮流的适应性改革是远远不够的，更需要对高等教育系统做出正确认识

① 项贤明. 大众化与高等教育体制变革的理论观察［J］. 北京师范大学学报（社会科学版），2003（3）：40-47.

② 联合国教科文组织. 高等教育变革与发展的政策性文件［C］//赵中建. 全球教育发展的研究热点：90 年代来自联合国教科文组织的报告. 北京：教育科学出版社，1999：176.

③ 联合国教科文组织. 高等教育变革与发展的政策性文件［C］//赵中建. 全球教育发展的研究热点：90 年代来自联合国教科文组织的报告. 北京：教育科学出版社，1999：139.

和预判，并尽可能对改革实践做出超前引领。尤其对以高等教育变革与发展作为主要论域的高等教育发展理论来说，必须从规律层面把握这种变革的趋势，来超前引领高等教育的发展。

所谓超前，主要是指向认识层面，即超前的认识，这种超前的认识是依据事物发展的客观规律，反映事物发展的正确方向。比如，20 世纪六七十年代联合国教科文组织提出的“教育先行论”和“终身教育”思想①，无疑都是超前的认识，这已被世界教育发展的历史进程所证明。引领则是指向实践的，即实践的引领，应当说任何一种实践行动都是基于某种认识的。超前引领则是将超前与引领建立起内在联系，构成一种思想理念，同时又指向一种行动策略，它反映出认识与实践的内在联系，即只有超前的认识，才能正确地引领实践，也就是说引领必须建立在超前的认识基础上，如果没有超前的认识，甚至出现错误的认识，尽管引领仍然存在，但很有可能使实践误入歧途，最终导致事业的失败。对于高等教育发展理论研究而言，其旨趣和价值就在于为高等教育发展提供一种超前引领。笔者曾提出“发展理论—发展理念—发展战略”②这一高等教育发展理论研究的基本分析框架，实际上便体现了这种超前引领。

高等教育发展理论主要借鉴发展理论并用于探讨高等教育发展问题，因此首先需要解决发展理论“教育化”的问题，即源于经济社会领域的发展理论的概念系统和分析框架通过适当的改造可适用于高等教育领域。③但是，在“教育化”的过程中，又不可避免地产生另外一个问题——高等教育发展理论对发展理论过于依附，容易使经济社会的发展规律成为高等教育自身发展规律的直接替代。潘懋元先生认为：“教育是一个特殊的社会子系统，一种特殊的社会活动。它的运行，除了与整个社会大系统和社会其他子系统的活动存在内在的必然联系，要遵循教育的外部关系规律之外，还要遵循其本身的特殊规律，这就是教育的内部关系规律。”④教育的内外部关系规律都非常重要，两者不可偏废，而且两种规律密切相关，有着内在联系。但在研究和实践过程中，经常出现过于偏重外部关系规律而忽视内部关系规律的现象，更未能重视两者之间的联系。尤其是发展理

① 1965 年联合国教科文组织成人教育局局长保罗·朗格朗正式提出“终身教育”概念，并于 1970 年出版《终身教育引论》一书；1972 年联合国教科文组织《学会生存——教育世界的今天和明天》提出了“教育先行”的观点和学习型社会建设的思想。尽管当时这些思想或观点不为人们普遍认识和接受，但今天已成为世界教育发展的共同趋势并形成了广泛共识。

② 卢晓中，陈伟. 试论高等教育发展研究［J］. 高等教育研究，2007（8）：54-58.

③ 卢晓中. 现代高等教育发展研究［M］. 青岛：中国海洋大学出版社，2009：295.

④ 潘懋元，王伟廉. 高等教育学［M］. 福州：福建教育出版社，1997：44-45.

论的研究范式，固有地具有明显的“社会工程学”①特征，这也使得借助这种范式的高等教育发展理论的研究往往更偏重于回应经济社会的变革，而对高等教育自身的变革缺乏应有的关注和回应。另外，这种研究取向在运用于高等教育发展实践的指导中又得到进一步强化。

因此，高等教育的现代变革不仅需要高等教育发展理论的回应，更呼唤高等教育发展理论的超前引领。如果说以往的高等教育发展理论更多的是回应社会变革对高等教育发展提出的新需求而呈现明显的“适应性”特征，那么在高等教育自身发生重大变革的当今时代，认识与把握其自身的发展规律则显得尤为重要。这便决定了高等教育发展理论须高度关注和回应高等教育自身的变革，因为只有围绕高等教育自身的变革与发展进行深入的探寻，才有可能获得对高等教育变革的自身规律更为准确的认识，进而实现对高等教育变革与发展的实践引领。

二、高等教育变革与高等教育发展理论创新

在以多样化为主要趋势与特征的高等教育现代变革中，高等教育发展理论只有观照以下几对关系且不偏废任何一方，才能全面认识高等教育系统变革的复杂性，从而实现对高等教育发展实践的超前引领。

1. 研究取向：“宏大”与“具象”

如同其他发展研究一样，高等教育发展理论研究从一开始也是以高等教育发展与国家、社会发展的关系作为主要研究对象和问题域，因此在研究取向上不可避免地偏于宏大叙事。以往许多高等教育发展理论研究，亦大都是从国家或地区的战略高度出发，着眼宏大。“发展理论—发展理念—发展战略”这一高等教育发展理论研究的基本分析框架，便体现了这样一种整体性的逻辑考量：高等教育发展理论是研究者基于变革和发展的需要，从理性思维领域，甚至从哲学高度认识和把握高等教育发展变化规律所获得的成果，作为高等教育发展实践的理论依据并对发展实践起指导作用。高等教育发展理念则是主体针对高等教育在变革与发展过程中的实践方向和价值追求而提出的理想预设，是理论研究者与实践工作者通过彼此互动、相互交流而形成的奋斗目标及相应的实践方式。高等教育发展理念的实践落实，必须通过发展战略的制定与实施才能真正实现。在这个分析框架中，理论探讨是前提和基础，理念的生成和广泛传播是中介，战略的

① 波普尔. 开放社会及其敌人［M］. 郑一明，等译. 北京：中国社会科学出版社，1999：338.

制定与实施是关键。高等教育发展意图能否得到有效推行和切实落实，关键在于能否将正确的高等教育发展理论转变为现实的发展理念，进而具体化为可操作的发展战略。

以上分析框架的建立，主要是基于对国家或地区的高等教育发展实践的需求，所以在研究取向上具有偏于“宏大”的取向。事实上这种偏于“宏大”的研究取向，一直处于高等教育发展理论研究的主流地位，尤其是满足了国家或地区的高等教育发展战略规划需要，并因其将高等教育发展理论和发展理念纳入观照视野，使得高等教育战略规划更为合理、科学。应该说，在世界高等教育变革的恢弘背景下，在高等教育发展的“中国模式”探索和尝试中，这种研究取向依然具有其合理性。

同时，我们也必须看到，高等教育多样化已经成为当前最为重要的变革趋势，这种趋势要求高等教育发展理论研究在关注“宏大”的同时，也亟须关注“具象”。现代高等教育发展理论研究，根据研究取向的不同，大致可划分为两类，一类是宏观层面的“宏大”研究，另一类是微观层面的“具象”研究。前一类主要包括一个国家或地区高等教育的宏观发展研究，后一类则主要包括特定院校或特定群体的微观发展研究。在“具象”研究中，院校研究是重要的一支。“第二次世界大战之后，西方高等教育的大发展导致传统的整体层面上的高等教育管理模式难以适应规模扩张以及复杂化的院校管理和发展的需要，院校研究应运而生。”[①]院校研究在美国取得较大的进展后，近年来我国高等教育研究界也积极开展了院校研究，以适应高等教育变革及高等学校发展的新形势。在“具象”研究中，“院校”显然是一个比较合适的分析单位。费孝通的《江村经济——中国农民的生活》提到，A. 拉德克利夫·布朗（A. Radcliffe-Brown）教授、吴文藻博士和雷蒙德·费思（Raymond Firth）博士曾经讨论过社会研究的分析单位问题，皆认为把一个村庄作为单位最为合适。因为村庄作为一个社区，麻雀虽小，五脏俱全，“能提供人们社会生活的较完整的切片”[②]，往往具备社会结构二重性的各种元素，可“以小见大”。在高等教育发展理论研究中，与“村庄”类似的分析单位即为“院校”：不同类型的院校，不但可以自成一个小社会，具备“麻雀虽小，五脏俱全”的特征；而且是身处高等教育变革的宏观大背景中的命运共同体，通过不同类型的院校研究，亦可“一叶知秋”。

① 刘献君，赵炬明，陈敏. 加强院校研究：高等学校改革和发展的必然要求［J］. 高等教育研究，2002（2）：54-58.

② 费孝通. 江村经济——中国农民的生活［M］. 北京：商务印书馆，2001：24.

当然，院校研究只是“具象”研究的一部分。因为院校研究是“自我研究、管理研究、咨询研究、应用研究”①，主要服务于院校战略决策的“实践取向”，并不能代表“具象”研究的全部。高等教育发展理论研究，还有更为微观的“具象”，如某个群体（包括教师群体、学生群体、管理人员和辅导员群体等）局部问题的发展研究。这些局部，是“宏大”取向容易忽略甚至无从关注的，但这些局部又很重要，它们往往“被时代影响又被时代忽略”，是“在大历史中气若游丝的小局部”。②如当前国家和高等学校都十分重视的大学青年教师发展问题，即高等教育发展中某个群体的局部问题，在作为整体的高等教育发展中，只是一个小局部，但正是无数个这样的“小局部”构成了高等教育发展的“全部”。

因此，多样化变革背景下的高等教育发展理论研究，“宏大”与“具象”缺一不可。另外，在被“宏大”取向占据的高等教育发展理论的论域，有意识地关注“具象”取向，是更为必要和值得鼓励的。因为从某个局部切入，通过深入细致的调查研究去发现问题，得出结论并进行反思，正是当下高等教育发展理论较为缺乏和最为迫切需要的。并且，“具象”与“宏大”往往相得益彰：“宏大”赋予“具象”背景与意义；“具象”亦常能“见微知著”，并通向更为真实的“宏大”。

2. 研究视角：“普适”与“多样”

高等教育发展理论的“宏大”取向决定了其对“普适”规律的追求，因此其研究视角往往更偏重对理论的“深度”追求；但在高等教育变革的趋势中，高等教育体系和办学方式的多元决定了要对“多样”做出探寻，因此在研究视角上也需要追求“宽度”。为此，笔者曾提出，在高等教育发展理论的研究视角上。一是要从教育学原理的角度出发，从教育的本质及其发展规律来探究高等教育发展问题，为认识高等教育发展问题提供“深度”，从而实现对“普适”规律的追求；二是要从比较教育学角度出发，从不同国家和地区高等教育发展的特殊性为认识高等教育发展问题提供“宽度”，从而实现对“多样”的探寻。通过“深度”和“宽度”的纵横向度，最终使高等教育发展理论研究的“普适”与“多样”视角得以构建。

侧重“普适”视角的追求使高等教育发展理论研究更注重理论研究，如高等教育发展理论研究一样，高等教育发展理论主要致力于研究高等教

① 刘献君. 中国院校研究将从初步形成走向规范发展［J］. 高等教育研究，2011（7）：1-8.
② 熊培云. 一个村庄里的中国［M］. 北京：新星出版社，2011：序言.

育在变革与发展中的诸种规律。因此，对于“普适”规律的探寻，一直是高等教育发展理论研究坚持的方向。随之而来的问题，就是能否构建起一种具有普适性的高等教育发展理论？我们可从劳丹的“研究传统说”[①]来认识这一问题。对研究传统的梳理，有利于我们通过理论的整个谱系来实现对高等教育发展“普适”规律的探寻。尽管这些研究传统时常冲突和对立，而且在发展过程中此消彼长，但这并不应动摇我们对“普适”规律追求的决心。因为，“普适”规律并不是绝对的，而常常是有限定的。显然，这“越来越好的理论”不是唯一的和绝对的。

实际上，追求高等教育发展的“普适”规律并不容易，所以从一种更宽广的视野来致力于高等教育发展的特殊性和多样化的探索就显得更为必要。“既然高等教育是一种服务，那么随着社会、经济发展日益呈现出多元化的趋势，社会公众对高等教育提出了类型日益繁多、要求日益苛刻的价值期待，高等教育系统必须自觉承诺、应和与满足多样化的社会需求。”[②]当然，高等教育发展理论也必须对此做出回应，尤其在研究视角上也应趋于“多样”，这就需要一种比较教育学视角，去认识不同国家和地区的高等教育发展情况。世界银行和联合国教科文组织曾对高等教育机构的多样化进行过具体界定：把高等学校的不同层次称为“纵向多样化”，而把高等学校的举办主体不同（国家、公立、私营机构、教会等）和办学形式不同（全日制、利用广播电视网络等远程教育、夜间大学等）称为“横向多样化”。[③]要根据这种多样化特征，扩大研究视角的“宽度”：在高等学校的办学层次上，要将更多的目光投向不断涌现并蓬勃发展的高职院校、民办院校；在高等学校办学形式上，不可忽视成人教育和远程高等教育等研究对象。如在美国高等教育变革过程中，除私立院校、公立院校和社区学院之外，还出现了不同于私立院校的营利性高等教育机构和不同于公立院校的特许学院，这些高等教育类型满足了不断增长的高等教育需求，甚至带来了制度上的创新与变革。如特许学院便是在公立高等教育机构改革过程中产生的，它作为公立高等教育机构但又具有“准私立”性质——具有独立的校董事会，并享有更多的程序性自治和履行更多的绩效责任。广东省在2013年出台文件，明确支持公办高等学校成立校董事会，

① 劳丹. 进步及其问题［M］. 刘新民，译. 北京：华夏出版社，1990：80.

② 卢晓中. 现代高等教育发展论纲［M］. 广州：广东教育出版社，2005：110.

③ 世界银行，联合国教科文组织高等教育与社会特别工作组. 发展中国家的高等教育：危机与出路［M］. 蒋凯，译. 北京：教育科学出版社，2001：39-41.

进一步落实高等学校办学自主权。[①]这也可借鉴美国特许学院制度协调“自主”与“尽责”关系的探索实践，高等教育发展理论研究的“多样”视角也因而体现出其贡献与意义。

3. 研究理路：“通常”与“反常”

发展理论基本上有两条研究理路：一是从正面探讨发展的目标、动力、道路、方式和条件，探讨经济、社会、文化和人的协调发展的过程；二是从反面分析发展所可能付出的代价及扬弃代价的途径和方式。高等教育发展理论研究也大致沿袭了这两条理路，或可将之称为“通常”理路与“反常”理路。当前的高等教育发展理论研究多是从“通常”理路出发的，而“反常”理路似乎与发展研究语境下“发展意味着‘良性’的成长与‘可欲’的现代化”[②]这一认识并不一致，所以往往较少运用。事实上，在高等教育变革过程中，总是发展与代价并存，繁荣与危机同在，“反常”寓于“通常”之中，因此两种理路的研究都不可偏废。

“通常”理路事实上主要服务于上述的“普适”规律追求。因此，持“通常”理路的高等教育发展理论，其焦点往往集中在高等教育的发展道路、发展模式、发展战略等旨在促进高等教育发展的正向研究上。这个理路的研究，伴随着人类对发展问题认识的不断深入而形成的发展观演变。如今我们对发展的认识，早已不再是单一经济增长的物本导向，而更具有公平、民主、稳定和自由等与福祉有关的人本特性。随着可持续发展观的提出和达成共识，从物本主义转向人本主义已成为一种发展观的整体转向。高等教育发展观也是如此，我们对高等教育发展内涵的考察，也需要关注从重视“物的发展”到重视“人的发展”的变化过程。

我国高等教育在经历了近 20 年的跨越式发展之后，基本解决了高等教育发展的规模和速度等“物的发展”问题，但高等教育发展的质量和内涵等“人的发展”问题却日益严峻。人们越来越认识到，高等教育发展的核心是人的全面发展。高等教育作为联系人与社会的最直接的桥梁与纽带，必须把培养现代人作为己任，通过培养现代人来构建现代社会。因此，迫切需要用以“人的发展”为主导的高等教育发展观来引领和推进高等教育发展。同时，这种发展观也为“通常”理路指明方向，从而推动我国高等教育从关注发展速度、规模的发展方式向重视质量和内涵发展的可持

---

① 详见《广东省人民政府办公厅转发省教育厅关于进一步扩大和落实高校办学自主权促进高校加快发展若干意见的通知》。

② 柏格. 发展理论的反省——第三世界发展的困境［M］. 蔡启明，译. 台北：巨流图书公司，1981：37-38.

续发展方式转变。

马克思说："在我们这个时代，每一种事物都好象包含有自己的反面。"①进步会带来伤害，繁荣的背后隐藏着危机，人类在获得发展的同时也要付出代价。代价与发展共同存在、相伴而生，没有离开发展的代价，每一种代价都是在发展中付出的；没有离开代价的发展，付出代价换取发展是社会进步的一种规则。因此，要获得对高等教育发展的全面认识，就必须顾及这种"反常"理路，关注高等教育发展代价问题的研究。另外，从研究的角度看，"反常"理路往往更容易获得创新和发现。

高等教育发展代价问题的研究对于正确和全面认识高等教育发展具有认识论与方法论意义。高等教育发展代价以否定的形式蕴含着进一步发展的新目标，它是高等教育发展过程中一种对发展具有反省、刺激和推动作用的因素。我国现在提出的重视高等教育发展质量的思想，便是建立在对过去近 20 年高等教育扩招一定程度上存在的只追求规模扩张而导致学生培养质量下降的代价反思基础之上的。因为追求单一的主导性发展目标，必会抑制其他发展目标的实现。高等教育发展代价问题研究的反省，有利于实现发展目标之间的多元化与平衡。另外，虽然高等教育发展代价具有抵消和否定发展成果的消极性，但同时也具有通过制约机制来导引高等教育发展目标与途径的作用，从而实现代价向发展的转化。高等教育发展代价有利于促进高等教育主体的觉醒和对付出代价的再认识、再改造和再利用，补充、丰富和修正高等教育实践活动的发展目标和主体行为，从而拓宽高等教育主体的视野和获取高等教育发展的途径，这便是代价向发展转化的生动体现。

4. 研究方法："量化"与"质性"

量化研究与质性研究是社会科学领域两种截然不同的研究范式，两者在研究目标、对象及方法上都存在着明显区别。量化研究主要遵循实证主义范式，质性研究则主要遵循解释主义范式；量化研究侧重于验证研究假设，而质性研究则侧重于发现事物的异质性。这些特质决定了这两种研究方法的使用倾向："质性研究比较倾向与个案式解释模式结合，而定量研究比较容易达到通则式的解释。"②陈向明就此进行过专门的区分："一般来说，量的方法比较适合在宏观层面对事物进行大规模的调查和预测；而质的研究比较适合在微观层面对个别事物进行细致、动态的描述和分

① 中共中央马克思恩格斯列宁斯大林著作编译局. 马克思恩格斯全集（第 2 卷）[M]. 北京：人民出版社，1972：78.

② 巴比. 社会研究方法（第十一版）[M]. 邱泽奇，译. 北京：华夏出版社，2009：26.

析。量的研究证实的是有关社会现象的平均情况，因而对抽样总体具有代表性；而质的研究擅长于对特殊现象进行探讨，以求发现问题或提出新的看问题的视角。”①

因此，在高等教育发展理论中，“宏大”取向和“普适”视角的研究更适合采取量化研究方法。因为持“宏大”取向的高等教育发展理论研究，需要在抽象演绎的基础上理解现实，寻求发展规律的“普适性”，并通过现实对抽象演绎的反馈，让规律接受事实的检验。因此，要达到普适性的规律探寻，特别需要量化研究的支持。如我们往往需要通过对一个国家或一个省域进行大规模的样本数据采集，使用量化研究方法将数量关系中有意义的关系呈现出来，并探究各种要素之间的相关或因果关系，才有望达到验证或揭示某种高等教育发展规律的效果。只有通过这种大规模的数据分析，表明高等教育发展的规模、水平、速度、比例与效益等，才可能反映高等教育发展变化的规律性，从而达到透过现象看本质的目的。

“在测量某些性质的时候，用数字表示的定量数据就比用词语表示的数据更好。另一方面，定量数据也同时附带了数字本身的不足，其中包括意义丰富性的潜在损失。”②在高等教育发展理论中，量化研究并不能解决一切问题。在持“具象”取向和“多样”视角的发展研究中，质性研究更能发挥其优势。如在研究大学青年教师发展问题上，一方面要通过大规模收集相关数据进行量化分析，但即便是规模宏大、样本量大的量化研究，也往往容易陷入数据的纵比、横比的官方表述，仅仅得出“大学青年教师待遇低、压力大，处于边缘化状态，需要关注和重视”等常识性的结论或呼吁，无法对形塑大学青年教师思想和行为的真正原因做深入细致的分析。因此，进行质性研究非常有必要，通过深入研究现场，收集大量一手资料，全面呈现大学青年教师丰富生动的日常生活图景，深入细致再现他们具体的生活细节和复杂的内心世界，可以发现更有意义的问题。这个过程没有固定公式和模板，需要研究者把自己当作研究工具，但也正是在此过程中，大学青年教师的真实“具象”及其发展中的“多样”问题得以呈现和揭示。

现代以来，科学主义已成为影响人类世界的强大力量，量化研究方法也因而得到最大范围的拥护和支持。教育领域也不例外，埃伦·康德利

① 陈向明. 质的研究方法与社会科学研究［M］. 北京：教育科学出版社，2000：10.

② 巴比. 社会研究方法（第十一版）［M］. 邱泽奇，译. 北京：华夏出版社，2009：25.

夫·拉格曼（Ellen Condliffe Lagemann）便认为："如果有人说，20世纪影响教育学术的最为强大的社会力量把这个领域推向令人遗憾的方向，即逃离与政策和实践的紧密接触，转向过分的定量化与科学主义，我相信，这不会是不准确的。"[①]单一的研究方法显然无法解释高等教育变革中的多种形态，也无法令高等教育发展理论研究的超前引领具有足够的说服力。两种方法的交叉使用与交融，才是未来的发展方向。

第三节 技术变革视野下高等教育发展理论的创新

飞速发展的现代信息技术已经成为推动现代高等教育改革创新的决定性力量，深刻影响着社会现代化的发展水平。随着技术手段的创新及逐渐应用于高等教育领域，高等学校师生获取信息、沟通交流、学习的方式发生了重大变化，促使高等教育领域的教学、科研、管理模式必须做出相应改革。前面已经分别探讨了社会变革和高等教育改革背景下，高等教育发展理论的创新。那么，在技术变革视野下，高等教育发展理论会有什么样的新发展。技术变革与高等教育发展理论之间究竟存在一种什么样的逻辑关系？技术变革给高等教育发展实践带来了哪些影响？什么样的高等教育发展理论才能更好地引领高等教育发展的实践？这些问题值得重视和思考。

一、技术变革的现状与高等教育发展的趋势

（一）技术变革概述

技术变革这一概念越来越多地使用于不同的语境中。这里需要对技术变革概念作出一定程度的界定。从宏观意义上讲，技术变革指一定范围内技术的改革，包括了原有技术的改进或新技术、新工艺的产生。技术变革提升了社会生产效率，极大促进了经济社会的发展。在技术发展史上，几次大的技术变革都与工业革命的发展相关联。从18世纪开始的工业革命大致上经历了三个发展时期，每一个时期都以某项技术作为主要标志。更重要的是，每一次工业革命都与高等教育的发展密切相关。技术的革新推

① 拉格曼. 一门捉摸不定的科学：困扰不断的教育研究的历史［M］. 花海燕，等译. 北京：教育科学出版社，2006：英文版序言.

动了整个社会包括高等教育的发展；同时，高等教育因其自身固有的人才培养、科学研究、社会服务的职能，高等教育发展也极大地促进了工业革命的进程。谈到技术，给人的直观感觉可能更多的会联想到有形的技术，即媒介。到了现代，谈得更多的可能是信息技术。我们这里涉及的技术变革，并非指向某些具体的技术或信息技术，而是将其进行泛化，提升到与社会变革、教育变革等相同的高度，视其为社会发展中的组成部分，从较为宏观的层面上对技术变革与高等教育发展之间的关系进行考察。

（二）技术变革与高等教育发展的“联姻”

从技术变革发展的历史脉络来看，每一次技术革新都与高等教育发展有着密不可分的联系。技术变革和高等教育发展的主体都是人才。高等教育发展为技术变革培养和输出了人才，而技术的发展又为高等教育发展提供了更为广阔的空间和平台。第一次工业革命从 18 世纪 60 年代至 19 世纪中期，以蒸汽机的使用为标志，传统的手工生产被机器生产所取代。以英国为中心的欧洲国家积极进行技术变革。法国受到启蒙运动及资产阶级革命的影响，在第一次工业革命期间建立了一大批高等学校。19 世纪末兴起的第二次工业革命以电力的使用为标志，人类进入了“电气时代”。高等学校为技术变革提供了有力的保障，其科学研究、人才培养的职能也有助于技术革命的实现。德国在 20 世纪初之所以能够确立全球科技发展中心地位，与其将技术变革与高等教育发展有机结合在一起，相互促进、共同发展的实践密不可分。高等教育发展不但为技术变革提供了先进的理论研究、科学试验的场所，同时也为工业革命输出所需要的人才。高等学校得到了突飞猛进的发展。以美国为例，在第二次工业革命中，美国的高等学校迅速增加，1870—1890 年二十年间，高等学校从 563 所增加至 998 所①。此时，高等学校俨然已经成为工业革命的科学中心及指导中心。

2012 年 4 月，随着《经济学人》杂志发表了一组关于“第三次工业革命”的主题文章后，“第三次工业革命”的概念开始风靡全球②。第三次工业革命以互联网、新材料、新能源的结合为标志，其特点就是网络化、信息化、个性化、国际化③。第三次工业革命引领人类社会进入了信息社会，对教育特别是高等教育提出了更高的要求。高等教育正在面临新的技术变革带来的机遇和冲击。尤其是高等教育进入大众化时期以后，在为社会输

① 杨浦吾. 世界技术革命史简述［J］. 历史教学，1984（7）：58-61.

② 方晓田. 第三次工业革命：缘起、本质及对高等教育的启示［J］. 现代教育管理，2015（6）：46-50.

③ 顾明远. 第三次工业革命与高等教育改革［J］. 教育学报，2013（6）：3-9.

出人才方面，获得了空前的发展。

工业革命所带来的，不仅是技术的变革，更意味着社会关系的变化。作为社会性活动的教育，显然或多或少受到工业革命的影响。但是，相较于其他领域发生的巨大改变，教育领域包括高等教育领域的变化并没有想象中那么明显或深刻。“技术在教育中应用的深度和广度却极为有限，对教育的影响也微乎其微。”①究其原因，教育本身就是一个异常复杂的系统，包含了诸多要素、目标、人员等。尤其是在探索技术变革与高等教育发展的关系方面，更应该采用复杂性思维方式。“在教育系统内部存在着影响目的选择、过程实施、结果实现的多因素、多形态和非线性、不可逆的基本特征；存在着有序与无序、确定与不确定、简单与复杂相互交融的各种影响因素持续不断解体与重组、和谐与噪声反复交织。这一切都使得‘复杂性’成为教育过程系统中的本然特性和基本存在状态。”②要厘清高等教育系统内部的各个要素，尊重其自身的特性，处理好多种内部关系及外部关系，才能更好地理解技术变革给高等教育发展带来的影响。

二、当代技术变革与高等教育发展的关系

技术变革必然给高等教育发展带来更多深层次的含义，提升其内涵拓展的空间。技术变革通过对高等教育主体——人的思维产生影响实现高等教育实践的反思和高等教育理论的创新。

（一）技术变革引领高等教育“适度超前发展”

高等教育作为经济发展中具有先导性和全局性的事业，适度超前发展既有其必要性也有现实的可能。高等教育具有先导性的作用也就是意味着高等教育的发展对国民经济未来发展起方向性的引导作用，对于国民经济发展具有长远性作用。全局性是指高等教育的发展与国家经济的其他发展息息相关，其发展水平会影响其他产业的发展并受制于这些产业的发展。江泽民同志在1999年6月召开的第三次全国教育工作会议的讲话中指出：“各级党委和政府，要将教育纳入战略发展重点和现代化建设的整体布局之中，切实把教育作为先导性、全局性、基础性的工作，摆到优先发展的

① 赵勇，王安琳. 教育与技术的关系探微［J］. 中国电化教育，2004（5）：19-21.

② 司晓宏，吴东方. 复杂性理论与教育的复杂性研究［J］. 教育研究，2007（11）：58-62.

战略重点地位。”[①]2000 年中共中央五次全会通过的《中共中央关于制定国民经济和社会发展第十个五年计划的建议》明确提出：“教育是培养人才的基础，对经济和社会发展具有先导性、全面性的作用，要适度超前发展。”高等教育的超前发展源自我国高等教育规模的扩大、人才需求的增加等外在因素的刺激，同时也源于高等教育对自身发展效益的考量。

科学技术是第一生产力。科学技术带动经济和高等教育的发展。技术变革带来高等教育信息化，高等教育信息化促进高等教育的现代化。高等教育信息化将信息技术融入高等教育发展的整个过程之中，并运用技术手段变革传统的教育教学模式，将以单一化的知识传授为主的教学方式转变为以能力和素质培养为主的教学方式，从而提升高等教育办学质量。技术变革在高等教育领域的发展，不仅是新的技术手段的运用，更重要的是高等教育发展理念与技术的相互促进与协同发展，并由此促进高等教育发展理念的更新，教育方法的创新和办学质量的提高。因此，顺理成章，技术变革成为高等教育现代化的助推者和引领者。从这一意义来讲，技术变革使超前发展的思维意识在高等教育发展实践中变为现实，并延伸至社会其他领域。

从我国高等教育发展规模来看，2009—2015 年，我国毛入学率从 22.5%迅速增长至 43.4%，而发达国家的毛入学率从 71.8%增长至 74.3%。按照马丁·特罗对高等教育发展阶段的划分标准：当一个国家适龄青年接受高等教育的比例（即高等教育毛入学率）在 15%以下时，属于精英化高等教育阶段；当毛入学率为 15%—50%时，为大众化高等教育阶段；当毛入学率达到 50%以上时，为普及化高等教育阶段。我国目前还处于大众化高等教育阶段，而发达国家已经进入了普及化高等教育阶段。我国高等教育水平从总体上仍有较大的发展空间。在当代，高等教育发展空间的进一步扩大更多依赖于现代技术的发展水平。

（二）技术变革带动非传统高等教育发展

在高等教育实践领域，我国要完成高等教育从大众化向普及化发展，必定要继续扩大高等教育规模。扩大高等教育规模首先要增加高等教育的人数，保障适龄青年接受高等教育的机会。发达国家由于其经济发展水平较高，技术先进，早已经完成了高等教育普及化的目标。对于我国而言，经济发展仍处于快速增长的阶段，地区发展的差异性较大且区域特色明

---

① 《中国教育年鉴》编辑部. 中国教育年鉴［Z］. 北京：人民教育出版社，2000：10.

显。通过技术的引领，可以缩小地区发展之间的鸿沟，为高等教育机会均等创造出更多的可能性。既从数量上保障了高等教育规模的扩大，同时也能从质量上确保其合乎培养标准，从而保证了高等教育规模扩大与质量效益的双项效应。

信息技术的发展推动了马丁·特罗始料未及的非传统大学的迅速增长[①]。非传统高等教育的发展突破了马丁·特罗对于适龄青年的界定。有学者认为非传统高等教育的发展把“高等教育发展阶段论”推向学习型社会。马丁·特罗也预言，在不久的将来，人们今天所做的大部分事情将有可能通过网络在远距离人群之间达成[②]。相对于传统的高等教育，大学类型日益多元化。有资料表明，1960—1968 年，世界高等教育人口增加 3.6 倍，同期世界人口只增加了 1.5 倍[③]。欧美国家的非传统大学主要包括“建立校外学生学位授予制度，跨校学习制度，校级听课制度，非选拔升学制度；开办开放大学、函授大学、无校园大学、社区学院、联合大学、广播电视大学、创办新大学等”[③]。在我国，非传统高等教育经历较长时间的发展，主要存在 10 种形式，即夜间大学、函授教育、广播电视教育、成人脱产班、高等教育自学考试、第二学士学位、同等学力、专业学位制度、开放教育和网络教育[④]。据不完全统计，截至 2007 年，我国接受非传统高等教育的人数已经超过了 800 万人。同年我国在校大学生人数为 1400 万人。2017 年的规模已远超 2007 年的水平。接受非传统高等教育的人数激增，给高等教育带来了多元化发展的新局面、新形式，这些也都是高等教育发展理论研究所需要研究的重大问题。

（三）技术变革带来高等教育人才培养的多样性

农业经济时代，其经济的核心要素是土地。反映在科学上，就是科学尚处在一种朴素的高度综合化阶段。反映在教育上是以人文教育为主，学习前人总结的伦理道德，教育是面向过去的教育。工业经济的核心要素是资本。科学的发展，表现为学科的高度分化。在农业经济时代尚处于混沌状态的综合化学科被分化为有着不同的研究对象和任务的具体的各种各样的门类学科。从社会需求来看，近代社会的工业化和资本主义市场经济

① 卢晓中. 增强高等教育的针对性：加快广东高等教育发展的战略思考［J］. 教育导刊，2003（4）：4-6.

② 胡成功，向佳文. 后大众阶段就学形态对学习型社会建设的影响——基于高等教育发展阶段理论的嬗变及美日相关实践的分析［J］. 高教探索，2016（9）：23-28.

③ 史朝. 世界的非传统大学［J］. 教育科学研究，1986（3）：23-30.

④ 葛道凯. 中国非传统高等教育与学习型社会建设［J］. 开放教育研究，2008（12）：25-28.

的形成，需要大量的专业人才。因此，在教育上以科学教育为主，是一种面向现在的教育。知识经济的核心要素是知识。在科学上，它表现为学科在高度分化的基础上的高度综合化。大量的交叉学科、横断学科和边缘学科的出现，是这种高度综合化的表征。从社会需求来看，知识经济需要大量的具有较高的人文素养和科学素质的人才，是"博"与"专"的统一，是在通识教育基础上实行的专业培养。在教育上，它要求人文教育和科学教育相融合，是一种面向未来的教育。

现在，教育在历史上第一次为一个还未存在的社会培养新人，教育在全世界的发展正倾向于领先于经济的发展，这在人类历史上大概还是第一次。教育不再是跟在社会、文化后面的事业；教育不再是依附性的事业，而是一项先导性的事业，是为未来社会培养人才的事业。

知识经济时代是由技术变革引领的时代。时代呼吁建设创新型国家。创新型国家的特征是：创新综合指数明显高于其他国家，科技进步贡献率在70%以上，研发投入占GDP的比例一般在2%以上，对外技术依存度指标一般在30%以下。习近平总书记在2016年全国科技创新大会上提出："到2020年时使我国进入创新型国家行列，到2030年时使我国进入创新型国家前列，到新中国成立100年时使我国成为世界科技强国。……我们要深入贯彻新发展理念，深入实施科教兴国战略和人才强国战略，深入实施创新驱动发展战略，统筹谋划，加强组织，优化我国科技事业发展总体布局。"[①]科教兴国战略强调把科技和教育摆在经济、社会发展的重要位置，把经济建设转移到依靠科技进步和提高劳动者素质的轨道上来。人才强国战略的重点是"人才兴国"。要把我们国家建设成"人才资源强国"，必须依赖高等教育的发展。培养人才及孕育高深学问是高等学校的传统之一。从社会整体发展而言，由于社会发展的多元化，社会化分工及协作都需要各种类型的人才，人才呈现多样性。从人才发展的个体而言，多样性意味着"一专多能"。在高等教育实践层面上，技术变革为人才培养多样性提供了诸多的机会，人才的数量增长及质量的提高，反过来会促进科技的进步和创新。

（四）技术变革带来高等教育理念和高等学校教学模式的深刻革命

技术变革对高等教育发展的最大影响体现在高等教育理念和高等学

---

① 习近平. 为建设世界科技强国而奋斗——在全国科技创新大会、两院院士大会、中国科协第九次全国代表大会上的讲话 [N]. 人民日报，2016-06-01（02）.

校教学模式上。技术在高等教育领域的深度应用，迫切要求高等教育领域教学与科研的“双重革命”，加快从以“教”为中心向以“学”为中心转变，从以“学”为中心向以“研”为中心转变；从以知识传授为主向以能力培养为主转变，从以就业为导向以创新创业为导向转变；从以课堂学习为主向多种学习方式转变，从以固定化时空学习状态为主向多样化学习状态转变。技术改变高等教育中的“教”“学”“研”，改变高等学校教师和学生的双重关系，改变高等学校的办学形态及高等教育的版图，改变高等教育服务社会的方式。

技术变革的影响与高等教育的深度融合是以高等教育理念的创新与技术手段应用的互动发展为条件的。一方面是高等教育理论的不断发展。随着对高等教育研究的不断深入，产生了一大批有价值的高等教育理论成果，提出了许多关于高等教育发展的观点，特别是关于高等教育转型发展、高等教育国际化、高等教育质量保障等。但是，新的高等教育理念在缺乏技术支撑的条件下，难以取得普遍的应用，难以把高等教育理论变为高等教育实践活动。另一方面是随着技术变革的速度越来越快，科学技术的日新月异对高等教育的影响是重大而深刻的。它不仅表现为高等教育教学资源的丰富，甚至这种丰富程度可以用“爆仓”来形容。由此带来高等教育教学模式的改变，呈现出多样化。从函授大学—广播大学—电视大学—网络大学的发展历程，可以看出技术给高等教育的发展带来了深刻影响。特别是对扩大高等教育规模，推进精英化高等教育迈向大众化、普及化高等教育，容纳更多的有意向接受高等教育的受教育者发挥了巨大的作用。技术变革在提供丰富优质高等教育资源、缩小地区及国家不同高等学校办学资源差距方面也功不可没；技术变革使更多的人接受高等教育，发挥了非常大的作用。

2012 年 3 月 20 日，教育部发布的《教育信息化十年发展规划(2011—2020 年)》指出：“以教育信息化带动教育现代化，破解制约我国教育发展的难题，促进教育的创新与变革，是我国教育事业发展的战略选择。教育信息化充分发挥现代信息技术优势，注重信息技术与教育的全面深度融合，在促进教育公平和实现优质教育资源广泛共享、提高教育质量和建设学习型社会、推动教育理念变革和培养具有国际竞争力的创新人才等方面具有独特的重要作用，是实现我国教育现代化宏伟目标不可或缺的动力与支撑。”①通过推进信息技术与高等教育教学的全面深度融合，使我国高

① 中华人民共和国教育部. 教育信息化十年发展规划（2011—2020 年）[EB/OL]. http://www.moe.gov.cn/publicfiles/business/htmlfiles/moe/s3342/201203/133322.html（2012-03-13）[2020-04-09].

等教育信息化整体上接近国际先进水平，为实现高等教育现代化、建设学习型社会和人力资源强国提供坚实支撑。

三、适应技术变革需要的高等教育发展理论创新

（一）丰富高等教育的知识观

所谓知识，就是认识主体以内在认识图式结合、同化认识客体而再现出来的或原则上可以再现出来的被观念化、被符号化的有序信息组合①。这是从认识论视角对知识的属性做出的界定。从技术哲学的角度来看，可以将技术限定为狭义的物质生产技术的综合，即合乎理性、有规则、关于实践的或物质生产的知识、能力、手段、工具、方法、活动过程、产物等因素的综合。那么，技术知识则是有关实践的、合乎理性的、有规则的、静态的知识体系，是技术认识的结果。由此可见，技术对知识本身的属性产生了一定的影响。由于技术的介入，我们需要重新思考有关知识的属性，包括知识的概念、知识的生产方式、传播方式等。

1994 年，英国学者迈克尔·吉本斯（Michael Gibbons）等出版了著作《知识生产的新模式：当代社会科学与研究的动力学》，提出了知识生产模式Ⅰ和知识生产模式Ⅱ的概念。知识生产模式从以科学为基础的学科“模式Ⅰ”转变为以研究为基础的应用“模式Ⅱ”②。在模式Ⅱ中，除了传授高深学问的大学之外，知识生产的场地也进一步得到拓展，包括了政府部门、研究机构、咨询公司、实验室等。在知识生产过程中，也绝不能割裂科学和研究的关系。知识的生产既要重视通过研究发展而来的理论基础，也要重视知识的应用，实现高等教育为社会服务的基本职能。以理论观念形态出现的知识的科学价值，虽不具有直接的经济意义，但它通过对社会实践的指导，通过“理论—政策”“科学—技术”的途径，迟早会转化为一定的经济价值③。借助技术的力量，除了能够生产知识，还可以实现知识的价值，这样既能体现知识的学术价值，又能凸显知识的经济价值。

知识的传播从本质上来说就是信息的传递。技术的发展为知识的传播

---

① 昌家立．知识本质与知识形态新探——兼论几种知识的界定［J］．求实学刊，1995（4）：10-14，9.

② 李志峰，高慧，张忠家．知识生产模式的现代转型与大学科学研究的模式创新［J］．教育研究，2014（3）：55-63.

③ 胡加方．论知识价值的实现［J］．中国科技论坛，1989（4）：25-28.

提供了巨大的便利，使得知识的传播更快更便捷。随着信息技术的不断发展变化，人类的知识传播开始与各种传播形式的技术相结合，从早期的印刷技术到通信技术再到现在的互联网技术，每一种传播形式，都有助于促进知识传递的深度融合，将知识与技术有机地结合在一起。

（二）拓展高等教育的发展观

高等教育已经从一次性的高等学校教育向以多媒体信息网络（数字图书馆、网络学院等）为主要信息源的终身教育方向发展。在技术变革发展缓慢的时代，人们凭借一次性的高等学校教育所获得的知识和技能，基本上可以保障其受用终身。但处在当今的所谓“知识爆炸”、技术迅猛发展的时代，知识、技术的陈旧、老化及淘汰速率大大加快，人们在实际工作岗位上所用到的知识，往往不是教科书上所学到的东西。高等学校教育只是交给学生进入人类知识宝库的一把金钥匙。掌握了这把钥匙，每当实际工作岗位上需要什么样的知识，就知道到哪里去寻找和获取？知道怎么找？找到后能通过自我学习、消化、理解、掌握知识并运用知识。因此，人们要“活到老、学到老”，终身接受教育。一个人自学能力的强弱和坚持终身学习的勤奋程度，将决定一个人在事业上取得成就的大小。现代计算机和信息网络、数字图书馆和各种信息资料数据库，为人们终身接受教育创造了最有利的条件。

技术变革保障高等教育“可持续发展”。《中国21世纪议程》强调了发展教育是走向可持续发展的根本大计。在一定意义上可以说，教育，尤其是高等教育是可持续发展战略成败的关键[①]。然而，高等教育自身的可持续发展问题由来已久，如高等教育大众化、高等教育质量观、高等教育结构及高等教育体系改革等。中国高等教育发展策略表现为两个重要方面：一是构建合理的高等教育结构与体系；二是强调高等教育的规模效益和人才培养质量[②]。诚然，高等教育的结构因高等教育系统内各组成要素之间的关系，既显得复杂又有自身的特点。我国高等教育的发展离不开构建一个相对完善的、开放的结构体系，而这样的体系除了遵循高等教育内外部发展的规律之外，也需要得到更多的信息技术等支持。例如，利用信息技术，惠及更多的偏远地区或山村，获取一定的优质教育资源。因为信息技术具有跨越时间、空间的特性，利用这些特质也可以很好地为高等教

① 潘懋元. 可持续发展的高等教育改革［J］. 辽宁高等教育研究，1997（4）：8-12.

② 潘懋元，肖海涛. 中国高等教育大众化结构与体系变革［J］. 高等教育研究，2008（5）：26-31.

育发展服务。

（三）影响高等教育的方法论

随着信息爆炸时代的到来和技术的变革，大数据已经开始渗入社会的方方面面。高等教育是教育信息化过程中程度最高的阶段，也是与社会联系最紧密的正规教育的最后一个阶段，与大数据产生了必然的紧密联系。大数据在高等教育领域的应用深刻影响到高等教育研究方法。

信息技术的快速发展，带来了数以亿计的信息数据。信息规模的爆炸性增长、数据储存能力和数据计算能力的大幅度提升，促成了大数据的应运而生。大数据在为优质高等教育资源的全球共享提供技术支撑的过程中，促进了高等教育领域教育公平及高等学校师生个性化学习的实现。在高等教育领域，大数据以其对信息和数据的高度集成构建信息化的教育环境，促进信息技术和高等教育的整合乃至全面融合，从而改变了高等教育教学活动的各项要素，引发了教学方法、教学工具、教学内容等各环节的深刻变革，并且推动了高等教育模式和学习环境等领域的全面创新。大数据为高等教育带来量化和实证，提升高等教育实践活动的科学性。第一，在教学方面，大数据能够全程收集各级各类大学生的学习过程数据，真实反映不同年龄、不同阶段、不同专业、不同背景学生在学习过程中的状态和问题，并通过对收集的海量数据进行建模分析，获取各类学生学习分析报告；检测学习理论，指导学习实践，并为学生提供个性化的学习支持，这无疑将促进高等教育教学质量的提升。第二，在科研方面，大数据为科学研究带来新思维和新方法，大数据将全面描述和重现物理世界，为科研工作者的研究对象从物理世界转变为数据提供了支持；同时，大数据作为一种面向全体数据的研究方法，弥补了传统的面向有限数据的抽样研究方法难以描述细节和个体的不足，而且大数据对多元复杂相关关系的挖掘有利于寻找和破解开放复杂巨大的系统，如经济社会和高等教育等社会领域诸多问题的规律，这将为高等教育科研能力的发展提供有力支持。第三，在管理方面，大数据通过对高等教育领域全体教育对象信息的全面收集和高度集成，完成教育对象数据的充分利用和共享，既避免了教育对象大量重复信息的存在，又提高了管理效率；而且基于数据的教育评价和决策，高等教育管理信息客观性、有效性的提升，过程性和多主体多层次高等教育管理机制的建立，有利于切实把握教育对象变化的条件和规律，为高等教育管理的科学化提供有力依据。[①]

（四）形成新型的高等教育学术共同体

技术变革推动了全球科学家群体的合作和学术共同体的形成。《2009年世界高等教育大会公报》指出："信息和传播技术（ICT）创造了一种实时联络和简化的科学交流的全球方式。"技术已经成为教育创新发展的革命性推动力，正在推动世界高等学校科研方式的创新，重塑全球科学研究的体制、机制和面貌，形成了一种全新的科研方式："e-science"或"e-research"（即数字科研）。英国学者约翰·泰勒（John Taylor）最早提出"e-science"一词，特指"在重要的科学领域中的全球性合作，以及使这种合作成为可能的下一代基础设施"，包括信息化基础设施和信息化科研活动两个方面。"e-science"将为科学家群体提供现代信息化的科学研究环境，改变从事科学研究的传统方法和手段，囊括了跨越国别、学科界限的大规模科研合作，跨越时空、物理障碍的资源共享与协同工作，等等，最终会直接影响到学科的发展。"e-science"具有高开放性、高协同性、高共享性的特征，可以实现信息化的科学研究。

全球"e-science"的发展将彻底打破传统科学研究的封闭状态，促进不同学科专业、不同地域和国家、不同高等学校科研人员间的合作，改变传统科研模式。这种发展态势已经在自然科学领域显现出来，通过跨学科、跨国界、跨文化巨型科研项目的合作成为一种趋势，推动了自然科学研究的全球化，带来高等学校高层次科研人才培养的国际化，强化了高层次人才培养的合作机制。[②]"e-science"的发展也将有望实现人文社会学科研究领域的不同学科的全球学术共同体的形成；推动高等教育研究突破国界，使得高等教育发展理论更具全球视野、更具普适性特征。

但是无论技术变革的发展如何迅猛，目前在部分高等教育办学中教育者和受教育者还无法做到面对面，双方沟通依然存在时间和空间维度上的障碍。同时，技术的发展如果不与先进的高等教育理念相结合也很难真正发挥其应有的作用。

① 贾同. 大数据：高等教育发展的新钥匙［J］. 当代教育理论与实践，2015（6）：97-99.

② 梁林梅，唐卉，洪岩. 论信息技术对高等教育变革和发展的促进作用［J］. 现代教育技术，2012（12）：5-11.

第四节　现代高等教育发展理论的系统发展观

多样性是现代高等教育发展的逻辑起点，高等教育已发展成为一个多样性系统。系统发展观也由此成为高等教育发展理论研究的核心理念。系统发展观的整体性、有序性、反馈性和自组织性原则对于高等教育发展理论研究有着重要的价值，在解释和分析高等教育现象，指导高等教育发展实践时具有极强的作用。高等教育系统发展呈现出多样化、特色化、一体化和可持续发展的特征，实现高等教育系统发展需要在系统发展观指导下，采取规模化和层次化发展策略，切实落实高等学校的自主权，优化高等教育治理体制，最终提升高等教育系统的整体质量。

一、系统发展观：现代高等教育发展理论的核心理念

当高等教育迈入现代化阶段，其多样性特征促使人们强调以系统发展观来研究高等教育。高等教育作为社会的一个子系统的观念早已深入人心。随着现代高等教育发展理论研究的深入，人们得以不断加深对高等教育系统与社会发展关系的认识。系统发展观是具有重要影响的理论之一，它把高等教育发展看成动力系统相互调节的结果。系统发展观有利于考察经济、政治、社会、文化对高等教育发展的影响，在此框架下考察高等教育系统的发展，对高等教育发展战略的制定和实施有重要指导意义。系统发展观日益成为高等教育发展理论研究的核心理念。

（一）系统发展观的缘起与发展

1. 系统思想在高等教育发展理论研究中的缘起

人类的胚胎发展为学者的系统发展观研究提供了最早的实证范例。每一个细胞都有内在调节机制，分化期间每一个细胞都要对外在调节作出反应，因为每个细胞都是更大整体的一部分。1989 年，萨摩若夫（Sameroff）认为："有机模型的意义正在于个体和集体、部分和整体间的平衡，通过仔细考察胚胎的发展，可以了解整体性在认识生命体系中所具有的重要性"。卡特伦（Catron）1983 年也提出过类似观点，认为行为是有机系统不可缺少的组成部分，并以生物和社会系统发展的思想来认识行为过程，

这是人类认识上的一个朴实的飞跃。[①]可见，系统发展观最初运用于发展心理学领域个体发展的研究。按照系统发展观的说法，可以把个体发展的环境看成是一个有机组织的系统。所以，有学者认为有机体发展所在的系统并不局限于躯体，有机组织的概念应进一步扩展到来自其他机体以致整个社会网络的反馈。[②]系统发展观把发展看作动力系统相互调节的结果。

然而，高等教育领域有影响的系统发展研究却并不多见。伯顿·R. 克拉克（Burton R. Clark）的《高等教育系统——学术组织的跨国研究》（1983 年）可谓经典之作，书中"动脉会硬化，有机体会僵死，可是成熟的高等教育系统则善于应变，长于进化……"之类的话语加深了人们对高等教育系统的鲜活认识。书中以工作、信念和权力为高等教育三要素展开论述，分析了高等教育系统的特征。迈克尔·夏托克的《高等教育结构和管理》专章讨论了高等教育系统。日本学者喜多村和之的《高等教育的比较考察——大学制度和中等后教育的体系化》用比较的方法研究高等教育系统。国内邓晓春的《系统科学与高等教育管理》、廖泉文的《高等教育系统工程》重点考察了高等教育中系统工程的运用。赵文华的《高等教育系统论》对高等教育系统的要素、特征、结构和功能等进行了较为深入的分析。[③]从以上运用系统发展观研究高等教育的国内外成果可以看出，高等教育研究领域系统发展观研究始于 20 世纪 80 年代，至今不过三十多年的历史，且有价值的成果较为稀缺。

进入 21 世纪以来，随着国内高等教育规模扩张和高等教育多样性的发展，高等教育系统发展观研究成果开始不断丰富起来。这些成果包括高等教育系统通过与环境之间的物质流、信息流、能量流的交换，保持其结构和功能的相对稳定性，实现高等教育系统与环境的相互适应、自然性与社会性的相互耦合、主体与客体的和谐共生、结构与功能的相互协调。[④]高宝立等对高等教育系统的开放性和自组织性进行了探讨，认为自中世纪大学诞生以来，高等教育系统都是根据外界的变化和发展，始终不断地与外界进行物质、信息和能量交换。[⑤]此外，有学者借鉴伯顿·R. 克拉克的高

① 转引自邓赐平，刘金花. 系统发展观：儿童社会化研究中的一个重要发展倾向［J］. 华东师范大学学报（教育科学版），2000（1）：64-76.

② Mussen P H，Flavell J H，Carmichael L . Handbook of Child Psychology［M］. New York：John Wiley & Sons，1983：237-294.

③ 赵文华. 高等教育系统论［M］. 桂林：广西师范大学出版社，2001：15.

④ 秦小云，贺祖斌. 论高等教育系统的生态平衡［J］. 教育理论与实践，2004（11）：17-19.

⑤ 高宝立，卢彩晨. 我国高等教育系统内部的自组织与有序发展［J］. 高等教育研究，2011（6）：19-23.

等教育系统思想研究中国的高等教育系统存在的问题。[①]还有学者对马丁·特罗的高等教育系统崩溃预警做了推介，以强调系统发展观对高等教育健全发展的重要意义。[②]总体来看，系统发展观的高等教育研究成果主要集中于高等教育系统生态研究方面，强调高等教育发展的内外环境和自身协调共生、相互促进的关系。

2. 系统发展观的基本原则与高等教育发展理论研究

贝塔朗菲（Bertalanfly）等人提出的系统原则也是系统发展观需要遵循的原则，即整体性原则、有序性原则、反馈性原则和自组织性原则。

整体性原则。整体性是系统发展观的灵魂，系统的整体功能不等于各部分的功能相加之和，而且有由各部分相互联系而产生的新功能，即“整体大于部分之和”。古代的思想家亚里士多德、老子等对于客观世界整体性的认识早有论述，朴实而充满智慧。近代实验科学的兴起产生了近代科学整体观。自然界的演化和人类的精神活动构成了一幅相互联系、彼此作用、无穷无尽交织的生动画面。系统发展观的整体性原则与其他哲学整体论相比，内涵更为明确。有组织的整体性是系统存在和演化的最基本特征，这突破了单质点科学哲学以孤立性、绝对对称性、单调性与线性叠加可还原性作为整体的基本特征的羁绊，揭示了系统作为有组织整体的非线性非平衡特征、开放性特征、组织性特征和层次性特征。显然，这些特征契合了高等教育发展的客观实践。系统发展观运用涨落这一概念揭示系统整体性演化过程，也赋予了系统整体性新的内涵。

有序性原则。系统结构由低级向高级逐渐发展，称为有序。对社会系统而言，处于开放、涨落、远离平衡的状态是有序结构形成的前提条件。贝塔朗菲认为开放性是系统发生有序演化的必要条件；另外，系统内部非线性相关作用是系统有序之源。系统不断地与外界发生联系，输入和输出畅通无阻，实现信息和能量自如交换，从而增加流量，降低熵值。因此，只有保持开放性，系统才能成为充满活力的组织，这成为有序性原则的本真。

反馈性原则。系统边界内存在着反馈回路，它是构成系统的基本单元，决定着系统的动态行为。无论任何系统，只有通过反馈回路，才能进行有效控制。按照对输入和输出的影响，反馈可以分为正反馈和负反馈两类。当输出返回到输入端后，能增强输入的为正反馈，这会使系统与目标状态

① 韩梦洁. 高等教育系统结构：等级性还是均等化——基于伯顿·R. 克拉克的高等教育系统论［J］. 现代教育管理，2011（6）：111-114.

② 张少雄. 重读特罗高等教育系统崩溃预警［J］. 现代大学教育，2007（5）：12-18.

间的距离增加；反之，使输入减弱的为负反馈，它使系统与目标状态趋于吻合，有利于维持系统稳定。这两类反馈对于系统发展的不同时期各有其存在的必要。

自组织性原则。组织与自组织是协同学的核心命题，组织被认为在特定的外部干预下获得其发展空间、时间或功能的结构；自组织则是系统内部在没有外部干预的情况下获得的结构。系统发展观中基本的内容是非平衡自组织性特征，离开了对自组织性原则的把握就不能理解系统发展观，自组织性是系统发展观中具有较强解释性的原则。通过系统的自组织、自同构、自复制、自催化和自反馈五种基本形态，可以揭示系统的演化过程。

高等教育发展理论主要研究高等教育发展与国家、社会发展的关系，以及在这一关系框架下的高等教育自身发展问题。以上系统发展观的四条原则在高等教育发展理论研究中发挥着越来越重要的作用，其对于高等教育系统发展研究有着高度的契合性。由于系统发展观的原则强调研究系统内各个要素间的相互关系和系统发展的动态特征，系统发展观为研究高等教育系统彼此联系的各个侧面提供了一个纽带，有利于全面考察高等教育系统与经济、政治、社会、文化等更大系统之间的关联，从而促进高等教育系统的优化，以使高等教育在满足社会发展需求的同时，也获得自身的更好发展。因此，系统发展观在高等教育发展理论研究中的运用有利于推进高等教育强国战略，加速高等教育现代的建设进程，最终促进人自身的发展和完善，从而实现人与自然、社会的和谐共生。

（二）系统发展观在高等教育发展理论研究中的作用

系统发展观强调高等教育系统是受经济、政治、社会、文化等多因素影响的相对独立的社会子系统，是一个有其独特运行特征的动态系统。系统发展观认为在不断变化的社会环境中考察高等教育，可以有效干预高等教育发展，从而促进其顺利健康发展。因此，在高等教育发展理论研究中贯穿系统发展观思维，有利于对处于社会复杂环境中的高等教育系统发展进程有一个更加整体性、动态性的认知。

1. 从层次结构及其关系出发，加强对高等教育系统的整体性认知

系统发展观的整体性特征强调不仅需要认识高等教育系统的组成部分，更重要的是要认识它们之间的关系。整个社会是一个相互联系的系统，高等教育系统是社会的一个重要的子系统，其内部有着相互依赖的组成和层级结构，是一个复杂、综合的整体。高等教育系统内部的各层级相互依赖，彼此持续性地相互影响。因此，作为需要把高等教育系统构成要素的学生、教师、学科、专业、院系、高等学校置于各自更大的系统和环境之中，才能更好地了解其发展状况和资源，并在此基础上促进高等教育系统整体发展。

高等教育系统表现出来的层级结构，不可将这种层级的要素看成各自独立的实体，而应将整个高等教育系统看成一个由层级结构组成的有机系统。高等教育系统由较小的子系统构成（如院校、系科、教师等），又各自处于较大的系统中，如系科处于院校中，院校处于特定地域的高等教育系统中，这些子系统或不同层次系统之间相互发生作用。高等教育系统各子系统及要素通过不同层次的系统边界对子系统进行界定，从而不断重复系统互动的情境，系统各要素通过系统边界内或跨界限的互动而形成彼此间的关系准则。高等教育系统有效运行的条件是其系统边界必须是清晰而有弹性的。高等教育系统各层次和要素在不受干预的情况下在子系统内自由活动，再从较大的系统中获得自身发展的资源。高等教育系统的另一个重要属性是各层次系统之间的作用不仅是单向运行，当某一层次系统与更高级层次系统之间的关系存在问题时，这种关系可能使高等教育系统某一要素或结构系统的自我调节发展更加困难，而该要素或结构系统不良的调节功能又可能进一步加剧和恶化系统关系，因此不可单纯独立地看待高等教育系统内外各要素间的关系，应全面把握高等学校内院系、学科、教师和学生等要素之间的关系及这些关系之间的联系。因此，系统发展观为高等教育发展理论研究提供了一种新的组织序列的结果导向，而且深化了对原有研究结果的认识，提出应进一步研究这些结果之间可能存在的关系。综上所述，系统发展观的整体性和有序性原则对于高等教育发展理论研究有着重要的指导价值。

2. 在自反馈和自组织过程中考察分析高等教育系统发展

自反馈是系统对内在运行机制的自我调整过程，以缓冲和降低外在环境条件的变化对系统所产生的影响。系统的稳定性表现为具有一定的活动模式或结构。高等教育系统有内在规则和结构的规律性特征，系统各要素以特定的调节与反馈模式维持着系统的稳定。高等教育系统的要素各有其运行特征和规律，各自在系统中承担着不同的角色，发挥着不同的功能，且这些过程具有自我调节功能，不断增强各自的系统适应性。如果高等教育系统内部缺乏自反馈适应机制，则可能导致应变能力低下和高等教育系统功能的失常。当高等教育系统功能失常时，系统内部各要素运行低效或失效，也将因为自反馈适应特征保持系统稳定，这时可能会导致高等教育系统处于停滞落后的发展状态。

另外，系统发展观需关注高等教育发展过程中系统及各要素的自组织性特征。与系统自反馈稳定的性质互补相比，自组织的性质是系统通过自身重组，对源于外在力量而导致内在紧张状况做出反应的能力。这种自组织意味着现存高等教育系统朝着面对新环境能够持续发生作用的方向发生变化。所以，伯顿·R. 克拉克在描述创业型大学的转型时发现，“五所不同欧洲背景大学同时改变它们特性时，成为更加具有适应性的机构，要求我们承认每所大学发展的个性。”①在当前社会变革及高等教育改革的过程中，由于发展环境中不确定因素的存在，高等教育系统发展面临着诸多困难和挑战，高等教育也将在不断调整与适应中得到发展。

值得说明的是，高等教育系统之外的输入因素将影响系统的现存模式。作为对环境变化的适应，新模式将出现，并且这些新模式常常是比较复杂而细化的。②然而，适应性重组后的系统不一定是更稳定的系统，它们可能很好地缓解自组织过程的压力，但就整体而言，它们不一定更富于适应性。一定程度上，自组织性使高等教育系统结构更加复杂，却可能使系统变得比较缺乏动力且存在潜在的不稳定。因而，高等教育系统的改革或重组，尽管可对系统的挑战做出反应，但也更可能形成新的弱点。因此在社会变革的新时期高等教育系统如何应对挑战，创造新的发展机遇显得非常重要。《中国教育改革和发展纲要》也指出“学校要善于行使自己的权力，承担相应的责任，建立起主动适应经济建设和社会发展需要的自我发展、自我约束的运行机制。”

3. 运用系统动力特征解释高等教育系统要素发展的连续性

高等教育系统具有动力特征，不同的层次结构之间相互作用，且这种作用的形式随着时间的变化而变化。处于变革时期的高等教育系统不是在某时刻突然出现的，而是一个持续的演变过程。高等教育是在和社会环境互动的过程中获得发展的，不可以将其运行出现的暂时不适应社会的现象视为系统内在的特征。从系统动力特征的角度来看，高等教育系统的构成要素在一定时期偏离特定的发展轨迹可能有其合理的原因；高等教育系统及其要素适应性行为的积极变化可能与更高层次系统的积极调整相联系。这意味着系统的自组织性质，即系统对变化的反应而发生重组的能力，可能出现间断。这种间断尤其可能出现在社会变革和高等教育改革的过渡时期，这一时期新的情境可能会引发系统的重组。发展的间断可能首先出现

① 克拉克. 建立创业型大学：组织上转型的途径［M］. 王承绪，译. 北京：人民教育出版社，2003：1.

② Minuchin P. Families and individual development: Provocations from the field of family therapy［J］. Child Development，1985，56（20）：289-302.

于高等教育系统的任何一个层次，且这一层次的变化可能进一步促发高等教育系统其他各要素系统乃至社会大系统的变化。这样，高等教育系统及其要素发展便处于不可停滞的持续性状态。

4. 在整个社会的动态情境中考察高等教育系统的功能

埃里克·阿什比认为大学是环境和遗传的产物。高等教育系统的发展和功能的发挥是社会历史传统和系统外经济、政治和文化环境等多种因素综合作用的结果。高等教育系统及其要素与外在环境一直处于互动之中，这可能会影响高等教育系统功能的正常发挥，从而使之难以健康高效地运行。经济政治等支持可促进高等教育系统内部院校或教师、学生的良性互动与竞争。相反，经济政治等支持不足则显然会影响高等教育系统功能的有效发挥。高等教育系统与社会环境相互作用，高等教育可能受外在力量的影响，也通过自身的功能塑造和选择外在环境。因而，高等教育系统及其要素既在与社会环境互动过程中发挥其功能，也受外在各种资源等因素的巨大影响。高等教育系统的教学、科研、社会服务和国际交流等功能的发挥，就是在与社会系统的不断的良性互动中实现的。

高等教育系统处于社会大系统中，需要满足社会不同的需求，这突出了高等教育多样性特征的重要性。因此，需要深入认识和应对社会环境变化时高等教育系统的结构、组织和运行机制方面的适应和调整，以正常发挥其各项功能。高等教育发展理论研究需要考察适应某种社会情境的高等教育系统是否适应另一种社会情境，这便成为各个国家或地区高等教育系统及其要素特色和个性发展的前提。

（三）高等教育发展理论研究中系统发展观的运用展望

综上所述，系统发展观在指导高等教育发展理论研究时不仅是必要的，而且有着巨大的优势。事实上，任何科学的研究都有意无意地运用了系统发展观，这是与高等教育系统发展内外规律相联系的。从这种意义上说，在研究中贯穿系统发展观有其客观必然性。也许正因为如此，系统发展观越来越成为高等教育发展理论研究的核心理念。

在社会变革的新时期，高等教育改革与发展同样处于转变时期，这也是运用系统发展观考察高等教育发展的关键时期。系统发展观的运用主要在于对高等教育系统的干预策略、方法和目标的研究，这尤其涉及对高等教育系统及其要素发展的干预时机和内容安排等方面。变革时期是充满挑战的，这时高等教育系统及其要素具有更大的动态性特征，因此更可能发生系统和要素的重组，所以在这时期进行有目的的预防和干预也可能是最有效的。此外，变革时期高等教育系统及其要素也可能面临更多的困难，因而也更需要相关的研究和系统干预。系统发展观强调高等教育系统及其要素不是单独面对变革时期的挑战，而是与政府、市场等其他系统共同面对，这成为它们之间共同的干预目标。因此，促进变革期高等教育系统的发展，对之进行有效干预必须指向这一更大的关系系统。系统发展观的运用必须指向关系系统，而非独立的高等教育系统。因为高等教育系统及其要素的运行调节是在特定的关系情境完成的，而不仅是单向的、线性的因果关系，必须考察高等教育自主与干预之间的矛盾关系，或称高等教育的内外部关系规律，这是高等教育发展理论研究的中心主题。

二、高等教育系统发展观的内涵及特征

从系统发展观角度分析和考察高等教育系统发展可以认识高等教育系统发展的内涵及特征，而其内涵及特征有内在的联系。具体来说，高等教育系统发展需要依据系统发展观的整体性、有序性、反馈性和自组织性的基本原则，分析高等教育系统及其要素内外部之间的相互关系，包括高等教育系统及其要素之间的层级关系和隶属关系，以及高等教育系统与社会系统之间的关系，结合高等教育自身特征和发展规律，以促进高等教育系统实现其多样化、特色化、一体化和可持续发展的目标。在系统发展观的指导下，高等教育系统发展呈现出多样化、特色化、一体化和可持续发展等诸多特征，使高等教育在不断满足社会不同利益主体需求的同时，又为自身持续发展获得资源。

（一）高等教育系统发展的多样化

如前所述，多样性是现代高等教育发展理论的逻辑起点，多样化作为多样性的动态进程，不仅是起点，也是高等教育现代化的目标，表现为高等教育系统发展的客观特征，是高等教育系统发展的根本趋势和基本历史走向。现代高等教育发展的历史表明，多样化是高等教育系统正常的和普遍的存在样态。高等教育组织机构的多样化促进了高等教育功能类型的增加；高等教育融资渠道的多样化促进了高等教育功能强度的提高。多样化有助于高等教育的合法化存在和发展，以可持续发展的思想和原则为指导，坚持高等教育的多样化发展与政府的宏观统筹、集中调控之间的辩证统一。多样化发展对于高等教育系统而言意味着：①多样化是彼此冲突的多元利益主体之间集体选择和公共决策的产物；②为了赢得自身的合法化存续，高等教育必须进行

多目标决策，高等教育的发展方向、速度、规模及侧重点等多方面的决策，必须考虑多种目标约束，即多元价值期待的相对满足；③高等教育的唯一选择只能是自觉推进或被迫接受自身组织结构，特别是其功能系统的多样化变革。[①]综上所述，高等教育系统发展的多样化特征源于其功能多样化的演变。

高等教育系统发展的多样化表现为高等教育机构类型、办学形式、管理和财政、教育对象（种族和学生）等方面的多样化，但通常所说的多样化主要指高等教育机构或院校类型的多样化。美国高等学校系统的多样化比较典型，主要包括授予博士学位的研究型大学、硕士授予大学、本科院校、两年制证书/准学士文凭院校（社区学院）、特殊院校（专业或职业学院）、部落大学/学院。办学形式的多样化具体表现为高等教育举办者的不同，政府、教会、慈善机构、基金会、工商界、媒体和出版部门都可能成为举办者。高等教育管理和财政的多样化主要指行政管理和资金来源的多元化。教育对象多样化则主要指学生来源于不同的性别、种族和民族等。美国高等教育种族多样化追求的是不同种族的机会均等。此外，教育对象多样化还指非传统类学生，如在职员工、退休老人等不断加入高等教育行列，接受培训或继续教育。总之，高等教育系统发展的多样化特征是社会不同利益主体的多元高等教育需求的体现，从各个侧面展现高等教育系统发展的生动多样特性。

（二）高等教育系统发展的特色化

特色是指“事物所表现的独特的色彩、风格”，从一般含义上说，高等教育系统中的任何高等学校或多或少都会形成其自身的特色，无论是研究型高等学校还是普通高等学校，特色是其存在的独特价值和发展的诉求。特色化是指高等学校在办学过程中对那些适应经济社会发展、符合教育规律、利于自身生存与发展的“特色”的自觉追求。[②]高等教育系统发展的特色化以高等教育机构或院校的特色作为其坚实基础。高等教育系统发展的特色化是一个长期的、渐进的历史过程，是一种特有的文化嬗变现象。决定特色的因素很多，主要包括国家的历史文化传统、社会自然环境等方面。任何类型的大学都是遗传与环境的产物，历史文化和社会环境又因时因地而异，这便成为高等教育系统特色化发展的根源。“特色化”至少包含两层含义，一是“人无我有”，具有不同于别

① 陈伟. 高等教育多样化发展的哲学反思和历史溯源［J］. 清华大学教育研究，2003（10）：13-19.
② 卢晓中. 特色化：我国普通高校发展的现实选择［J］. 江苏高教，1994（6）：22-24.

人的独特之处；二是在此基础上的“舍我其谁”，这表示质量方面的难以超越和无可替代。当前，我国“世界一流大学”和“世界一流学科”建设的目标是“中国特色，世界一流”，这无疑也是对我国高等教育系统特色化发展目标的经典概括。

高等教育系统发展的特色化必须紧密与经济社会发展的特殊性相联系和相适应，力图为经济和社会发展服务，这既是特色化发展的原因，也是促进特色化发展的结果。一方土地孕育出一方独特的文化与环境，高等教育系统的特色就在这独特的文化与环境中形成和发展。事实上，各国高等教育系统的特色学科和优势学科无不与其特有的经济社会发展条件相关。

（三）高等教育系统发展的一体化

高等教育系统发展的一体化强调高等教育是国家各种高等教育机构和制度的总和，包含层次结构、类型结构和布局结构等，以及它们之间相互协调的关系。一个国家高等教育系统的结构是否合理，体现着国家高等教育发展的水平，从一定意义上决定着国家社会和经济发展的速度和质量，并直接关系到国家在知识经济时代的综合国力和竞争力。[①]因此，高等教育系统发展并不只意味着少数大学或高等教育机构的发展，而必须关注其一体化的整体效应和水平，只有这样才能充分发挥高等教育系统的功能，满足社会不同利益主体对高等教育系统的需求，并在此基础上促进社会和高等教育系统自身的可持续发展。

我国历来在高等教育领域实施重点工程建设，国家将主要精力和资金投入到重点大学和重点学科的建设，如“211 工程”“985 工程”和“2011 计划”等。但承担 80%以上大学生培养任务的其他不同层次大学的发展却由于资金、政策等方面的原因得不到健康发展，导致高等教育系统结构头重脚轻，重心失衡，难以适应经济社会发展的需要；不同层次的高等学校发展不平衡，结构不合理；综合性研究型大学较少，国际竞争力较低；地方性大学发展迅猛，但功能与定位不明确，不能主动适应社会需求，尚未形成规模和体系。高等教育系统专业设置重复，各类高等学校资源难以整合。实验仪器设备发挥不了规模效益，闲置率高，昂贵的设备只用来装点学科专业门面，重点大学与一般院校之间、一般院校之间、公办和民办高

① 徐同文. 创建世界一流：体系还是大学——我国高等教育发展的战略选择［J］. 高等教育研究，2006（2）：26-29.

等教育之间没有真正形成“大学共同体”，高等教育机构之间重竞争轻合作，重形式轻实质，重功利轻发展，资源共享和利用率低。这些问题的存在严重制约着高等教育系统发展的一体化进程。因此，应加强高等教育系统发展的宏观调控，全面协调整体与部分、数量与质量、规模与效益等关系，赋予高等学校发展自主权，深化高等教育综合改革，整体提升高等教育系统的运行效率和质量，以促进高等教育系统发展的一体化。

（四）高等教育系统的可持续发展

可持续发展是在世界经济迅速增长与人口、资源和环境等重大危机的双重背景下产生的一种理想发展理念。高等教育系统的可持续发展作为可持续发展基本思想在高等教育发展领域的具体体现，是整个可持续发展战略的重要组成部分。教育系统的可持续发展的定义有“教育观念说”“教育生态说”“素质教育说”“环境教育说”和“良性发展说”等诸多说法。①这些定义各有侧重和偏颇。高等教育系统的可持续发展是指在由人、教育、环境的有机结合构成的高等教育系统内部不同类型和层次教育之间的有机联系，表现为教育资源投入的不断增加，现在的教育发展是未来教育发展的准备与基础，教育组织的日益完善、教育活动的不断丰富及教育质量的不断提升，且高等教育系统的这种可持续发展以不超越环境系统的更新能力为前提和保障。简单来说，高等教育系统的可持续发展就是合理调配、利用现有高等教育资源，预留连续发展的空间，不因当前的发展而影响、阻碍甚至损及今后的发展。②为实现高等教育系统的可持续发展，首先，需拓宽教育融资渠道，加大资源投入，以保障高等教育系统人才培养和科学研究等功能的有效运行；其次，发挥政府宏观调控功能，适度控制高等教育规模，使之与经济社会发展环境相协调。这样，高等教育系统才可能实现可持续发展，不断地为经济社会发展服务，同时促进自身的持续协调发展。

高等教育系统发展的多样化、特色化、一体化和可持续发展特征中，多样化是系统发展的起点和前提，特色化是方式和途径，一体化是目标和诉求，而这一切均必须以可持续发展作为其坚实基础，四个特征是彼此促进、相互协调的关系。

---

① 杨欢. 高等教育可持续发展系统的协调理论方法与应用研究［D］. 天津：天津大学，2005：15-20.

② 王德宠. 确立21世纪高等教育的可持续发展理念［J］. 北京邮电大学学报（社会科学版），2001（2）：40-43.

三、高等教育系统发展的实现策略

如前所述，高等教育系统发展呈现多样化、特色化、一体化和可持续发展特征，然而，现代高等教育发展进程中面临着系统内部数量与质量的平衡、规模与结构的协调及机构职能与定位的规范等诸多不可回避的系统性问题。美国在第二次世界大战后也曾出现院校间的恶性竞争、重复建设；院校职能划分不清，学校发展缺乏明确的目标导向；院校同质竞相升格，学校教育层次盲目攀升，初级学院希望晋级为本科学院，州立学院则希望更多地开展研究生教育和科学研究，使学院发展成为可授予博士学位的"研究型大学"。这些系统性问题促使了《加利福尼亚高等教育总体规划》的诞生。加利福尼亚州依据《加利福尼亚高等教育总体规划》建立起一个稳定而优异的公立高等教育系统，得到美国其他各州乃至世界上很多国家与国际组织的高度认可。经济合作与发展组织评价"（《加利福尼亚高等教育总体规划》）代表并创立了高等教育大众化最先进的成就，加利福尼亚州的科研与教育质量远远超越 OECD 乃至全世界所有国家。……对于建立在科学技术文化基础上的社会而言，加利福尼亚州逐渐形成的结构框架可能是一种合适的高等教育模式"①。美国注重建立和发展多层次、多样化的高等教育制度，扩大高等教育职能，完善政府干预机制，"兼收并蓄各国优点，发展本国特色，扩大世界影响"②，因此具有世界一流的高等教育系统。具体说来，实现高等教育系统发展需要坚持以下四项基本策略。

（一）满足社会需求，实现高等教育系统的规模化发展

高等教育要满足不同的社会需求，首先要实现高等教育系统的规模化发展。构建规模化的高等教育系统是社会发展到一定历史阶段后对高等教育提出的必然要求。高等教育系统的规模化发展可以为高等学校发展带来契机，也可推动高等教育系统的整体发展，使高等教育与社会更加紧密地联系在一起。随着国家参与国际竞争程度的加深、知识经济发展水平的提高及社会民主化趋势的加强，保持高等教育系统的规模化发展，进一步提

---

① 何振海. 高等教育系统化发展的策略选择——美国加州公立高等教育系统的特征及启示［J］. 比较教育研究，2008（5）：41-45.

② 尹达，徐凤. 高等教育现代化：本质内涵、时代特征与实现路径［J］. 山东高等教育，2015（11）：19-23.

高国民素质，推动科技进步，促进经济发展，彰显社会民主，成为高等教育的一项重要使命。

加利福尼亚州高等教育规模在全美各州位居榜首，这对于其高等教育系统化发展有着典型意义。作为美国第一人口大州，2004 年加利福尼亚州高等教育在校生规模达到 237 万，占全国总数的 14%。具体到公立高等教育，2004 年加利福尼亚州的公立高等学校在校生人数为 198.7 万，占全州总数的 83.8%，从历史上看 1964 年加利福尼亚州人口总量才上升到全美第一，但早在 20 世纪 20 年代，加利福尼亚州高等教育的规模就已经领先于其他各州；20 世纪 30 年代，加利福尼亚州接受高等教育的适龄人口比例达到 24%，当时全国的平均水平为 12%；1960 年全美高等学校平均入学率接近 45%，而加利福尼亚州已达到 55%。此外，加利福尼亚州公立高等教育规模扩张的速度同样令人惊叹，1950—1970 年，1950 年前后加利福尼亚州人口约为 1000 万，到 1970 年则接近 2000 万，20 年间人口增长近 1 倍，而同期加利福尼亚州公立院校的在校生规模则从 25 万骤增至 100 余万，增长速度远远高于人口涨幅。今天，公立高等教育系统在加利福尼亚州已经占据了重要的地位，该系统的规模优势成为加利福尼亚州实现高等教育普及化发展的重要保障。

（二）完善院校结构，实现高等教育系统的层次化发展

高等教育系统是由不同层次的高等教育机构组成的系统，实现高等教育系统的层次化发展，需要完善不同层次和类型的院校结构。要完善院校结构，首先要突出高等教育系统的层次性，加强不同类型院校之间的衔接，建立起畅通、科学的人才阶梯，使学生获得更加广泛灵活的学习机会，从而切实履行高等教育系统为社会培养层次与类型多样的优秀人才的基本使命。1960 年制定的《加利福尼亚高等教育总体规划》在美国高等教育史上以其设计的州级公立高等教育系统著称。《加利福尼亚高等教育总体规划》在加利福尼亚州成功地创立了美国最大的、最具特色的公立高等教育系统。加利福尼亚州确立了由三个不同层次高等学校组成的公立高等教育系统：第一层次是加利福尼亚州社区学院，它面向该州所有的中学毕业生开放，最大限度地满足公民接受高等教育的需要；第二层次是加利福尼亚州州立学院（后改组为州立大学），它从成绩排名前 33.3%的加利福尼亚州公立中学毕业生中录取新生，主要进行本科和硕士研究生教育，在某些学科上可以与加利福尼亚大学合作开展博士生教育；第三层次是处于系统顶层的加利福尼亚大学。该大学是系统内唯

一有权授予各专业博士学位的机构，加利福尼亚大学从成绩排名前12.5%的中学毕业生中录取新生。此外，社区学院的毕业生可以申请升入加利福尼亚州州立学院和州立大学继续进行大学三、四年级的教育。《加利福尼亚高等教育总体规划》为加利福尼亚州构建了一个层次分明、职能清晰的公立高等教育系统，为实现高等教育数量与质量的平衡提供了保障。此外，高等教育机构须明确各自的职能定位，实现高等教育系统的多样化发展。一个成熟的高等教育系统，不仅需要以科学研究和后备学术人才培养为主要职能的研究型大学，也需要旨在培养专业人才的普通本科院校，更需要一批专注于培养高层次职业人才和熟练技术人员的高职高专院校。[①]因此，必须积极推动高等教育的多元化发展，使各类院校明确自身职能，依据职能对学校发展进行科学规划和定位，努力构建院校定位明确、职能分工清晰的多元化高等教育系统。

（三）落实办学自主权，优化高等教育治理体制

实现高等教育系统发展，还需注重优化高等教育治理体制，进一步扩大高等教育自主权，使高等学校能够按照自身规律实现高等教育系统的可持续发展。在政府、高等学校及高等教育内部建立起科学的协调机制，加强政府对高等教育的宏观政策引导、资金支持和制度监督。加利福尼亚州《加利福尼亚高等教育总体规划》不仅设计了一个结构合理的公立高等教育系统，还为如何管理这一系统提供了新思路。一方面，公立高等教育应接受政府或立法机构的管理，致力于满足所在地区的社会需要；另一方面，它也需要被赋予一定的自治权，以保证高等教育自身的健康发展。当两者之间的矛盾激化时，如果首先考虑加强政府对公立高等教育的干预程度，这种做法很容易损害大学的学术自由传统和自治特征。解决这一问题时，加利福尼亚州选择了自治与协调相结合的独特途径。加利福尼亚大学和州立学院的管理权限归属于各自的董事会，董事会拥有高度自治权，依法对学校内部事务进行管理，其他行政机构无权干涉；社区学院由地方委员会管理，并接受州教育委员会的监督。在这些管理机构之外，加利福尼亚州组建了“高等教育协调委员会”（后改组为“中等后教育委员会”），主要职能是向高等学校及相关部门提供财政、功能及教学等方面的咨询，制订本州高等教育的整体发展计划，但不拥有高等教育机构内部事务的管理

---

① 何振海. 高等教育系统化发展的策略选择——美国加州公立高等教育系统的特征及启示［J］. 比较教育研究，2008（5）：41-45.

权和决策权。由此可见，加利福尼亚州各层次的公立高等教育机构从性质上虽属公立，但却拥有了自治或半自治地位，这种自治与协调相结合的管理体制在政府和公立高等教育之间创造了一种权力的平衡，促进了高等教育系统内部不同类型院校的共同发展。

（四）坚持以质量为本，促进高等教育系统整体质量提升

实现高等教育系统发展必须以高水平的教育质量为基础。坚持以质量为本，构建优质的高等教育系统，首先，要求改变精英化教育时代的质量标准，确立以满足社会多层次需求、着重体现人才特色为核心的新型质量观；其次，在这种新型质量观的引导下，各类高等学校应进一步明确自身职责，打造高水平的师资队伍，更新专业设置和教学内容，改进教学方式，切实提高人才培养质量。

在实现高等教育大众化和普及化的同时，加利福尼亚州还培育出一个学术水平高和科研实力强的公立研究型大学系统，即加利福尼亚大学。在这个规模庞大的系统中，汇集了一大批世界一流的专家学者。截至 2020 年，加利福尼亚大学在册教师中有诺贝尔奖获得者 64 名，这彰显出其师资的强大实力；大学系统的大学各项学术指标和排名都居于前列，除 2005 年新建成的默塞德分校未参与排名外，其他分校在 2017 年 US News 世界大学排名中大多排在 50 名左右，表现出较为强大的整体实力。其中，伯克利分校在 2017 年 US News 世界大学排名中排第四名，其他分校均有不俗表现。加利福尼亚大学的科研成就及学术地位也实力雄厚。加利福尼亚大学系统的伯克利分校历史最为悠久，其学术水平和综合实力也最为突出，在 2018 年软科 ARWU 世界大学学术排名中位列第五。旧金山分校主要为生物与医学研究大学，不招收本科生，如果按照纯学术排名，该校在中位临床医学 2018 年软科 ARWU 世界大学学术排名中位列第二，仅次于哈佛大学。根据 2006 年《美国新闻与世界报道》美国大学研究生院排名，伯克利分校的工程学院位列第三、教育学院位列第六、商学院位列第七、法学院位列第八。同时，在伯克利分校的博士生教育学科中英语位列第一、计算机位列第一、化学位列第一、历史学位列第二、心理学位列第二、社会学位列第二，学科的教育水平和哈佛大学等著名私立大学不相上下；在美国 50 所最好的公立大学排名中，伯克利分校居于首位。与伯克利分校同属加利福尼亚大学系统的洛杉矶分校、圣迭戈分校、欧文分校、戴维斯分校、圣巴巴拉分校、圣克鲁斯分校、里弗赛德分校也都在这 50 所最好

的公立大学名单之内。[1]高水平的学术实力构成了加利福尼亚州公立高等教育系统最令人瞩目的特征，集中体现了加利福尼亚州公立高等教育系统的优越之处。除此之外，据统计，加利福尼亚大学为430 000个就业岗位提供支撑，为加利福尼亚州的经济发展贡献463亿美元，[2]这些成绩既与其高等教系统坚持高质量办学密切相关，又是其高水平办学质量的充分体现。由此可见，坚持以质量为本的办学理念，对于高等教育系统整体实力的发展有着重要的实践意义。

① 何振海. 高等教育系统化发展的策略选择——美国加州公立高等教育系统的特征及启示［J］. 比较教育研究，2008（5）：41-45.

② University of California. The only world-class public research university for, by and of California［EB/OL］. https://www.universityofcalifornia.edu/uc-system［2020-02-01］.

第三章　高等教育现代化的目标与模式

目标既是开展活动的最初预设，也是活动追求的最终结果。社会现代化意味着教育现代化，教育现代化涵盖着高等教育现代化。高等教育现代化的目标是社会现代化目标的构成部分，高等教育现代化目标的实现意味着社会现代化水平的提升。全球化背景下各国高等教育现代化目标存在共性，但也存在区域、民族、文化等差异；具体到某一特定的国家，由于高等教育发展历史和发展状况的差异，各国高等教育现代化模式的选择就显现出针对性。

第一节　高等教育现代化的发展目标

目标既是活动的起点，也是活动追求的终点。在社会现代化过程中，如果说社会现代化是总目标，那就意味着教育现代化是分目标。教育现代化又涵盖着高等教育现代化，高等教育现代化的目标成为社会现代化总目标的构成部分。因此，有必要在此逻辑下厘清高等教育现代化的发展目标。

一、作为目标的教育现代化

（一）以目标为出发点和归宿的教育现代化

教育现代化是现代化的一个组成部分。因此，基于对于现代化概念的基本认同，教育现代化也常被视为过程、状态与目标的并存体。《现代化科学》认为“教育现代化是 18 世纪以来教育系统的一种前沿变化和国际竞争，它包括现代教育的形成、发展、转型和国际互动，教育要素的创新、选择、传播和退出，以及追赶、达到和保持世界教育先进水平的国际竞争和国际分化等”[①]。因此，何传启认为，“从政策角度看，教育现代化既是教育发展的世界先进水平，又是追赶和保持这种世界先进水平的行为与过程”，同时他也认为“达到和保持世界先进水平的国家是教育发达国家，也是教育现代化国家，其他国家是教育发展中国家”。[①]

褚宏启认为教育现代化既“适用于发展中国家，也适用于发达国家，是一个具有广泛适用性的分析工具”，并认为教育现代化“是指与教育形态的变迁相伴的教育现代性不断增长和实现的过程”[②]。

然而，对于教育现代化概念的界定无论从何种角度切入和分析，其指向都可归结为一种目标式的解答，即教育现代化是以目标为出发点和归宿的。

以目标为出发点的教育现代化，表明教育现代化的动因是基于某种目标的追求，并基于这种追求有了教育现代化的一系列行动。以目标为出发点的教育现代化，表明教育现代化的问题意识，也就是说教育现代化要解决制约教育发展过程中的问题，问题意识表征了教育现代化的主动性、积极性，教育现代化本身与消极因子无缘。

以目标为归宿的教育现代化，表明教育现代化追求某种结果的达成，并将这种结果的达成视为教育现代化阶段性任务的完成，然后再开启下一阶段的教育现代化行动。以目标为归宿的教育现代化，表明教育现代化的行动意识，也就是说教育现代化表征一种行动，教育现代化意味着要以改革的意识、魄力、胆略去克服制约教育发展中的各种因素与阻力，达到预期的结果。

因此，以目标为出发点和归宿的教育现代化，是问题意识与行动战略结合的有机体。

（二）国家目标下的教育现代化

在现代社会，教育现代化与民族国家有千丝万缕的联系，对教育现代化的任何分析、探讨都无法脱离民族国家这一语境，无论探讨一国之内的省域教育现代化还是世界教育现代化。这是因为，民族国家是教育现代化的发动者和推进者[③]。

国家目标下的教育现代化，指向教育实践活动之外。也就是说，国家目标下的教育现代化与教育本身无关。国家目标下的教育现代化，首先，

---

① 何传启. 制度、质量、公平：实现高等教育现代化的突破口［J］. 中国高等教育，2014（7）：8-10.

② 褚宏启. 教育现代化的路径——现代教育导论［M］. 北京：教育科学出版社，2013：31.

③ 褚宏启. 教育现代化的路径——现代教育导论［M］. 北京：教育科学出版社，2013：41.

教育在国家现代化中要处于优先发展的战略地位。教育现代化是国家现代化的重要支撑，要以服务国家为目标，同时一定要确立与保障教育优先发展的战略地位，唯有如此教育现代化才能满足国家对教育现代化提出的各种要求。在 2017 年两会上，李克强总理在政府工作报告中指出："我们要发展人民满意的教育，以教育现代化支撑国家现代化，使更多孩子成就梦想、更多家庭实现希望。"其次，教育现代化要有服务国家大局的意识。教育现代化是国家现代化的一个重要环节，没有教育现代化就没有国家现代化，教育现代化支撑着国家现代化的实现，即以国家的目标为目标，因此教育现代化不仅是国家现代化的参与者和建设者，更是促进者与保障者，正所谓教育强则国家强，教育现代化本身肩负着实现国家现代化的使命与责任。最后，教育现代化之国家目标是随着国家的战略变化而有所适当调整的。也就是说，国家目标下的教育现代化旨在满足国家战略发展的需求，并随着这种需求的变化而变化，教育现代化的目标显然也有国家的印记。如在当前创新驱动发展战略实施背景下，国家需要大量的创新人才，而创新人才从哪里来，自然要落实到教育上。

（三）人的发展目标下的教育现代化

教育现代化从本质上讲是人的现代化，人的现代化是教育现代化的终极目的和价值受体。中国在教育改革发展中不断推进的素质教育、课程改革、提高学生核心素养等都以人的发展为目标，是实现人的现代化的伟大教育实践。

人的发展目标下的教育现代化，首先，强调教育现代化应当以人的发展为目的的价值取向。促进人的发展及其现代化，是教育现代化的核心理念和价值旨归。人的现代化，在教育实践中就是要坚持以立德树人为根本，不断提升人的现代性，促进人的充分发展。人的发展目标下的教育现代化，要求不能把人当作工具来培养，而是要以提高人的素质为宗旨和目标。在现阶段存在的应试教育在本质上违背了教育现代化以人的发展为目标这一核心。《国家中长期教育改革和发展规划纲要（2010—2020 年）》提出："坚持以人为本、全面实施素质教育是教育改革发展的战略主题，是贯彻党的教育方针的时代要求，其核心是解决好培养什么人、怎样培养人的重大问题，重点是面向全体学生、促进学生全面发展，着力提高学生服务国家服务人民的社会责任感、勇于探索的创新精神和善于解决问题的实践能力。"其次，强调人是教育现代化的重要实践主体。"从人的本性来看，教育现代化是人通过教育这种实践活动方式追求人自身的现代化过程，追求价值理想和人性本质或类本质的实现过程，它最终以人的现代化为价值和衡量标准。”[①]只有实现了人的现代化，教育现代化才是一个完整的现代化。人是教育现代化中一个积极的实践者和参与者，而不是一个单纯的受体。最后，强调基本素养教育和科学教育的有机结合，而且以前者为重。教育是“人”的教育，教育培养的人是有血、有肉、有情感的人，而科学不是万能的，它也不能解决所有人类社会发展进程中的问题，以人生观为例，其“绝非科学所能为力，惟赖人类之自身而已”[②]。不可否认，在我国的教育现代化进程中，对学生进行有差别的、科学的、艺术化的人文教育一直没有受到足够的关注，而这对于全面实现人的现代化来说又是必不可少的。“教育现代化探索决不能仅仅追慕现代化进程中的‘科学’精神，更应注重科学理性与人文向度的有机结合，着力培养学生‘科学与人文’融会贯通的精神，从而理性把握教育现代化动变中的价值重心，实现‘以人为本’的价值回归”，“科学教育与人文教育只有相互推动、协调发展，才能避免培养目标的‘单向度’偏向，造就符合全球化时代需要的自由独立的健全人格”[③]。

二、高等教育现代化目标的特征

（一）阶段性与前瞻性

阶段性表明高等教育现代化目标在设定上受经济社会发展水平及高等教育自身发展基础的制约；前瞻性表明高等教育现代化目标在设定上对未来经济社会发展趋势做出合理预期与判断，并在此基础上具有引领性与主动性。

高等教育现代化目标的阶段性，主要包含两个层面：一是高等教育现代化目标的设定受经济社会发展水平的制约。高等教育作为经济社会的一种现实存在，必然也将受到其所在国家和地区经济社会发展水平的制约。具体到高等教育现代化目标的设定上，就必须结合所在国家和地区的经济社会发展水平，进行合理设定。国家和地区的户籍人口、常住人口、GDP、人口出生率、文化传统等因素都会对高等教育现代化目标的设定形成某种

① 孔小明. 试论高等教育现代化的内涵及其特征［C］//范笑仙，胡赤弟. 改革・质量・责任：高等教育现代化：2013 年高等教育国际论坛文集. 北京：中国人事出版社，93-96.

② 张君劢，丁文江，等. 科学与人生观［M］. 济南：山东人民出版社，1997：38.

③ 黄书光. 中国教育现代化变革的文化透视［J］. 教育发展研究，2017（4）：22-26.

有形或无形、直接或间接的影响。如高等教育经费投入水平受国家和地区经济社会发展水平的影响非常大，而高等教育经费投入水平又将直接或间接影响到高等教育现代化其他有关目标的实现程度，如生师比、高等学校数量、高等教育毛入学率等。经济社会发展水平诸要素对高等教育现代化目标设定的制约性往往是多种要素共同作用的结果，如广东省高等教育毛入学率就受GDP、人口出生率、户籍人口及常住人口多种要素制约，特别是后三种要素成为制约广东高等教育毛入学率的主要要素，以致广东省虽然作为全国经济大省，但是近年来广东省高等教育毛入学率一直低于全国平均水平。二是高等教育现代化目标的设定受高等教育自身发展基础的制约。高等教育现代化首先是自身现代性的发展，既然如此，高等教育现代化目标的设定就无法脱离自身发展基础。脱离自身发展基础而设定的高等教育现代化目标是不切实际的理想主义，最终将难以实现或者只能部分实现。

高等教育现代化目标的前瞻性，指在高等教育现代化目标的设定上应对未来经济社会发展趋势做出合理预期与判断，进而提出具有引领作用或适应经济社会发展的目标。对未来经济社会发展趋势做出合理预期与判断，在当今时代主要包括如下三个方面：一是未来科技发展带给高等教育的挑战。伴随着科学技术特别是信息技术的快速发展，使得高等教育不仅在职能履行上要在尽可能多的领域中运用信息技术或与信息技术融合，同时信息技术也对现在的大学校园构成严峻的挑战。大规模开放在线课程的兴起使得无校园大学、无疆界大学等不再是一种幻想。现在日益成熟或即将成熟的一些科学技术，如全息技术（holographic technique），又将给高等教育带来哪些可以预见或不可预见的挑战，作为以传统校园形式为主的大学又将如何应对，这也是高等教育现代化无法绕开的问题。二是未来经济社会人才需求对高等教育的挑战。人才培养是高等教育的首要职能，而高等教育从本质上讲是为未来经济社会发展培养人才的，因此衡量高等教育人才培养质量的首要标准是要看其所培养的人才能否适应未来经济社会的发展。未来经济社会人才需求大致可以分为三大类：当下存在及未来一定时期内仍继续存在的职业人才需求；当下存在而未来一定时期内将明显减少或消亡的职业人才需求；当下还没有出现而未来可能产生的新的职业人才需求。挑战主要来自第二类和第三类。这就要求高等教育现代化目标在设定上要充分考虑人才培养的类型、学科专业领域等，并随之做出调整等。三是对未来经济社会高等教育需求的预判。高等教育由精英化走向大众化，再步入普及化阶段，都是对相应的经济社会高等教育需求的反映。

随着终身教育、学习型社会的来临，未来高等教育需求是怎样的，和现在又有什么不同？未来经济社会高等教育需求的变化将给现在的高等学校招生、学制、课程设计、教学方式、师资队伍、高等教育投入、高等教育管理等带来哪些挑战，这些仍是高等教育现代化目标在设定上不得不考虑与研判的问题。

（二）系统性与整体性

系统性表明高等教育现代化目标应充分关注其他教育阶段，即关注高等教育所在的教育系统。整体性要求高等教育现代化目标在运行中并非彼此孤立，而是一个整体，部分目标的实现不代表高等教育现代化的实现。

高等教育现代化目标的系统性，意在强调高等教育现代化目标与其他教育阶段教育现代化目标的协调性，即高等教育现代化目标应着眼于整个教育体系，往前可延伸至学前教育阶段，当然与高中阶段的联系最为紧密；往后可延伸至终身教育。高等教育现代化目标的系统性，一方面可以避免将高等教育独立于整个教育体系之外，实践中有关高等教育现代化问题的探讨很多局限于高等教育自身，这样在无形之中将高等教育与其他教育阶段人为割裂；另一方面使得高等教育现代化目标在设定上更具科学性与合理性，在实践中更具有与其他教育阶段教育现代化目标的互动性。

高等教育现代化目标的整体性，指高等教育现代化目标是一个共同体，各目标之间有着非松散式的联系，因此高等教育现代化目标必须整体推进。如规模与质量、结构与布局、课程与教学、人才培养与科学研究、普及与公平等，都要给予整体性的关注。以规模与质量为例，在高等教育规模扩大的同时，如果高等教育质量保障体系没有健全和及时跟进，必然会引发社会对高等教育质量的不满，而这正是我国高等教育现代化过去和现在面临的问题。高等教育现代化目标的整体性，要求我们在推进过程中要充分认识到各目标之间的关联性、一体性，甚至有的目标之间具有一定的制约性或牵制性，如人才培养质量既受到生师比的影响，也受到师资队伍、课程、教学等多方面因素的制约。

（三）本土性与全球性

本土性表明高等教育现代化目标应立足于所在国家或地区的经济社会发展。全球性表明高等教育现代化目标在坚持本土性的同时，还应立足于全球化和国际化的大背景，培育自身应对高等教育全球化和国际化所带来的挑战与机遇的能力。

高等教育现代化目标的本土性，强调高等教育对国家或地区经济社会发展的关注，这是高等教育现代化目标设定的首选立足点。这就要求高等教育现代化目标具有强烈的本土特色，不仅要能够满足本土对高等教育的各种需求，而且要能够从本土出发进行调整。脱离本土的高等教育将是无根之木、无源之水。

高等教育现代化目标的全球性，强调高等教育在当下及未来发展中将面临全球化和国际化带来的挑战与机遇，这是立足于本土的高等教育也不能忽略的。这就要求高等教育现代化目标必须具有全球意识，不仅要能够置身于全球化和国际化背景下进行设计，而且要能够培养本土高等教育参与全球化和国际化的高等教育竞争的能力。

三、高等教育现代化目标的分层类

（一）高等教育的分类与高等教育现代化目标的分层类

1. 高等教育的分类

高等教育的分类，实质上是高等教育的分层类。在高等教育分类实践中，影响较大的多是从高等教育分层视角进行的，或者分层视角是其中一种主要的方式；同时对于高等教育分类，也有不同的分类重点，有的侧重于高等教育课程程度或授予学位层次的分类，有的侧重于高等教育机构的分类。此外，高等教育分类的目的和作用也是不同的，如美国卡内基教学促进基金会的高等学校分类、中国武书连的高等学校分类都主要是为了便于对高等学校进行评价或排名而进行的分类。因此，这些以对高等学校进行评价或排名为目的的高等教育分类对于我们理解高等教育分类有一定的借鉴意义与参考价值，但从高等教育管理、引导高等学校分类发展及对高等教育现代化目标的实现角度来看仍是有一定局限性的。

当今有关的高等教育分类，最具代表性者当属联合国教科文组织的“国际教育标准分类”（international standard classification of education，ISCED），共有 1975 年、1997 年、2011 年三个版本。在 2011 年版的国际教育标准分类中，根据教育课程内容复杂程度和专门化程度将教育体系从低到高分为 9 个等级序列，其中涉及高等教育的是第 5 级至第 8 级，分别为短期高等教育、本科教育（学士或等同）、硕士教育（硕士或等同）、博士教育（博士或等同）；2011 年版与 1975 年版和 1997 年版相比，对高等教育的分类更细化，层次也更加清晰，这不仅反映了当前各国蓬勃发展的短期高等教育和本科教育、硕士教育及博士教育体系共存的现状，也反映了在“博洛尼亚进程”推动下欧洲高等教育区三级学位体系走向趋同的现实。

如前所述，美国《加利福尼亚高等教育总体规划》是另一个在世界上颇有影响的高等教育分类框架。规划在横向上形成公立院校与私立院校两个系统，私立院校系统自成体系。公立院校系统则根据高等学校肩负人才培养类型和责任的不同建立了三级子系统，即将加利福尼亚州所有公立高等学校分为加利福尼亚大学系统、加利福尼亚州州立学院系统、加利福尼亚州社区学院系统3种子系统，不同系统中的院校具有不同的学位授予权。具体来说，社区学院为学生提供职业技术教育与训练，培养具有较高职业技能的技师类人才；加利福尼亚州州立学院的首要职能是本科生教学和硕士研究生教学，同时还可以开展应用领域的研究；加利福尼亚大学主要进行研究生教育，并具有博士学位授予的专有权力，同时可与加利福尼亚州州立学院联合授予博士学位。

推进高等学校的分类管理、分类指导是高等教育改革发展的一项重要工作。虽然目前并没有太大的实质性进展，且仍缺乏国家层面具体的分类框架，但不意味着我国不存在高等学校分类，只是这种分类更多是基于国家重点大学建设策略和学位授予权的评定等行政手段而产生的分类，“客观上造成了我国高等学校的类型圈层，这种圈层其实就是一个‘金字塔’，因此，在某些情况下，人们更倾向于把这些圈层看作高等学校的不同层次，而不是类型”[①]。可以说，我国高等学校分类实践是行政手段介入的结果。此外，在有关教育统计中可以从另一面了解我国对于高等教育分类的一些思路或做法，一是从办学类型上，将高等学校分为培养研究生的科研机构、普通高等学校、成人高等学校、民办的其他高等教育机构四类；普通高等学校又分为大学、学院、高职高专院校、其他机构、独立学院，成人高等学校又分为职工高等院校、农民高等院校、管理干部学院、教育学院、独立函授学院、广播电视大学、其他机构，民办的其他高等教育机构则分为学历文凭考试机构和非学历文凭考试机构[②]。二是从学校性质类别上，仅

① 曹赛先. 高等学校分类的理论与实践［D］. 武汉：华中科技大学，2004：73.

② 教育部的教育统计是将高等教育机构从纵向上分为研究生培养机构（包括普通高等学校和科研机构）、普通高等学校［包括本科院校（含独立学院）、高职（专科）院校、成人高等学校、民办的其他教育机构四点类］；从横向上根据高等学校的办学主体不同分为中央部门（包括教育部、其他部门）、地方（包括教育部门、其他部门和地方企业）和民办三大类。

限于对普通高等学校的划分，划分为综合、理工、农业、林业、医药、师范、语文、财经、政法、体育、艺术、民族、高职等几类。然而，这种分类并不是很严谨，有的高等学校目前不多，有的甚至已成为历史，如农民高等院校、教育学院、职工高等院校等；有的名实不符，如有关综合、理工、农业、林业等高等学校分类，现在很多高等学校都可划归为综合类。另外，根据高等学校主管部门的不同还可以大致分为部属高等学校、省属高等学校和市属高等学校，这是一种与高等学校发展有关且有深刻影响的管理分类。

从省域层面来看，2011 年，山东省最早提出了有关高等学校分类的思路，将所有省属高等学校分为应用基础型、应用型、技能型三类，但无具体的分类标准，仅在《山东省教育厅、财政厅关于山东省高等教育名校建设工程实施意见》（鲁教高字〔2011〕14 号）中对这三类名校建设的具体条件要求有简要说明。2015 年，《上海高等教育布局结构与发展规划（2015—2030 年）》出台，提出以教育治理现代化为目标构建高等学校分类发展体系，即按照人才培养主体功能和承担科学研究类型等差异性，将高等学校划分为“学术研究、应用研究、应用技术和应用技能”四种类型；按照主干学科门类（本科与研究生）或主干专业大类（专科）建设情况，将高等学校划分为“综合性、多科性、特色性”三个类别。引导高等学校凝练办学特色，聚焦发展重点，避免过度分散资源、过多设置缺乏相互联系和支撑的学科专业，立足学校定位在各自领域追求一流。广东省自 2014 年开始谋划实施高水平大学建设计划以来，逐渐形成了高水平大学、高水平理工科大学、应用型本科学校、一流高等职业院校等分类建设思路。

从我国的高等教育分类实践来看，或者是基于高等学校的公办和民办身份的不同，或者是基于办学水平的不同等进行类别划分。虽然山东、上海、广东等省市进行了本区域高等学校分类发展的实践探索，但是这仍主要局限于普通高等学校，而不是面向整个高等教育体系。这种局限是否可以通过高等教育现代化目标的分层类设定而得以避免或弥补呢？

2. 高等教育现代化目标的分层类

高等教育现代化的实现必然是高等教育领域全方位现代化目标的达成。从高等教育现代化作为一个永续不断的进程角度而言，高等教育现代化目标的阶段性达成本身也可视为一种高等教育现代化目标的分层类。但是，高等教育现代化目标的分层类主要着眼于当下与未来相当一段时期内而言。高等教育作为一个复杂的系统，必然涉及诸多要素现代化目标的共同达成，且彼此之间的目标在不同之中又有诸多联系，也就是说这些要素的现代化目标之间不是独立的，从更大的方面而言，它们共同决定着高等教育现代化目标实现的程度。

高等教育现代化目标的分层类与高等教育分类既有联系，也有不同。高等教育分类框架中涉及的每一类都是高等教育现代化实践中的一个重要参与者和实践者，也都各有其相应的现代化目标，但是高等教育分类所呈现的现代化目标的分层类只是高等教育现代化目标的分层类的一种表现。高等教育现代化目标的分层类有着更为丰富的内涵。

高等教育现代化目标的分层类意味着：第一，高等教育现代化目标是可以分解的，且这种分解是在特定高等教育现代化阶段进行的。第二，高等教育现代化目标被分解成的若干个目标之间不是孤立和独立的，它们共同属于一个有机的体系。第三，高等教育现代化目标是个有序推进的过程，这既体现着高等教育现代化建设本身所具有的规律性，也体现着高等教育现代化各个目标在实现过程中并非杂乱无章。第四，高等教育现代化目标是若干目标共同作用的结果，因此要注意区分目标之间的制约作用与促进作用。

（二）高等教育现代化分层类目标的框架构想

高等教育现代化分层类目标，可以从多种角度、多种方式进行划分，从国家层面到具体实施层面，从宏观层面到微观层面，从长期、中期到短期等，显然这不是寥寥数语可以说清楚的。可见，高等教育现代化分层类目标是一个很复杂的系统性工程。因此，本小节仅从国家或地区高等教育现代化发展战略角度对高等教育现代化分层类目标的框架提出构想思路，而具体落实到政府、有关教育行政部门、学校、教师、社会等的实施战略则不在构想范围内。

1. 纵向框架

在纵向高等教育现代化分层类目标框架的构建上，主要从高等教育人才培养层次角度，并兼顾终身教育体系构建和学习型社会建设需要，将高等教育现代化分层类目标从低到高分为短期高等教育（非学历教育）、专科教育、本科教育、硕士教育、博士教育等教育现代化目标。

2. 横向框架

在横向高等教育现代化分层类目标框架的构建上，主要考虑不同层次高等教育现代化目标的继续分解，进而转化为相关要素的现代化目标。由于在横向上高等教育现代化目标需要若干类别要素的现代化目标之达成方可实现，而这些要素既有不同层次的高等教育现代化目标之达成共同指向的，也有个别层次的高等教育现代化目标之达成所独有的。

（1）从高等教育的功能角度，高等教育现代化目标在横向上可分为人才培养、科学研究、社会服务、文化传承的现代化。但对于短期高等教育而言，仍主要以人才培养的现代化为主，对于除了短期高等教育外其他层类的高等教育现代化而言，这四项功能的现代化都有不同的目标设定。

鉴于高等教育功能之履行以人才培养为首，同时人才培养也是高等教育履行其他功能的基础和前提，因此，有必要对人才培养现代化的目标进行进一步分解。在此，可从人才培养所需要的一些关键要素着手进行构建，主要如师资队伍、课程体系、教学方式、评价制度、校园设施、质量保障体系等（表 3-1）。

表 3-1　高等教育现代化分层类目标（一）

纵向/横向	人才培养						科学研究	社会服务	文化传承
	师资队伍	课程体系	教学方式	评价制度	校园设施	质量保障体系			
短期高等教育	√	√	√	√	√/—	√	—	—	√
专科教育	√	√	√	√	√	√	√	√	√
本科教育	√	√	√	√	√	√	√	√	√
硕士教育	√	√	√	√	√	√	√	√	√
博士教育	√	√	√	√	√	√	√	√	√

（2）从高等教育的区域分布角度，高等教育现代化目标在横向上还可以分为省级行政区、地级行政区、县级行政区、乡级行政区的高等教育现代化，其中短期高等教育和专科教育在未来可拓展到县级行政区和乡级行政区，而本科教育、硕士教育和博士教育仍主要分布在省级行政区和地级行政区，条件具备的县级行政区可以考虑本科教育（表 3-2）。

表 3-2　高等教育现代化分层类目标（二）

纵向/横向	省级行政区	地级行政区	县级行政区	乡级行政区
短期高等教育	√	√	√	√
专科教育	√	√	√	√
本科教育	√	√	√	—
硕士教育	√	√	—	—
博士教育	√	√	—	—

就此分类视角而言，不仅涉及具体实施高等教育机构本身的现代化，还涉及不同层次、类型高等教育机构的布局问题。

第二节 高等教育现代化的推进模式

现代化作为一个世界性的历史过程，是指人类社会从工业革命以来所经历的一场急剧变革，这一变革以工业化为推动力，导致传统的农业社会向现代工业社会的全球性大转变。它使工业主义渗透到经济、政治、文化、思想各个领域，引起深刻的相应变化①。高等教育现代化是现代化研究中独特的学科范畴，体现了现代化的普遍价值，与国家发展、经济、科技、文化的现代化一样蕴涵了从非现代化到现代化共同的过程阶段性，客观地规定了建设主体的后发落后于先发的目标超越性和先发领先于后发的现实发展超前性。同时，必然彰显了高等教育研究领域的独特个性规律特征，是高等教育内部诸要素，如知识传授、发现、应用及其外部联系要素的现代性，是高等教育人才培养、科技研究、社会服务，乃至于高等教育内外部治理等对现代化本质的反映。

一、高等教育现代化的推进模式概述

从国际高等教育与现代化交叉研究的视野分析，高等教育的现代化与科技现代化、经济产业现代化进程不仅高度融合，也同步发展，按照现代化进程三阶段逐步发展，逐层推进。但是基本推进模式体现于现代化初期是内源式先发内生型现代化推进模式，以及在第一次现代化浪潮之后形成的以模仿、借鉴为主要手段的后发外生型现代化推进模式。中国学者罗荣渠则提出，由于创新变革与传导性变革两种方式不同，现代化过程具有内源的现代化和外源或外诱的现代化两种不同类型。内源的现代化是由社会自身力量产生的内部创新，经历漫长的社会变革道路，又称内源性变迁，其外来的影响居于次要地位。另一外源或外诱的现代化是在国际环境影响下，社会受外部冲击而引起内部的思想和政治变革进而推动经济变革的道路，又称外源性变迁，其内部创新居于次要地位。从高等教育发展看，内源性变迁实际也是高等教育内部创新而发生的变化发展，是一种高等教育由内而外的内生型发展推进模式；而外源性落后国家高等教育是借助外部力量或模仿学习的现代化发展推进模式。因此，从起始的时间及现代化的

① 罗荣渠. 现代化新论［M］. 北京：商务印书馆，2004：9-15.

最初启动内外因素而言，国家高等教育现代化实际可以分为先发内生型现代化和后发外生型现代化两大类。借用社会现代化理论关于现代化“先发内生型”和“后发外生型”两种模式的划分方法，可以将大学的发展历程分为“先发内生型”和“后发外生型”两种类型。[①]然而，在不同国家高等教育现代化发展过程中，由于发展的特殊性，又会相应地形成混合型的发展模式。因此，高等教育现代化的推进模式就演化为三种。

二、高等教育现代化的先发内生型模式

（一）高等教育现代化先发内生的含义

高等教育现代化的先发内生型，又可以称为内源型现代化。先发国家现代化开始的时间都比较早，其现代化最初的启动力量是现代性因素的历史沉淀；现代性因素来自先发国家社会内部，高等教育现代化与国家社会的现代化构成了局部与整体的关系，是现代化的系统与要素关系。如果从现代性因素的增长来看，如近代民族国家的形成，强有力的中央政府的建立，新兴社会力量的成长等，其大约起始于 1640—1689 年前后的英国资产阶级革命，至今也已有三百多年的历史。这一类型中的国家，如美国、法国，其现代化起步虽然晚于英国，但和世界上大部分国家相比，仍居先发；由于文化传统的一致性，这些国家的现代化依然具有明显的内生性特征。对于内生性，有很多种表述，哥迈尼（Gomeney）在《现代化的社会学》一书中将其称为“原生型现代化”，利维（Levy）在《现代化与社会结构》一书中则将其称之为“内源发展国家”。但不论冠之以什么样的概念，其大致含义都可作为一种史无先例的发展进程，是在自己内部现代性因素不断成熟的情况下逐步演进而成的。

（二）高等教育先发内生型的基本特征

1. 高等教育现代化先发内生型是历史进程的沉积

高等教育内部的现代性既是社会、国家现代化不断积累的前提，也是现代化的结果，它们之间具有互相促进性。这种现代性的孕育成熟，主要是在高等教育内部进行的，随着外部环境在其中的作用而逐步形成。特别是在现代化的初期阶段，国家对高等教育现代化进程的直接推动力

① 王建梁，陈瑶. 后发外生型世界一流大学发展模式述评［J］. 高等理科教育，2010（2）：107-111.

量非常大。此时国家处在为现代化确立基本前提条件之际，如维护国家的统一、打破制度壁垒等。事实上国家也对高等教育推进国家现代化进程寄予厚望。

2. 高等教育现代化先发内生型是现代化进程中的探索者、支持者

先发内生型现代化起始之初，世界上还没有其他现代化的先例存在。没有既定的前景参照，又没有像后发型现代化那样有现成的路标参照，无论是在技术上，还是在制度和组织形式上，都需要内源性创新；高等教育现代化先发内生型具有较强的自我发挥能力，高等教育独有的人才培养、科技研究等方面的功能实际也为现代化进程提供了智力支撑，高等教育在国家现代化进程中扮演了探索者、创造者的角色。

3. 高等教育现代化先发内生型是伴随国家现代化进程缓慢渐进发展的

先发型国家历经数百年的变革与发展，其现代化的因素是逐渐培育起来的，因而从传统农业社会向现代工业社会的转变是“水到渠成”的。虽然在一些国家中也经历了革命性的转变过程，但从总体上来说，在这个过程中高等教育现代化是相对渐进和缓的。

三、高等教育现代化的后发外生型模式

（一）高等教育现代化的“后发”内涵

罗荣渠认为后发现代化国家面临“迟发展效应”。“后发”是经济学术语，基于落后国家工业化进程中的后发劣势与后发优势理论研究，包含后发劣势与后发优势二重含义。其一是后发劣势。杨小凯在介绍“后发劣势”概念时候，指出这一概念是在财政联邦主义、政治经济学等领域非常有建树的美国经济学家奥尔森（Olson）提出来的。英文名称为“curse to the late comer”，就是“对后来者的诅咒”。他的意思是，落后国家由于发展比较迟，所以有很多东西需要模仿发达国家。模仿有两种形式，一种是模仿制度，另一种是模仿技术和工业化的模式[①]。后发劣势强调制度优先，要素优先反而是后发劣势的体现。其二是后发优势。美国经济史学家亚历山大·格申克龙（Alexander Gerchenkron）在总结德国、意大利等国经济成功追赶经验的基础上，于 1962 年创立了后发优势理论。所谓“后发优势”，也常常被称作“落后得益”“落后的优势”“落后的有利性”等。

---

① 杨小凯. 后发劣势［J］. 新财经，2004（8）：113-115.

亚历山大·格申克龙对 19 世纪德国、意大利、俄国等欧洲较为落后国家的工业化过程进行了分析，并指出一个工业化时期经济相对落后的国家，其工业化进程和特征在许多方面表现出与先进国家显著不同。[①]林毅夫则用内生增长模型来说明欠发达国家在按照由本国的技术水平和工资水平所决定的比较优势发展时，认为只要欠发达国家可以通过从发达国家引进技术并获得比发达国家更快的技术变迁速度，那么欠发达国家不但不会陷入永远生产低技术产品的陷阱，反而使得欠发达国家有着比发达国家更快的经济增长速度，并最终实现欠发达经济向发达经济的收敛。[②]

另有研究表明，“后发优势”与“后发劣势”同为“后发”，却是异义。前者忽略了制度的一致性，立足于经济发展水平的赶超；后者更多的是对制度的控诉，不在同一范畴。“后发”包含温和改良或激进改革的后发赶超意蕴，两者在目标与手段上似乎都有所错位。在高等教育领域中，有后发是落后的高等学校还是后来者的高等学校的问题，有学者分析指出，后发高等学校的参照标准是世界一流大学或高水平大学。可从三个层面理解其内涵：①仅考虑发展水平差距的后发关系；②关注于制度层面的“后来者”关系；③以进入特定类别高等学校的先后时序为依据，不以高水平大学为参照的后发关系。因此，后发高等学校的概念来源于经济学领域的后发理论，是相对于先发高等学校参照系而言的一种发展状态描述。[③]

因此，在一定意义上，高等教育的后发，实际是以先发为优势的发展落后状态，是后发国家超越高等教育发达国家的战略部署。

（二）高等教育现代化的后发外生型概述

1. 高等教育现代化的后发外生型内涵

英国吉登斯（Giddens）把“现代性”解释为在欧洲封建社会之后所建立的行为制度与模式。现代性是与传统相对应的概念，现代性是现代社会的特征，它是社会在工业化推动下发生全面变革而形成的一种属性。因此，现代化必然体现封建传统农业社会向现代资本主义工业社会转型的问题，以及这一社会转型内在的推进模式问题。现代化作为一个崭新的史学范畴在中国出现并历经几次重大的模式转换，也必然在高等教育的现代化进程中得以呈现。

---

① 格申克龙. 经济落后的历史透视［M］. 张凤林，译. 北京：商务印书馆，2012：11.

② 林毅夫. 后发优势、技术引进和落后国家的经济增长［J］. 经济学，2005（10）：53-73.

③ 叶志明. 后发高校内涵、优劣及分类初探［J］. 嘉应学院学报（哲学社会科学），2012（6）：87-92.

高等教育的后发外生型指现代化起步时间较晚，而且启动是基于外部动因引起的模式类型。自英国、法国、德国等欧美国家的早期现代化后，当今发展中国家的高等教育现代化，都可以归入后发外生型推进模式。这一类型国家高等教育现代化启动时，欧美发达国家的高等教育现代化已经达到了较高水平。并且，这一类型国家高等教育现代化启动并非源于本国现代性因素的历史沉淀，而是在国际环境影响下，国家社会遭受外部冲击而引起高等教育内部的教育观念和学科专业、教学方法等高等教育因素变革进而推动高等教育革新。在俄国现代化早期，彼得大帝深入了解欧洲发达国家，以及俄国在与欧洲各国的政治、军事、文化等交流中的国家发展劣势，从而启动了现代化进程。日本的现代化，也是伴随着近代欧美国家的入侵而启动的，正是因为海军准将佩里（Perry）率领的舰队逼迫，才有明治维新系列现代化改革措施。中国近代史，是鸦片战争及一系列欧美先发国家和俄国、日本等后发列强的侵略才使中国警醒，开始了缓慢而曲折的现代化进程。近代中国学科"四部之学"到"七科之学"发展方式，是从西学的大规模输入带来的西方学术的分科观念和分科方法，也标志了中国近代意义上的高等教育现代化的启动。

目前的许多发展中国家高等教育的现代化进程是痛苦的殖民统治下的外生模式，是在争取自己的生存与发展，摆脱新老殖民主义的压迫和奴役的强烈的民族主义意识的驱动下，才开始了高等教育现代化进程。与早期发达国家高等教育现代化和俄国、日本高等教育现代化都不可同日而语。

2. 高等教育现代化进程中后发外生型推进模式的特征

高等教育现代化进程的后发外生型推进模式是在发展中国家遭遇殖民侵略的历史过程中逐步由外而内形成的。具有下列几个特征。

（1）高等教育的后发外生型是政府主导下的积极转型。高等教育是在内部缺少现代性积累的情况下，对外部挑战的一种积极回应，主要由政府自觉推进。后发国家与发达国家之间的巨大差距，使得后发国家的政府、领导人和人民自觉地将现代化作为维护自己生存和发展的重要手段。表现在实际的现代化进程中，政府不仅直接介入现代化进程，成为现代化的最主要推进者，而且由政府制定和组织实施的经济社会发展计划往往成为推进现代化的重要工具。如清政府所倡导的"人才为政事之本，兴学育才为当务之急，……除京师已设大学堂……著各省督抚、学政，切实通饬，认真兴办"①。京师大学堂的设立等晚清教育改革，都是政府主导的教育改革。

① 转引自王希莲. 评析晚清教育制度改革［J］. 聊城师范学院学报（哲学社会科学版），1999（2）：31-35.

（2）高等教育的后发外生型是模仿、借鉴的被动学习。后发国家的高等教育现代化在发轫之初，先发国家现代化已经在高等教育等很多方面取得了比较丰硕的成果，尤其在技术领域，有借鉴、引进、吸收先进经验的可能；并且后发外生型现代化在已经落后于人的压力下，面临诸多严峻的现代化任务，有借鉴与引进先进经验的现实要求。借鉴与引进无须重新创造，无疑可以加快这些国家的现代化进程，但是这个过程也是充满风险的，如新引进的现代因素与原有的传统因素的矛盾、冲突，盲目引进现成的模式而不符合本国的国情，缺乏经久不衰的现代化内部动力等。我国近代高等教育“旁采泰西”“取日本学规”，对晚清高等教育制度产生深远影响。

（3）后发外生型高等教育大都具有赶超先发国家的特征。在外部条件的刺激下，后发国家高等教育即使是本社会内部还缺少现代性因素，缺乏现代性启蒙，往往也必须被动积累现代化要素，以期尽快缩小自身与先发国家的差距。近代中国就设立了洋务学堂，引入了西方学校制度。李鸿章提倡“学习西学，实现自强，就必须创办新式学堂”，按照“用人最是急务，储才尤为远图”的原则（李鸿章《筹议海防折》），1862—1894 年，洋务派设立了外国语、军事、技术等实用性学堂 24 所，希望快速通过要素模仿的办法实现赶超发展。

（4）后发外生型高等教育现代化本身就存在相当多的矛盾。如内部缺少现代性因素，却在外部因素的影响下强行开始现代化进程；先天不足却要在更短时间内走完发达国家在几百年间走过的历程；现代化的目标既要基于人民的要求又要有利于加强政府在社会中的地位等。但是由于非内生性的现代化，高等教育自身的内在观念系统还是延续传统的，因此高等教育潜伏着内在传统与外在国家发展诉求的社会矛盾，很不平稳。随着新学知识体系的形成和体制的建立，20 世纪初国学思潮的兴起表现出学术文化的历史性转向，传统中学在基本内容和框架上完成了由旧学向新学的历史更替。与此同时，也形成了新学与旧学的对立状态。

四、高等教育现代化的混合型模式

（一）高等教育现代化的混合型模式概述

1. 高等教育现代化混合型模式的概念

混合，指掺和，合在一起；亦作“混阖”，意指掺杂，合并。混合是由简单元素逐渐发展、组合而来。模式可以从三个方面来进行理解，第一种指事物的存在状态，即事物的类型、范式等；第二种指事物的发展道路和运行方式；第三种指对事物的分析和思维方式。论及高等教育现代化的混合型模式，表层上更多指高等教育现代化的发展道路和运行方式。深层次意义上则与对高等教育现代化的分析和思维方式直接相联系，最终在实施过程中逐渐形成具有特定性质的高等教育现代化的一种类型。

按照上述意义理解，高等教育现代化的混合型模式指两个或两个以上单一型高等教育现代化模式相结合的组合模式。目前，世界上部分国家在高等教育现代化战略中所采取的组合模式有些就可以归为混合型模式。在当前，高等教育现代化混合型模式又被称为高等教育现代化综合型发展模式。一般意义上理解的高等教育现代化综合型发展模式指由高等教育现代化内生型发展模式与高等教育现代化外生型发展模式通过交叉综合而来，高等教育现代化内生型发展模式与高等教育现代化外生型发展模式共同推动高等教育现代化的实现，其主要特征融合了高等教育现代化内生型发展模式与高等教育现代化外生型发展模式的主要特点，并能够有效克服内生型发展模式与外生型发展模式的局限性。通过高等教育系统内部与外部之间产生的张力集齐高等教育发展各类主体的综合力量，将高等教育系统的内部动力与外部推力结合起来，通过有规划的顶层设计制定发展目标，综合采取强制性制度变迁与诱致性制度变迁的方式，形成既能遵循高等教育发展的基本规律、建立统一的高等教育制度体系，又能保持高等教育灵活性、多样性、积极性的发展局面，逐渐分步骤、分层次、分类别、分区域地实现高等教育现代化。

需要强调的是，高等教育现代化综合型发展模式必须协调政府、社会、高等学校及个体等高等教育参与者的利益诉求，创新高等教育管理体制机制，以利益关系为中心建立适当的高等教育任务分工机制、利益分配机制、风险承担机制与绩效评价机制等。要建设高等教育的现代化，必须在政府、社会、高等学校及个体之间形成一种新的有效关系。高等教育现代化不是高等教育系统内部可以解决的问题，而是整个经济社会系统必须全力以赴才能解决的问题。实现高等教育的现代化，必须重视政府和社会对高等教育事业发展的参与，必须注重高等教育内部的改革和提高，必须突出高等教育事业的创新和发展。

2. 高等教育现代化混合型模式的分类

在全球各地，不同国家在高等教育现代化发展过程中分别形成了不同的高等教育现代化模式，以高等教育现代化模式的单一程度作为依据，可以把已经形成并且得到公认的高等教育现代化单一模式概括为比较典型的四种：内生型、应激型、植入型、追赶型。单一模式的组合形成混合型模式。根据组合或结合的紧密程度，混合型模式可分为“一般混合型”和“强力混合型”两种。“一般混合型”可以初步理解为将某几种单一型高等教育现代化模式作为出发点和基础，通过融合或并存的方式使得几种高等教育现代化模式关联在一起，使之相互贯通，提高组合模式的效能，形成合力，共同推动高等教育现代化的发展。“强力混合型”指以某一种单一型高等教育现代化模式为主导，在该国高等教育现代化过程中发挥主导作用，同时采用另外一种或一种以上的其他高等教育现代化模式作为辅助模式，发挥辅助性作用。

高等教育现代化混合型模式的良好运作，既可提高一国的高等教育现代化水平，又能加强国际高等教育的理解、合作及交流，符合促进本国、本民族的文化认同，缩小南北差距等要求，将是世界很多国家高等教育现代化继续坚持和完善的模式，因而也是最有利于本国传统与外来发展趋势相结合，并发展为国家特色的理想模式。

采纳高等教育现代化的先发内生强力混合型模式的国家，他们的高等教育现代化崛起，在时间上是领先的，其高等教育现代化因子孕育于自身传统高等教育内部结构的历史逻辑演进而发育成熟、脱胎生成。它们在继之而起的高等教育全球化进程中，给其他地区带来了示范性和逼迫性的双重效应。采纳高等教育现代化后发外生强力混合型模式的国家，通常是由于受到来自西方高等教育全球化、国际化活动的双重效应的刺激和冲击而展开的应战和回应。

以俄罗斯的高等教育现代化为例，随着苏联解体及全球化时代的到来，俄罗斯加入了欧洲教育一体化体系，俄罗斯高等教育迫切需要现代化改革，通过一系列高等教育现代化改革措施使其得以重塑高等教育强国形象，以积极的姿态迎接全球化的挑战。采取的措施包括：第一，实行分权管理。提高地方政府在高等教育方面的管理权，是俄罗斯高等教育现代化改革的重要内容之一，重新分配联邦中央与联邦主体也就是地方政府对高等教育管理的权力，将联邦中央的高等教育管理权力下放，实行垂直化的分权改革。第二，扩大高等学校自主权。俄罗斯联邦中央和各联邦主体都放松了对高等学校的行政管理、学术管理与财务管理，赋予了高等学校更多的自主权，如高等学校校长的产生程序由原来的任命制改为选举制，高等学校学术委员会的作用大大提高。第三，加强与各国高等学校的联系。20 世纪 90 年代以来，俄罗斯高等教育在办学方式与办学理念上更加自由了，为加快高等教育对外开放的步伐，俄罗斯加入欧洲教育一体化体系，在学制、学位授予、课程设置、教育质量评估等方面均进行了改革，使之更加适合与欧洲高等教育交流。第四，实现教学手段现代化。注重创新和求真的科学精神在人的全面发展中所具有的重要作用日渐突显，现代科学技术在俄罗斯高等教育中的运用已经极为普遍，在俄罗斯，无论公立还是私立院校，都实现了电教化教学，在教学中电脑已经完全普及。现代化改革提升了俄罗斯高等教育的效率与活力，促进了高等教育事业发展，分权改革提高了地方政府，即联邦主体举办高等教育的热情，提升了地方政府对高等教育的投资力度，加大高等学校自主权之后，又引入竞争机制，实行优胜劣汰，使得高等学校迸发极大的办学热情，真正履行了自己本来的使命[①]。从中可以看出，俄罗斯高等教育现代化的进程包含了高等教育思想和高等教育办学行为等多方面的进程。从制度角度来看，高等教育现代化意味着构建高等教育新制度，要出台一系列新的办学制度取代原有的办学制度。从制度的修改、颁布与实施分析，俄罗斯高等教育现代化模式带有内生型现代化模式的特征，充分考虑了如何利用国家现有高等教育办学基础和办学条件，以尽可能平稳的方式去摸索高等教育现代化道路，试图通过对高等教育内部因素的整合尽可能引导国家走上高等教育现代化道路。俄罗斯同时又具有外生型现代化模式的特征，受到欧洲一体化的影响，希望通过高等教育领域的对外开放实现缩短甚至赶超他国高等教育办学水平的目标。简单地把俄罗斯高等教育现代化模式归入内生型现代化模式或外生型现代化模式，都过于勉强，实质上其属于“强力混合型”高等教育现代化模式。

我国在《国家中长期教育改革和发展规划纲要（2010—2020年）》已经明确了高等教育现代化的发展方向和目标，即“高等教育结构更加合理，特色更加鲜明，人才培养、科学研究和社会服务整体水平全面提升，建成一批国际知名、有特色、高水平的高等学校，若干所大学达到或接近世界一流大学水平，高等教育国际竞争力显著增强”。新时期高等教育目标与改革开放初期的高等教育目标相比，已经有了很大的改变，受到高等教育发展环境的影响，可以预测当前我国高等教育现代化模式将会由过去相对单一的外生型现代化模式向混合型现代化模式转变，随着高等教育发展水平的提升再向内生型现代化模式转变。

---

① 张岩. 论俄罗斯高等教育的现代化改革［J］. 湖南人文科技学院学报，2016（3）：105-107.

（二）高等教育现代化混合型模式的基本特征

高等教育现代化混合型模式不是凭空捏造的一种说法，而是从大量实践当中提炼出来的一种意识、观念和整套操作方案的总称，具有以下特征。

1. 符合高等教育规律

高等教育现代化混合型模式的实质是高等教育管理者把握高等教育规律的一种当下或当前时期的折中式的或嫁接式方案。它简明高效地为人们提供一种把握高等教育规律、高等教育发展运行的具体程序或步骤。因此，高等教育现代化混合型模式的产生必须符合高等教育规律。比如，符合一国经济社会发展水平及整体发展状况，符合大学生的心理特点、认知特点、行为习惯等。中国的高等教育现代化模式肯定和国外的高等教育现代化模式不一样，大学生的教育模式肯定和儿童的教育模式也完全不一样。但无论如何，高等教育规律是必须遵从的，其必须反映高等教育发展的内外部规律。

2. 揭示高等教育的本质

教育模式是对教育现象、教育规律认识的一种理性操作策略，是帮助人们尽快把握事物本质的一种方式。教育利益相关者只要理解把握了教育模式，就能提高工作效率和质量。由于教育模式比较近似地把握住了教育本质，这为教育规律的推广和认识提供方便。这也是人们竞相寻找种种教育模式的内在驱动力。高等教育现代化混合型模式是基于高等教育规律认识基础上创新的理性操作策略，是对高等教育的教学、科研、社会服务功能如何发挥所做的一种战略选择。由于高等教育现代化混合型模式也源自实践，且有着高于经验层次认识的理论支撑，因此，模式本身就是对高等教育本质认识的揭示和实践反映。

3. 相对稳定性

由于在特定的历史时期，人们只能无限地接近或近似地把握教育真理，而达不到穷尽教育规律和现象的程度，这就决定教育模式在一定时期内是比较稳定的，这也从另一方面告诉我们，一种教育模式一旦提出，就会有较广阔的生存空间。但同时，这只是相对的，当人们的认识和科学技术水平提高以后，教育模式的局限性也会显现出来。例如，当中国经济社会水平不高，教育不发达，知识总量可以基本把握，人们的知识水平低下时，传统教育模式是必然有生存空间的。因为人们迫切需要更多的知识来充实内心的荒芜。但是当经济社会水平发展到一定程度，人们发现，光丰富知识不能解决问题时，就会发展出新的教育模式，尤其在当代，综合素质才是决定生活水平、生产水平的重要因素。从国家层面看，高等教育现代化模式在一个特定的时期必有着相对的稳定性，并且会随着社会的发展有着相应的改革和创新，单纯以高等教育现代化模式自身作为出发点，特定的时空维度下必有着相对的稳定性。

（三）高等教育现代化混合型模式的动因机制

高等教育现代化本身就是社会现代化的应有之义。高等教育现代化是根据社会转型发展的需要，在从传统高等教育向现代高等教育转换中，通过创造性地吸收其他先进国家高等教育办学经验及利用本国高等教育办学传统中的积极因素，赶超先进国家高等教育发展水平，以使高等教育与现代社会发展及世界现代高等教育发展趋势相适应并促进社会进步的动态发展过程。

从高等教育的构成要素来看，高等教育现代化从表到里可分为三个层面：一是物质层面的现代化，如教育设施、设备及为高等教育服务的一切物质手段的现代化，其处于高等教育现代化的表层上。二是高等教育制度层面的现代化，如高等教育体制、政策、高等教育法律法规等的现代化，这一层面的现代化一般是宏观的，属中央和地区各级教育行政部门负责的范畴。三是精神层面的现代化，如高等教育思想及观念、高等教育目标、高等教育内容、高等教育管理、教育方式方法等的现代化，这一层面的现代化由于处于较深层面且多是隐性的，因此属于高等教育的内涵性现代化。由此得出，高等教育现代化混合型模式本身就是高等教育活动与社会各子系统及高等教育内部各组成要素之间相互联系、相互影响所形成的。依此分析高等教育现代化混合型模式的动因机制包括以下几个方面。

1. 各高等教育举办国的发展特色

高等教育现代化混合型模式的产生，主要是由各国的发展特色所决定。首先，各国高等教育发展的历史及轨迹是各国所独有的，因此，在独有的高等教育办学基础上形成的高等教育现代化也是各国所特有的，它本身就具有国家特色和民族特征。其次，各国特殊的国情决定了其高等教育现代化不同于其他任何一个国家的高等教育现代化。

以我国为例，在时间维度上，我国的高等教育现代化是在当代特殊的时代背景下进行教育现代化建设，这种背景既不同于内生型高等教育现代化国家，也不同于应激追赶型教高等育现代化国家。在空间维度上，中国作为东亚儒家文化圈的核心国家，独特的地理位置，特殊的国内国际环境与西方国家有区别，与同处东亚儒家文化圈的日本、韩国也有很大的不同。因此，其他国家的高等教育现代化经验只能供中国学习、借鉴，却不能简单地直接植入中国高等教育发展之中。因此，我国的高等教育现代化模式，一方面是内生型的，与先发的高等教育现代化国家，如英国等西方国家具有相似之处，都是根据现代社会发展需要对本国传统高等教育进行改造，使之向现代高等教育转变；另一方面，我国高等教育现代化又具有追赶的性质，是在先发国家基本实现高等教育现代化的情况下对其进行追赶的过程。所以，从总体上看，中国高等教育现代化应当采用内生追赶型模式。从中国各地区高等教育现代化发展来看，由于中国幅员辽阔，各地区高等教育发展不平衡，在中国内部各地区之间还存在次级内生的问题，即各个地区之间的高等教育现代化也存在本身的传统与现代的过渡、衔接问题。作为人口和地域大国，地区间经济收入水平、人文环境差异大，并且我国又是一个二元经济结构的国家，城乡发展水平存在很大差异，即使是在城镇之间，经济发展也很不平衡。综上所述，无论是对中国高等教育现代化影响因素的梳理，还是当前中国高等教育现代化面临的国际国内形势，都要求中国高等教育现代化采用混合型模式。既要尊重传统高等教育，又要根据现代社会发展要求改造传统高等教育；既要学习、借鉴国外现代高等教育思想、观念、制度等，又要结合中国国情对其进行合理的取舍，避免不加区分地植入。

2. 各高等教育举办国的教育行政管理体制

各高等教育举办国的教育行政管理体制具有很大的惯性，一方面会对高等教育现代化模式产生推动作用，另一方面又会产生阻碍作用。

以英国为例，在 20 世纪全球性的经济危机、第二次世界大战之后，政府强化了国家权力对社会的干预力度。新自由主义政策成为加速社会改革、促进国家现代化进程的推进器。在传统与变革中形成的英国教育行政管理体制既非中央集权制也非地方分权型，而是在中央政府与地方政府的“博弈”中形成了一种典型的伙伴关系。中央政府对地方政府的控制与指导主要通过立法、督导和拨款来实现。在英国教育社会化、国家化的进程中，通过政策影响、财政资助将教会学校（主要是民办学校）纳入其统一化的管理轨道。表现在教育经费上，政府投入力度越来越大，民间团体（尤其是教会）在经费投入上的比例越来越小。中央政府和地方政府在教育投入比例上还形成了一种有效的机制。英国教育结构的完善如同教育民主化进程一样，也呈梯级式上升，先解决初等教育和中等教育的衔接问题、中等教育结构的调整问题，后解决高等教育和职业技术教育结构的调整与完善问题，到 70 年代末，英国现代教育结构已基本定型。教育现代化体现出稳健性与渐进性的特点。作为英国教育整体一部分的高等教育，其现代化历程显现出的特点与其教育行政管理体制制约下早已形成和存在的现代化模式内在地融为一体。

3. 生产力的发展

从根本上讲，生产经验和与之相关的科学技术是高等教育的主要内容。随着生产力的发展，人类社会积累的生产经验和科学技术将会进一步丰富。这就要求高等教育的教学内容不断丰富、充实和更新，以适应科技革命带来的对劳动者素质的要求。

生产技术水平和创造的物质条件制约着高等教育教学条件、教学方法和形式的发展。高等学校的物质设备和教学仪器，是一定的生产工具和科学技术在高等教育领域的应用。随着生产力的发展，科学技术的进步，现代化的教学手段，如幻灯机、电影、电视、电子计算机及人造地球卫星相继出现，教学组织形式随之更加多样化，教学方法则由口耳相传转向各种直观教具、仪器和电化设备的运用。

生产力的发展在一定程度上扩大或缩小具体国家的高等教育发展水平与其他国家高等教育发展水平的差距，成为各国选择高等教育现代化模式的直接和根本性动因。

4. 传统文化与外来文化的影响

文化是人类生活独有的一种现象，属于人类精神生产领域。文化的出现将人与动物区分开来，才有了人类社会的存在。教育是文化这一系统中的一个要素，要实现教育现代化，就必须把教育放在文化的大背景下进行考察。教育的文化功能，主要是指教育对文化的传承、传播、选择与创新。由于教育在文化传播中具有深层次性、高选择性和系统性等特点，因此可以达到高性能性的目的。在信息化时代、网络化社会，各国高等教育的现代化都面临着不同文化的交流、碰撞甚至对峙的问题。各高等教育举办国就存在着对某种文化进行主动的吸收与扬弃。各国高等教育现代化进程中的文化选择功能必然体现在其开放性、定向性和提高主体选择能力等方面。开放性要求高等教育面向世界，对多样化的文化兼容并蓄；定向性指对繁茂芜杂的文化进行筛选，取其精华，弃其糟粕；提高主体选择能力，则是该功能的根本性指向。

同时，不同国家、不同民族、不同地域所形成的各具特色的社会文化使高等教育观念具有多样性。对高等教育领域中的一些基本问题，人们的认识和看法存在着明显的文化倾向性。东方国家的传统是重视知识传授、系统操练、统一标准的考评；西方国家的传统则是重视能力培养、兴趣激发，重视尝试、探索与创新素质方面的评价。

受到传统文化与外来文化的双重影响，各高等教育举办国传统文化与外来文化的影响力出现差异，在对文化的坚守与吸收的张力下，各国的高等教育现代化之路呈现出必然的差异，势必影响到各国对高等教育现代化模式的选择和创新。

5. 高等教育现代化模式的继承性与创新性

一定社会形态下的高等教育，无论是在高等教育思想、制度、内容、方法等方面都与以往各个时代的高等教育有着继承关系。任何一种高等教育模式都不可能凭空产生。分析任何一种社会条件下的高等教育模式，我们会发现，它总与先前历史阶段的高等教育模式既有区别又有联系；每一历史阶段的高等教育模式总是要从多方面吸收和利用先前历史阶段高等教育模式的合理内核。在这一过程中，尽管将根据当代社会的需要加以扬弃、继承和发展，但还是使一种特定的高等教育现代化模式带有自己国家或地区高等教育发展的烙印。这就形成了同一经济、政治制度下的不同的高等教育现代化模式，显现出混合型的特征。

6. 高等教育发展状况与社会发展水平的不平衡性

高等教育虽然受到一定社会的物质生产方式、社会政治和社会意识的制约，但高等教育与其发展往往又有着某种程度的不同步性。

就社会历史发展的总趋势看，高等教育的发展是随经济政治的发展变革而发展和演变的，但高等教育的发展同经济政治的发展有时并不完全同步。这有两种情况：一种情况是，高等教育的发展落后于经济政治的发展。当新的经济政治因素已经产生，反映旧的经济政治因素的旧式高等教育模式，某些旧的高等教育思想、内容、方法在新的经济政治条件下，可能还存在一个相当长的时间，这对新的高等教育发展和社会进步起一定的阻碍作用。另一种情况是，在旧的经济政治条件下，也可能出现某些新的高等教育思想。高等教育发展状况与社会发展水平的不平衡性使得各国在高等教育现代化之路上对模式的选择呈现出多样化，显现为在确立发展重心时的多重顾虑及多重平衡，这势必造就高等教育现代化路径选择中模式的混合。

（四）选择高等教育现代化混合型模式的原则

1. 目标导向性原则

目标导向性原则是选择和确立高等教育发展模式的首要原则。就高等教育发展而言，目标导向直指高等教育现代化；就国家社会发展而言，在现代背景下则是指国家发展的现代化。高等教育的现代化发展不可能脱离高等教育自身，也不可能脱离所在国家发展状况的影响。从这一意义上分析，由于目标不同，即使不同国家同时选择高等教育现代化混合型模式，也会显现出巨大的差异。

2. 理论与实践相统一原则

高等教育现代化混合型模式是人们在充分尊重教育规律的前提下，为提高教育质量和效率而产生的一种相对稳定的集高等教育发展方式、高等教育发展策略、高等教育办学理念于一体的实践模型。这个模式里面既有哲学理论的支撑，又有坚实的社会实践基础，还有符合高等教育学、高等教育生态学、大学生心理发展学等诸多成熟理论的支持，在提高高等教育质量方面起到很大的作用。坚持理论就是要尊重高等教育现代化混合型模式的科学基础，坚持实践则是要在采纳高等教育现代化混合型模式时注重灵活性。

3. 相对平衡、协调发展原则

协调发展的哲学基础是马克思主义唯物辩证法。运用辩证法的观点理解高等教育现代化混合型模式的协调原则，就是指在高等教育发展中高等教育系统内部的各个不同层次、不同类型的高等学校之间的对立统一，是各类高等学校差异中的一致，是由发展的不协调→协调→不协调→协调不断循环往复的螺旋式上升的过程。高等教育整体发展的内在要求是高等教育系统内部的协调；高等教育系统内部的协调内生于高等教育系统各部分的发展，高等教育系统内部的协调既是高等教育系统整体发展的手段，又是高等教育系统整体发展的目标，还是评价高等教育发展状况的标准和尺度，因此高等教育系统的协调和发展是合一的。高等教育发展离不开高等教育系统内部的协调，同样高等教育系统内部的协调可以促进高等教育更高层次的发展，提升高等教育发展的整体性。坚持高等教育发展的协调理念要求在高等教育现代化发展的节点上，更加注重高等教育发展和高等学校治理的系统性、整体性和协同性，从而准确把握高等教育发展环境的基本特征，破解高等教育发展难题，厚植高等教育发展优势，弥补高等教育发展短板，拓宽高等教育发展空间，全力寻求并形成高等教育现代化可持续发展的后劲。强调高等教育协调发展，强调高等教育现代化理念与办学举措的一致性，关键在于处理好事关高等教育现代化发展的诸种重大关系，做到相对平衡。首先，要统筹不同类型高等学校协调发展；其次，要处理好不同学科专业的协调发展；最后，要统筹好教学、科研、服务的协调发展。

4. 扬长补短，发挥优势，创建特色的优化原则

扬长补短，发挥优势，创建特色的优化原则是指高等教育现代化混合型模式必须基于所在国高等教育发展的优势和不足，通过发扬高等教育发展中的优势，形成“你无我有、你有我优、你优我特”的发展特色；通过措施弥补发展短板，实现有选择、有所为的高等教育多元化发展。以我国的高等教育发展为例，中国高等教育现代化发展模式最简单的描述是，中国特色社会主义基本制度和高等教育管理制度的结合，它至少包括以下内容：第一，坚持中国特色社会主义制度，坚持高等学校中国共产党领导的校长负责制。第二，坚持结合中国国情和高等教育发展实际情况，实行高等教育非均衡发展战略和进行循序渐进的高等教育改革。第三，高效率的政府，高度负责地管理高等教育政策及制度事务和恰当地对高等教育进行宏观调控。第四，随着经济实力的增长，逐步承担更多的高等教育办学责任。在高等教育全球化的国际背景中，加强与世界各国高等教育的沟通联系。通过扬长补短，发挥优势，创建特色，选择自主的高等教育现代化发展模式。

5. 可行性原则

每一种特定的高等教育现代化混合型模式都有一定的运行程序和方法。特定的国家和地区的高等教育现代化发展更是具有特殊的发展动因和背景。尽管高等教育发展现象、高等教育发展中遇到的问题错综复杂，但作为具有高等教育政策性质的高等教育现代化混合型模式的选择和确立还是要努力抓住本国及本地区高等教育现代化的关键要素。只有概括归纳出可以认真把握的操作策略和程序，所形成的高等教育现代化混合型模式才具有其特色。

（五）高等教育现代化混合型模式评价原则

在信息技术时代，发达国家高等教育现代化要实现对领先地位的保持和巩固，就必须根据本国国情，立足于世界高等教育发展前沿，优化具有本国特色的高等教育现代化模式。落后国家的高等教育现代化要实现对发达国家的追赶，就必须根据本国国情，立足于本国高等教育发展实际，创建具有本国特色的高等教育现代化模式。

由于教育并不是一个孤立的现象，教育与经济、社会和文化之间存在着千丝万缕的联系。法国社会学家涂尔干（Durkheim）在《教育思想的演进》一书中指出，教育转型始终是社会转型的结果，要从社会转型的角度入手来说明教育的转型。这表明教育转型的发生并不是没有缘由的，往往是社会转型导致了教育转型。从教育系统自身来看，有生源、文化教育、把握人才成长规律、思想教育、科学研究及体育普及等优势，结合起来才能取长补短、优势互补、形成合力，达到义务共尽、资源共享、成果共用，从而发挥最大的效益。客观分析，对高等教育现代化混合型模式的评价不仅是对模式自身的评价，还必须结合模式在具体应用实践中的效益，才能够对高等教育现代化混合型模式有全面、科学的认识。由于高等教育现代化混合型模式还属于比较新兴的事物，评价中必须遵循以下原则。

1. 成效原则

成效原则指对高等教育现代化混合型模式实施后的结果和产生的直接影响及间接影响进行整体性评价。评价者的主要任务包括：访问主要的利益相关者，如高等教育主管领导、在校生及往届生、模式的提出者及构建者、其他相关用人单位，了解他们对于高等教育现代化混合型模式正向和负向结果的评价。选择合适的模式实践对象，进行深度的个案研究。评价小组成员和方案成员提供证据，鉴别和证明模式对一个国家或一个地区或一所高等学校所产生的影响的范围、深度和重要性。评价小组成员汇总和评价高等教育现代化混合型模式的成效。运用多种评价方法评价模式实际上所产生的影响，全方位鉴别其正向与负向的、意图与非意图的成效。获取其他模式所产生影响的信息，与其他模式对比，判断混合型模式的成效。以草稿的方式，汇总模式运行成效，呈交给有关高等教育机构和公认的利益相关者。把模式成效评价报告整合到不断更新的高等教育现代化模式改革方案中，整合到后续的高等教育现代化模式中。

2. 持续性原则

持续性原则指在对高等教育现代化混合型模式评价时考虑在何种程度上，高等教育现代化混合型模式成功地被制度化，并将长久地得以应用和实践下去。评价者的任务包括：访问高等教育现代化混合型模式的提出者和执行者，就高等教育现代化混合型模式的哪些成功之处将会持续地实施下去的问题，征求他们的观点和看法。访问高等教育现代化混合型模式的受益者，就模式的现有成功之处的哪些方面将会可持续地实施下去的问题，征求他们的观点和看法。回顾评价者有关高等教育现代化混合型模式的成效、运行机制、运行条件等资料，判断模式的哪些成功之处应该和将会持续地发挥效力。访问受益者，就模式运行的措施和条件是否有助于模式的持续性实施这个问题，咨询他们的看法和评价。获取和检讨模式的理念、制度、保障措施等信息，评价模式将会持续实施的概率。定期地回访模式运行效果，评价原来所认定模式的成功之处的可持续程度。

3. 可推广性原则

可推广性原则指在何种程度上，高等教育现代化混合型模式已经和将会成功地被调适和应用于其他国家或地区的高等教育办学中。评价者的任务包括：鉴别出高等教育现代化混合型模式的实际和潜在的采用者。调查有代表性的潜在采用者，要求其概述对高等教育现代化混合型模式的评价。判断高等教育现代化混合型模式与他们意图推广该模式的情景的相关度；判断高等教育现代化混合型模式的理论基础、重要性及可复制性。访问和评价高等教育现代化混合型模式的调适部分，讨论模式可推广性的基础和条件。

五、适应时代发展的我国高等教育现代化模式选择

伟大的时代产生伟大的理论，伟大的理论引领伟大的时代。科学理论不仅是时代的精华，更是引领社会前进的伟大旗帜。毛泽东思想、邓小平理论、“三个代表”重要思想、科学发展观、习近平新时代中国特色社会主义思想是中国特色社会主义理论体系的组成部分，是引领不同时期我国高等教育发展的重要理论。

党的十六届三中全会第一次明确提出了科学发展观的概念，并对这一发展观的基本内涵和基本要求做了精辟的表述：“坚持以人为本，树立全面、协调、可持续的发展观，促进经济、社会和人的全面发展。”[①]习近平关于高等教育的重要论述是习近平新时代中国特色社会主义思想的重要组成部分，习近平基于新发展理念，对新时代高等教育发展问题进行全面、深刻的阐述，提出了“扎根中国大地办好中国特色社会主义大学”等一系列重要观点，为中国高等教育现代化提供了方向指引。

（一）以新发展理念指导高等教育现代化的后发超越发展

首先，新发展理念强调人的发展和社会全面进步，契合了高等教育教育现代化各种类型对人才培养的客观要求。一定的社会发展观必然涉及政治、经济、文化、社会关系的构建。没有正确的发展理念，就不能形成正确的现代化指导思想和发展思路，更不可能具有正确的高等教育现代化。现代化不是单纯的经济发展，而是经济发展、政治发展、文化发展的统一，

---

① 姜辉. 中国特色社会主义理论与实践的重大发展——认真学习党的十六届六中全会精神［J］. 红旗文稿，2006（20）：2-4.

并在这种有机统一中体现社会的全面进步。习近平以政治论和人本论为基础的高等教育哲学观就突出揭示了高等教育现代化发展进程中高等教育、社会、人三者之间发展的内在规律。

其次，新发展理念主张实现人、经济、社会和自然的协调发展，内在地规定了高等教育现代化的方向和进程。以破坏自然和社会和谐为代价追求经济发展必然导致政治、社会、教育的异化，导致单向度发展问题。在新发展理念视角下，单纯的经济增长并不代表社会的发展和进步。发展是人、经济、社会和自然的系统整体的协调发展，是在有机体系中推进社会进步。因而，在现代化进程中，必须充分利用人的、社会的、自然的各种资源，为人的发展和社会进步创造条件。坚持创新、协调、绿色、开放、共享五大发展理念，努力办好具有中国特色、世界一流的现代高等教育，是我国高等教育发展的价值取向。高等教育作为一个复杂巨型的有机系统，如果机械分割这种有机的系统性，单纯强调哪一个方面的片面发展，必然破坏整体的协调性，造成一系列矛盾和问题。

再次，新发展理念把人的发展作为发展理论的出发点，与高等教育现代化的逻辑起点具有一致性。社会发展和变革是人的积极性和创造性发挥的过程，所以，必须把人放在中心地位，着力于人的素质的提高和创造潜能的发挥。把人作为经济产业发展的手段，导致了过度的社会分工和人主体性的迷失，产生了人的异化问题。世界上不存在单纯的“经济人”。任何市场经济都是在一定的社会背景环境中运行的，因而也就必然存在其独特性，任何人都是具有多方面需求的现实的人。人是社会的主体，发展是人的能动性发挥的过程。具有形成有利于人的创造性发挥的机制，把更多人的积极性调动起来，才能实现从传统向现代的转变，现代化才有切实的保证。从高等教育现代化的规模发展和内涵发展上看，两者之间的起点统一在人的尺度之上。习近平新时代中国特色社会主义高等教育思想的价值取向就是坚持人民性，将高等教育的现代化与人的现代化相统一，将高等教育现代化模式的选择依托于人。

最后，新发展理念着眼于绿色、可持续发展，与高等教育培养可持续的人和高等教育自身的可持续发展高度吻合。发展是一个充满着加速和减速、进步和曲折、波动与偏差、平衡与失衡的过程，发展就是在社会变革中不断克服不平衡、不协调、偏差，推动社会进步。以新发展理念统驭引领高等教育的现代化，如从学科专业层面，与科学、技术、经济、文化等各方面的相互作用，形成它们之间的良性互动关系，并且在经济与自然的关系上保持密切状态。高等教育的可持续发展既要求在现实发展中为以后发展留下机会和资源，又强调现实发展状况的资源优化，为将来的发展奠定基础。因而，高等教育可持续发展强调人与政治社会发展及自然生态的协调，提高高等教育质量和服务经济社会产业质量。科学发展观是现代化理论的重大创新，它克服了传统发展观的局限性，使高等教育对自身和环境的认识达到了一个新的高度。这一高等教育发展观的基本点，是强调现代化的宗旨，是契合人的发展要求，发展的途径是实现资源的优化配置，发展的模式是人口、资源、环境、经济、社会的相互促进和协调。

（二）以新发展理念指引高等教育现代化的由外生向内生模式的转变

后发国家与发达国家的经济差距主要体现在对世界知识和技术存量的开发利用上，后发国家是“后发优势”还是“后发劣势”关键在于是否能够利用、增加或创新前人的知识和技术，引进适用于本国发展的技术，实现后发赶超战略。印度曾提出“适用技术”引人注目。“适用技术”指既满足引进国经济发展的技术需要，又考虑引进国生产要素的现状、市场规模、文化社会环境、目前技术状态等因素，使引进技术的最终效果最大化，是后发技术性模仿。一般来说，引进技术的选择应考虑经济原则、技术进步的关联作用和技术推广的可能性标准等。当然，引进的目的还在于最终能自主开发，正如“授人以鱼不如授人以渔”所揭示的道理一样，通过引进技术带动国内技术的模仿与创新，从而促进国内产业技术水平的整体提升。这一模式，基本是建立在以借鉴模仿为主，高等教育的现代化处于消化汲取的后发外生型基础之上。

创新是知识经济的灵魂，高等教育现代化的超越发展必须建立在知识与技术创新的基础之上。否则国家现代化便是无源之水、无本之木。近代中国洋务运动的失败，是后发模仿而无创新发展的典型样本。一个拥有持续创新能力和大量高素质人力资源的国家将具备发展知识经济的巨大潜力；而一个缺少科技储备和技术创新能力的国家将失去发展知识经济的机遇，这必然地要求高等现代化必须及时推进高等教育后发外生模式向后发内生模式的转变。所以，高等教育作为国家创新体系不可分割的部分，构成了经济社会可持续发展的基石。高科技及其产业群成为经济增长的源泉。由于知识密集型信息技术产品在发达国家的技术更新速度加快，如果高等教育依赖后发外生模式，国家引进的技术将会很快落后。依靠模仿先进国家技术求得发展的方式，在知识经济时代已经难以成功地实施“后发赶超”。缺少自主的高技术知识产权将会受制于人，在国际竞争中处于被动的地位。

因此，我们国家应充分利用当前知识经济兴起所伴随的科技全球一体化及世界产业结构升级加快的趋势，先发国家文化智力资本向外推广交流速度相应加快的机遇，在注重后发外生模式的同时，走自主型的高新技术产业自主发展道路。以科学发展观为指导，大力推进高等教育现代化进程的转型，着重引进有利于产业结构调整和升级的重大技术和关键技术，消化吸收后再进行创新和后续开发。同时，还要有重点地发展高科技基础研究并对其实行产业化，以拥有自主的技术和知识产权。习近平总书记系列重要讲话中指出，现代社会是一个庞大协作体，科学研究的进步有赖于协同创新。习近平总书记关于高等教育创新的思想就包括了深度参与创新驱动发展战略、人才队伍创新、科技创新、学科协调创新、人才成长和发展环境创新五个方面。[①]在我国高等教现代化过程中，要加强政府的宏观协调、政策扶持，完善高等教育创新政策和法规体系，为高等学校、研究院所技术创新、知识创新创造一个良好的环境，推动高等教育现代化创新体系的建立。这也是我国经济能否实现可持续增长、赶上知识经济时代步伐，实现后发赶超发展的关键。

我国高等教育现代化要有自己发展的道路和自主性，必须通过与外部世界合作来实现，表现为充分利用两种高等教育现代化的模式，即以后发模仿为主的后发外生模式和以后发自主创新为主的后发内生模式。以实现社会主义现代化作为自己长期的奋斗目标，适时推动转型发展，把当代中国的现代化同中国共产党领导和广大人民支持联系起来，把当代中国的现代化同改革开放联系起来，转变劣势，激发我国高等教育内生发展的优势，实现从工业社会向知识经济社会转变的领先超越。正如习近平总书记指出的，坚持走自己的高等教育发展道路，办好中国的世界一流大学，必须有中国特色；要有中国特色，既要学习国外先进的办学治学经验，更要扎根中国大地办大学。这是由我国独特的历史、独特的文化、独特的国情决定的，中国特色的高等教育是践行中国道路、弘扬中华文化、服务人民、服务中国发展的教育；坚持中国特色高等教育发展道路，反对保守封闭。[②]

现代化的高等教育的发展能够为国家发展战略的实施提供优质的人力、智力、科技支撑。习近平总书记敏锐地观察到我国高等教育改革与发

① 侯长林. 习近平高等教育思想体系的逻辑考察［J］. 国家教育行政学院学报，2018（6）：43-49.
② 刘伟. 习近平新时代中国特色社会主义高等教育思想研究［J］. 中国高教研究，2018（4）：1-4.

展的国内外环境的变化，将高等教育强国、人力资源强国、科技强国三者统筹思考部署；提出要遵循高等教育发展规律，深化高等教育体制综合改革，加快“双一流”建设，推动高等教育内涵式发展，这将加快我国高等教育现代化模式从模仿到创新、从借鉴到引领的转变。

第四章　国外高等教育现代化模式与特征

模式是指某种事物的标准形式或使人可以照着做的标准样式，[①]是主体行为的一般方式。高等教育模式是高等教育理论和高等教育实践之间的中介环节，具有一般性、简单性、重复性、结构性、稳定性、可操作性的特征。伴随着全球化、信息化的发展，世界高等教育展现出了一定的趋同性。然而，世界各国高等教育在其特定的社会历史和现实的矛盾冲突中构建和形成了独特的高等教育现代化模式，具有鲜明的民族性、地域性特征，深刻反映着该国经济体系、政治制度、文化传统、自然环境资源及历史沿革。[②]所谓高等教育现代化模式，可以概括为在实现高等教育现代化发展目标的历史进程中，所采取的方式与方法、途径与道路、手段与措施的总称。[③]研究一国高等教育现代化模式及其特征是深入厘清该国高等教育现代化发展脉络的重要尝试。本章将从现代化模式演进历程、模式特征及发展趋势入手，着重分析美国、英国、日本、印度的高等教育现代化模式。四国颇具代表性的高等教育现代化模式将为我们展现国外高等教育现代化的发展宏图。

第一节　美国高等教育现代化模式与特征

高等教育现代化发展遵循着教育规律与内在发展逻辑。在全球化趋势下，世界高等教育现代化模式通过相互借鉴与相互影响呈现出一定的趋同性。然而，各个国家因其不同的历史文化背景、社会制度、经济发展状况，在各自的现代化进程中依旧保持着自身的特色。美国作为高等教育强国，

① 中国社会科学院语言研究所词典编辑室. 现代汉语词典（第7版）［Z］. 北京：商务印书馆，2016：919.

② 乔玉全. 21世纪美国高等教育［M］. 北京：高等教育出版社，2000：1.

③ 刘继青，王孙禺，鄢一龙. 探索高等教育强国的发展之路——中国高等教育现代化发展道路的历史与未来［J］. 中国高教研究，2017（1）：21-26.

其高等教育现代化的历程被世界诸多国家关注并展开研究。

一、美国高等教育现代化模式演进历程

美国是当今世界最大的教育输出国，回溯美国高等教育现代化发展进程，其高等教育现代化发展深受欧洲文化影响，又具有鲜明的本土化特征。在经历复制英式教育、学习法式教育、移植德式教育之后，在美国本土哲学“实用主义”的文化土壤上，美国高等教育以独特的模式实现了自身的发展，变革性地创造出了具有自身特色、世界瞩目的高等教育现代化模式。依据高等教育现代化发展进程的重要转折时期划分，美国高等教育现代化模式的演进历程通常被分为三个阶段。

（一）第一阶段：17 世纪至 19 世纪初期

美国大学的起源可以追溯至英国殖民地大学（学院），这一时期的美国高等教育主要受欧洲特别是英国大学的影响。1636 年成立的“哈佛学院”（初名“新市民学院”）标志着美国高等教育的开端。创办于 17—18 世纪的哈佛大学（1636 年）、威廉玛丽学院（1693 年）和耶鲁大学（1701 年）是美国早期高等教育的典型代表。由于大部分殖民地大学的教员是英国剑桥大学或牛津大学的毕业生，当时美国高等大学（学院）的组织结构基本复制了剑桥大学和牛津大学下属的学院模式，[①]均属教会学校，沿袭英国大学模式，以培养牧师、神父为主要目标，教学模式为在教授拉丁文基础之上的博雅教育，注重古典学科，缺乏与社会的联系，无视农业、工业等实用性知识与技能的传授，使学生置身于象牙塔中。有别于英国大学学术自治的传统，美国殖民地大学（学院）自建立之日起就由校外人士组成的董事会实施管理，时常与社会发展紧密联系，这亦为日后美国高等教育服务社会的价值理念埋下了伏笔。

19 世纪初期科学技术的进步为高等教育提供了原动力，美国独立以后开启了以扩张土地为目的的西进运动，自然科学和工艺技术等实用科目在领土扩张与经济发展过程中日益受到重视，以往以古典教育为指向的英国传统保守教育模式与社会发展日渐脱节。美国在西进运动过程中形成了务实的价值追求，逐渐发展成为独具特色的美国“实用主义”文化传统，为高等教育“工具主义”思想的日渐成熟奠定了哲学基础。主张大学放弃古

① 金子元久. 大学教育力［M］. 徐国兴，等译. 上海：华东师范大学出版社，2009：32.

典学科，着重讲授实用学科的声浪迭起。这一时期，美国高等教育处于新旧两种模式的过渡阶段，传统大学的保守理念与社会发展对大学的要求之间的冲突日益显现。

1825 年，从德国留学归国的年轻教师们努力在哈佛大学创建学生可自主选择的课程制度，然而却遭到了以古典教育为指向的博雅教育支持者的质疑与批判。课程改革的浪潮冲击着美国的大学，也冲击着以保守著称的耶鲁大学，它迅速地对这一浪潮做出反应。1828 年，在杰里迈亚·戴（Jeremiah Day）校长的领导下，耶鲁大学发表了著名的《耶鲁报告》（*Yale Report of 1828*）。《耶鲁报告》主张教授古典学科，认为古典语言是训练心智的有效途径，大学生心智尚未成熟，不能给他们选课的自由。[①]古典学科具有心灵训练、审美和教养的独特功能，而实用的职业技术科目却没有这种功能。《耶鲁报告》的发表使美国首次尝试通过创建选修制和学分制促使学习自由制度化的革新暂时止步，但此时美国高等教育"为社会服务"的倾向已然清晰可见。这一阶段的美国高等教育尚未形成自身特色，高等教育现代性仍处于萌芽期间，呈现与英国传统大学极其相似的以古典教育为指向的发展模式。

（二）第二阶段：19 世纪中期至 20 世纪初期

19 世纪中期，美国高等教育经历了根本性的变革。美国南北战争是美国高等教育发展的分水岭，经济、政治、社会的变革为高等教育发展带来了新的机遇与挑战。南北战争前美国高等教育创新不足，高等教育体系和制度建立步履维艰。[②]南北战争后美国迅速进入重建时期，高等教育体系内部进行了大胆和较为系统的创新与改革，不仅丰富了高等教育的内涵，促进了高等教育现代化发展，而且加快了高等教育体系和制度的建设。这一时期高等教育受美国日益深化的"工具主义"思潮影响，高等教育呈现遵循"以社会需求为导向"的价值诉求的发展模式。

在此期间，美国政府颁布了改变美国高等教育现代化历程的《莫雷尔法案》（*Morrill Land-Grant Act*）（1862 年）；教育界提出了振聋发聩的"威斯康星理念"（Wisconsin Idea，1904 年）；约翰斯·霍普金斯大学（1876 年建立）与芝加哥大学（1892 年建立）的创办开启了以研究为主导的美国新型高等教育模式，为高等教育机构注入了新鲜血液。概括而

---

① Awbrey S M. General education reform as organizational change：Integrating cultural and structural change［J］. Journal of General Education，2005，54（1）：1-21.

② 乔玉全. 21 世纪美国高等教育［M］. 北京：高等教育出版社，2000：9.

言，这一阶段美国高等教育现代化发展的主要成就包括：

1. 州立大学的崛起——高等教育类型的日趋丰富

《莫雷尔法案》的实施对美国高等教育现代化模式的形成具有重要影响，推动了美国综合型大学的产生和研究生教育的发展，促进了美国高等教育的实用化发展、高等教育类型的多样化发展、高等教育的法制化发展。《莫雷尔法案》提出建立农业与工艺技术学院，向学生传授实用的农业和机械制造方面的知识与技能，为满足当时经济社会迅速发展和工农业劳动者的迫切需求，彻底冲破了美国高等教育先前所奉行的忽视实用学科的欧洲教育模式的束缚，创造性地赋予了美国高等教育独特的服务社会的使命。据统计，1862 年以前，美国专门实施职业技术教育的高等学校仅为 4 所，到 1896 年已发展为 69 所，其中绝大多数都是由联邦政府拨地资助兴建。①《莫雷尔法案》的实施标志着美国联邦政府参与和支持高等教育，运用立法和拨款相结合的方式来干预各州高等教育的发展，为各州高等教育的发展提供了一些重要的经济支持，也有力地推动了各州高等教育的发展，构建了州立大学的高等教育层次结构，促进了美国办学类型的丰富化，形成了由综合性大学、以传授实用职业技术知识为主的州立大学和专门技术学院组成的美国高等教育系统。

2. “服务社会”职能的确立——高等教育职能的重心转移

“威斯康星理念”，即“威斯康星思想”，是世界高等教育史上具有划时代意义的思想，它主张高等学校应该为区域经济与社会发展服务。威斯康星大学在教学和科研的基础上，通过培养人才和输送知识两条渠道，打破大学的传统封闭状态，努力发挥大学为社会服务的职能，创造性地提出了大学的第三职能——为社会提供直接的服务，使大学与社会生产、生活实际更紧密地联系在一起，高等教育的社会服务职能同步得到强化。由此，世界高等教育的职能从教学、科研扩展到社会服务，形成了高等教育的三大职能。

克拉克·克尔曾言：“公共服务概念始于美国的赠地学院运动。”经济合作与发展组织教育研究与革新中心的报告也指出：“从历史上看，大学为社区服务的观念源自美国赠地学院创办的时代。”②虽然 1862 年的《莫雷尔法案》并没有明确规定赠地学院为社会服务，但服务于当地农业和其他产业的生产，并推广科学知识与技术的目标实则体现了该法案为社会服

① 续润华. 美国“莫雷尔法案”的颁布及其历史意义［J］. 外国教育研究，1993（2）：17-20.

② 刘宝存. 威斯康星理念与大学的社会服务职能［J］. 理工高教研究，2003（10）：17-18.

务的旨意。早在赠地学院运动中初露端倪的“为社会服务”的大学理念，在威斯康星大学得到传承与发展，以“威斯康星理念”为办学原则的威斯康星大学在实践中取得巨大成功，最终成为“为社会服务”高等教育职能的代名词。“为社会服务”的高等教育职能在萌芽阶段的主要形式是为工人开设夜校讲习班。[①]随着社会的发展，高等教育为社会服务的范围日益扩大、形式日趋多样、内容日渐丰富。

3. 研究型大学的创建——高等教育人才培养层次的提升

美国大学接受了以德国柏林大学为代表的研究型大学模式的熏陶。[②]成立于 1876 年的约翰斯·霍普金斯大学是美国第一所以讨论方式授课、分专业录取本科生的大学，开创了美国研究型大学的先河，其理念和模式对后来的美国大学产生了巨大的影响。约翰斯·霍普金斯大学的创立初衷是抛弃传统美式学院的陈规旧制，打造一所专注于扩展知识、研究生教育和鼓励研究风气的新式研究型大学。美国大学在模仿德国大学的过程中结合国情对德国研究型大学模式进行了本土化变革，摒弃了德国研究型大学新人文主义献身“纯科学研究”的理想，尝试与美国本土的实用主义哲学和功利主义思想相结合。第一，重视政府对科研的投入与支持，但不完全依赖，注重在争取政府资助的同时保护大学的自主权和独立权，以防大学成为政府的附属品。第二，密切与社会组织特别是工商界的联系，充实大学经费。如此，形成了与德国研究型大学模式不尽相同的美国研究型大学模式，其从事科学研究的社会基础和联系的广度和深度远超德国大学，奠定了美国大学发展的社会基础与导向。[③]在移植德国研究生教育基础上创新而成的美国研究生教育体制结束了美国依靠他国培养高级专业人才的局面，1900 年致力于研究和研究生教育的美国首个研究型大学组织——美国大学联合会的成立标志着美国研究型大学群体的形成。但直到第二次世界大战，研究型大学在质量与数量上都没有实质性的发展。在第二次世界大战期间，研究型大学的科研能力逐步加强，1957 年苏联人造卫星发射成功以后美国研究型大学有了长足的发展，一些主要的州立大学进入了研究型大学的行列。[④]

① 刘宝存. 威斯康星理念与大学的社会服务职能［J］. 理工高教研究，2003（10）：17-18.

② 金子元久. 大学教育力［M］. 徐国兴，等译. 上海：华东师范大学出版社，2009：33.

③ 乔玉全. 21 世纪美国高等教育［M］. 北京：高等教育出版社，2000：13.

④ 王英杰. 美国高等教育发展与改革百年回眸［J］. 高等教育研究，2000（1）：31-38，42.

（三）第三阶段：第二次世界大战后至21世纪初期

第二次世界大战后美国高等教育取得了包括政府在内的广泛支持与蓬勃的发展，被誉为美国高等教育发展的“黄金时期”，美国高等教育在蓬勃发展中逐渐树立了威望，同时高等教育由大众化阶段向普及化阶段迈进，呈现出“3P”特征，即兴盛（prosperity）、威望（prestige）和普及（popularity）。在此阶段，美国联邦政府和各州政府将高等教育视为公共政策的主要关注点，高等教育基础不断扩大，高等教育层次不断提升。在这一阶段，“工具主义”思想依然是影响美国高等教育现代化发展的主流思潮之一。此外，“人力资本”“国家主义”等理论也在美国产生了广泛的影响。美国高等教育现代化呈现以经济、政治为导向的发展模式。影响美国高等教育发展、塑造美国高等教育现代化模式的重要政策与著作包括：《退伍军人权利法案》（*Servicemen's Readjustment Act of 1944*）（1944年）、《民主社会的通识教育》（*General Education for Democratic Society*）（1945年）、《国防教育法》（*National Defense Education Act*）（1958年）、《高等教育法》（*Higher Education Act*）（1965年）。这一阶段美国高等教育现代化发展的主要成就包括：

1. 高等教育成为国家优先发展的现代化战略目标

第二次世界大战过后，世界局势的变动引发了美国高等教育现代化进程的变革。冷战，特别是20世纪50年代苏联人造卫星的发射成功，直接导致1958年美国《国防教育法》的颁布。该法案将教育与国防直接联系起来，使教育成为之后十余年美国优先发展的战略重点。①

美国政府在这一时期持续加大对高等教育的干预力度。1958年通过的《国防教育法》将前所未有的新资源注入高等科学研究中，为研究生教育的发展提供了物质保障。与此同时，美国的众多学院和大学开始不断增添高等教育学术选拔性项目，推进博士生教育。1940年获得美国硕士与博士学位的总人数为106 000人，约占高等教育入学总人数的7%；此后10年，该类学生人数增长超过一倍，至1950年达到237 200人，其中获得博士学位的人数从1949—1950年的6420人增长到1960—1961年的11 622人，1969—1970年人数突破30 000人②；到1975年在校研究生达到126万人，比1950年增加4倍以上。在主要的研究型大学，研究生数量有了极大的

---

① 陈学飞. 二战以来美国高等教育发展的基本指导思想［J］. 上海高教研究，1995（3）：76-79.

② 塞林. 美国高等教育史［M］. 孙益，等译. 北京：北京大学出版社，2014：261-262.

发展，研究生数量超过了在校生总数的 50%。[①]研究型大学迅速发展，并在国际上赢得广泛声誉，将美国高等教育的金字塔顶端推向更高处，美国高等教育强国地位就此形成。1965 年颁布《高等教育法》，进一步加大为学生提供奖助学金和助学贷款的力度，助推美国高等教育大众化的实现，同时极大地促进了研究型大学的发展及高水平科研人才的培养与储备。

2. 高等教育由大众化向普及化阶段过渡

政府的参与和影响使战后美国的高等教育得到了美国社会的广泛支持，高等教育入学人数迅速增长，高等教育逐渐由大众化向普及化阶段过渡。

1944 年 6 月，罗斯福总统签署了《退伍军人权利法案》，授权联邦政府向第二次世界大战期间服役超过 90 天的美国退伍士兵提供生活救济金、住房贷款和免费的教育与职业技术培训。该法案规定退伍军人享有 6 条特殊优惠福利政策，其中第一条就明确规定：向男女军人提供退役以后再接受教育或技术培训，或者参加复习或进修课程的机会，不但免交每学年不超过 500 美元的学费，而且有权在学习期间按月领取生活补贴。第二次世界大战之后，这项法案在杜鲁门总统的主持下正式开始实施。《退伍军人权利法案》是第二次世界大战后颁布的第一项教育保障政策，开创了美国第二次世界大战后的教育改革先河，推动了美国高等教育的发展，也成为美国高等教育政策的模型和先驱，它的实施使联邦政府对高等教育的资助达到前所未有的高度。正如美国历史学家拉尔夫·德·贝茨（Ralph de Bedts）所指出的："联邦政府在这项计划中总共支出了一百四十五亿美元，尽管其中很大一部分用于复员军人的生活费，还是有相当多的金钱流进了学院和大学，这就使得该计划成了在政府资助教育的历史上一项最具有深远意义的措施。"[②]

美国高等教育由此从仅为少数人享受的权利转变成了普及性的活动，为美国第二次世界大战后经济发展和社会变革提供了强有力的人才支持和智力保障。1947—1948 年，有 100 多万退伍军人在全国各大学里上课。到 1951 年为止，共计补助入学者 800 万人，支出 140 亿美元，其中入高等学校者 235 万人，入中等学校者 343 万人，在职学习者 239 万人。[③]第二次世界大战后，数百万退伍士兵在联邦政府的大力支持下通过多种方式接受了两年以上的高等教育和职业技术培训，间接地促进了

---

① 王英杰. 美国高等教育发展与改革百年回眸［J］. 高等教育研究，2000（1）：31-38，42.

② 德·贝茨. 1933—1973 年美国史［M］. 南京大学历史系英美对外关系研究室，译. 北京：人民出版社，1984：198.

③ 赫钦格. 美国教育的演进［M］. 汤新楣，译. 北京：美国大使馆文化处，1984.

美国各州高等教育的发展。1949—1950年，学生入学人数增长至270万人，相较于10年前增加了约80%[①]，1960年入学人数增加到360万人，到了1970年超过790万人。美国著名学者甘波特（Gumport）指出美国高等教育在1970—1977年结束了大众化阶段并开启了“成熟阶段”[②]，“成熟阶段”即高等教育普及化阶段。

3. 美国巨型大学兴起

1963年，被誉为“当代美国高等教育系统之父”“美国高等教育设计师”的克拉克·克尔在其经典著作《大学的功用》一书中颠覆传统理念，提出并系统阐述了以“多元化巨型大学观”为核心的现代大学发展理念，并构建了美国现代大学的管理模式。

克拉克·克尔曾称20世纪60—80年代为美国高等教育大转变时期。[③]克拉克·克尔认为现代大学不再是教师与学生的行会，而是一个权力划分细化的复杂实体，其不同于纽曼（Newman）时期的牛津大学，不同于洪堡（Humboldt）时期的柏林大学，也不同于弗莱克斯纳（Flexner）的高深学问研究院，而是一种新型的机构，即多元化巨型大学。巨型大学的管理模式是学术权力（由老师和学生所拥有）和行政权力（由董事会、外界和内部行政机构拥有）多个权力实体共同构建的。[④]为适应当时高等教育的发展，克拉克·克尔于1960年倡议并主持制定了《加利福尼亚州高等教育整体规划》，建立了研究型大学、研究教学型大学、社区学院三级模式的公立高等教育系统，成为高等教育系统的典范。1967—1973年，克拉克·克尔担任美国卡内基高等教育委员会主席，主持了《卡内基高等教育标准分类》的研究，使其成为制定高等教育标准的重要参照，奠定了美国高等教育机构类型与形式多样化的理论与实践基础。克拉克·克尔的“多元化巨型大学观”理论不仅符合美国社会和高等教育发展的趋势，也与美国本土的实用主义文化紧密契合。

4. 通识教育模式的全球引航

19世纪末，在艾略特（Eliot）任哈佛大学校长之际正式引入了选修课制度，美国其他主要大学也纷纷效仿。选修课制度的建立是现代高等教育“民主化”的重要进程，成为美国高等教育现代化进程中的关键转

---

① American Council on Education. Enrollments by Levels of Study，Selected Years 1899-1900 to 1990［M］// 1984-1985 Fact Book on Higher Education，New York：Macmillan，1984：87.

② 甘波特. 高等教育：从大众化走向后大众化［J］. 郑若玲，译. 外国高等教育资料，1999（2）：24.

③ Kerr C. The Great Transformation in Higher Education，1960—1980 ［M］. Albany：State University of New York Press，1991.

④ 任中元. 克尔的大学理想：多元化巨型大学观［J］. 高等教育管理，2010（1）：55-60.

折点。20 世纪初，选修课制度进一步系统化，哈佛大学推行第一、二学年分类选修以实现学习范围的拓展，并通过第三、四学年专业领域主修课程的选择实现学习深度的强化。选修课制度的改革使以自我学习目的为指导、以科学发展为核心的专业研究和传统的博雅教育得以融合，使美国高等教育系统中博雅教育的发展出现了以探究为导向的新型转变，赋予了传统博雅教育新的内涵，催生了享誉世界的美国通识教育模式。

1943 年，哈佛大学众多学科领域内的 12 位著名教授组成哈佛委员会，历经两年的全面研究，形成了以“民主社会中的通识教育”为题的总结报告，针对通识教育在高等教育中的地位与作用、通识教育和专业教育的关系等众多问题进行论述，明确了大学第一、二学年所开展的教学内容实则为通识教育，与博雅教育存在差异。该报告俗称“红皮书”，一经出版，就引起了美国社会各界的强烈反响，标志着美国通识教育理念与模式的正式形成，在美国高等教育领域里具有里程碑意义。美国通识教育模式引领全球，广泛影响了包括我国在内的众多国家，不少发达国家、发展中国家先后掀起效仿热潮。

5. 高等教育国际化发展

美国政府于第二次世界大战后正式开启有组织的国际化发展。1946 年杜鲁门签署了《富布赖特法案》，建立了富布赖特奖学金项目，资助学生国际交流项目，包括“美国学生项目”“外国学生项目”“国际科学技术奖项目”；资助教师国际交流项目，包括“外语教学助理项目”“课堂教师交流项目”，还包括资助学者和专业人士国际交流项目等。“富布赖特计划”是美国政府资助的历史最悠久、影响最广泛的国际教育交流计划，也是世界上规模最大、声誉最高的国际交流计划，积极有效地推动了美国高等教育在全球的扩张。时至今日，美国政府依旧通过增加经费来推动该计划的持续性实施。2010 年，美国国会对“富布赖特计划”的经费拨款已达 2.5 亿美元。1958 年《国防教育法》第 3 条规定了美国政府需要对科学、数学、现代外语教学等学科提供资助，加强大学中的语言教育，制定大学语言研究计划，同时要设立“外国语和地区研究奖学金”，积极更新大学的教学内容，提高教学水平，提高大学生的外语学习能力，为国家培养具有较强外语能力与区域研究和国际事务处理能力的人才。①1966 年颁布《国际教育法》（*International Education Act*），美国政府开始发挥主导作用，首次规划美国高等教育国际化未来的发展方向，引导美国大学重视高等

① 高鹏. 美国高等教育国际化历程研究［D］. 长春：吉林大学，2015：100.

教育国际化和现代高等教育发展趋势，推动大学人员及课程的国际化；鼓励美国学生、教师关注国际局势及问题，开展国际交流与访问；加强美国学生外语能力的培养；开展国际关系等国际化方面的研究。在《国际教育法》的影响与推动下，美国高等教育系统内部对国际化的关注程度逐渐加强，不少大学开启了海外教育征程。20 世纪 80 年代以后，保持竞争力上升成为美国国际化的主要动因之一。随着国际化的发展，国际化形式也由援助的国际理念逐渐向贸易方向转移，并进一步商业化。①

进入 21 世纪，国际化的工具性价值得到了美国教育理事会（American Council on Education，ACE）的关注。2005 年该组织出版的《美国高等教育国际化》指出，高质量的教育必须为学生在一个以不断增长的多元文化和边界弱化为特点的世界生活和工作而做准备，跨国高等教育机构的不断增长就是通过国际化策略对这一挑战的回应。②未来国际化的目标是培养学生在全球化环境中学习、工作和生活的能力，提升学生在全球化市场中的竞争力。为此，大学应面向所有学生全面普及国际化课程，在通识课程与专业课程领域开展多样化的语言教学，采取多种措施推进课程国际化。

二、美国高等教育现代化模式特征

纵观美国高等教育现代化发展进程，从建国前模仿牛津大学、剑桥大学创办哈佛学院，建国后不断吸收欧洲各国先进教育理念与模式，发展至今形成了层次结构完善的高等教育体系，实质上经历了一个移植与不断改进、不断创新的过程。贯穿美国高等教育现代化始终的基本理念——联系社会、服务社会的价值倾向经历了由弱到强的过程。此外，高等教育现代化模式还呈现出以“市场竞争”为驱动、以“多样性发展”为本质、以“法制化体系”为保障的核心特征。

（一）以“为社会服务”为理念

伴随着时代的发展和社会的变革，依据不同时期的教育需求制定相应的教育现代化发展策略，紧跟社会发展的时代脉搏，更好地为美国经济、政治、

① Naidoo V. International education：A tertiary-level industry update ［J］. Journal of Research in International Education，2006（5）：325-327.

② Green M F. Internationalization in US higher education：The student perspective［M］. Washington D C：American Council on Education，2005.

社会、文化服务是美国高等教育现代化模式的突出特征之一。高等学校的培养目标与社会人才需求紧密结合，高等学校的科学研究与社会技术变革相适应，体现了美国高等教育现代化模式的理念，即“为社会服务”。

不断适应客观世界，服务于社会现实需要的使命感是美国高等教育不断成长的动力和源泉。1862 年通过的《莫雷尔法案》赋予美国高等学校一项新的职能——服务社会。威斯康星大学把整个州作为大学校园，“威斯康星计划”使之成为“任何人可以学习任何东西的地方”[①]，不断完善其为本州服务的职能。美国在移植借鉴德国先进教育理念与制度后，将其与美国本土历史文化和政治经济环境相结合，将引进的高等教育根植于美国土壤，实现了创新与超越，形成了具有美国特色的现代高等教育体系，丰富了高等学校的职能，确立了“培养人才、发展科学与服务社会”的现代高等教育理念，对世界高等教育发展产生了重要影响。美国高等教育主张促进知识的发展，提倡高等学校为经济、社会发展服务，注重科学研究与技术的市场转化效率，呈现实用模式与学术模式齐头并进的发展态势。实用模式强调高等教育与社会发展的相互作用与制约，以社会实践为中心，按市场需求设置专业，开展教学，这是美国实用主义哲学的彰显。

以“为社会服务”为理念的价值导向为美国高等教育带来了革命，使美国传统高等教育制度发生了重大的变化。美国高等教育从社会的边缘走向社会的中心，建立了有益于高等教育发展的良好外部环境，同时丰富了高等教育的内部机构，从而推进了高等教育包括教学内容、教学方法等因素在内的人才培养模式的与时俱进。美国高等学校三大职能在实用模式与学术模式的共同作用下得到发挥，相得益彰。

（二）以“市场竞争”为驱动

美国在开拓美洲新大陆和创建国家时形成的崇尚竞争、开拓和民主自由的价值观念，以及美国自由市场经济的充分发展，使美国高等教育形成了自治与竞争的特点。[①]竞争性是美国高等教育充满活力、不断发展的内在驱动力。在美国高等教育发展改革与创新的历史过程中，经济社会发展为高等教育提供了改革的机遇，新兴大学的不断涌现，加剧了美国高等教育的竞争，促使传统院校积极调整战略、尝试革新与改组，找准自己的位置，发挥优势。

---

① 王英杰. 美国高等教育发展与改革百年回眸［J］. 高等教育研究，2000（1）：31-38，42.

美国教育家埃德加·L. 莫费特（Edgar L. Morphett）在进行第二次世界大战后美国退伍军人接受高等教育的研究之后得出："各种退役军人职业教育法案，使数百万未受教育的人享受了这种机会。依据职业教育法而就业的退伍军人因收入增加而多缴纳的所得税，远远超过了联邦政府的教育投资。"①这令美国高等教育界意识到了高等教育的市场价值。20 世纪八九十年代，美国高等学校外部环境发生了较大变化，高等教育出现供大于求的情况，联邦政府教育经费明显减少，高等学校的竞争趋向激烈。②营利性大学就此兴起。③营利性大学显示出了美国生活中浸透的职业伦理，是美国高等教育系统开放性与竞争性发展的产物。成立于 1976 年的凤凰城大学是美国营利性大学的典型代表，鼎盛时期在校生人数达 50 万，2017 年在校生人数仍超 10 万。④凤凰城大学办学目标清晰，集中培养社会职业领域的专业人才；利用信息技术在高等教育现代化发展中的功能与影响，采用网络授课、为学生提供 24 小时的远程教育、课程及学位授予等服务；不设学期，不设专职和终身教授。在教育经费投入和教育的经济效益之间的密切联系日渐凸显的背景下，灵活、开放的办学模式使营利性大学在竞争激烈的教育市场中独辟蹊径，为美国高等教育系统注入了新鲜元素。

（三）以"多样性发展"为本质

多样性是美国高等教育的核心特征，是国家社会文化的核心特征，多样性根植于美国多元的种族构成，形成于多元的社会文化，表现于社会的方方面面。多样性也是美国高等教育的实力所在。⑤在美国高等教育发展过程中，马丁·特罗和伯顿·R. 克拉克是多样化模式坚定的倡导者。在美国高等教育系统内，多样性体现在学生的多样化、学生入学途径的多样化、办学机构的多样化、经费来源的多样化、办学形式的多样化、课程与教学活动的多样化等各个环节。以办学机构的形式为例，美国高等教育机构以数量多、类型多、层次多和创新多为显著特征。高等教育办学机构数量大，形式多样，研究性大学、州立大学、两年制社区学院、女子大学、在线高等教育机构等。各种类型高等教育机构，定位

① 莫费特. 教育组织与管理［M］. 韩延明，韩赤屏，译. 济南：山东教育出版社，1992：239.

② 乔玉全. 21 世纪美国高等教育［M］. 北京：高等教育出版社，2000. 8：29.

③ Ruch R S. Higher Ed，Inc.：The Rise of the For-Profit University［M］. Baltimore：Johns Hopkins University Press，2001.

④ 张炜. 美国营利性高校的发展变化与政策回顾［J］. 中国高教研究，2020（4）：65-70.

⑤ 高书国. 美国高等教育普及化模式［J］. 世界教育信息，2006（9）：34-36，64.

清晰、层次分明、有序衔接、共同构成了一个结构复杂且充满活力的高等教育体系。

美国最具特色的高等教育机构当属社区学院与州立大学。社区学院是 20 世纪 70 年代从美国高等教育变迁与改革中适时发展起来的机构，采取开放招生的政策，招收各种不同类型的学生群体，政府为入学学生提供相应的补助金，这一举措使学生人数飞快增长。社区学院的标志性特征在于具有提供职业课程和转学的功能，而为不同行业和专业领域人员提供的继续教育和证书是吸引学生入学的另一个重要特征。由于其财政高度依赖所在地的州政府，社区学院的发展也与所在州的经济紧密联系，经济繁荣是社区学院快速发展的源泉，而在经济衰退期社区学院则无疑从“人民学院”沦落为“社会负担”。美国州立大学的历史可追溯到 1795 年成立的北卡罗来纳大学。1862 年的《莫雷尔法案》把大量联邦土地分给各州，让各州用出售这些土地的所得资金建立自己的州立大学，催生了 108 所“赠地学院”。这些大学一直是美国公立高等教育的脊梁。第二次世界大战过后，美国州立大学步入急剧扩张的时代。如今，大约有 1500 多万的学生就读于 678 所公立大学。所谓的公立大学，除了几所军校靠联邦政府支持外，基本都是各州自己支持的州立大学。州立大学对本州公民来说，意味着一种福利。由于有纳税人的补贴，学费低廉，人们不至于为在本州上大学而在财政上操心。这也是州立大学作为公立高等教育的意义所在。

（四）以“法制化体系”为保障

美国高等教育现代化发展史几乎是一部美国高等教育法治史。①运用立法手段进行宏观调控，使高等教育既能较好地适应市场经济发展的需要，又能满足学生自身发展需要的当数美国。在美国的高等教育立法体系中，1862 年《莫雷尔法案》、1944 年《退伍军人权利法案》、1947 年《总统高等教育委员会报告》、1958 年的《国防教育法》、1965 年《高等教育法》等具有划时代的重要意义。

1862 年《莫雷尔法案》开创了联邦政府通过赠地发展各州工农学院的先河，不仅是联邦政府通过有法可依的赠地行为支持高等教育发展的开端，且为日后美国高等教育法制化发展奠定基础。1958 年的《国防教育法》是在美国教育政策发展演变和冷战背景下美国、苏联军备竞赛共同作用下

---

① 姚云. 美国高等教育法治研究［M］. 太原：山西教育出版社，2004：12.

产生的，旨在提高教育经费，为学校提供财政援助的法律。《国防教育法》第 8 章提出给各州 6000 万美元的赠款以实施为没有上大学的青年拟定的职业教育计划，此项规定激励了美国二年制社区学院的兴起，为本社区经济发展培训了大批职业技术人员，缓解了美国四年制大学的教育压力，丰富了美国高等教育内部系统，加速了美国高等教育大众化进程。在联邦政府的大力支持下，各州社区学院成为集转学教育、职业技术教育、成人教育、社区教育为一体的短期高等教育机构，因其入学要求不高、收费低廉等优势深受当地民众的欢迎，发展很快。据统计，1955 年美国拥有 400 余所社区学院，在校学生人数为 32. 5 万人，到 1965 年美国社区学院的数目达到了 676 所，在校学生人数则猛增至 117. 3 万人。[①]1965 年《高等教育法》等法令的颁布，标志着美国联邦政府对各州高等教育干预的全面加强，促使各州高等教育按照联邦政府的意愿进行调整改革，使得联邦政府的资金源源不断地流入各州高等教育机构中，为各州高等教育的发展奠定了坚实的经济基础，有力地推动了战后美国高等教育的改革与发展。1972 年的《高等教育法》修正案创设了基本教育机会助学金，为来自中低收入家庭的学生提供直接的帮助，该助学金后来更名为佩尔助学金（Pell Grant）。此外，该修正案还创设了州立学生激励助学金项目，旨在推动各州开展学生资助活动。1980 年的《高等教育法》修正案又建立了两个贷学金项目：本科学生父母贷学金和学生补偿贷学金，通过具有强制性的法案进一步加强联邦政府对学生的资助力度。

美国政府通过高等教育资助政策、税收政策等影响美国高等教育事业发展，力求使高等教育惠及更多学生，以此促进教育公平，推进社会民主化进程，最终为国家利益服务。概言之，以“法制化体系”为保障是美国高等教育现代化进程中的重要发展模式之一，同时它也是高等教育现代化进程的重要支撑机制。

三、美国高等教育现代化模式发展趋势

美国高等教育的现代化发展历程实质上是一个移植与不断改进、创新的过程，贯穿始终的核心价值追求是联系社会、服务社会的世俗化倾向。21 世纪美国高等教育现代化模式的发展趋势是由当代美国高等教育现代化发展理念，当代美国高等教育所处的经济、政治、社会、文化、科技等外部环境，

① 瞿葆奎. 教育学文集：美国教育改革［M］. 北京：人民教育出版社，1990：117-118.

以及美国高等教育当下存在的问题、面临的机遇和挑战等因素相互影响、相互作用的结果。通过详细梳理美国高等教育现代化发展的历史进程，探讨影响美国高等教育现代化进程的发展理论及其实践，可以窥探美国高等教育现代化未来的发展趋势。

（一）以“国家竞争力”为核心的现代发展趋势

20世纪以来，随着美国政治上的国家主义不断增强，高等教育目标的国家本位也在不断增强，教育为国家服务的表征愈发凸显。高等教育成为美国推行民主、进行人力资源投资的重要工具。高等学校日益成为美国社会的“轴心机构”，其根本是美国对“竞争力”的终极追求。进入21世纪，国际形势的复杂多变致使美国“国家危机论”再次兴起，高等教育为国家服务的价值理念成为21世纪高等教育发展的指导性理论。

2006年美国政府出台《美国竞争力计划》，2007年颁布《2007—2012年战略行动计划》，二者均对在未来现代化进程中高等教育领域如何保持其竞争力和世界领先地位进行了具体的政策与实践规划。工具主义与国家主义在高等教育领域的融合，是社会、政府与高等教育三者相互作用、相互协调的结果，顺应了时代的发展，也符合高等教育自身的发展规律。以服务国家战略需求和保持全球领先的竞争力为重点，发挥科技创新、创业教育优势是未来美国高等教育现代化的发展趋势。

（二）“全面国际化”的现代发展趋势

美国政府自20世纪中叶开始通过政策制定、经费拨款、组织监管等方式正式介入美国高等教育国际化发展。进入全球化、国际化、信息化的21世纪，为培养未来全球领袖、保持美国竞争力和全球领先地位、确保国家安全，美国将一如既往，重视高等教育国际化事业发展，着力推进本国高等教育国际化向全面、纵深方向发展。政府等相关组织先后出台了新的政策，如2004年美国国会成立了“亚伯拉罕·林肯海外留学委员会”，负责制订并推进美国高等学校学生海外留学的国家发展战略，并将2006年定名为“海外学习年”（Year of Study Abroad），该项目致力于使海外美国留学生人数于2017年达到每年100万人，占美国高等学校毕业总人数的50%。[①]2009年美国参议院出台《2009年参议员保罗·西蒙留学基金

① Commission on the Abraham Lincoln Study Abroad Fellowship Program. Global competence and national needs［R］.［S. l. : s. n.］, 2005: 11.

法》（*Senator Paul Simon Study Abroad Foundation Act 2009*），将海外留学教育确立为美国大学教育的一部分，该法案要求美国高等教育机构解决目前阻碍学生留学的校内因素——课程、教师参与、学院领导计划项目等。[①]统计数据[②]显示，2015—2016 年留美人数再创新高，首次突破 100 万，达到 1 043 839 人，国际学生占美国高等教育学生总数的 5.2%。和上一学年相比，在美国留学的国际学生人数增长 7.1%，其中 67%的学生是自费留学，由个人或家庭提供留学费用，17%是靠美国高等学校提供的奖、助学金留学。留美学生为美国经济做出了 358 亿美元的贡献（2014 年、2015 年的数据）。与此同时，留学海外的美国学生人数也呈逐年上升趋势，2014—2015 年赴海外留学的美国学生人数达到 313 415 人，相较于 2004—2005 年的 205 983 人，10 年间，增长了约 52%。2016 年数据显示，美国 1/10 的学生在本科毕业前有海外学习经历，55%的美国学生在欧洲进行海外学习，其中英国、意大利和西班牙是接收美国留学生最多的三个国家。[②]通过“引进来”与“走出去”，美国高等教育一直不断加快国际化步伐。

伴随着高等教育国际化的内容不断丰富，程度日益加深，世界多国教育领域先后提出了“主流国际化”“深层国际化”“全面国际化”等理念。早在 2005 年，美国教育委员会就提出“全面国际化”概念[③]，强调美国大学正在步入一种更为广泛、深入和整合性的国际化实践。“全面国际化”不仅着眼于理念与目标的国际化、人员的国际化、课程内容的国际化、交流与合作的国际化，“全面国际化”还代表着国际化规模、范围的范式转换，试图影响大学的精神、价值观和文化，影响大学的所有使命、所有教职员工、所有学生。[④]美国密歇根大学、纽约大学、明尼苏达大学等都被誉为“全面国际化”的先行者，这些大学的实践经验将为美国高等教育“全面国际化”的发展提供借鉴。雄厚的经济实力、优质的教育资源、高度发达的市场经济体制和多元的人文环境是美国高等教育国际化强大的支撑力量。在 21 世纪全球化浪潮中，美国政府将为其

① 丁玲. 从联邦政府的行动透视 21 世纪美国高等教育国际化［J］. 高等教育研究，2011，32（4）：97-102.

② IIE. Data of United States in Project Altas. [EB/OL]. https://www.iie.org/Research-and-Insights/Project-Atlas/Explore-Data/United-States[2018-04-06].

③ Olson C L，Green M F，Hill B A. Building a Strategic Framework for Comprehensive Internationalization［M］. Washington D C：American Council on Education，2005.

④ Hudzik J K，McCarthy J S. Leading Comprehensive Internationalization：Strategy and Tactics for Action［M］. Washington D C：NAFSA：Association of International Educators，2012：2.

高等教育“全面国际化”的现代化发展模式保驾护航，以此维护国家安全及国家竞争力。

（三）“灵活与开放”特征优势的保持与深化

以“市场”为导向、以“为社会服务”为理念的价值诉求赋予了美国高等教育“灵活与开放”特征。美国的高等教育在现代化发展过程中，始终注重学习外国先进经验并进行本土化创新与改造，始终奉行对外开放、大量引入高级人才政策。如 20 世纪 30 年代，欧洲法西斯主义执政期间，包括爱因斯坦在内的大量科学家移居美国，为美国科学研究与高等教育发展做出了巨大贡献，助推美国在第二次世界大战之后成为世界高科技中心。第二次世界大战后，《1965 年外来移民与国籍法修正案》（*Immigration and Nationality Act Amendments of 1965*）又明确规定，给予因其在科学和艺术方面的特殊才能而对美国的国家经济、文化生活和社会福利做出重大贡献的专业人员以签证的优先权。灵活与开放的政策吸引世界各国高级专业人才源源不断流入美国，为推动美国科技、经济、教育的发展做出了难以估量的贡献。

美国高等教育“灵活与开放”特征还体现在高等教育系统内部的各个环节。如在高等教育管理运行过程中，充分发挥第三方组织的中介性与客观性，面向社会开放办学；在高等学校类型中，社区学院是一种新型且独具美国特色的教育模式，是美国高等教育“灵活与开放”特征的典范。20 世纪初美国经济高速发展，城市化、工业化对人才的需求促进了社区学院的发展。第二次世界大战过后，在退伍军人返回校园学习及“婴儿潮”等社会变革的影响下社区学院取得繁荣发展。社区学院的创新之处在于可为适龄学生提供灵活的高等教育学习机会，学分与学时可以灵活转移，毕业生可以选择就业或继续进入四年制大学深造。社区学院，亦可为已经获得学士或硕士学位的申请者提供专业技能课程，从而为他们提供重新发展、多元发展的机会。①这是美国高等教育体系超前于世界绝大多数国家的重要创新之举，相对低廉的学费与学分转移制度亦为美国学生提供了灵活的选择空间，有力推动了美国的高等教育大众化进程。在美国的联邦制政体中，州一级政府对高等学校的管辖权和协调权使得美国高等教育的自由竞争能够更加有序。20 世纪 90 年代以来，美国政府加强了州一级政府对高等教育的统筹协调，使得高等教育的自由发展在适度协调下发展得更

---

① 塞林. 美国高等教育史［M］. 孙益，等译. 北京：北京大学出版社，2014：305.

加有序，活力得到更好的体现。

正如伯顿·R. 克拉克所说："在世界上几个主要的先进国家的高等教育系统中，美国的系统是最缺乏组织的，几乎完全是一种相互之间自由竞争的市场。"[①]在不同的社会背景下，美国高等教育始终面向市场，调整、优化高等教育结构。在激烈的市场竞争环境下，每所高等学校都设法寻找适合自己的特色办学之路，适应学生消费者市场的变化，适应高等教育的发展规律。在知识经济全球化、国际化的机遇与挑战中，提供灵活与开放的高等教育服务仍将是未来美国高等教育现代化发展的重要趋势与显著的竞争优势，唯有充分发挥"灵活与开放"的显性优势、提供高等教育个性化服务，才能在未来生源竞争中谋求可持续发展。

（四）"终身化"的现代发展趋势

20世纪60年代，联合国教科文组织率先提出"终身教育"理念。1968年美国教育家罗伯特·赫钦斯（Robert Hutchins）在《学习社会》一书中首次提出"学习型社会"概念。1972年联合国教科文组织国际教育发展委员会报告《学会生存——教育世界的今天和明天》进一步指出终身教育是学习型社会的基石，学习型社会是未来社会的构想和现代化社会的终极目标。此后，"终身教育"与"学习型社会"理念在全球产生广泛影响。1976年，美国政府颁布《终身学习法案》，首次以法律的方式对"终身教育"进行定义。20世纪90年代末期，马丁·特罗对自己在70年代提出的"高等教育发展阶段理论"中的"普及化高等教育"阶段内涵做了新的阐释，他认为"普及高等教育阶段接近于'学习化社会'，在学习化社会，终身教育是一种普遍的社会现实"[②]。

21世纪以来，随着高等教育普及化程度的不断深入，"终身化"的现代高等教育特征日渐突出，以美国为代表的高等教育强国普遍经历"学历社会"向"学习型社会"的过渡。美国高等教育的"学习型社会"发展趋势，符合美国高等教育自身改革和发展的根本要求，同时也符合高等教育现代化的终极诉求，即高等教育"终身化"的理想追求。美国高等教育现代化发展处于世界领先地位，普及化程度颇高，高等教育的影响正在快速地扩展到社会生活的各个领域。"学习型社会"是高等教育现代化发展的

① 转引自范德格拉夫. 学术权力［M］. 王承绪，等译. 杭州：浙江教育出版社，1989：117.

② 胡成功，张相乐. 从"普及高等教育"到"学习化社会"——马丁·特罗高等教育发展思想探析［J］. 高等教育，2015（9）：1-10.

终极目标，是“终身化”趋势最终将达成的一种社会形态，同时也是一个持续创新和不断完善的发展型社会。现代“学习型社会”包含“终身学习”的思想理念、“平等自由”的基本原则、“以学习者为本”即“人本化”的根本特征、“多元化”的学习组织形式、“信息化”的学习方式、“国际化”与“本土化”相结合的学习文化等基本要素。在现代化的高等教育系统中，终身学习既是人们应当普遍享受的基本权利，也是人们必须对现代社会及自身承担的义务与责任。终身教育与学习，既是现代化社会、职业的需要，也是生活、实现个人生存价值的需要，是每个人的生活中不可缺少的一部分。以多样性、灵活性、开放性、创新性与实用性为突出特征的美国高等教育体系为“终身化”趋势及构建“学习型社会”的现代化终极目标提供了有利的条件。

第二节　英国高等教育现代化模式与特征

英国曾一度成为世界高等教育发展的中心，而且英国高等教育发展模式随着英国历史上的殖民扩张被移植到世界多个国家，在国际高等教育发展舞台上扮演着重要角色。英国高等教育地位的起伏变化也使得英国对高等教育进行变革，呈现出英国高等教育现代化的特色，值得借鉴和研究。

一、英国高等教育现代化模式演进历程

英国高等教育历史悠久，经历了发轫于学术行会之后的漫长演进过程。自牛津大学和剑桥大学创立至今，英国高等教育以保守的精英化教育模式闻名于世，英国作为一个原发型国家，高等教育现代化进程缓慢，发展具有明显的探索性、渐进性特征，相较于其他发达国家也表现出了一定的滞后性特征。马丁·特罗曾对英国教育发展的保守心理做了分析：“至少自第二次世界大战以来，英国高等教育就顽强地表现出一种担心，担心标准下降，担心‘越多意味着越差’或‘将意味着越差’。”[①]从高等教育发展阶段理论的视角而言，英国高等教育毛入学率从 5%上升到 15%经历了近 350 年的时间，长期徘徊在精英化阶段，20 世纪 60 年代由“精英化教育”向“大众化教育”转向，虽然 1970 年仍没有彻底走出精

① 瞿葆奎. 教育学文集：英国教育改革［M］. 北京：人民教育出版社，1993：696.

英化教育阶段，远远落后于发达国家高等教育大众化进程，[①]但是漫长的精英化教育阶段为英国高等教育的卓越质量夯实了基础。20 世纪 70 年代末，英国高等教育小步前进地进入大众化阶段，随后又大跨步进入普及化阶段，2006 年高等教育入学率已高达 59. 5%。纵观史料，依据现代化发展进程的重要转折时期，英国高等教育现代化演进历程被分为四个阶段。

（一）第一阶段：14 世纪至 19 世纪 50 年代

英国高等教育肇始于中世纪。牛津大学、剑桥大学、圣安德鲁斯大学、格拉斯哥大学、阿伯丁大学、爱丁堡大学等一批建立于中世纪和文艺复兴时期的大学被称为英国高等教育的“第一传统”。文艺复兴时期的人文主义教育有中世纪乃至古代的基础，但其确与之前的教育有本质不同并由此开启了教育发展的新时代。[②]因此，这一阶段亦被认为英国高等教育现代化进程的起始阶段。这一时期的英国大学普遍标榜大学自治和学术自由，实则受教会控制，在发展过程中囿于古典主义的传统，只招收拥有田产的贵族子弟，忽视科学和职业技能的训练，课程内容与经济发展和技术进步基本脱节。

（二）第二阶段：19 世纪 60 年代至 20 世纪初

18 世纪 60 年代开始的工业革命不仅促进了英国经济、政治、科学和文化的发展，使英国在 19 世纪中期成为世界上最先进的工业国家，也加速了英国高等教育的现代化发展进程。在这一时期，英国教育改革步伐显著加快，高等教育取得了长足的进步，主要表现在城市学院的建立和大学推广运动的兴起。

工业社会的发展对劳动者素质提出了新的要求，传统工人已不能适应经济社会发展的需要，尤其是面临日益激烈的国际竞争，英国社会迫切需要有文化且懂技术的劳动者。社会进步与发展对高等教育提出新的挑战，19 世纪中期，一种新型的高等教育形式——城市学院，如雨后春笋般在曼彻斯特、南安普顿、纽卡斯尔等英国城市涌现。[③]由社会捐资创办的地方性城市学院旨在为地方新兴产业提供服务，偏重工业和科学领域，培养工业研究人员、设计师等城市工业发展急需人才。

---

① 高书国. 从徘徊到跨越：英国高等教育普及化模式及成因分析［J］. 外国教育研究，2007（2）：57-61.

② 褚宏启. 教育现代化的路径［M］. 北京：教育科学出版社，2000：33.

③ 徐辉，郑继伟. 英国教育史［M］. 长春：吉林人民出版社，1993：185.

1873 年英国发起教育史上著名的大学推广运动，该运动由牛津大学、剑桥大学和伦敦大学发起并推动。1891—1892 年这三所大学共开设 457 门课程，教学形式以面授与自学相结合，通过考试后可获结业证书。[①]大学推广运动有效地推动了英国高等教育的发展，满足了英国民众对高等教育的需求。

城市学院与大学推广运动的实践与成就见证了英国高等教育现代化的发展，颠覆了英国传统高等教育理念，革新了以牛津大学和剑桥大学为代表的传统英国高等教育的封闭模式，高等教育不再仅仅培养教会领袖、政府官员和有学问的专业精英，高等教育也不再完全为上层阶级所垄断，而是以发展科技和商业教育为己任培养社会急需的技术工作者。

（三）第三阶段：20 世纪初至 60 年代

20 世纪以来英国高等教育经历了重要的变革与发展。两次世界大战及工业社会的急速发展，促使英国高等教育素有的古典主义传统悄然改变，守旧的重文轻理、重文轻工的传统理念也与处在激荡变革下的英国社会日渐脱节。政府在教育发展中的“参与”日渐显现，政府对教育的干预力度和扶持力度逐渐加大。在这期间，英国先后成立了大学拨款委员会（University Grants Committee，UGC）、高等教育委员会（Higher Education Commission，HEC）等影响英国高等教育现代化发展进程的重要组织，先后颁布了《巴特勒教育法》（*Butler Education Act*）（1944 年）、《罗宾斯报告》（*Robbins Report*）（1963 年）等影响英国高等教育现代化发展进程的关键政策。下面是这一阶段英国高等教育现代化发展的主要变革。

1. 大学与政府确立新型关系

第二次世界大战以前，西方国家多受“放任主义”思潮影响，政府极少介入经济、教育等领域。英国政府在 19 世纪末以前少有参与大学的投资建设。无论是历史悠久的传统大学还是新兴的城市学院，英国大学的资金来源主要依靠民间资本。第二次世界大战后英国政府开始奉行“凯恩斯主义”国家干预政策，并于 1944 年颁布《巴特勒教育法》，旨在加强政府对教育的控制，具体措施包括：设立全国性的教育领导机构——教育和科学部，以加强政府对教育的集中领导；把教会学校纳入国家教育体制，并规定在所有公私立学校进行宗教教育；规定独立学校必须在教育和科学部注册、备案并接受检查等。

---

① 褚宏启. 教育现代化的路径［M］. 北京：教育科学出版社，2000：232.

第一次世界大战后英国政府意识到了高等教育可能的投资价值，于1919年建立大学拨款委员会，确立了延续至今的政府、大学和大学拨款委员会三者形成的高等教育新格局。大学拨款委员会充当了政府和大学之间的缓冲器，一方面帮助政府脱卸对大学的直接管理责任，另一方面保护大学免受来自政府的政治干涉。大学拨款委员会尊重大学的自治，按照政府设定的政策方针分配经费，但不允许政府利用经费分配直接干涉大学事务。大学可在教师工资和基础设施方面自主使用经费。①

20世纪60年代，英国政府迫于经济、政治、社会等各方面变革的压力，成立了以罗宾斯（Robbins）为首的高等教育委员会。在考察了法国、联邦德国、荷兰、美国、苏联等十几个国家的情况，并对英国大学及各高等教育机构做了详细、深入的分析之后，1963年高等教育委员会提交了长达335页的《高等教育：1961—1963年首相委任的以罗宾斯勋爵为主席的委员会报告》，简称《罗宾斯报告》。报告提出了英国未来20年高等教育的发展目标，建议扩大高等教育的招生人数，增加高等教育经费，创办新大学，成立全国学位授予委员会，为不属于大学等高等学校的学生颁发学位或其他资格证书等。报告强调“所有具备入学能力和资格并希望接受高等教育的青年都应该获得高等教育的机会”的原则。②《罗宾斯报告》的出台对英国高等教育产生重大影响，确立了英国政府与大学的新型关系。

2. 高等教育规模扩张

进入20世纪，英国高等教育现代化发展进入到了规模扩张阶段，尤其是第二次世界大战后适龄人口的不断增长及人们对高等教育需求的增加，英国迎来了高等教育现代化演进历程中的最大规模扩张。学生人数与大学的数量显著增多。1900年英国大学生人数约为20 000人，到1938年增加到50 000人，不到40年的时间人数增加了1.5倍。一大批城市学院如伯明翰大学、利物浦大学、利兹大学、谢菲尔德大学、雷丁大学纷纷获得了皇室特许状，成为正式大学。③1961—1968年英国成立了10所新大学，1966—1967年10所高级技术学院升格为大学或学院，1969—1973年建立了30所多科性技术学院。④

成人高等教育也在同时期飞速发展。受英国经济需求、社会改革、

---

① 韦润芳. 英国开放大学再认识：溯源篇［J］. 中国远程教育，2010（1）：27-32.

② Becher T，Kogan M. Process and Structure in Higher Education［M］. London：Routledge，1992 ：21.

③ 徐辉，郑继伟. 英国教育史［M］. 长春：吉林人民出版社，1993：273.

④ 褚宏启. 教育现代化的路径［M］. 北京：教育科学出版社，2000：267.

技术进步和政治体制驱动，1969年英国开放大学正式成立。英国开放大学承继工业革命以来英国的高等教育传统，力行科技创新、教育平等、教育民主和终身教育的基本理念，以函授和暑期学校相结合的方式向所有期望在业余和远距离学习条件下接受高等教育的成人提供大学教育。英国开放大学是第二次世界大战结束以来国际高等教育现代化变革潮流中的成功典范。

高等教育的规模扩张，使英国高等教育的发展面临诸多问题和挑战，政府公共财政无力满足所有大学和学院日益增长的支出，资金短缺成为政府和高等学校面临的首要问题，政府对高等教育进行改革迫在眉睫。

（四）第四阶段：20世纪70年代至21世纪初

1979年撒切尔当选英国首相，开始推行“撒切尔主义”，倡导新公共管理理论主张，国家将更多的权力下放给公共机构，国家采取间接的干预和控制，注重公共政策领域中的专业管理，强调资源利用和更大的强制性与节约性等。①政府的市场化改革策略推动了以市场化为导向的高等教育现代化改革。

英国高等教育在20世纪70年代初就形成了新的二元体制，即“自治”的大学与公立的多科性技术学院和教育学院并存的体制。多所地方技术学院升格为准大学性质的多科性技术学院，这些多科性技术学院在教学模式上采取如“三明治课程”、模块课程、跨学科教学等创新方式，旨在应对市场化改革的影响，为社会提供各项教育服务。

1985年英国绿皮书《20世纪90年代英国高等教育的发展》强调英国政府关注的重要问题是如何使高等教育更有效地为社会服务，为经济发展服务。1987年英国白皮书《高等教育——迎接新的挑战》进一步重申高等教育为社会服务的重要性和必要性，突出科学技术教育的紧迫性。1992年，多科性技术学院全部正名为大学，英国高等教育的二元体制不复存在，拨款体制也就此并轨。1997年英国国会颁布了《迪林报告：学习社会中的高等教育》（*The Dearing Report: Higher Education in the Learning Society*），简称《迪林报告》。报告全面回顾了20世纪60年代以来英国高等教育的变革，描述了当下高等教育的状况，对现实存在的主要矛盾与问题进行反思并展望了未来20年学习社会的发展，做出了关于迎接21世纪挑战的主要举措，为英国21世纪的高等教育制定了蓝图。报告提出的改

① 罗泽意，董维春. 英国高等教育改革历程及其启示［J］. 世界教育信息，2007（11）：67-69，96.

革高等教育的主要建议包括：扩大教育规模、扩充经费来源、完善管理机制和提高高等教育质量等。进入 21 世纪，在知识经济和全球化背景下，2003 年英国政府发布高等教育白皮书《高等教育的未来》（*The Future of High Education*），制定英国高等教育发展战略，提出了英国高等教育未来改革的发展方向，包括促进高等教育机会公平，提升知识转变为财富的能力，改善学生资助制度，使之更加公正、公平，确保每个学生能顺利完成学业。①这一阶段高等教育系统的扩张全面和积极回应社会需求，突出强调高等教育服务社会的功能。②

二、英国高等教育现代化模式特征

纵观英国高等教育现代化发展演进历程，在经历了大众化、普及化、多样化、市场化、国际化等世界高等教育现代化发展的基本过程的同时，英国高等教育还展现出了如下模式特征。

（一）以“精英化与大众化并重”为目标的发展模式

依据马丁·特罗的高等教育发展阶段理论，全球各国高等教育都经历了由精英化阶段向大众化阶段迈进、最终达到普及化阶段的发展过程。英国高等教育以注重精英化教育闻名于世，深受英国悠久的保守主义教育历史及重视英才教育的价值理念影响，英国的大众化教育直至 20 世纪 60 年代才悄然兴起。从高等教育发展阶段理论的视角而言，英国高等教育独树一帜，始终没有摒弃精英化教育，坚持“精英化与大众化并重”的高等教育发展模式。

20 世纪 60 年代，迫于经济、政治、社会等各方面的压力，英国成立了以罗宾斯为首的高等教育委员会。③1963 年发布了改变英国高等教育现代化进程的《罗宾斯报告》，报告规划了未来 20 年高等教育的发展方向及高等教育的社会目标，提出了影响之后英国高等教育发展的“罗宾斯原则”，即“所有具备入学能力和资格并希望接受高等教育的青年都应该获得高等教育的机会”，这一原则极大地促进了英国高等教育的大众化进程。④1966—1968 年，英国政府在《罗宾斯报告》的影响下，颁布《关于

① 李盛兵. 英国高等教育新政策评析［J］. 高教探索，2003（2）：40-43.

② 韦润芳. 英国开放大学再认识：溯源篇［J］. 中国远程教育，2010（1）：27-32.

③ 张建新，陈学飞. 英国高等教育改革法述评［J］. 清华大学教育研究，2004（2）：69-74，83.

④ Layard R，King J，Moser C. The Impact of Robbins—Expansion in Higher Education［M］. Harmondsworth：Penguin Books Ltd，1969：21.

多科性技术学院与其他学院的计划》（*A Plan for Polytechnics and Other Colleges*）等法案，明确了英国高等教育“双轨制”体系建设的具体措施，正式确立了英国以“精英化与大众化”为双重目标的发展模式。1979 年撒切尔政府基于经济、政治、社会等原因引入市场经济，消减教育经费，提出大学向企业要经费的主张，要求英国高等教育走出“象牙塔”。虽招致无数非议和不满但无形中推进了英国高等教育的大众化进程，促进了大学与企业的融合，使传统封闭且已无法适应市场发展的英国高等教育打开校门，面向社会，为英国高等教育注入了新鲜的活力。

英国高等教育在大众化进程中着力扩大入学机会、注重保障教育质量与公平。受保守主义传统文化的惯性影响，英国高等教育大众化进程仍未摒弃历史悠久的精英主义价值观。英国高等教育大众化并没有排斥精英化教育，在大众化阶段精英化高等学校不仅存在而且依旧繁荣，精英化模式在大众化阶段仍旧发挥其职能。[①]概言之，在高等教育现代化进程中表现出以“精英化与大众化并重”为目标的发展模式。

（二）以“制度化、规范化的质量评价体系”为保障的发展模式

英国是世界高等教育强国之一，传统而保守的英国高等教育历来以治学严谨闻名于世，精英化教育阶段的漫长岁月铸就了英国高等教育质量的历史积淀。以 2017 年 QS 教育集团发布的最新世界大学排名为例，在全世界排名前 10 的高等学校中，英国大学占据 4 席，在全球排名前 100 的高等学校中，英国大学仅次于美国大学，占据 20 席，相较于 2016 年增加了 2 个席位，稳居世界第二。表现卓越的顶尖大学彰显了英国高等教育的质量优势。对质量的追求是英国高等教育现代化进程中的核心诉求。

20 世纪 60—90 年代，英国实现了高等教育由精英化阶段到大众化阶段的转变。伴随高等教育大众化，英国高等教育质量保障体系不断健全。1964 年英国成立第一个高等教育质量保障组织，即全国学位授予委员会。1988 年《英国教育改革法》及随后的英国高等教育政策均对高等教育质量保障体系予以申明和强化。1997 年英国政府发布了《迪林报告》并组建了世界著名的高等教育质量保障署（The Quality Assurance Agency for Higher Education，QAA），全面负责英国高等教育质量保障事宜。作为由高等学校捐资的非政府第三方机构组织，科学性、专业性、规范性、客观性等中介组织的优势特征保障其胜任高等教育质量评估的使命。高等教育质量保

---

① 易红郡. 战后英国高等教育政策研究［M］. 长沙：湖南师范大学出版社，2012：272.

障署针对英国大学的自治性与独立性经营特征，通过对高等学校外部质量的核查加强对高等教育的质量监控，并与高等学校内部质量控制体系和社会监督与评估体系共同构成相互依存、相互制约的三层评估体系。

为了迎合社会的发展，以高等教育质量保障署为代表的英国高等教育质量保障机构也在不断地发展与完善。2003 年英国质量保障机构经历了重大变革，开始启用院校审查制度，着重对英国高等学校的内部质量保障机制的有效性进行评估。由高等教育质量保障署、高等教育基金委员会及包括众多专业团体和社会组织的第三方组织相互配合，共同构建了英国较为完善的现代高等教育质量保障体系，保障了英国高等教育质量评价的制度化、规范化发展。

（三）由“一元”结构向“两元”“多元”结构转变的发展模式

当代英国高等教育改革，也是高等教育类型的改革，高等教育结构由过去的“一元”，变为“两元”（双轨），又趋于“多元”，形成多层次、多规格的教育体系。传统的英国高等教育致力于传授知识和培养智力，重视贵族精英人才的培养，呈现“一元”的单一结构模式。在工业革命等社会变革的影响下，英国高等教育制度在高等教育现代化发展进程中逐渐摆脱传统深厚的贵族模式，趋于民主化，由贵族教育向平民教育转型。受《罗宾斯报告》的影响，1966 年英国政府颁布《关于多科性技术学院与其他学院的计划》，正式确立了变革英国高等教育现代化的“双轨制”（或称为“两元制”），即把高等教育分为两个部分：“自治”的大学和包括地方多科性技术学院、教育学院等构成的高等教育机构。① “自治”的大学具有学位授予权，经费主要来自政府拨款；大学以外的高等教育机构，由地方教育局监管并拨款，不具有独立的学位授予权。“双轨制”一方面保留了大学的学术性传统，另一方面通过大力发展公共高等教育，扩大了适龄青年接受高等教育的机会，为英国经济社会的发展培养了大批实用型科技人才。1992 年英国议会通过《1992 年继续教育和高等教育法》（*The Further and Higher Education Act 1992*），简称《教育法》。《教育法》引发了英国高等教育系统结构的变革，废止了英国高等教育“双轨制”并赋予了多科性技术学院授予学位的权利。根据该法案，英国 34 所多科性技术学院及部分其他学院正名为“大学”，英国高等教育开启向“多元”过渡的发展模式。2000 年英国高等教育机构数量达到 166 所，在校学生人数高达 180

① Becher T，Kogan M. Process and Structure in Higher Education［M］. London：Routledge，1992：30.

万。[1]目前，英国已呈现出包括古典大学、近代大学、多科性技术学院、教育学院、继续教育学院和开放大学的多层次、多规模的高等教育体系，[2]英国高等教育已步入多元化发展的现代化模式。

（四）由“传统封闭”向“现代开放”转变的发展模式

英国高等教育经过了漫长的现代化演进历程，高等教育系统逐渐由尊崇古典主义的“封闭”模式转变为现代化的“开放”模式。20 世纪 70 年代以来，英国高等教育系统日趋开放，英国政府开始关注教育与经济发展的内在联系，注重高等教育的经济价值与国际化意义；着力与世界各国开展跨国教育交流与合作；通过包括学位教育、学历教育、暑假游学、长短期访学等形式的留学教育，吸引世界各国学生到英国学习以促进本国经济社会发展，并通过在其他国家开设海外分校，进一步扩大海外留学市场份额。90 年代以来，英国开放的留学教育已形成了鲜明的国际化特征，成为英国高等教育的重要产业之一，为英国社会的发展取得了重要的经济效益，也为英国的教育、科技、文化等发展带来了宝贵的无形收益，促进了英国文化的世界传播，提升了英国高等教育国际化的发展水平。

三、英国高等教育现代化模式发展趋势

高等教育发展理论引领高等教育现代化发展实践与趋势。未来英国高等教育现代化发展进程还将受到“高等教育发展阶段理论”“学术中心论”“遗传环境论”“制度变迁理论”“人的全面发展理论”“人力资本理论”“可持续发展理论”“终身教育”等理论影响。英国高等教育普及化还将不断深入，并在普及高等教育的过程中更加注重教育公平的实现。在以色列社会学家约瑟夫·本-戴维的“学术中心论”发展理论视域下，世界学术中心几经转移，在此期间，历史积淀丰厚、教育质量与科研能力卓越的英国大学一直维持“准学术中心”的地位。[3]现今仍保持其“准学术中心”地位的英国高等教育将在未来呈现以下发展趋势。

---

① Layard R，King J，Moser C. The Impact of Robbins—Expansion in Higher Education［M］. Harmondsworth：Penguin Books Ltd，1969：61.

② 陈韩晓. 英国高等教育改革和发展的启示［J］. 高教探索，2004（2）：83-86.

③ 史朝. 国际高等教育发展理论述评（上）［J］. 外国教育研究，1998（4）：1-6.

（一）推进高等教育“市场化”深入发展

全球化趋势要求各国高等教育在提供多样化服务的同时还提供更广泛的社会服务。接受市场的调节、适应社会的需求成为世界大学普遍的、自觉的选择。[①]20 世纪 60 年代英国高等学校学生数量成倍增长导致政府难承重负，高等教育经费的使用效益、高等教育机构提供服务的价值和社会适应性等问题受到广泛的关注[②]，传统的通过计划控制的模式可以提高高等教育适应性、效益和质量的观念受到广泛质疑与问责。从 20 世纪 70 年代英国政府削减高等教育经费，到 2003 年政府出台高等教育白皮书，英国经济、政治、社会的发展迫使英国大学逐渐摒弃根深蒂固的保守主义思想，引入市场机制，参与高等教育市场竞争。英国高等教育市场化变革是解决英国政府举办高等教育的沉重负担和提高办学效益的一种新的举措和尝试。市场力量填补了政府有限的经费投入和高等教育日益增长的财政需求之间的资源差距，[③]市场力量的影响也加强了英国学术活动与社会需求之间的联系，增强了英国高等教育的活力，促使英国高等教育大跨步进入普及化阶段，加速英国高等教育现代化发展进程。

然而，英国大学多为国家机构，受英国政府管理，大学的办学宗旨和内外部逻辑与市场化理念和市场原则存在抵触。[③]高等教育市场化及开放办学为英国高等教育及英国社会带来了巨大的经济价值，在全球化与国际化影响下，市场开放程度急剧加大，劳动力价值形成的教育因素逐渐增强、劳动力的商品化日渐加剧，英国高等教育在未来的现代化发展进程中仍将呈现市场化趋势，以应对竞争激烈的高等教育市场。面对着日渐深入的市场化影响，英国高等教育亟须协调高等教育市场化趋势与英国传统的大学使命之间的关系，亟须处理好英国高等教育现实利益与长远利益之间的关系，亟须构建两对关系间的良性互动关系。英国大学在继续面向市场办学的现代化进程中要有所选择，有所超越。主动适应市场需求，在高等教育筹款渠道、拨款方式、构建营利性和创业型大学等方面加大开放力度，提升高等教育的灵活性与适应性，确保英国高等教育在 21 世纪经济全球化竞争中取得生存与发展，这也正是英国高等教育现代化模式的发展趋势。

---

① 谢安邦，刘莉莉. 市场的逻辑与大学变革［J］. 现代大学教育，2001（5）：8-12.

② 李盛兵. 高等教育市场化：欧洲观点［J］. 高等教育研究，2000（4）：108-111.

③ 金子元久，刘文君，钟周. 高等教育市场化：趋势、问题与前景［J］. 清华大学教育研究，2006，27（3）：9-18.

（二）发扬高等教育“质量为本”的核心诉求

高等教育质量是高等教育发展过程中永恒的、核心的追求。杰出的人才培养、创新的科学研究和适切的社会服务是高等教育卓越质量的具体表征。在高等教育普及化发展进程中，保持高等教育规模、结构、效率、质量协调统一发展才能真正实现高等教育现代化。

作为世界“准学术中心”的英国高等教育的核心竞争力在于卓越的高等教育质量。在未来激烈的高等教育市场中保持竞争力需要英国高等教育继续发扬尊崇“质量为本”的价值追求，发挥高等教育质量优势，占领未来高等教育市场份额。如上文所述，以“制度化、规范化的质量评价体系”为保障是英国高等教育现代化进程中的重要发展模式之一。毋庸置疑，较为完善的质量评价和保障体系是英国高等教育以“优质”闻名于世的重要支撑力量，其优势已得到广泛的国际认同和借鉴。然而，当前英国高等教育质量保障体系也并非完美无缺，在全球化、信息化、国际化等趋势影响下的 21 世纪，以营利性、虚拟化高等教育为代表的新型高等教育纷至沓来，对英国当前质量保障体系的可持续发展提出挑战，如何完善教育质量保障体系以适应纷繁复杂的 21 世纪教育市场，如何确保适应社会变革的更新的质量评价机制能够继续有效发挥对英国高等教育卓越质量的保障作用，是英国教育质量保障机构的改革重点，也是未来英国高等教育现代化发展的变革趋势。

（三）着力高等教育“民主化”发展

杜威的民主教育理论对当今世界教育“民主化”产生了深远影响。20 世纪 60 年代以来，随着全球民族解放运动的蓬勃发展，“民主化”逐渐成为影响社会变革的重要思潮，其影响也逐渐由政治领域拓展到包括教育在内的社会方方面面。

英国高等教育素以“等级性”“贵族性”“精英性”闻名于世，这与沿袭千年之余的英国保守等级制度文化息息相关。如古老的牛津大学和剑桥大学代表着英国高等教育的金字塔尖，享有最高的学术地位和社会声誉，是上层社会与精英人才的身份象征。成立于 19 世纪的城市学院则位于高等教育系统的底端，学术地位与声望相对较低，主要为中下层社会阶层提供职业教育服务。英国的高等教育“双轨制”为英国高等教育大众化做出了不可磨灭的贡献。然而，与大学相比，多科性技术学院与教育学院等公共院校及其所开展的职业教育始终在英国高等教育市场中处于“弱势”地位。1992 英国议会通过的《1992 年继续教育和高等教育法》废除已无法适应多元社会的高等教育“双轨制”，取而代之的是更加开放、灵活的多元高等教育结构。“双轨制”的废除意味着取消了大学与非大学高等教育机构之间的人为界限。①英国高等教育系统中成人学生的比例逐年增多，不同性别、不同种族、不同阶层的学生不断涌入高等教育系统，英国高等教育呈现出“民主化”的现代进程。

高等教育“民主化”发展是未来英国高等教育的重要发展趋势。教育民主化是教育现代化的典型特征。遵循“平等”“自由”“自治”“自主”“广泛参与”等原则对高等教育系统产生广泛影响。例如，在内部管理体制方面，通过校长治校、教授治学、学生自治等机制体现对大学学术的尊重，构建现代大学民主精神和民主制度；“民主化”还体现在教育入学机会公平、就读过程机会均等；“民主化”对教学与课程改革的影响则主要体现在选修制，学分互认制的课程设置，尊崇“以人为本”的教育民主化理念。教学与人才培养过程中重视学生的个性发展，以发展学生潜能为目标提供教育“个性化”服务。英国高等教育在未来发展进程中还应从理念、管理体制、培养目标、课程设置等方面着力“民主化”建设与发展。

（四）应对高等教育“信息化”的影响与挑战

现代教育信息技术的迅猛发展正在成为变革未来高等教育现代化进程的有力推手。信息化发展在加速高等教育技术应用的同时，也带来了诸多的挑战与困难。由新媒体联盟（New Media Consortium，NMC）与美国高等学校教育信息化协会合作完成的《新媒体联盟地平线报告：2015 高等教育版》（简称《2015 地平线报告》）显示：在未来教育信息技术的影响下，高等教育机构的长期生存及其作用将愈发依赖于互惠互利的伙伴关系。这意味着，国际、校际之间整合资源、互利合作、共同应对教育技术为高等教育领域带来的变革与挑战日趋重要。

英国是高等教育信息化起步较早的国家，进入全球化、信息化影响下的 21 世纪，在信息技术影响下的高等教育变革与竞争中，英国始终重视应对高等教育“信息化”的影响与挑战。2009 年英国高等学校联合信息系统委员会（Joint Information Systems Committee，JISC）发布《JISC 2010—2012 年战略》，针对未来英国高等教育信息化发展进行战略规划，重点关

① 易红郡. 战后英国高等教育政策研究［M］. 长沙：湖南师范大学出版社，2012：306.

注信息化学习环境的建设、教育管理信息化、注重技术与教育教学的深度融合，以及人才培养模式的创新。宏观上，高等教育机构可借助教育信息技术助推开放大学、开放教育社区和国际大学联盟等高等教育机构的发展，利用信息技术推动高等教育系统结构、体系制度的发展。微观上，可利用技术创新提升科学研究水平；可借助教育信息技术改变教育系统中各元素的交互方式，提供教育的“个性化”服务，满足学习者个性化需求，促进教育的“个性化”发展，为师生提供平等交流的平台，促进了教育的“民主化”发展；借助信息技术的即时性提高学习效率，关注教育技术在教育微观过程中监控与评价功能的发挥，完善教育“形成性”与“终结性”评价机制，以此提升高等教育教学质量。

高等教育信息化的建设与发展具有复杂性，在助力未来高等教育现代化发展的同时亦带来诸如颠覆传统课堂教学理念、教学质量低于预期等问题和现实的挑战，在应对高等教育“信息化”的影响与挑战过程中，立足于“人本化”需求来发展业务是未来高等教育信息化建设的重要导向。

第三节　日本高等教育现代化模式与特征

日本高等教育的现代化[①]模式属于典型的“后发外生型”。无论是明治维新时期日本近代高等教育制度的建立，还是第二次世界大战后盟国对日本高等教育体系的改造，都是在外部压力下对西方高等教育模式的学习和借鉴。日本高等教育在一百多年的发展进程中，经历了曲折和失败，由被迫学习和接受他国高等教育模式，到建立自主发展的高等教育体系，逐步探索出独具特色的高等教育模式，成为后发外生型高等教育模式的典范。

一、日本高等教育现代化模式演进历程

从 1868 年明治维新开始，日本高等教育模式的形成经历了近代化和

① “现代化”（modernization）一词，在日语中以“近代化”表示。本节内容不采用日语“近代化”的含义，而是根据中文把“近代化”和“现代化”作为两个词语使用，即把 1868 年日本明治维新到 1945 年第二次世界大战结束作为日本高等教育的“近代化”阶段，把第二次世界大战后作为高等教育的“现代化”阶段。

现代化两个大的阶段，又可以进一步划分为以下四个时期。

（一）日本高等教育模式的近代探索（1868—1945年）

我们认为，日本高等教育的现代化进程是从第二次世界大战结束后开始的。但第二次世界大战后的新大学制度是在继承第二次世界大战前“二元等级式的金字塔”高等教育体制基础上发展起来的。[①]第二次世界大战后日本的经济、政治体制改革和明治维新以来的高等教育传统是影响战后高等教育改革的两个重要因素。因此，研究日本高等教育现代化进程，必须以日本近代高等教育制度的形成与发展为出发点。

日本高等教育近代化始于19世纪60年代，在此之前所形成的古代高等教育机构随着西方大学制度的东渐而被近代大学取代。明治维新后日本社会政治制度的历史性转变，是高等教育近代化的根本动因。从1868年明治维新开始到1945年第二次世界大战结束的70多年，日本近代高等教育的形成与发展又可分为三个阶段。

1. 近代教育制度的萌芽时期（1868—1885年）

日本近代社会始于1868年的明治维新，这场按照西方路线全力重建日本的运动，标志着日本向近代的过渡。明治维新后，中央政府建立了新的行政机构，其中掌管教育的文部省设立于1871年。根据明治维新三大方针之一的“文明开化”政策，振兴学校、广布教育是当务之急。因此1871年7月文部省设立后，日本政府立即开始制定近代学校教育制度。1872年8月，日本第一个近代学校制度（《学制》）正式公布。《学制》模仿法国教育行政制度，规定实施大学区制，全国被分为8个大学区，各设立1所大学，其下再设中学区和小学区。形成了小学、中学和大学三级学校教育体系。根据《学制》规定，1877年，由东京开成学校和东京医学校合并成立了日本最早的近代大学——东京大学。东京大学的成立是“日本近代史上的划时代事件，可以看作最早出现的欧美型大学”[②]。

2. 近代高等教育制度的发展时期（1886—1916年）

1886年3月，日本颁布了《学制》以后的第一个大学法令——《帝国大学令》，规定了帝国大学的目的、内部构成、运营管理等。《帝国大学令》颁布后，东京大学随即更名为“帝国大学”，1897年又更名为“东京为帝国大学”。《帝国大学令》颁布前后，是日本近代社会发展的一个重要转折

---

① 天野郁夫. 旧制専門学校論［M］. 東京：玉川大学出版部，1993：189.

② 大久保利谦. 日本の大学［M］. 東京：玉川大学出版部，1997：229.

时期。1885年，日本政府机构由太政官制转变为内阁制，这次重大变革标志着日本近代政治体制的正式确立；而其后 1889 年帝国宪法的颁布和 1890 年议会的成立，标志着日本在国家政治制度上正式进入资本主义时代。1885年成立的日本第一届内阁，由伊藤博文出任内阁总理，著名教育家森有礼任文部大臣。森有礼上任后，以德国教育模式为蓝本、以国家主义教育思想为基础推行教育制度改革。《帝国大学令》就体现了其教育改革理念和设想：一是大学必须以适应国家之需要为根本目的；二是大学以传授知识和研究学问为基本职能。1893年，文部大臣井上毅修改《帝国大学令》，扩大了大学评议会权限，明确了教授会地位，引入讲座制作为大学教学与科研的基本组织制度，从而奠定了日本近代大学制度的基本框架。这一时期，日本高等教育机构类型逐渐多样化，分为公立和私立两种性质、大学和专门学校两个层次，共四种类型。帝国大学方面，在东京帝国大学之后，1917年前又成立了京都帝国大学（1897年）、东北帝国大学（1907年）和九州帝国大学（1911年）。私立大学方面，1890年庆应义塾设置大学部，私立大学开始起步。此后，早稻田大学（1902年由东京专门学校更名）、东京农业大学（1925 年）、同志社大学（1912 年由同志社学校更名）、立命馆大学（1913 年由私立京都法政大学更名）等私立大学相继成立。专门学校其实是日本最早的近代高等教育机构，东京大学的前身东京开成学校就是日本第一所专门学校。1903年《专门学校令》颁布后，公立和私立专门学校都有较大发展。公私立大学和专门学校共同构成了日本近代高等教育体系。

3. 近代高等教育制度的确立时期（1917—1945年）

随着高等教育机构类型和数量的增加，高等教育制度问题提上日本政府的议事日程。1917年日本政府成立了历史上第一个隶属内阁总理的教育咨询机构——临时教育会议。临时教育会议存续两年，提出了 12 份咨询报告。1918年颁布的《大学令》正是在咨询报告的基础上制定的重要法律，这是继《帝国大学令》之后日本政府制定的第二个大学法令。《大学令》全文共 21 条，对大学的目的、设置审批、内部构成、入学条件等做了详细规定。《大学令》的颁布使日本近代高等教育制度得到进一步完善。这一制度所体现的德国模式的综合大学原则和学部中心主义思想，一直影响到当代日本大学。[①]《大学令》带来的影响主要是各类高等教育机构，尤其是私立高等教育机构的大量增加，1918—1940年，私立大学增加了26所，

① 胡建华. 战后日本大学史［M］. 南京：南京大学出版社，2001：16.

私立专门学校增加了59所。①这种依托私立高等教育机构发展高等教育的方式可以说是日本近代高等教育制度的一大特征，也为日本在第二次世界大战后迅速进入高等教育大众化和普及化阶段奠定了基础。在这一阶段，日本高等教育依托多种类型和层次的高等教育机构，形成了“二元等级式的金字塔”结构体系。所谓“二元”，即公立与私立高等教育机构并存；所谓“等级式的金字塔”，则指帝国大学居于顶层、专门学校位居底层的结构。这一阶段，从“临时教育会议”（1917年）经“文政审议会”（1924年）到“教育审议会”（1937年），日本教育体制的“右倾化”趋势日渐加剧，逐步走向皇国主义和军国主义的深渊，直至1945年战败。

（二）日本高等教育模式的战后改造（1945—1951年）

从1945年8月日本被占领后对旧教育制度的改革，到1951年11月“政令咨询委员会”发表《教育制度改革咨询报告》，日本政府在盟国主导下，确立了民主、和平的现代教育制度。教育的民主改革标志着日本近代教育制度的终结和现代教育制度的建立，其中高等教育制度的改革是第二次世界大战后教育改造的重要内容。这个时期的教育改造经历了三个阶段：1945年8月至1946年2月铲除军国主义和极端国家主义；1946年3月至1949年6月立法确立民主、和平的教育制度；1949年7月至1951年11月民主教育改革停滞和酝酿修改新教育制度。

1945年9月，文部省公布第二次世界大战后第一个教育改革文件《建设新日本的教育方针》，是第二次世界大战后日本教育改革之开端。1946年4月，第一次美国教育使节团报告书公布，大篇幅讨论高等教育问题。此后几年，教育刷新委员会提出了35份教育改革建议报告书，其中对高等教育改革提出了具体建议。在此基础上，日本政府于1947年3月颁布《教育基本法》和《学校教育法》，确立了新的学校教育制度。《教育基本法》成为第二次世界大战后日本教育改革的根本法律依据；《学校教育法》则对学校教育制度做出了具体规定，其中第五章“大学”，明确了大学的目的、组织机构、学制年限、入学资格、教职员、研究生院等相关细节。1948年2月公布的《大学设置基准》，详细规定了四年制大学的设置条件。1948年6月大学设置委员会公布了“国立大学设置11原则”，“一府县一大学”原则得到贯彻。

根据上述法律法规，日本近代高等教育制度开始由德国模式转为美

① 细谷俊夫. 新教育学大事典（8）［M］. 東京：第一法规出版株式会社，1990：125-143.

国模式，其主要成果是“新制大学”的建立。高等教育作为“6-3-3-4”新学制体系的最高阶段，被视为学制改革的重头戏，各类日本近代高等教育机构（帝国大学、旧制大学、大学预科、专门学校、高等学校等近10种）分别被改组为新制大学：帝国大学改为国立综合大学；旧制大学改为四年制新制大学；大学预科被改为新制大学的一部分；专门学校规模较大者或升格为新制大学，或成为新制大学的一个学部；高等学校或被改组为新制大学的一个学部，或被编为独立的大学。值得一提的是，为解决办学条件差、难以升格为四年制大学的专门学校问题，这一时期诞生了一种新的高等教育机构——短期大学，并发展成为日本高等教育体系的重要组成部分。至此，第二次世界大战后日本高等教育改造基本完成，新体制初步建立。

（三）日本高等教育模式的快速发展（1951—1984年）

在盟国占领军主导下建立起来的日本现代高等教育制度，虽然经过数年努力已具雏形，但因为时间较短、变动巨大，很多地方并不成熟。因此其后三十多年，这一体系一直处于波动和完善的过程中。从1951年《教育制度改革咨询报告》到1984年临时教育审议会的设立，日本高等教育制度在教育理念、教育行政、学校制度等层面，一方面经历着逆民主潮流的不断侵扰，另一方面伴随着经济腾飞而快速成长。这一时期的高等教育发展大致可分为三个阶段：1951—1962年日本政府修改民主教育制度的“逆动”阶段；1963—1970年经济高速发展时期的高等教育成长阶段；1971—1984年的高等教育改革阶段。

20世纪50年代，日本国内出现逆民主时代而动的倒退潮流，主要表现为主张修改民主宪法、重新强调天皇地位、政要开始参拜靖国神社。1951年11月《教育制度改革咨询报告》提出全面修改民主教育制度，强调大学的目的、使命与国家的密切关系。虽然这一股“逆动”遭到大学和民间人士的反对，但很多教育理念和措施仍被付诸实践，为高等教育发展埋下隐患。

20世纪60年代，在“国民经济倍增计划”的指导下，日本经济进入高速成长时期，被称为“日本奇迹”，高等教育也获得巨大发展。1963年1月，中央教育审议会提交“关于改善大学教育”的咨询报告（因1963年为昭和三十八年，故又称“三八报告”），这是中央教育审议会第一份全面论述大学教育的报告，在战后高等教育政策史上具有重要地位。报告对大学的目的、性质、设置、组织机构、运营管理、学生、入学考试、财政等进行了详细阐述。它所体现出来的主张，特别是有关大学与经济关系的思想，反映了当时日本社会尤其是经济产业界对大学教育的要求，对大学的发展产生了巨大影响。这一阶段高等教育规模和结构都发生了巨大变化。1963—1970 年，高等教育机构总数由 625 所增至 921 所，在校学生数由 91. 9 万人增至 168. 5 万人。①文科学生比例较高，但呈下降趋势，理工科教育逐步加强；大学和短期大学所占比例下降，1962 年迎合经济发展要求出现的专门学校获得较大发展。在高等教育获得巨大发展的同时，第二次世界大战后累积下来的社会矛盾和政治矛盾日趋尖锐，大学内部管理问题在规模急剧扩张中日益突显，最终导致了 1968—1969 年的“校园纷争”。虽然“校园纷争”于 1969 年得到平息，但其反映出的问题并未得到解决。

20 世纪 70 年代，鉴于 60 年代日本高等教育快速进入大众化阶段和“校园纷争”带来的剧烈震荡，日本开始重新审视第二次世界大战后的高等教育制度，高等教育发展进入一个新的改革阶段。与第二次世界大战后初期的改革不同，此次改革的动力主要来自大学内部，它不仅带来了大学课程、内部管理等方面的变革，更导致了“新构想大学”——筑波大学的成立。“校园纷争”后，大学、政府和社会团体纷纷提出大学改革方案，改革方案多达 533 种②，数量之多在日本高等教育史上前所未有。1971 年 6 月，中央教育审议会提出了历经 4 年研究的第 22 份咨询报告《关于今后学校教育整体扩充改善的基本政策》（因 1971 年为昭和四十六年，故又称“四六报告”），旨在启动继明治初年和第二次世界大战后两次教育改革之后的第三次教育改革。“四六报告”第一编第三章专门讨论了高等教育改革的基本构想，提出了 13 条具体措施。这些改革构想涵盖了高等教育的各个领域，成为日本政府制定大学政策的基本依据，很多措施在 20 世纪 70 年代的高等教育改革实践中得到落实。1973 年筑波大学的成立是第二次世界大战后日本高等教育改革史上的一个重要事件。它源自东京教育大学向筑波迁校一事。在讨论迁校的最初阶段，文部省和东京教育大学只是希望扩大为综合大学，但随着“校园纷争”的出现及中央教育审议会对大学改革研究的深入，“新构想大学”的思路逐渐浮出水面。文部省认为：“这一新构想大学与现有大学之间的恰当的相互协作、功能分担、良好竞争风气的养成，将会给我国高等教育发展带来重要转机。”③由此可见，

---

① 全国教育調査研究協会. 戦後 30 年学校教育統計総覧［M］. 東京：行政株式会社，1980.

② 天城勲. 動きはじめた大学改革［M］. 東京：サイマル出版会，1979：8.

③ 筑波新大学創設準備調査会. 筑波新大学のあり方について［C］//田畑茂二郎. 放送大学·学術体制. 東京：有信堂，1973：38.

筑波大学不仅是东京教育大学的简单迁移，而是“在赋予长期形成的学校历史传统新活力的同时，以大学制度前所未有的新构想为出发点创建的新型大学”[①]。筑波大学的成立完全体现了文部省的意图：改学部为学群和学系、不设教授会、扩大学校一级权限、改大学管理分权制为集权制、校外人士参与管理等，因此筑波大学被称为“文部省大学”，其最大意义在于它在政府主导下进行了一次突破日本大学传统的尝试。70 年代，虽然 1973 年的“石油危机”结束了日本经济的高速增长，但日本高等教育仍保持一定的增长速度。1970—1980 年，高等教育机构总数由 921 所增至 1025 所，在校生人数由 168.5 万人增至 222.4 万人，成为仅次于美国的高等教育大国。[②]

（四）日本高等教育模式的改革完善（1984 年至今）

20 世纪 80 年代，日本正式进入第三次教育改革阶段。随着日本高等教育的深入发展，近代以来累积的高等教育深层问题开始突显，尽管在 20 世纪 70 年代实施了一些改革，但问题远未得到解决。第三次教育改革则开始触及日本高等教育制度的本质问题，不断出台重大举措，使日本高等教育在此后三十多年里发生了巨大变革，日本高等教育模式开始走向完善和成熟。这一时期的改革可以分为三个阶段：1984—1990 年第三次教育改革准备阶段；1991—2003 年第三次教育改革实施阶段；2004 年以来第三次教育改革深化阶段。

1984 年 8 月，直属总理大臣的教育咨询机构临时教育审议会成立，这是 1952 年教育刷新审议会（原教育刷新委员会）解散后成立的第二个教育咨询机构。临时教育审议会的成立既说明日本政府对教育问题的重视，更反映出日本教育问题的严重性。临时教育审议会在 1985—1987 年提出了 4 份咨询报告，全面阐述了日本学校教育改革意见。其中具有总结性的第 4 份报告提出了教育改革的三个基本视点：重视个性原则、向终身学习过渡、适应社会变化。在“高等教育多样化和改革”部分，咨询报告从高等教育的高度化、个性化，大学招生考试制度改革，大学入学资格弹性化，积极发展学术研究，设立大学审议会，高等教育财政，大学组织运营，大学设置形态 8 个方面全面论述了高等教育改革和发展问题。[③]1987 年 9 月，根据临时教育审议会建议设立的大学审议会，成为文部省常设咨询机构，

---

① 黒羽亮一. 戦後大学政策の展開［M］. 東京：玉川大学出版部，1993：44.

② 文部省. 文部統計要覧［R］. 東京：文部省，2000：23-38.

③ 臨時教育審議会. 教育改革に関する第四次答申（最終答申）［C］//细谷俊夫. 新教育学大事典（8）［M］. 東京：第一法規出版株式会社，1990：434-440.

在此后的高等教育改革中发挥了重要作用。大学审议会成立后，随即围绕高等教育的高度化、个性化和活性化提出了一系列咨询报告。“高度化”指加强研究生教育，“个性化”指大学要办出特色，“活性化”指大学管理运营要采取更加灵活的方式。[①]这些咨询报告成为 20 世纪 90 年代高等教育改革政策的主要依据。

1991 年 5 月大学审议会提出的咨询报告《关于修订大学设置基准及学位规则》，就修改《大学设置基准》《研究生院设置基准》《短期大学设置基准》《学位规则》等法规提出了具体方案，文部省据此对上述法规做了大幅修改。其中《大学设置基准》的修改影响最大。修改内容主要包括：①大学设置基准大纲化，即对大学设置标准删繁就简、改细为粗；②导入大学自我评价制度，这意味着日本高等教育开始进入以质量为核心的时代；③适应终身教育发展，面向社会人员提供教育机会。此次《大学设置基准》等法规的修改，目的是建立一个面向 21 世纪、适应社会变化、体现终身教育思想的高等教育体系，“这可以说是日本高等教育成熟的一个标志”[②]。1998 年大学审议会提交《21 世纪的大学和今后的改革方策——竞争环境中闪耀个性的大学》咨询报告，对第二次世界大战后日本高等教育发展进行总体回顾和面向新世纪进行展望，被视为“和战后依然传承的日本大学传统理念的告别，和战后占领军改革带来的美式教育理念的告别”[③]。2001 年“大学（国立大学）的结构改革方针”出台，提出了国立大学结构改革的三个方向：合并重组、法人化、基于第三方评价的竞争机制。合并重组打破了美国模式的“一府县一大学”原则；法人化意味着重新界定大学与国家的关系、大学与政府的关系；第三方评价将所有大学置于同一竞争起点。[④]这些划时代的变革，拉开了建立日本高等教育新坐标的序幕。

2003 年，日本国会批准《国立大学法人法》等 6 项法案；2004 年正式实施国立和公立大学法人化改革，日本高等教育系统的全新框架初步形成。2005 年，中央教育审议会提出《我国高等教育的未来图景》报告，以 2015—2020 年为目标，勾画了“知识社会”的高等教育发展蓝图。2006 年和 2007 年，相继修改《教育基本法》和《学校教育法》，新增和

---

① 高等教育研究会. 大学審議会答申報告総覧［M］. 東京：行政株式会社，1998：220-289.

② 施雨丹. 21 世纪以来日本高等教育的改革与发展——访日本广岛大学高等教育研究开发中心主任丸山文裕［J］. 世界教育信息，2016（13）：3-8.

③ 大崎仁. 大学改革 1945—1999［M］. 東京：有斐阁，1999：328-329.

④ 文部科学省. 大学（国立大学）の構造改革の方針［EB/OL］. http://www.mext.go.jp/b_menu/shingi/gijyutu/gijyutu8/toushin/attach/1331038.htm［2017-06-10］.

修订了大学的相关事项。2010 年后，受到经济持续低迷和大地震及核事故的影响，日本经济社会发展处于困境当中。政府提出“日本再生国家战略”，将大学视为不断提升国际竞争力和日本复兴的重要支柱。2012 年，政府出台面向未来的大学改革基本框架《大学改革实施计划》，计划提出大学改革的两个重点方向：重构大学功能；重构大学功能必须充实和加强大学治理。2013 年政府颁布《国立大学改革计划》，其总体目标是最大限度强化国立大学的特色和优势，构建自我发展和自我完善的组织结构，建设有持续竞争力和高附加值的国立大学。2013 年，日本还实施了“超国际大学建设支援计划”，目标是在“今后 10 年力争有 10 所大学进入世界大学排名前 100 名”。2015 年，日本实施《大学治理改革法》，修改了《学校教育法》和《国立大学法人法》的内容，旨在进一步完善大学管理体制。2017 年，文部科学大臣松野博一向中央教育审议会提出《我国高等教育未来构想》的咨询要求。[①]2018 年 11 月，中央教育审议会针对上述咨询发布《面向 2040 年高等教育总体规划》报告，探讨对 2040 年日本高等教育的展望和蓝图，并计划根据该报告修改相关法律，推动相关政策的实施。[②]上述一系列改革措施的相继出台，标志着日本高等教育改革速度在不断加快，周期在不断缩短。

二、日本高等教育现代化模式特征

如果像人们普遍认为的欧洲高等教育现代化是一个“先发内生型”模式的话，日本高等教育现代化模式则是西学东渐背景下典型的“后发外生型”模式。但作为“后发外生型”模式，日本又不同于中国等东亚其他后发型国家，更不同于其他亚非拉发展中国家。日本学者宇野重昭指出：“日本的近代化至少存在着两条交错复杂的线索。一是日本自身的变化是如何得以实现的。与此同时，站在日本是一个非西方国家之基础上，可以提出第二个问题，即日本吸收了西方文化，但是并没有完全成为西方，日本究竟是如何开拓出一条独特的近代化道路的，这是一个极为重大的课题，即便现在也没有得以解决。”[③]因此，总结日本高等教育现代化模式

---

① 中央教育審議会. 我が国の高等教育に関する将来構想について（諮問）［EB/OL］. http://www.mext.go.jp/b_menu/shingi/chukyo/chukyo0/toushin/1383080.htm［2017-03-06］.

② 中央教育審議会. 2040 年に向けた高等教育のグランドデザイン（答申）［EB/OL］. https://www.mext.go.jp/content/2020 0312-mxt_koutou01-100006282_1.pdf［2020-03-17］.

③ 宇野重昭. 近代化の展開［C］//井上光貞. 日本の社会文化史：総合講座. 東京：講談社，1974：365.

的特征是一个困难的事情。但通过对日本高等教育现代化进程的回顾，我们至少可以得出几点结论：日本自近代以来走了一条西方化的道路，其中有被动也有主动；日本高等教育现代化模式具有独特的“日本化”特征；日本高等教育现代化模式是成功的，是“后发外生型”高等教育现代化模式的典范。据此，我们可以进一步总结出日本高等教育现代化模式的几点特征。

（一）现代化进程由中央政府主导

“后发外生型”现代化模式的一个重要特点，就是集权政府对现代化进程的强力主导和推进。幕府时期的教育行政是地方分权的，而明治维新在社会政治制度改革方面的主要目的就是削弱地方教育权力，建立强大的中央集权国家。在中央政府层面，建立了新的强有力的行政机构；在地方政府层面，实施“废藩设县”，使地方教育行政机构完全处于中央政府控制之下。1871 年文部省成立后，全国学政由文部省统辖，这标志着集权型中央教育行政机构的建立和金字塔形教育行政网络的形成。此后，明治政府采取了一系列措施，使教育行政向着国家控制的方向发展。中央政府在高等教育近代化进程中的绝对主导作用，使日本迅速建立起仿照西方模式的近代高等教育制度和学校体系。但随着皇国主义和军国主义思想的逐步深入，以天皇为中心的中央集权体制也导致日本一步步滑向战争的深渊，近代高等教育体系也在战争中受到重创。第二次世界大战结束初期，在盟国的主导下，日本确立了“民主、独立、分权”的教育行政体制。但随即在 20 世纪 50 年代初出现反民主潮流的“逆动”现象，文部省的中央教育行政权力重新加强，地方教育行政权力被进一步削弱。中央教育行政权力加强的另一个标志是中央教育审议会的设立，它在人员设置上依附于文部省，成为文部省集权的助力。与此同时，地方教育行政机构被要求“与中央政府实现一体化”。20 世纪 80 年代，受“教育自由化”思潮的影响，日本政府表面上开始提倡教育行政的“灵活化”，但实际上却暗度陈仓，中央行政机构的教育决策和实施功能被进一步加强。进入 21 世纪，日本教育的中央集权体制并未发生改变。2006 年修改的《教育基本法》，继续削弱地方教育行政权力，加强中央政府对地方教育行政机构的控制。尽管日本的中央集权教育体制在近现代教育发展中产生了诸多问题，但总的来看，这一体制符合“后发外生型”国家实现高等教育现代化的要求，是高等教育现代化的必要前提。因为相对于“先发内生型”的欧洲国家高等教育现代化而言，以日本为代表的

“后发外生型”高等教育现代化是一场“突变”的过程，其实质是欧洲高等教育现代化的“压缩版”。在这种“仓促”和“短暂”的情况下，如果没有中央集权政府的强有力控制和推动，很难短期内在传统社会基础上建立起现代高等教育体系。日本高等教育现代化模式的最终成功，也在很大程度上证明了中央集权和政府主导在现代化进程中的重要作用。

（二）现代化进程由被动改革到主动发展

“后发外生型”的高等教育现代化进程，往往是在外力强制下开启的。它是一种被威胁、被侵略和被压迫后的被动改变。但在这种被动改革中，会产生一种主体意识，力图摆脱外部强加的影响，结合本国文化建立自己的现代教育模式。无论是中国的“中体西用”还是日本的“和魂洋才”，都是这种主体意识的体现。日本高等教育从近代化到现代化，经历了两次外部力量的决定性影响，但也都在改革过程中努力从西方化的轨道上扭转到日本化的自我发展道路上来。日本在高等教育近代化进程中，推动富国强兵、殖产兴业和文明开化的国策，谋求国家独立的思想和意志可谓压倒了一切，由此推动了近代高等教育制度的确立、近代高等教育机构的创立和近代高等教育课程的设置，这个过程体现出统治者选择高等教育模式范本和设计高等教育制度的主体性和自主性。第二次世界大战后，日本高等教育又一次经历了外力的强制变革，相较于明治维新时期受到的外部压力，第二次世界大战后的高等教育改造更是一种毫无反抗之力的被动改革。但很快地，日本国内的教育力量便开始谋求在教育改革中的主导地位。“就改革的动因而言，如果说第一、二次改革以被动为主要特征的话，那么第三次改革则具有明显的主动性特征。”[1]进入21世纪，日本高等教育现代化进程的主体性特征更加凸显，培养为世界服务的日本人，改革弊端重重的国立大学体制，注重提升高等教育质量，促进高等教育国际化，一系列重大改革举措都是基于日本社会发展和高等教育自身要求提出的。这些改革对日本高等教育制度本质问题的触及，也是其改革主动性和主体性的重要证明。因此，日本高等教育现代化成功的一个重要标志，就是从被动改革逐步走向主动改革，并最终消化和吸收外部强加的影响，实现了完全自主的发展，建立了具有独特自我的现代高等教育体系。

---

① 胡建华. 战后日本大学史［M］. 南京：南京大学出版社，2001：229.

（三）现代化进程是西方化和日本化的结合

高等教育现代化进程中主体性和主动性的一个重要表现，就是对西方化因素的选择、改造和吸收，即西方因素的日本化改造。它和日本传统的西方化改革一起，构成了既相互对立制约又互相影响和促进的现代化进程。在日本高等教育近代化和现代化过程中，这种西方化和日本化趋向一直存在。在高等教育近代化时期，推动明治维新的日本政府，从一开始就认识到“和”“洋”结合的必要性。在近代高等教育改革之初，日本政府对学习对象的选择，就是要找到适合日本文化和新政府统治需要的模式。从 19 世纪 80 年代注重英国和美国的自由主义，到明治中期一边倒地倾向德国国家主义教育体制，都是在谋求树立天皇制国体下的教育制度。正如英国学者哈罗德·珀金（Harold Perkin）所说：“日本人对德国大学的模仿是有高度选择性的。他们改造大学，为的是适应自己民族的需要。”[①]德国大学制度日本化的重要表现就是普鲁士国家主义与日本皇国主义的结合，这是一种“日本式”的基本格调，它决定着日本近代教育的本质，培养“臣民”的初等教育与“应国家之需”的高等教育，都保持着这样一种性质。及至第二次世界大战后，美国高等教育模式被强制引入，也未能逃脱被日本化的命运。1947 年美国人主导制定的《教育基本法》所确立的“民主、独立、分权”理念，或遭阳奉阴违，或被弃之不顾，在其后的数十年中从未被真正实行过，明治维新以来所奠定的中央集权思维始终主导着日本的高等教育现代化进程。再者，美国人所实施的“一府县一大学”原则，并未消除第二次世界大战前帝国大学高高在上的地位，金字塔式的等级结构在日本高等教育体系中保留至今。尽管 2004 年开始实施的国立大学法人化改革，旨在打破国立大学的优势地位，将所有大学放在同一起跑线上，但这样的改革仍无法从根本上消除根植于日本文化的等级观念。当然，日本化在高等教育现代化中的作用总体上是正向的，没有对欧美模式的本土化改造，这些外来模式就无法真正为其所用，也不可能形成日本高等教育现代化模式这一“后发外生型”典范。

三、日本高等教育现代化模式发展趋势

2016 年，日本国立大学进入法人化第三期改革，目标是建设具有

① 转引自克拉克. 高等教育新论——多学科的研究［M］. 王承绪，等译. 杭州：浙江教育出版社，2001：44.

竞争力、生产高附加值的国立大学。2017 年 3 月，文部科学大臣就日本“高等教育未来构想”向中央教育审议会提出咨询，指出在“第四次产业革命”到来、适龄人口减少、经济社会急剧变化和全球化加剧的背景下，日本高等教育应面向更远的未来，确定高等教育目标和构想。[①]从目前日本高等教育相关政策来看，日本高等教育的发展趋势主要有以下几点。

（一）更加重视高等教育质量

进入 21 世纪，日本“少子化”趋势更加严峻，18 岁人口数量不断下降：2005 年为 137 万人，2016 年降至 119 万人，预计 2030 年将减少到 100 万人，2040 年将只有 80 万人。[①]相应地，日本高等教育普及化程度越来越高，2015 年大学和短期大学的升学率为 56.5%，专门学校的升学率达 79.8%。[②]人口变化对高等教育产生了巨大影响。与此同时，知识社会的到来、产业结构的调整和社会生活的变革，对高等教育质量提出了更高要求。[③]因此，20 世纪 80 年代开启的日本高等教育改革，已开始从重视规模发展转向质量提升。尤其是 21 世纪以来，高等教育质量保障和提升成为高等教育政策的核心主题。为适应社会的高水平、多样化人才需求，提升学生素养和批判能力，培养学生团队合作能力、领导能力和社会担当能力，日本力图转变大学教育，在大学设置标准、设置后的认证评价等大学质量保障方面制定了严格的政策。中央教育审议会 2005 年的《我国高等教育的未来图景》报告，提出了 2015—2020 年日本高等教育的发展目标，要求各类高等教育机构根据自身地位发挥应有作用，进一步明确各个学校的办学个性和特色。2018 年文部科学大臣进一步指出：日本高等教育“应面向 2040 年这一中长期目标来确定高等教育改革的方向”，即面对经济社会的种种变化、基础教育学习指标的修订、高中与大学衔接改革的推进，应综合考虑今后的高等教育发展构想，以提升高等教育质量为核心，从四个方面入手进行改革：一是强化各高等教育机构功能的方法；二是提升学习质量应有的制度；三是从高等教育整体规模和视野出发，确保区域高等教育机会

① 中央教育審議会. 我が国の高等教育に関する将来構想について（諮問）［EB/OL］. http://www.mext.go.jp/b_menu/shingi/chukyo/chukyo0/toushin/1383080.htm［2017-03-06］.

② 文部科学省. 平成 27 年度文部科学白皮书［EB/OL］. http://www.mext.go.jp/b_menu/hakusho/html/hpab201601/detail/1376713. htm［2017-08-10］.

③ 中央教育審議会. 2040 年に向けた高等教育のグランドデザイン（答申）［EB/OL］. https://www.mext.go.jp/content/20200312-mxt_koutou01-100006282_1.pdf［2020-03-17］.

的对策；四是高等教育改革的保障政策。①具体来看，未来日本高等教育质量保障政策的内容包括：通过课程改革确立学生的学习主体地位，促进大学教育质量提升；改革大学入学考试和选拔制度；确立大学教育质量保障制度，包括大学设置认可制度和大学认证评价制度；推进高等教育向区域和社会开放。②总体来看，无论日本高等教育的宏观政策还是微观措施，都是围绕高等教育质量这一核心问题展开的，这也将是未来日本高等教育长期坚持的发展方向。

（二）高等教育国际化趋势更加显著

高等教育国际化一直是日本高等教育政策的重要内容。近年来，为培养国际化人才，促进大学教育、研究和学生的双向交流，日本不断加快高等教育国际化步伐，出台了一系列政策推进高等教育国际交流与合作。2013 年，日本实施“国际顶尖大学建设支援计划”，旨在通过实施国际化战略和大学改革，增强大学国际竞争力。该计划选取 37 所日本顶级研究型大学，期望通过帮助这些大学改革教育治理系统，加强其国际兼容性和竞争力，争取 10 年内有 10 所大学进入国际大学排名的前 100 名③。另有 24 所大学被选定为“全球化引领”型大学，政府支持这类大学在国际化方面的开拓性努力，引领日本高等教育全球化。入选的大学每年可获得 5 亿日元、10 年共计 50 亿日元的财政投入。④为提升大学教育的国际通用性，应对高层次人才的世界性流动和激烈竞争，日本还大力推进与海外大学的合作，实施“大学的世界展开力强化事业”，与海外大学进行学分互换、双学位计划等高质量教育合作。为促进亚洲高等教育圈的形成，日本实施“亚洲校园”计划，积极推进与中国和韩国合作，扩大三国大学间的交流。2018 年的《面向 2040 年高等教育总体规划》针对未来 20 年的高等教育发展趋向，进一步提出了推进留学生交流、确保学位的国际通用性、高等教

---

① 中央教育審議会. 我が国の高等教育に関する将来構想について（諮問）［EB/OL］. http://www.mext.go.jp/b_menu/shingi/chukyo/chukyo0/toushin/1383080.htm［2017-03-06］.

② 文部科学省. 平成 27 年度文部科学白皮书［EB/OL］. http://www.mext.go.jp/b_menu/hakusho/html/hpab201601/detail/1376713.htm［2017-08-10］.

③ 教育再生実行会議. これからの大学教育等の在り方について（第三次提言）［EB/OL］. http://www.mext.go.jp/b_menu/shingi/chukyo/chukyo0/gijiroku/attach/__icsFiles/afieldfile/2013/10/16/1340415-9-1.pdf［2013-05-28］.

④ 日本学術振興会. スーパーグローバル大学創成支援［EB/OL］. http://www.mext.go.jp/a_menu/koutou/kaikaku/sekaitenkai/1360288.htm［2017-08-10］.

育机构的国际化等国际化政策方向。[①]由此可见，国际化将是日本高等教育发展的重要途径和政策目标。这种对外交流不再是外部强加的开放，而是日本高等教育体系发展成熟之后的主动开放合作，体现了日本高等教育发展的自主性和主体性。

（三）更加重视大学与国家和地方的联系

面对国际人才竞争加剧、大学招生困难、经济社会人才需求规格的变化、大学经营状况严峻等挑战，日本政府和大学越来越重视大学与国家和地方的联系。这种趋势无论对于国立大学、公立大学还是私立大学都是同样的。国立大学方面，21 世纪以来，日本国立大学的改革有三个关键词：管理松绑、资金不足和社会期待。在国家放宽对大学管制的同时，国立大学也面临资金问题。并且国家层面也好，社会层面也好，对大学的期待都越来越高。国立大学要用最少的钱，培养最优秀的人才，做最好的研究，这是个巨大的挑战，迫使国立大学不断加强与地方和企业合作。虽然日本期望国立大学参与国际一流大学的竞争，但现有的 86 所国立大学不可能都参与进去。因此，2013 年日本政府颁布《国立大学改革计划》，把国立大学的功能进一步细化为三个方向：世界最高水平的教育研究中心、国家级的教育研究中心、区域发展的核心基地。国立大学也据此分化为世界（global）型、国家（national）型、区域（local）型等不同类型。[②]这些国家型和区域型大学需要加强与国家和所在地区的合作，为国家和地方发展做贡献。通过这种方式，既可以加强大学与地方的联系，也可以增强大学的实力。公立大学和私立大学方面，其最初的办学定位便是区域性大学，因此加强与地方的合作与联系本就是应有之意。随着少子化的加剧，地方大学的经营状况更加严峻，根据自身使命和社会需求改革现有的学科构成和教育课程，强化与地方团体和产业界的协作，是今后需要进一步深入研究的课题。日本政府近年来也正通过实施“教育振兴基本计划”，推行“大学 COC 事业”（Center of Community，COC）[③]，与地方政府、企业和民间团体合作，积极促进地方大学与地方的相互交流，使地方大学成为地方和社区的中心，以提升地方大学的运营活力。

① 中央教育審議会. 2040 年に向けた高等教育のグランドデザイン（答申）[EB/OL]. https://www.mext.go.jp/content/20200312-mxt_koutou01-100006282_1.pdf [2020-03-17].

② 松田正久. 国立大学の運営と大学の危機 [J]. 日本の科学者，2015（7）：6-13.

③ 文部科学省. 平成 27 年度文部科学白皮书[EB/OL]. http://www.mext.go.jp/b_menu/hakusho/html/hpab201601/detail/1376713.htm [2017-08-10].

第四节　印度高等教育现代化模式与特征

“西方的侵略在日本改变了一个古国的发展轨迹，在印度则把一个伟大的文明重塑为一个现代国家。”①美国前国务卿亨利·基辛格（Henry Kissinger）的这句话，道出了在现代化发展中印度与其他曾为殖民地国家的不同发展轨迹。印度高等教育的现代化发展，既受英国殖民统治的深刻影响，又因自身特殊的地理、人口和经济等条件，形成了自己鲜明的特征，值得我们探索。

一、印度高等教育现代化模式演进历程

相比于美国和日本，印度高等教育的现代化进程受到殖民者更为直接的影响，加上印度在独立后对高等教育的诸多改革与尝试，其高等教育现代化可以分为独立前的一个阶段和独立后的两个阶段。

（一）殖民时期：1835—1947 年

比较全球曾被殖民过的国家，便可以发现其高等教育现代化发展都在不同程度上受到殖民者的影响，而印度高等教育体系的英国色彩十分浓厚。殖民时期的英国殖民者通过诸多改革，强化对印度殖民地的控制，以教育输出其文化价值理念，并培养能为其所用的印度人。印度现代意义的高等教育可以追溯至 1857 年②。从英国殖民到印度独立的这段时间，其高等教育经历了英国模式的移植到独立前逐步奠定自己的基础，为形成自身的高等教育发展模式寻找道路。实际上，在 1857 年之前的两个事件值得关注。

1835 年，时任英属印度殖民地总督的威廉·本廷克（William Bentinck）签署了《1835 年英语教育法》(*English Education Act 1835*)，正式以法案方式在印度开始推广英语教育并配备资金，普及英国的语言及文化。③这项法案背后的主要推动者，托马斯·巴宾顿·麦考利（Thomas Babington Macaulay），认为印度传统的教育，尤其是以梵文和印度语为教学语言的

---

① 基辛格. 世界秩序［M］. 胡利平，等译. 北京：中信出版集团，2016：245.

② 赵中建. 战后印度教育研究［M］. 南昌：江西教育出版社，1992：139.

③ Mahmood S. A History of English Education in India：Its Rise，Development，Progress，Present Condition and Prospects （1781—1893）［M］. Aligarh：Baptist Mission Press，1895：50.

教育是落后的，当时的英语只为少数印度政府官员或社会中的优势阶层所掌握，不利于印度的发展。此外，托马斯·巴宾顿·麦考利直言英语是比印度当时所采用的教育语言更为先进和高级的语言，是推广英式教育需要的工具。[①]当时的这一政策尽管引来了不少印度人民的反抗，但为推动英语在印度的发展尤其是为其后在印度高等学校中的地位奠定了基础。

1854 年，查尔斯·伍德（Charles Wood）向当时的印度总督谏言，应进一步完善英语教育在印度的发展。他递交的“伍德电讯”（Wood's Dispatch）发挥了重要影响，因而后来常被称为“印度英语教育大宪章”（Magna Carta of English Education in India）。这一电讯的主要目的是传播西方知识和文化，为殖民地培养管理人员，提高印度人民的道德水平和保障英国的经济发展等。此次改革对印度高等教育发展的影响超出了强化英语教育的范畴，对在大城市建立大学、维持和扩展已有学院的招生规模、教师培训和女性教育都产生了影响，并且还通过奖学金制度的建立来推动社会公平发展，为底层人民接受高等教育机会创造了机会。[②]

1857 年，印度成立了三所现代意义上的大学，分别位于孟买（Mumbai，当时称 Bombay）、加尔各答（Kolkata，当时称 Calcutta）、金奈（Chennai，当时称 Madras）。[③]殖民时期的高等教育发展仍在继续。1882 年，伴随着印度殖民地权力的更迭，时任总督的乔治·鲁宾逊（George Robinson）宣布要对印度的教育系统进行一次全面调查，并根据所发现的问题做出相应的调整。乔治·鲁宾逊组建了印度教育委员会（Indian Education Commission）[④]，由其负责具体工作的实施。最终，印度教育委员会对印度高等教育的发展提出如下建议：第一，高等学校在实验室等基础设施，以及教师、学生人均费用方面欠缺，需要增加投资；第二，在增加投资的情况下，应注意教师数量、学校花费、发展效率与本土需求；第三，在必要的情况下可对图书馆等基础设施建设增加额外款项；第四，应增加课程的种类，为学生提供更多的选择；第五，应为表现优异的学生到国外学习

---

① Columbia University. Minute by the Hon'ble T. B. Macaulay，dated the 2nd February 1835［EB/OL］. http://www.columbia.edu/itc/mealac/pritchett/00generallinks/macaulay/txt_minute_education_1835.html［2020-03-28］.

② Tirhekar S. Contribution of Educational Colleges to Society［M］. Solapur：Laxmi Book Publication，2012：4-42.

③ Forest J J，Altbach P G. International Handbook of Higher Education［M］. Dordrecht：Springer，2007：747.

④ 因该委员会的主席是威廉·亨特（William Hunter），所以委员会又被称为“亨特委员会”（Hunter Commission）。

创设奖学金；第六，为提升学生的道德水平，应配备含有一定宗教知识的书籍；第七，限制接受免费教育学生的数量；第八，同公立高等学校相比，私立高等学校应收取更少的费用；第九，在任命教师的过程中，优先考虑在欧洲大学接受过教育的对象。

印度教育委员会在 1882 年引领的改革直接催生了随后的印度大学改革。于 1898—1905 年担任印度总督的乔治·寇松（George Curzon）在 19 世纪末至 20 世纪初的短短几年，大力推动印度高等教育改革，促成了《1904 年印度大学法》（*Indian University Act 1904*）的出台与实施。乔治·寇松在孟买等五个地方的大学发起了改革，内容主要包括：扩展大学的功能；缩减大学参议院（university senate）规模；给予缺乏话语权的大学教师联合组织更多地位认可；对学院附属于大学实行更加严格的标准；为大学的占地面积设置标准。①印度高等教育研究专家菲利普·阿特巴赫（Philip Altbach）指出，此时的印度高等教育发展模式采用的是英国大学模式中的伦敦大学模式，这种伞形的制度被认为更适合印度的发展，因为它能为印度不同种类高等学校的成长提供一个很好的综合环境。②

《1904 年印度大学法》的改革是朝向进一步加强殖民者控制的，因而也遭受了不小的阻力。其中一个突出的变化是学院数量逐渐增长，大学的工作任务大幅增加。③随后，时任印度总督的查尔斯·哈丁（Charles Hardinge）给出了相应的解决办法，其中一个重要的变化是在每个邦建立一所独立的大学，在此基础上建立每个邦的教学和寄宿型大学。④这一变革对今天印度高等学校的布局有着重要影响。这也可以说是英国殖民者在离开印度前进行的影响较大的改革。总体看来，英国模式中的以英语为教学语言，以伦敦大学为模板的大学结构，以及广泛支持大学所带来的地理分布变化等，成为殖民者为印度高等教育留下的重要影响。

（二）独立后的转型期：1947 年至 20 世纪末期

印度现代高等教育可以说在英国殖民时期已经萌芽，而在独立之后，

---

① Ghosh S C. The genesis of Curzon's University Reform：1899-1905［J］. Minerva，1988，26（4）：463.

② Agarwal P. A Half-Century of Indian Higher Education：Essays by Philip G Altbach［M］. Los Angeles：Sage Publications，2012：43.

③ Deka B. Higher Education in India：Development and Problems［M］. New Delhi：Atlantic Publishers and Distributors，2000：8.

④ Deka B. Higher Education in India：Development and Problems［M］. New Delhi：Atlantic Publishers and Distributors，2000：9.

该国的高等教育开启了大刀阔斧式的改革，进入了一个重要的转型时期。总的来说，这一时期的发展可以归结为“去殖民化”和“找定位”两个方面。在走向独立之前，印度高等教育也有一定的发展，但是成效并不显著。

独立后的印度高等教育体系并不健全，相关的配套制度，尤其是政府的管理制度十分缺乏。1948年，在大学校际委员会（Inter University Board）和中央教育委员会（Central Advisory Board of Education）的建议下，印度政府成立了大学教育委员会（University Education Commission）。[①]大学教育委员会的第一任主席是萨瓦帕利·拉达克里希南（Sarvepalli Radhakrishnan），其责任是领导委员会对印度大学教育进行调查，进而向政府提供建议。1949年，由萨瓦帕利·拉达克里希南任主席的大学教育委员会向印度政府提交了一份报告。该报告分别从历史发展、大学教育目标、教学人员、学习课程、研究生训练、专业教育、宗教教育、教学语言、考试、学生活动和福利等多个方面分析了当时印度高等教育的发展状况，逐一给出了建议。[②]这一报告作为印度独立后由印度人独立自主完成的报告，影响着其脱离殖民统治后很长一段时间的发展。为落实上述报告中的改革，1953年，印度政府成立了大学拨款委员会（University Grants Commission）。[③]该委员会的职责是依据《大学拨款委员会法》（*University Grants Commission Act*）协调、决定和维持印度大学教育中的有关事项。[④]至此，印度已建立专门的教育委员会和拨款委员会，表明印度高等教育在独立后迎来了重要的变化。这是其转型时期两个关键的制度，更成为其在下一阶段的重要发展基础。

1946年3月，当时的总督执行委员会（Viceroy's Executive Council）成立了负责印度第二次世界大战后技术教育发展的委员会。在主席纳利尼·萨卡尔（Nalini Sarkar）的带领下，这一委员会对印度的技术教育发展状况进行了调查，并在调查结束之后向政府提交了一份报告，建议以美国的麻省理工学院为模板，在印度的东南西北部建立四所理工学院。[⑤]这一建议得

① Krishna Kanta Handiqui State Open University. Introduction to the University Education Commission of 1948［EB/OL］. http://www.kkhsou.in/main/education/education_1948.html［2020-03-29］.

② Ministry of Education（Government of India）. The Report of the University Education Commission［EB/OL］. http://www.educationforallinindia.com/1949%20Report%20of%20the%20University%20 Education %20 Commission. pdf［2020-03-29］

③ University Grants Commission. About Us［EB/OL］. https://www.ugc.ac.in/page/Genesis. aspx［2020-03-29］.

④ University Grants Commission. The University Grants Commission Act，1956 and Rules & Regulations under the Act［EB/OL］. https://www.ugc.ac.in/oldpdf/ugc_act.pdf［2020-03-29］.

⑤ Saha S K，Ghosh S. Commissions & committees on technical education in independent India：An appraisal［J］. Indian Journal of History of Science，2012，47（1）：109-138.

到了第一任总理尼赫鲁（Nehru）的大力支持。随后在1950年成立东部的印度理工学院克勒格布尔（Kharagpur）分校，1958年成立了西部的孟买分校，1959年成立了南部的金奈分校和北部的坎普尔（Kanpur）分校，随后到1963年，当时位于新德里的工程学院（College of Engineering）更名为印度理工学院德里（Delhi）分校。这5所最初成立的印度理工学院分校奠定了印度高等教育发展的基础，并且一直都维持着较高的运作标准。值得一提的是，印度政府还在1961年通过了《理工学院法案》（*Institutes of Technology Act*），将印度理工学院升级为国家重点大学，并对其权责和治理结构做出了明确的规划。

在"找定位"的过程中，改善高等教育对社会不同群体的服务能力是一个重要问题。印度1950年成立印度共和国后，旋即通过《宪法》对表列种姓、表列部落和其他劣势群体的权利做出了明文规定，开启了被称为"补偿性反歧视"（compensatory discrimination）或"积极性反歧视"（positive discrimination）①的平权运动。这一平权运动直接影响到个人的三个方面：①邦立法席位的保留；②高等教育机构学位的保留；③政府雇员职位的保留。②1950年颁布的《宪法》第15条规定，不得以宗教、种族、种姓、性别或出生地为由，做出任何的歧视，第17条提出废除"不可接触制"。作为国家的根本大法，《宪法》对反歧视行为的规定无疑具有很强的效力。该《宪法》第46条明确规定，邦政府应加强对劣势群体在教育和经济方面利益的特别关注，尤其是表列种姓和表列部落，应当保护他们免受任何形式的不公平待遇和剥削。具体到教育领域的权利，这一基本法律规定，在政府资助的教育机构中禁止出现任何形式的歧视行为；1951年的《宪法》修正案对这一规定做出补充和强调，并宣布在高等学校中推行保留政策（reservation policy），当时为表列种姓和表列部落保留了5%的名额③。在随后的二十余年中，印度政府不断完善有关法律体系，立法部门于1955年通过了《1955年不可接触制（侵犯）法》（*the Untouchability（Offenses）Act 1955*），对歧视行为和反歧视的规定做了补充。

1950年《宪法》颁发时，曾规定在全国各地设立专门的办事处，并在

---

① "discrimination"本意为"歧视、区别"，但是为了与这一行动的真实用意相符，本处意译为"反歧视"。

② Power R. Book review：Competing equalities—law and the backward classes in India［J］. Washington University Law Review，1985，63（3）：565-575.

③ 盛荔. 印度独立后高等教育反歧视政策研究［D］. 重庆：西南大学，2016：40.

每个办事处任命 1 名表列种姓和表列部落委员（commissioner for scheduled castes and scheduled tribes），办事处的职能是确保宪法中对这两类劣势群体权利保障的规定得到贯彻和落实。1965 年，该办事处的规模达到 17 个。[①]1978 年，因为现实发展的需要，由表列种姓和表列部落委员领导的办事处联合组建了表列种姓和表列部落委员会（Commission for SC & ST）。1992 年，联邦最高法院指引联邦各级政府成立一个专门负责其他劣势群体事务的机构，于是联邦政府便在次年通过了《劣势群体全国委员会法案》（*National Commission for Backward Classes Act*），批准设立永久性组织劣势群体委员会（National Commission for Backward Classe）。至此，印度政府为劣势群体建立了专门的全国性组织。

虽然反歧视运动仍在不断发展，但是直到 1980 年，它在高等教育领域的发展才迎来了第一个里程碑式事件。1979 年，印度政府组建了以国会议员曼达尔（Mandal）为首的委员会（因而又称为“曼达尔委员会”），对印度除表列种姓和表列部落以外的劣势群体进行了调查，并将他们统称为其他劣势群体（Other Backward Classes）。在 1980 年公布的调查结果《曼达尔报告》（*Mandal Commission Report*）中，共有 3428 个社区被归入其他劣势群体中，而根据当时的估计，其他劣势群体的人数占印度总人口的 52%。[②]在随后的立法工作中，政府最终决定为其他劣势群体保留 27%的高等教育学位，规定这一比例的原因是为表列种姓、表列部落和其他劣势群体保留的高等教育学位不能超过总学位数的 50%，[③]而按照这一规定，上述群体所占的保留学位数为总学位数的 49. 5%。如果说之前的《宪法》是从国家的角度去思考问题，对劣势群体的社会利益和未来发展给予投入和关注，那《曼达尔报告》就是平权运动在教育领域的细化和体现，是有关思想得以实践的结果。

1964 年，印度政府成立了国家教育委员会（National Education Commission），对印度教育展开了全面调查，回应了国人对提升教育质量的呼声和需求。因由印度著名教育家道拉特·辛格·科塔里（Daulat Singh Kothari）担任主席，所以该委员会又被称为科塔里委员会（Kothari Commission）。其中，国家教育委员会的报告提出了如下高等教育改革建

① National Commission for Scheduled Castes. Genesis［EB/OL］. http://www.ncsc.nic.in/pages/display/9-genesis［2017-06-02］.

② Government of India. Report of the Backward Classes Commission（Volume I）［EB/OL］. http://ncbc.nic.in/Writereaddata/Mandal%20Commission%20Report%20of%20the%201st%20Part%20English635228715105764974.pdf［2017-06-03］.

③ Gang I, Sen K, Yun M. Caste, affirmative action and discrimination in India［EB/OL］. http://www.chronicpoverty.org/uploads/publication_files/gang_sen_yun.pdf［2017-06-01］.

议：成立6所大型大学，为顶尖的研究生提供学习和研究的条件；至少接下来的5—10年内在这些大学成立50个跨学科研究中心，推动高水平研究集群化发展；通过配备高质量教师和其他资源来推动其余高等学校的发展；给予出色的学院自治地位，支持附属学院的发展；通过改革教学方法，改变死记硬背的教学方法和鼓励开展独立研究的方式，改善教学与评价；改善授课内容与质量，引入内部的、持续的评价系统来取代过去教学型大学的外部评价，同时实施内外部评价结合的评估方式；鼓励大学根据自身的角色和定位来探索相应的管理办法和治理模式。①

直到1951年，印度国内共建立起28所大学和578所学院，高等教育教师人数为2.4万人，学生人数为17.4万人（表4-1），相比1857年只有3所大学，已经有了很大的变化。有学者经过研究指出："印度在1947年获得独立后，其高等教育的发展极为迅速，这在20世纪50年代后半期至70年代初期尤为突出。"②表4-1中的统计也佐证了这样的判断，1951—1971年，大学的总量从28所增长至93所，涨幅达232%；学院的数量从578所增长至3227所，涨幅达458%。这一过程中的重要变化便是私立高等教育机构的增长。

表4-1　印度高等教育发展规模

年份	1951	1961	1971	1981	1991	2001	2011	2015
大学/所	28	45	93	123	177	266	642	799
学院/所	578	1816	3227	4738	7346	11146	34852	39071
教师/万人	2.4	6.2	19	24.4	27.2	39.5	—	—
学生/万人	17.4	55.7	195.6	275.2	492.5	839.9	—	—

资料来源：1951—2001年数据来源于Goel M，Walia S. Indian higher education：Trends，growth & challenges［J］. Voice of Research，2015，3（4）：33-38；2011年和2015年的数据为笔者根据印度人力资源发展部的统计数据整理而成。

印度的私立高等教育在这一时期迎来了规模的扩张，为满足巨大的高等教育需求发挥了不可替代的作用，但同时也激起了社会各界对于公私立高等教育的争论。公私立高等教育之争的核心在于所有权和经费来

① National Council of Educational Research and Training. Report of the Education Commission，1964-1966［EB/OL］. http://dise.in/Downloads/KothariCommissionVol.1pp.1-287.pdf［2020-03-29］.

② 赵中建. 印度高等教育发展迅速原因探析［J］. 高等教育研究，1991，2：80-85.

源，而在这两个核心问题的基础上又衍生出高等教育机构的管理问题。其中，所有权直接决定了高等学校受谁管理和领导，而经费往往赋予拨款机构高于其职权的话语权，从而影响高等学校的管理。从 1947 年印度独立到 1995 年《印度私立大学法案》（*Private Universities Bill*）出台后近 50 年的时间内，所有权和经费来源问题也正是印度私立高等教育发展中的两个核心问题。

印度独立以后，收取赞助费（capitation fee）曾作为一种有效的办法改善了私立院校运营经费不足的问题。这种通过在入学时向学生收取费用的制度在很大程度上解决了印度私立高等教育发展的财政危机，为那些因为各种原因不能进入公立高等学校的学生提供了接受高等教育的机会。虽然说有支持者提出，在受资助学院（aided college）和无资助学院（unaided college）之间，这一制度为后者的运作寻找到了大量的财政支持，盘活了社会上的资源。①但是后来这一制度因为乱收费所引发的贪污腐败问题而被弃用。②实际上，收取赞助费的初衷虽说是为那些不能进入竞争激烈的公立高等学校的孩子提供出路，但是在整体经济发展水平不高、家庭盈余资本不足的情况下，这无疑是封死了贫困家庭孩子的求学之路。20 世纪六七十年代，为更好地对接国家发展战略规划，服务国家发展需要，印度政府开始通过拨款资助制度（grant in aid system）向私立学院提供资助，政府资助的幅度相当大，占到了私立学院运营开支的 95%。③这样的资助行为也正式拉开了印度政府开始将私立学院国有化（publicisation）的序幕。通过经费上的垄断性支持，加上对学校质量标准等的规定，印度政府不断加强对私立学院的控制。20 世纪 80 年代末以前，印度的学院有 70%属于私立学院，其中大部分都接受政府资助。④

然而， 20 世纪 80 年代以后，随着全球经济的整体繁荣，私立学院不再像过去那样为财政经费忧心忡忡，可以“挺直腰板说话”，最直接的变化就是私立学院地位的提升，私立大学的出现，以及有关法律法规体系的建立及完善。伴随着 90 年代高等教育的急剧扩张，高等教育作为“公共产品”的属性发生变化，私立高等教育得到了长足的发展。⑤

1993 年以前，作为印度最早成立的医学院——卡斯特巴医学院（Kasturba

① Tilak J. The capitation fee colleges：Some issues［N］. UNIVERSITY NEWS，1992-12-21（1-6）.
② 宋鸿雁. 印度私立高等教育发展研究［D］. 上海：华东师范大学，2008：23.
③ 安双宏，王占军. 印度高等教育私营化：进退两难的艰难抉择［J］. 比较教育研究，2014，2：77-71.
④ 宋鸿雁. 印度私立高等教育发展历史及特征［J］. 浙江树人大学学报，2009，9（3）：26-31.
⑤ 施晓光. 印度高等教育政策的回顾与展望［J］. 北京大学教育评论，2009，7（2）：118-130.

Medical College）是附属于别的大学，本身不具备颁发学位的资格。1993年，它经大学拨款委员会批准升级为荣誉大学，并改名为玛尼帕尔高等教育学院（Manipal Academy of Higher Education），地位大幅提升。这一历史性事件可以说是开启了印度私立高等教育的新时代，实现了私立高等教育发展的新突破。到 2007 年，它又再次改名，以玛尼帕尔大学（Manipal University）的名称开展工作，但在法律法规中仍然沿用玛尼帕尔高等教育学院。“荣誉大学”作为印度政府提升高等教育质量的一项重要决策，其筛选是很严格和谨慎的。在印度高等教育司授予第一批荣誉大学之后，它们开始进行更为严格的选拔，在 20 世纪 70 年代仅认定 3 所高等学校为荣誉大学，80 年代认定 18 所，90 年代认定 15 所。①玛尼帕尔大学就是 90 年代认定的 15 所高等学校之一。20 世纪 90 年代，印度的学院已经超过了 7000 所，玛尼帕尔大学能够脱颖而出，其发展水平可见一斑。同样是在 1993 年，在以公民基本受教育权为核心的“乌尼克里希南诉安得拉邦政府案”中，法院的判决首次提到了允许私立院校收取基于成本的费用，并且还就私立院校与政府之间的关系进行了深入的讨论和分析，是完善私立院校发展的法律保障体系的一次成功尝试。

1995 年，印度政府曾对是否通过《私立大学法案》进行了讨论，对私立大学的发展无疑起到了推波助澜的作用。2002 年，恰蒂斯加尔邦（Chhatisgarh）出台了自己的私立大学法，允许建立邦一级的私立大学。法案的出台释放了整个印度对私立高等教育的办学热情，邦政府在很短的时间内便收到来自恰蒂斯加尔邦内外共 134 份申请，其中有 97 份获批。②但大学拨款委员会审时度势，及时地发现了其中存在的问题，尤其是因准备不足而仓促申请所留下的隐患，于是便在两年之后通过最高法院（Indian Supreme Court）制止了这一发展势头。最高法院的判决指出，“在大约 1 年的时间内，就有多达 112 所私立大学建立起来，其中大多数完全没有建筑物或校园，运作的场地就是一间租来的屋子”。③虽然说匆忙的建校行动遭到有关部门的压制，但是这对于印度私立高等教育的发展来说未必是一件坏事，这一开创性的举措已经将印度私立高等教育的发展推向一个全新的阶段，打破了没有私立大学而只有私立学

① 王文礼. 独特的存在——印度名誉大学的发展与嬗变［J］. 比较教育研究，2016，9：99-105.

② Altbach P. One-third of the globe：The future of higher education in China and India［J］. Prospects，2009，39：11-31.

③ Academics-India. Supreme Court Judgment on Private Universities of Chhatisgarh［EB/OL］. http://academics-india.com/SC%20judgement.htm［2017-05-30］.

院或私立荣誉大学的局面。从所占比例和招收学生的数量来看，印度私立高等教育成长为中流砥柱，在印度这样传统文化和现代特征十分明显并不断发生碰撞的社会，公立高等教育的地位虽然牢固，但并非不可撼动。印度私立高等教育的现代化演进历程也可以佐证这一事实。经历一百多年的发展，私立高等教育为印度高等教育的多样性做出了不可磨灭的贡献。

伴随着规模扩张而来的是质量保障问题。1986 年的《国家教育政策》（*National Policy for Education*）中提出要建立质量保障机制，然而，国家拨款委员会直到 1994 年才建立起国家评估和认证委员会（National Assessment and Accreditation Council），认证机构更是到 1998 年才开始实际的运作。[①]除此以外，其他一些专业领域也建立了自己的认证机构，如 1994 年成立的印度技术教育委员会（All India Council for Technical Education）和印度农业研究委员会的认证董事会（Accreditation Board of the Indian Council of Agriculture Research），这些机构负责技术和农业等专业领域的质量保障问题。从教育体制的发展来说，质量保障机构和系统发展缓慢，因而也没能在合适的时机为印度高等教育的发展保驾护航。

1958 年的《科学政策决议》（*Scientific Policy Resolution*）明确写道："在当今社会，国家的繁荣和人民的福祉的关键要素是技术、原料和资本的有效结合，而其中技术是最重要的，因为通过创造和采用新技术，实际上能够弥补资源上的缺陷和对资金的需求。"[②]1983 年的《技术政策声明》（*Technology Policy Statement*）、1993 年的《技术政策草案》（*Draft Technology Policy*）及 2003 年的《科学技术政策》（*Science and Technology Policy*）都在不断提高技术在国家发展中的地位，完善科学技术的发展规划。

印度高等教育的现代化正在通过多种渠道，提升其满足人民对高等教育的多元需求。尽管针对不同种姓和私立高等教育的改革作用明显，但仍有大量的高等教育需求未得到满足，其背后的一个直接原因是经济成本问题。因此，开放远程教育的改革走入印度高等教育现代化的蓝图。印度开放远程教育的发展可以追溯到 20 世纪 60 年代，它效仿的是英国的开放大学模式。[③]1964 年 7 月 14 日，印度教育委员会（Indian Education Commission）

① Agarwal P. Higher education in India：The need for change［EB/OL］. http://www.icrier.org/pdf/ICRIER_WP180_Higher_ Education_in_India_.pdf［2017-05-13］.

② Government of India. Scientific policy resolution［EB/OL］. http://nrdms. gov. in/sci_policy.asp［2017-05-14］.

③ UNESCO. Open and distance learning：Trends，policy and strategy considerations［R］. Paris：Division of Higher Education，2002.

的报告中明确提出要大规模发展非全日制教育（part-time education）和函授教育（correspondence education），为中学生、教师及其他各行各业的工作者提供接受教育的机会，并强调这类教育对于实现大量印度人民接受教育，推动教育事业发展的重要性。[①]更重要的是，这一报告中还对函授教育的发展做出了初步规划：①在每一个邦建立一个函授教育中心；②在人口超过10万的大城市，应当为非全日制或夜间学校的学生提供足够的硬件和师资；③为发展函授教育，大学应当建立相应的体制机制；④函授教育对教师专业成长具有重要作用，职前和在职教师可以通过函授教育来实现专业发展，如其中规定应当为没有达到标准的教师提供函授教育来提升其专业能力；⑤函授教育对于大量欲接受教育的女性来说是一个很好的选择。

1962年，德里大学成立了函授课程与继续教育学院（School of Correspondence and Continuing Education），招生900人，被视为印度开放远程教育的探路者之一。[②]该学院现在已经在德里南部建立起了学习中心，并且德里东部和西部的学习中心也已开始施工，影响范围进一步扩大，学院现在也已经改名为开放学习学院（School of Open Learning）。20世纪70年代，印度传统大学的开放远程教育得到了全面的发展，到1982年，双重模式的大学已经达到了34所。[③]进入20世纪80年代以后，印度开放远程教育的发展转入了一个意义重大的转折期。一方面，印度政府在这个阶段成立了两所历史地位和意义不凡的开放大学；另一方面，对开放远程教育质量的讨论成为一项重要的政府工作内容。1982年8月，安得拉开放大学（Andhra Pradesh Open University）成立，作为印度开放远程教育发展历程中的第一所开放大学，它引领了政府为不同个体、不同阶层的人民提供接受高等教育的机会的平权运动。1991年12月该校改名为B. R.阿姆倍伽尔博士开放大学（Dr. B. R. Ambedkar Open University）。到2001年，在建校不到20年的时间内，该校的规模就由最初的22个学习中心和6321名学生发展到137个学习中心和45万名学生，到了2017年，其学习中心的数量已经增加至200个。[④]

① Education and national development：Report of the Education Committee（1964-1966）[R]. New Delhi：National Council of Education Research and Training，1970.

② University of Delhi (Campus of Open Learning) School of Open Learning About SOL [EB/OL]. https://sol.du.ac.in/my/about-us.php [2017-05-25].

③ 张辉，谷良，石蕾，等. 印度英迪拉·甘地国立开放大学研究 [M]. 北京：中央广播电视大学出版社，2015：17.

④ DR. B. R. Ambedkar Open University（BRAOU）[EB/OL]. http://www.hyderabadeducation.net/niversities/mbedkar_open_university/（2013-05-18）[2017-05-28].

开放大学前进的步伐还在继续，1985年，英迪拉·甘地国立开放大学（Indira Gandhi National Open University）成立，这是印度历史上第一所也是目前唯一一所国立开放大学。成立该大学的目标是“通过多样的方法来促进和传播学习与知识，其中包括对任意种类通信技术的使用，进而为更大规模的群体接受高等教育提供机会，并提升社区内总体的教育发展水平，鼓励国家教育模式之下的开放大学和远程教育系统，协调和制定这些系统的标准，在组织活动的过程中大学应该根据上述目标来确立首要行动计划”①。上述目标指出了开放大学在扩大入学渠道上的重要性。其中还释放出一个关键的信息，即英迪拉·甘地国立开放大学还将作为其他开放大学及远程教育的直接管理机构，协调有关工作，制定专业标准。为了实现这样的功能和作用，印度政府已经在1985年的《英迪拉·甘地国立开放大学法案》（*The Indira Gandhi National Open University Act*）中提出建立远程教育委员会（Distance Learning Council），并由英迪拉·甘地国立开放大学的副校长②担任远程教育委员会的主席。但是这一委员会直到1991年才真正建立起来。该委员会作为印度开放远程教育体系的最高权力机构行使职能，负责促进、协调和维系国家开放远程教育体系的运行，支持所有邦立开放大学及其他远程教育机构的发展。③

至此，印度开放远程教育体系已趋于稳定。英迪拉·甘地国立开放大学借助其“全国独家”的国立开放大学的地位，以及支持和管理远程教育委员会的天然优势，处在开放远程教育体系的顶端，是统筹印度开放远程教育发展的中心机构。在国立开放大学之下，邦立开放大学是推动开放远程教育发展的核心骨干力量。邦立开放大学现有13所④，都以单一模式运行，即只提供开放远程教育。除邦立大学以外，印度还通过双元模式的大

---

① Indira Gandhi National Open University. The Indira Gandhi National Open University Act 1985［EB/OL］. http://ignou.ac.in/userfiles/IGNOU%20ACT%2011-06-2014%20_updated_.pdf［2017-05-28］.

② 印度大学的校长一般由国家领导和政府官员担任，属象征性职位，实际的管理者是大学的副校长。

③ 张辉，谷良，石蕾，等. 印度英迪拉·甘地国立开放大学研究［M］. 北京：中央广播电视大学出版社，2015：21.

④ 这13所邦立开放大学分别是：B. R. 阿姆倍伽尔博士开放大学、维德曼·马维尔开放大学（Vardhman Mahaveer Open Universit）、那烂陀开放大学（Nalanda Open University）、亚什万特罗·查凡·马哈拉施特拉开放大学（Yashwantrao Chavan Maharashtra Open University）、中央联合邦博杰开放大学（Madhya Pradesh Bhoj Open University）、巴巴沙赫·安贝德卡博士开放大学（Dr. Babasaheb Ambedkar Open University）、卡纳塔克邦立开放大学（Karnataka State Open University）、内塔吉·苏巴斯开放大学（Netaji Subhas Open University）、U. P. 拉杰什·坦东开放大学（U. P. Rajarshi Tandon Open University）、泰米尔纳德邦开放大学（Tamil Nādu Open University）、Pt. 桑德兰·沙玛开放大学（Pt. Sunderlal Sharma Open University）、北安恰尔邦开放大学（Uttarakhand Open University）、克里希纳·坎塔·汗迪克邦立开放大学（Krishna Kanta Handique State Open University）。

学，即不只提供开放远程教育的大学来作为推广这类教育的平台。提升高等教育入学率，进入“高等教育大众化国家俱乐部”是印度高等教育发展的重点，而开放远程教育是解决这一问题的有效措施。开放远程教育的灵活性、低廉成本和接受能力等都使其成为印度高等教育前进中的重要支撑。有研究者甚至提出，开放远程教育体系是唯一可以走入印度社会中不同阶层、信仰、种族、性别和地域的“家门口的教育”。[①]根据印度政府 2016 年的教育年度报告[②]，2015 年（第十二个五年计划实施的第三年），提供开放远程教育的高等学校已经达到 363 所，相比 2012 年（第十一个五年计划的收官之年）增加了 163 所；注册学生数量达到 381. 2 万人，而上一个五年计划结束之时的估计人数仅为 385. 6 万人，数量上已基本持平，但目前仍有巨大的提升空间。

（三）独立后的提质期：2000 年至今

进入 21 世纪后，印度政府的高等教育现代化改革重点是提升质量，改革的主要领域包括加强对理工科教育尤其是印度理工学院的投入，来发展其高等教育的优势力量，争取进入“世界一流”大学部落，扩展国际影响力；继续推进私立高等教育改革，完善高等教育多样结构；加强国际化发展能力，拓展印度高等教育的国际影响力；以高等教育改革促进社会平等。

印度理工学院可以说是印度高等教育现代化改革中的一面旗帜，更被视为印度“世界一流”大学建设中的“尖刀”。印度理工学院是印度共和国成立后重点支持的高等学校，但其扩张在 20 世纪 60 年代后进入停滞期，直到 20 世纪 90 年代东北部阿萨姆邦（Assam）的学生骚乱打破了这样的局面。为了控制当时的学生骚乱，时任总理的拉吉夫 • 甘地（Rajiv Gandhi）承诺在该邦建立一所理工学院，于是到 1994 年，印度理工学院古瓦哈提（Guwahati）分校落成。[③]进入 21 世纪后，印度理工学院分校的数量出现了大规模增长。2001—2016 年短短 16 年时间内，新增了 17 所印度理工学院分校，其中有 3 所是由原来的大学转型升级而成，剩余 14 所皆为新建。有必要指出的是，2008 年全球金融危机所导致全球经济整体衰退同样没能

① Kundu S. Open and distance learning：Its scope and constraints in Indian scenario［J］. Journal of Humanities and Social Science，2014，19（4）：1-5.

② Department of Higher Education and Literacy，Department of School Education ，Ministry of Human Resource Developmen. Annual report（2015-2016）［EB/OL］. http://mhrd.gov.in/sites/upload_files/mhrd/files/ document-reports/AR_2015-16%20ENGLISH.pdf［2017-05-28］.

③ Altbach P，Salmi J. The Road to Academic Excellence：The Making of World-Class Research Universities［M］. Washington D C：The World Bank，2011：169.

阻挡印度政府在全国范围内建立印度理工学院分校的步伐，仅在 2008 年和 2009 年就有 8 所新的分校开学招生。截至 2020 年，印度理工学院分校的数量总共有 23 所[①]。

首先，印度理工学院之所以能取得如此显著的发展成效，一方面是因为政府的高度重视，另一方面是因为其自身高水平的办学实践。印度政府不仅在印度共和国成立之初就为其发展营造了良好的制度环境，还在管理和经费上大力支持。研究世界一流大学的知名学者菲利普·阿特巴赫和贾米勒·萨米（Jamil Salmi）的研究表明，印度理工学院获得的政府资助明显高于一般高等学校，在其他大多数理工学院每年的政府拨款只有 1—2 亿卢比（约合 1—2 千万人民币）的情况下，印度理工学院却能够拿到 9—13 亿卢比（约合 9 千万至 1.3 亿人民币）的政府拨款。[②]政府的资助力度也在不断加大，克勒格布尔分校是印度理工学院中历史最长的一所分校，它 2016 年的总收入为 45.8 亿卢比，其中政府资助就达到 35.2 亿卢比。[③]充裕的资金为印度理工学院的发展提供了稳定的财政保障，营造了良好的环境。根据印度高等教育分类，印度理工学院属于国家重点大学，从其具体的表现来看，这一头衔可以说是实至名归。在 QS 教育集团 2013—2016 年的世界大学排名的前 500 名之中，印度理工学院每年都占据了印度高等学校的绝大多数席位，其中，在 2019 年、2020 年的前十名中都包揽了 7 个席位。[④⑤]除此以外，《美国新闻和世界报道》《泰晤士高等教育副刊》和上海软科教育信息咨询公司的《世界大学学术排名》都对印度理工学院的成就给予充分的肯定。

其次，进入 21 世纪后私立高等教育改革仍在继续推进。2007 年，印度独立 60 周年，阿萨姆邦政府通过了自己的私立大学法案（*Assam Private Universities Act*），[⑥]鼓励私立高等教育发展。根据印度政府的统计，在 2012 年第十一个五年计划完成之时，私立高等学校的注册学生数已经占到了总数

---

① Indian Institutes of Technology［EB/OL］. https://home.iitd.ac.in/about.php［2020-07-03］.

② Altbach P，Salmi J. The Road to Academic Excellence：The Making of World-Class Research Universities［M］. Washington D C：The World Bank，2011：178.

③ Indian Institutes of Technology Kharagpur. Income and Expenditure Account for the Year 2013-2016［EB/OL］. http://www.iitkgp.ac.in/files/income_exp.pdf［2017-05-20］.

④ QS India University Rankings 2019［EB/OL］. https://www.topuniversities.com/university-rankings/rankings-by-location/india/2019［2020-07-03］

⑤ QS India University Rankings 2020［EB/OL］. https://www.topuniversities.com/university-rankings/rankings-by-location/india/2020［2020-07-03］.

⑥ Government of Assam. The Asom Private Universities Bill，2007［EB/OL］. http://madhyamik.in/pubill/pubill1.asp［2017-05-30］.

的 58.9%；[①]根据印度人力资源发展部高等教育司最新的年度调查报告，印度私立学院的数量占到总数的 78%，其中有 64%为私立且不受政府资助（private-unaided）的私立学院，14%为私立且受政府资助（private-aided）的私立学院；[②]根据大学拨款委员会的统计，现有邦私立大学 248 所[③]。因此，我们可以说印度私立高等教育在印度整个高等教育的发展中占据着举足轻重的地位，但是其发展的过程却不甚顺利，甚至可以说，私立高等教育所获得的认可和它所做出的贡献是不对称的，需要在未来的发展中进一步加强。

再次，国际化是印度高等教育现代化中重要的一个方面，甚至可以说是近 20 年来最突出的一个方面。印度高等教育的国际化，可以说生而有之。作为“中世纪世界大学”，印度曾经拥有高水平的大学，但主要是集中在宗教方面，吸引了包括中国、希腊和波斯等多个国家的求学者。但在其现代化发展中，高等教育国际化最直接的影响来自英国殖民者。“伍德电讯”中提出要以伦敦大学为模板，在印度建立相类似的大学，并推行相应的管理模式，而这些都可以看作印度高等教育的现代化，并产生了深远的影响。因为，一方面，独立前的印度不得不采纳英国殖民者的建议，对高等教育进行改造；另一方面，英国殖民者留下的影响，尤其是在文化、语言中的西方元素，都深深地植入了印度社会发展的框架之中，这在印度独立以后持续对印度高等教育的发展施加影响。

虽然说印度的现代高等教育具有一些先天植入的国际化因素，但其自身对于国际化发展的态度是比较复杂的，甚至可以说在很长时间内是保守的。从国家层面的战略规划来说，通过分析印度高等教育的所有五年计划之后发现，在第十个五年计划之前，也就是 2002 年以前的九个五年计划中，都没有在有关高等教育的部分给予国际化应有的关注和重视。但从院校层面来说，印度高等教育体系中一些国际化底蕴浓厚的高等学校，如印度理工学院，却在师资等方面实现了较好的国际化。第十个五年计划中提到，印度政府在 2002 年 4 月组建了印度海外教育促进委员会（Committee on Promotion of Indian Education Abroad）。该委员会设在中等教育司和高等教育司之下，负责管理印度学生在海外的学习活动和国外教育机构在印度开展的活动。在师资方面，第十个五年计划规定，印度与联合国教科文组

---

① Federation of Indian Chambers of Commerce and Industry. Higher education in India：Vision 2030［R］. New Delhi：Federation of Indian Chambers of Commerce and Industry，2013.

② Ministry of Human Resource Development，Department of Higher Education. All Indian survey on higher education（2015-2016）［R］. New Delhi：Ministry of Human Resource Development，2016.

③ University Grants Commission. State Private Universities［EB/OL］. http://www.ugc.ac.in/privatuniversity.aspx［2017-05-30］.

织合作的全国委员会（Indian National Commission for Cooperation with UNESCO）将资助印度与其他国家的交换项目，参与项目的人员包括教育家、科学家、学者和技术专家。在第十二个五年计划中，印度政府主张，要开发一个包括教员和学生国际交流、组织机构间教学与研究合作等多方面内容的国际化战略，并在新德里的印度国际教育中心（India International Education Center）之上成立一个全国性的机构。

教师国际化发展的策略，印度在很长一段时间内，都是通过发达国家的教育援助来提升教师的国际化水平。例如，印度理工学院的创建具有非同一般的历史意义，而最初创建的5所理工学院，除了美国以外，实际上还得到了欧洲多个国家，尤其是联邦德国的援助，此外还获得了联合国教科文组织等国际组织的援助。在学生的国际流动方面，独立后，印度3所现代大学在建立初期，它们主要吸收来自缅甸、斯里兰卡、尼泊尔和不丹等国的留学生。[①]在随后的发展中，在印度学习的留学生的来源虽然扩大到更大的范围，但主要还是集中在周边国家或地区，这些国家或地区的经济社会发展大多不如印度，但日益扩大的国际教育市场、不断升级的人才流失等现象或问题引起了印度政府的重视，印度不得不提升其教育国际化的发展水平，以留住和吸引优秀的人才。根据统计，印度前往国外留学的学生数量从1999年以来保持总体上升的趋势，选择出国留学的印度学生数量越来越多（图4-1）。

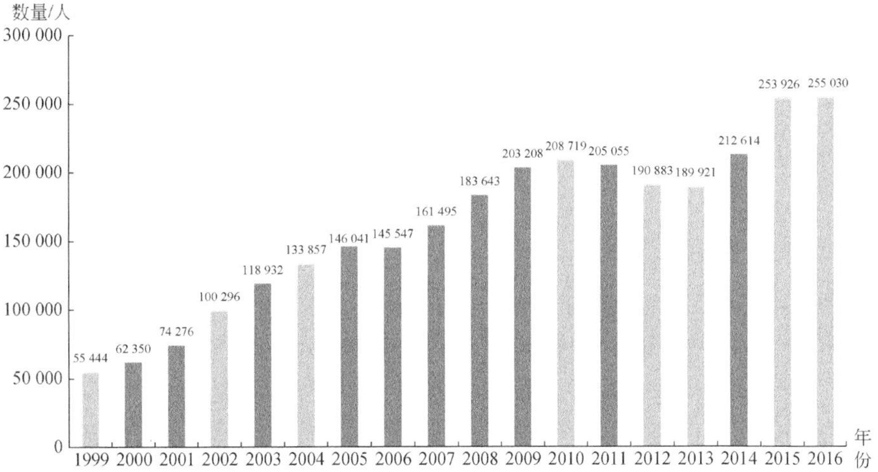

图4-1 印度赴国外留学生数量的变化

资料来源：UNESCO-UIS. Education：Outbound internationally mobile students by host region［EB/OL］. http://data.uis.unesco.org/ [2017-06-07]. 图中标为浅色的数据为估计数据。

① Kumar S. India's trade in higher education［J］. Higher Education，2015，70：441-467.

虽然在考察历史发展的脉络时，我们发现国际化是印度高等教育发展的一个典型特征，拥有悠久的传统。但是从政策环境的构建上来说，印度高等教育的国际化政策严重缺失。这在吸引国外教育机构前往印度办学方面尤为突出。目前，与印度签署了教育交换项目（educational exchange programme）及合作备忘录的国家共有 54 个，随之形成的高等教育国际化市场潜力惊人，这些国家与印度之间的高等教育合作也将成为 21 世纪高等教育现代化发展中的大事件。然而，在这样背景之下，印度直到 2010 年才出台了《2010 年国外教育机构法》（*Foreign Education Providers Bill 2010*），作为印度高等教育发展历史上第一份有关国外办学机构申请和审批、管理和运作等的政策法规，它是对快速变化的国际教育市场的回应，其作用和意义是巨大的。该法案共有 4 章正文和 1 章附录，主要内容涵盖了在印度的国外高等教育机构的办学性质、具体办学中的招生和收费、有关过失行为的处罚等多个方面，是系统考察之后的结果。但是这一法案存在规定过严过死的一面。其中，它对一些条款的时间规定用词模糊，对国外高等教育机构的要求过于严格（规定这些国外高等教育机构要在母国成立或注册，并得到母国合法权威机构的认证，且从事教育服务的年限在 20 年以上）。[①]这一规定将办学的标准提得很高，客观上不利于吸引国外高等教育机构，尤其是新兴的高等教育机构前往印度开设分校的。但从另一个方面来看，这也是印度在教育质量方面严格把控的某种体现。

最后，印度高等教育在促进社会平等方面的改革取得一定进展。2005 年 8 月 12 日，印度最高法院对“伊纳穆德尔诉马哈拉施特拉邦政府案”（Inamdar Vs. State of Maharashtra）进行判决，禁止在不受政府资助的私立和少数族裔高等教育机构（private and minority higher education institutions）中为表列种姓、表列部落和其他劣势群体预留名额。[②]明确劣势群体有关教育权利的法律体系得到进一步完善。2007 年 1 月开始施行的《中央教育机构入学名额保留法案》[*The Central Educational Institution（Reservation in Admission）Act*]，是印度政府对中央教育机构有关劣势群体反歧视行动的最新规定，法案中要求，中央教育机构在提高非劣势群体的入学名额时应对劣势群体的入学名额做出相应调整。至此，《宪法》及其修正案、最高法院的判例等具备不同程度法律效力的文件，已经构成了保障劣势群体学生高等教育权利的基本体系。在基本法律体系之下，政府还为劣势群体学生提供学业帮助、奖学金和

① 孔令帅，陈铭霞. 印度教育国际化政策、效果及问题［J］. 比较教育研究，2017，5：67-72.

② Gupta A. Affirmative Action in Higher Education in India and the US：A Study in Contrasts［EB/OL］. http://files.eric.ed.gov/ fulltext/ED492096.pdf［2017-06-02］.

其他方面的支持（表 4-2）。政府为劣势群体提供的奖学金主要分为三类：高等教育前（pre-matric）奖学金、高等教育阶段（post-matric）奖学金和基于表现（merit-based）奖学金。从表 4-2 中可以看出，这些奖学金既涵盖了不同的层次，又分不同领域和侧重点对劣势群体学生的发展进行资助。

表 4-2 印度政府对劣势群体高等教育阶段学习的资助计划

序号	名称	简介
1	劣势群体大学奖学金（Post Matric Scholarship）	帮助表列种姓和其他劣势群体的学生完成大学学业
2	劣势群体海外学习奖学金（National Overseas Scholarship）	资助表列种姓、表列部落和其他劣势群体的学生到海外攻读硕士和博士学位
3	拉吉夫·甘地国家奖学金（Rajiv Gandhi National Fellowship）	资助表列种姓、表列部落和其他劣势群体的学生在国内攻读硕士和博士学位
4	表列种姓、表列部落学生高等教育中央奖学金计划（Central Sector Scholarship of Top Class Education for SC/ST Students）	通过全额资助，为表列种姓、表列部落学生提供高质量的教育
5	表列种姓、其他劣势群体学生中央免费辅导计划（Central Sector Scheme of free Coaching for SC and OBC Students）	为表列种姓、其他劣势群体贫困家庭的学生提供辅导，尤其是在考试方面的准备
6	劣势群体学生中央学业提升计划（Central Sector Scheme of Upgradation of Merit）	为进入高等学校的劣势群体学生提供硬件等帮助，辅助他们完成学业并为就业做足准备
7	劣势群体学生宿舍建设中央资助计划（Babu Jagjivan Ram Chhatravas Yojna）	改善劣势群体学生住宿条件的中央资助计划

资料来源：1. Minitry of Minority Affairs. Post-matric Scholarship Scheme［EB/OL］.http://www.minorityaffairs.gov.in/SCHEMES/PERFORMANCE/Scholarship-Schemes/post-matric-scholarship-scheme［2020-07-05］. 2. Ministry of Social Justice and Empowerment. National Overseas Scholarship Scheme (NOS)［EB/OL］. http://nosmsje.gov.in/?AspxAutoDetectCookieSupport=1［2020-07-05］; 3. Bhagya. Rajiv Gandhi National Fellowship|Eligibility, Awards, Application, and Documents［EB/OL］. https://www.learncbse.in/rajiv-gandhi-national-fellowship/［2020-07-05］; 4. Ministry of Social Justice and Empowerment. Central Sector Scholarship of Top Class Education for SC/ST Students［EB/OL］. http://socialjustice.nic.in/SchemeList/ Send/27?mid=24541［2020-07-05］; 5. Ministry of Social Justice and Empowerment. Central Sector Scheme of Free Coaching for SC and OBC Students［EB/OL］. http://socialjustice.nic.in/writereaddata/UploadFile/ Revised-Central-Sector-Scheme-of.pdf［2020-07-05］; 6. Government of Haryana, Welfare of Scheduled Caste & Backward Classes Department. Central Sector Scheme of Upgradation of Merit of Scheduled Caste Students［EB/OL］. http://www.haryanascbc.gov.in/central-sector-scheme-of-upgradation-of-merit-of-scheduled-caste-students［2020-07-05］; 7. Government of Haryana, Welfare of Scheduled Caste & Backward Classes Department. Babu Jagjivan Ram Chhatravas Yojna［EB/OL］. http://haryanascbc.gov.in/ babu-jagjivan-ram-chhattrawas- yojna［2020-07-05］。

然而在政府的重视程度不断提升和体制机制不断完善的情况下，反歧视运动的建设效果如何呢？从入学率上的变化来看，反歧视运动已经取得了一定的成效。有研究指出，从 20 世纪 70 年代晚期到 90 年代晚期，表列种姓学生占高等教育总人数的比例从 7%上升至 7. 8%，表列部落学生的比例则从 1. 6%上升至 2.7%，与此同时，表列种姓和表列部落人口占印度总人口的比例已经上升至 16%和 8%，这两类劣势群体学生的增长速度是缓慢的。[①]进入 21 世纪后，劣势群体学生接受高等教育的比例保持着平缓的增长趋势。表 4-3 为印度最近一次人口调查（2011 年）的结果，从中可以看到，表列种姓和表列部落接受高等教育的比例仍然较低，还需大量的投入。印度高等教育司近几年的统计也证实，劣势群体学生接受高等教育的比例在稳步提升，各劣势群体学生的入学率和占高等教育学生总数的比例都在不断上升（表 4-4）。

然而，在充分肯定反歧视运动的成效的同时，我们也发现了一些质疑的声音。例如，相比为表列种姓和表列部落学生预留的名额有很多被浪费的情况，其他劣势群体的学生所占的比例已经超出了预留的名额，但政府却没有出台有效的解决方案来帮助这些处在社会底层的人民。[②]此外，高种姓中产阶层和未享受到同等福利的其他劣势群体，对反歧视运动中针对表列种姓、表列部落和其他劣势群体的保留政策极为不满，认为这侵害了他们的权益。[③]还有的研究者则提出，即使是在表列种姓等劣势群体中也有发展水平相对较高的人，甚至超过高种姓群体，但因为保留政策设计中“一刀切”的特点，致使很多时候保留政策并没有真正照顾到劣势群体的需求，反而成为优势群体把控更多资源、垄断社会流动机会的工具。除上述问题以外，还存在学力不够、准备不足的学生因为学业压力大而退学甚至自杀等事件，这些都暴露出反歧视运动，尤其是在推行保留政策过程中存在漏洞，需要进一步追踪和探寻解决问题的办法。

---

① Weisskopf E T. Affirmative Action in the United States and India：A Comparative Perspective［M］. New York：Routledge，2004：164.

② Sowell T. Affirmative Action Around the World: An Empirical Study [M]. Los Angeles: Sage Publications, 2004：50.

③ 施晓光. 印度教育“保留政策”问题探析［J］. 比较教育研究，2008，10：46-50.

表 4-3 印度 2011 年人口调查中表列种姓和表列部落学生接受高等教育的人数统计

群体	接受高等教育的人数/人	占该群体正在学校接受教育者数量的比例/%	占该群体人口总数的比例/%	占高等教育总学生数的比例/%
表列种姓	4 703 902	9.1	2.3	12.0
表列部落	1 821 884	6.8	1.7	4.6

资料来源：Office of the Registrar General & Census Commissioner，India. Population Enumeration Data（Final Population）[EB/OL]. http://www.censusindia.gov.in/2011census/population_enumeration.html[2017-06-03]。

注：此处的高等教育包括大学（college）和职业教育机构（vocational institute）。

表 4-4 印度高等教育司对表列种姓和表列部落和其他劣势群体学生接受高等教育人数的统计

年份	表列种姓		表列部落		其他劣势群体		
	入学率/%	占高等教育总学生数的比例/%	入学率/%	占高等教育总学生数的比例/%	入学率/%	占高等教育总学生数的比例/%	全国平均入学率/%
2011—2012	14.9	12.2	11.0	4.5	—	30.1	20.8
2012—2013	16.0	12.8	11.1	4.4	—	31.2	21.5
2013—2014	17.1	13.1	11.3	4.6	—	32.4	23.0
2014—2015	19.1	13.4	13.7	4.8	—	32.8	24.3
2015—2016	19.9	13.9	14.2	4.9	—	33.8	24.5

资料来源：笔者根据 2011—2016 年的《全印度高等教育调查报告》（*All Indian Survey on Higher Education*）整理而成。

注：其他劣势群体并没有入学率的统计；部分数据原本保留了小数点后两位数字，此处为了统一，都只保留一位。

种姓制度在印度社会有着深厚的根源，对其社会发展的影响巨大。这一制度根据四大种姓——婆罗门、刹帝利、吠舍、首陀罗——对社会进行分层，不同种姓之间的界限是明确且不可逾越的。在种姓制度之外还有一些处在社会底层的群体，他们从事的都是肮脏劳累的工作，被上层社会视为“不可接触之人”，其中具有代表性的有因跨越不同种姓通婚而生育的后代。他们曾一度被称为“贱民”（dalit），身处社会最底层，不但与上层社会的往来被阻断，还被剥夺了很多基本的权利，其中就包括受教育权。尽管还有穆斯林、残疾人和女性等群体在社会发展中也处于劣势并常常被作为单独对象进行研究，但本书主要讨论表列种姓、表列部落和其他劣势群体在印度高等教育现代化发展中受到的关注，在此统称为劣势群体。探讨这一群体受教育权的演变，可以深刻反映印度高等教育现代化发展的完整性。真正的高等教育现代化绝不能只是部分人的特权，应当面向全部的社会成员。

就本阶段的发展结果来看，印度高等教育在数量规模、结构方面取得了明显成效。例如，相比 2001 年，2011 年的大学数量升至 642 所，学院的数量则达到了 34 852 所，其增长率分别为 141%、213%。虽然从表面来看，高等教育数量增长的幅度稍低于 20 世纪中后期，但是其高等教育的体量已不在同一个数量级，能够保持这样的增长实属罕见，并且上升趋势仍在继续。对于这样的发展趋势，菲利普·阿特巴赫曾评价道：“独立后印度高等教育的特征就是增长速度。”[①]印度现代高等教育在数量快速增长的同时，还形成了丰富多样且结构明确的系统。现有高等学校的类型包括中央大学、邦立大学、荣誉大学、国家重点大学和依据邦法案建立的大学。这些大学在整个高等教育中所占的比例也各不相同，近几年的变化幅度不一，其中以邦私立大学的增长最为明显，荣誉大学还呈现出小幅度的下降趋势（图 4-2）。从图 4-2 中我们可以发现，邦公立大学的数量遥遥领先，其次是邦私立大学和私立荣誉大学，而国家重点大学、中央大学及公立荣誉大学的数量位列后三位，整体来说邦立大学在数量上占据着绝对优势。另外，根据高等教育司发布的数据，依据邦法案建立的大学在 2014 年只有 4 所，[②]因而未纳入上述统计。

在经历一个多世纪的发展之后，印度高等教育已具备稳定的结构，并可分为三个层次。[③]第一类是基础型高等学校（foundation institutions），其作用是为印度民众提供全面的课程，教授与地方的工业或社区发展相联系的技能，在解决社会问题上扮演关键角色。第二类是职业型高等学校（career-focused institutions），该类高等学校关注培养为企业工作做准备的

① 伯恩. 九国高等教育［M］. 上海师范大学外国教育研究室，译. 上海：上海人民出版社，1973：298.

② Ministry of Human Resource Development，Department of Higher Education. University and Higher Education［EB/OL］. http://mhrd.gov.in/university-and-higher-education［2017-05-03］.

③ Federation of Indian Chambers of Commerce and Industry. Higher Education in India：Vision 2030［R］. New Delhi：Federation of Indian Chambers of Commerce and Industry，2013.

毕业生，提供技术或专业类型的课程，此外在解决经济问题中有着重要贡献。第三类是研究型高等学校（research-focused institutions），其首要任务是研究和创新，关注的是国家发展中的知识问题。这三类机构在社会发展中扮演着不同的角色，各自的特点也十分鲜明。研究型高等学校注重创新和知识的创造，在教师、学生和基础设施上拥有最丰富和突出的资源；职业型高等学校更关注毕业生的就业问题，因而在教学实践中也更加强调理论和实践的结合；基础型高等学校注重的是在学生中普及高等教育，提供学生可负担的高等教育，凸显对基本素养的普及和对社会问题的关切，可看作更高层次高等教育的准备。

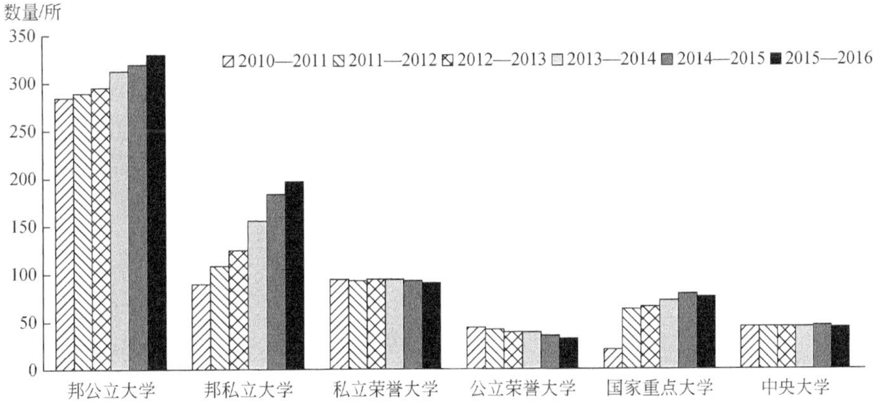

图 4-2 印度主要类型高等教育机构的发展情况（2010—2016 年）

资料来源：All Indian Survey on Higher Education（2015-2016）［R］. New Delhi：Ministry of Human Resource Development，2016。

然而，印度高等教育在扩大规模与形成新的发展趋势的同时，急速的扩张和高等教育质量标准的下降是它无法回避的一个挑战①。从高等学校层面来说，质量下降的特征体现为总体水平不高，且两极分化严重。印度高等学校之间水平差异极大，既有像印度理工学院和印度科学院（Indian Institute of Science）这样冲击世界一流大学“奖牌榜”的顶尖高等学校，又不乏在国内质量评估中仍未获得大学拨款委员会认可的学院②。从学生层面来说，印度高等学校一般专业的毕业生达到雇主雇用要求的只有15%，在理工类的毕业生中，这一比例也只有 25%—30%。笔者认为印度高等教育在数量快速增长过程中出现高等教育质量下滑的趋势，有研究

① Altbach P. The dilemma of change in Indian higher education［J］. Higher Education，1993，26：3-20.

② 安双宏，程懿. 当前印度高等教育质量评析［J］. 江苏高教，2012，2：153-155.

者提出，印度高等教育质量下降的原因主要有三方面：教育体制和结构不合理，资源配置不准确；培养目标单一，未充分重视国家在不同时期的人才需求；经费不足，以政府资助为主的公立机构不能分到足够经费。[①]其中，经费和资源匮乏的问题，在总教育经费不足且高等教育机构数量不断增多的情况下，其影响将被进一步放大。针对上述原因，笔者认为还可以做出进一步的解释和分析。

相比于快速增长的高等学校数量，相应的对质量保障体系和配套资源的投入则明显落后。经费投入的不足致使政府资助的高等学校不能有效运行。第一，相比于世界其他国家，印度作为一个人口和高等教育大国，其教育经费的总投入是明显不足的。相关统计表明，2016 年印度投入的教育经费只占 GDP 的 3.1%，不仅与发达国家有较大差距，与我国的差距也十分明显（表 4-5）。第二，虽然说高等教育是国家重点扶持的领域，但是在总经费不足的情况下，高等教育的发展也显得后劲不足。从实行五年计划以来，虽然总的教育经费投入出现过不同水平的波动，但是在前六个五年计划中，初等教育的经费占总教育经费的比例在下降，而高等教育的经费所占比例总体却在上升，[②]在第十二个五年计划（2012—2017 年）中，印度中央政府的教育经费约有 50%都划拨给了高等教育，邦政府的高等教育经费约占邦政府总教育经费的 25%。[③]这样的经费投入比例看起来对高等教育是好事，但是这一方面会导致政府过度发展高等教育，产能过剩，进而引发失业和优秀人才流失等问题；另一方面，在总教育经费不足的情况下，提升对高等教育经费就必然意味着削减对基础教育的投入，而基础教育的相对“营养不良”，最直接的影响就是中小学为高等学校输送了准备不足的学生。

表 4-5　国际比较中的印度教育经费投入(2016 年)

国家	教育投入占 GDP 的比例/%
美国	5.6
英国	6.3

① 高霞光，张俊，李风兰. 量与质的平衡：印度高等教育的发展及启示［J］. 高教论坛，2009，4：123-125.

② 赵中建. 战后印度教育研究［M］. 南昌：江西教育出版社，1992：52.

③ Government of India，Planning Commission. Twelfth Five Year Plan（2012-2017）（Volume III）［M］. New Delhi：Sage Publications，2013：47.

续表

国家	教育投入占 GDP 的比例/%
日本	3.3
中国	4.2
印度	3.1

资料来源：英国数据来自 UIS. Stat. Education：Expenditure on Education as % of GDP (From Government Sources)［EB/OL］. http://data.uis.unesco.org/index.aspx?queryid=181［2020-07-05］；日本数据来自 The World Bank. Government expenditure on education, total (% of GDP)［EB/OL］. https://data.worldbank.org/indicator/SE.XPD.TOTL. GD. ZS［2020-07-05］；中国数据来自中华人民共和国教育部. 教育部、国家统计局、财政部关于 2016 年全国教育经费执行情况统计公告［EB/OL］. http://www.moe.gov.cn/srcsite/A05/s3040/201710/t2017 1025_317429.html［2020-07-05］；印度数据来自 Ministry of Human Resource Development. Analysis of Budgeted Expenditure on Education 2013-2014 to 2015-2016［EB/OL］. https://mhrd.gov.in/sites/upload_files/mhrd/files/statistics-new/ABE2013-16.pdf［2020-07-05］。

自印度现代高等教育建立以来，附属学院一直都是中坚力量，为满足民众的高等教育需求做出了重要贡献。在高等教育司 2015—2016 年的统计中，在附属学院中注册的学生数量达到 25 873 343 人，[①]占总学生数的 75%。但国内外学者亦在不断反思附属制的缺点。曲恒昌教授认为，附属制在印度高等教育大众化的发展中产生了积极的作用，但它在保障质量方面存在与生俱来的缺陷和不足。[②]菲利普·阿特巴赫则认为，这种源于英国殖民者的高等教育治理结构，僵化了印度高等教育的发展，损害了印度高等教育的多样化发展。[③]附属学院因不具备颁发学位的地位和条件，不得不遵照大学的标准来办学，从课程设置到各类考核，都必须考虑所附属大学制定的标准，这样的做法对附属学院的发展形成了牵制，不利于附属学院因地制宜，根据自身条件和学生的实际情况来灵活办学。

聚焦到印度高等教育的数量和质量之上可以发现，数量上涨和质量下降似乎是一对难以解决的矛盾，在这个领域内还没有找到很好的共存方式。但如果进一步思考印度高等教育的发展，可以看到大量“繁殖”的高等教育机构在解决入学困难和提升总体入学率上所做的积极贡献，这是值得肯定的。另外，虽然印度高等教育，尤其是占据其主体的附属

① Ministry of Human Resource Development, Department of Higher Education. All Indian survey on higher education（2015-2016）［R］. New Delhi：Ministry of Human Resource Development，2016.

② 曲恒昌. 独具特色的印度大学附属制及其改革［J］. 比较教育研究，2002，8：27-30.

③ Altbach P. The dilemma of change in Indian higher education［J］. Higher Education，1993，26：3-20.

学院的质量深受诟病，但是印度政府、社会和高等学校在尝试化解数量和质量矛盾的过程中，有意或无意地将印度高等教育的发展推向了更高的层次。

二、印度高等教育现代化模式特征

马克思在《不列颠在印度统治的未来结果》（*The Future Results of British Rule in India*）中曾这样写道："英国在印度要完成双重的使命：一个是破坏性的使命，即消灭旧的亚洲式的社会；另一个是建设性的使命，即在亚洲为西方式的社会奠定基础。"[①]从现实发展来看，英国在印度的统治确实为其走向现代化带来了从未有过的变革，但与此同时，在重建的过程中，印度社会发展的惯性仍旧存在，并且是一股不可小觑的力量，如根深蒂固的种姓制度造成了严重的社会分化并引发一系列的社会问题。印度高等教育的现代化发展，在英国殖民统治遗留下的影响、自身的历史传统及现实发展的需求和条件的作用之下，形成了自己独有的特征。

（一）高等学校规模的井喷式增长与入学率的缓慢提升形成鲜明对比

概览全球各个国家的高等教育机构的增长幅度，大概没有哪一个国家可以超过印度，即便是有，其高等教育机构的数量肯定也无法与之相提并论。如果以高等学校的数量而论，印度高等教育的规模自然是位列首位的。然而，印度高等教育入学率和规模却没能实现同步发展。相比于独立之后的情况，现在的高等教育入学率已经发生了巨大的变化，但如果考虑其人口规模，或者说将其置于全球比较的视野之中，那现在 24. 5%的高等教育入学率显然是一大软肋。

可这一切的形成都有其复杂且多样的深层原因。首先，印度政府在独立后太过心切，急于为民众提供高等教育。例如，印度政府在第一个五年计划中提到，"就我们的人口规模而言，所提供的教育设施还远远不够"。当时适龄人口（17—23 岁）接受高等教育的比例仅有 0. 9%[②]。在这样的情况之下，印度政府大力扩张高等教育，希望早日实现由精英

---

① Karl Marx. The Future Results of British Rule in India［EB/OL］. https://marxists.catbull.com/archive/marx/works/1853/07/22.htm［2020-07-03］.

② Government of India，Planning Commission. 1st Five Year Plan［EB/OL］. https://niti.gov.in/planningcommission.gov.in/docs/plans/planrel/fiveyr/index5.html［2020-07-05］.

化高等教育向大众化高等教育阶段的跨越。因而无论是从财政支持，还是从政策保障上来说，都为高等学校的扩张大开方便之门，出现现在的局面也就不足为奇。其次，也正是因为印度政府急于求成，忽视了一些关键的问题，其中第一个就是忽视了基础教育的发展。著名的比较教育学家埃德蒙·金（Edmund King）曾指出，第二次世界大战后印度教育的主要问题之一，便是离开了初等和中等教育的坚实基础去大力发展高等教育，这是一种“蘑菇云”的状况，即对高等教育的投入明显多于初等和中等教育。[①]诚然，扩大高等教育规模解决了入学渠道狭窄的问题，但基础教育作为高等教育之前的准备阶段，其基础性作用是无可否认的。只有培养出合格的基础教育毕业生，才能够确保有足够多的学生选择继续求学，到大学完成自我提升和就业准备。

再次，印度政府忽略了家长们的高等教育“购买力”。独立之后的印度犹如脱缰野马，对各行各业的发展满怀憧憬，希望通过建立大量的大学和学院来让更多的人接受高等教育，这样的传统延续至今，生命力依然很强。但是，政府却忽视了人民生活中的一些基本要求与高等教育这一高级追求的矛盾，在尚未解决好衣食住行等问题的情况下，上大学对很多人来说是可望而不可即的，而大多数的贫困家庭是无力“购买”高等教育的。

最后，印度社会人口结构复杂，除了传统的四大种姓组成的上层社会以外，还有表列种姓、表列部落和其他劣势群体等构成的下层社会，满足这部分人的教育需求只靠保留政策是行不通的，这是一个复杂的社会问题。此外，按照宗教信仰来分，印度社会又可分为印度教、佛教和伊斯兰教等不同的宗教，这也是在提升高等教育入学率的过程中需要考虑的问题。女性、残疾人等劣势群体的受教育权受到压制等问题也会产生不同程度的影响。

（二）高等教育规模扩张与质量保障难以两全

对于印度高等教育的规模扩张，前文已经做了很多分析，而这一问题也得到了国内外学者的长期关注和研究。菲利普·阿特巴赫就曾说，印度高等教育是一片“平庸的海洋”（sea of mediocrity），而在这片海洋里则散落着一些“卓越的海岛”（islands of excellence）。[②]这样的比喻形

① 金. 别国的学校和我们的学校——今日比较教育［M］. 王承绪，等译. 北京：人民教育出版社，1988：488.

② Altbach P. India’s higher education challenges［J］. Asia Pacific Education Review，2014，15：503-510.

象地解释了印度高等教育发展中的一种特殊现象，在此我们暂且称之为“高峰现象”，即数量庞大的高等学校构成了印度高等教育的主体，但是真正突出的高等学校却只占到总数的极小部分，形成了山体的高峰。卓越是一个比较的概念，只有在比较中才有卓越和平庸，然而印度高等教育中的卓越和平庸之间却存在天壤之别。数量和质量在此似乎难以两全其美。

实际上，印度政府很早就重视印度高等教育中存在的质量问题，独立前的文件和调查报告已多次表明殖民者和印度国民对质量问题的关切，独立后的最高级发展规划——五年计划中也在反复强调质量问题。例如，第二个五年计划（1956—1960 年）中对高等教育的第一条规定就是：“近年来，大学和学院学生数量的快速增长已经影响到了教育质量的标准，为改善高等教育的质量，减少浪费和缓解迟滞的发展，对那些没有达到标准的学生而言，大学拨款委员会已经采取了诸多措施，其中包括实施三年制的学位课程，组织辅导和研讨会，改善教室、实验室和图书馆，提供住宿，向优秀的学生发放补贴，提供研究奖学金和提升大学教师的薪水。”①随后出台的五年计划也都在不断地为高等教育的质量保障“奔走呐喊”，例如，第七个和第八个五年计划都将质量保障排在了高等教育发展规划中的第一位，都尝试了不同的改革，但印度高等教育的扩张是对高等教育大众化所做出的仓促反应，②在质量建设和保障上势必存在诸多问题。

（三）理工类教育和开放远程教育的突出贡献

论及印度高等教育，印度理工学院的名声可谓家喻户晓。印度理工学院的众多分校已经形成了一个类似美国加利福尼亚大学系统的高等教育系统，一方面在其国内来说，印度理工学院具备突出的水平，并为社会的发展做出过杰出的贡献；另一方面，在国际领域，印度理工学院也成为印度高等教育的一张名片。因为政府的高度重视和大量的资源投入，再加上其办学过程中遵照的高标准，印度理工学院的发展具备极高的持续性。但有一个问题却将印度理工学院推向舆论的风口浪尖，那就是它培养出的众多优秀人才都流向了国外，尤其像美国的硅谷。虽然本

---

① Government of India，Planning Commission. 2nd Five Year Plan[EB/OL]. https://niti.gov.in/planningcommission.gov.in/docs/ plans/planrel/fiveyr/index5.html［2020-07-05］.

② Yeravdekar V R，Tiwari G . China's Lead in Higher Education：Much to Learn for India［J］. Procedia-Social and Behavioral Sciences，2014，157（27）：369-372.

节没有深入探讨印度高等教育的人才外流问题，但这是一个需要引起注意的问题，比较教育学者阿诺夫（Arnove）曾经就说过，印度是“一个向西方输送高级人才的净出口国”。[①]

但满足不同群体的需要不能只靠一类高等教育机构，需要不同类型的高等教育机构来丰富整个高等教育体系。以技术为基础的开放远程教育，因其所具备诸多特征，如低成本、便捷、高容量，在印度高等教育走向现代化的进程中扮演了一个关键的角色。印度高等教育机构的数量虽然位列全球首位，但是其高等教育在学学生的数量排在我国的后面，还有大量的印度人民无法接受高等教育。提升高等教育入学率，普及高等教育，使个体的潜能得到充分的发挥，这些不仅是高等教育现代化的重要任务，更是教育现代化及社会现代化的历史新使命。借助于现代化的互联网技术及其他高科技，开放远程教育将脱离传统的以函授和电视教学为主的方式，开展教育教学活动的形式更为多样，能够吸纳更多的学生。在经历了长时间的发展之后，印度开放远程教育机构已经形成了以中央开放大学为首，以邦立开放大学为主，以双元模式开放大学及其他类型开放远程教育为辅的局面，极大地缓解了高等教育入学难的问题。

（四）私立高等教育丰富了印度高等教育的多样性

印度高等教育的差异性是很强的，这种差异性主要体现在不同高等教育机构之间的硬件设施、各级政府支持、生源质量等多个方面，而在此差异的基础上，又因为高等教育整体治理中存在的问题，出现了强者恒强，乃至强者愈强的现象。于是，打破现有局面，寻求新的平衡迫在眉睫。从社会人口结构及相应结构之下的高等教育需求来说，私立高等教育成为满足不同群体高等教育需求的重要渠道。私立高等教育对于印度高等教育多样性的提升表现在以不同类型的私立高等教育机构丰富印度高等教育的整体结构，推动高等教育现代化发展。多样性是高等教育现代化中的重要特性，多样性意味着一国高等教育系统的发展活力充足，能够应对国内外教育的多种需求和不同类型高等教育交流合作的需要。另外，市场驱动下的私立高等教育能够推动剩余资源的有效流动和配置，使资源流向有需求的地方，进而从整体上改善印度高等教育资源的整体布局。

---

① Arnove R. A Comparison of the Chinese and Indian education systems［J］. Comparative Education Review，1984，28（3）：378-401.

三、印度高等教育现代化模式发展趋势

塞缪尔•亨廷顿（Samuel Huntington）曾说，现代化是一个多层面的进程，它涉及人类思想和行为等领域的变革。鉴于庞大的人口基数和各类复杂的社会问题，印度高等教育现代化发展模式的变化将受到诸多影响。根据印度政府有关部门的估计，到 2030 年，即印度实行民主宪政 80 周年，实施自由化经济发展战略 40 周年及加速教育改革 20 周年之际，它将首先迎来巨大的人口红利。届时，印度 15 亿人口的中位数仅为 32 岁，比全球平均水平低 10 岁，劳动人口将超过 9. 5 亿，是全球最大的劳动力市场。[①]因此，在印度高等教育现代化的发展中，继续提升质量和扩大规模，增加高等教育系统的治理能力以应对不断变化的世界，积极回应世界高等教育的开放和交流，是值得继续关注的发展趋势。

（一）提质增量将继续占据重要战略地位

从国家发展需求的层面来说，印度正在经历和我国同样的问题，那就是如何将巨大的人口基数转变为优势。尽管中国人的文化水平比印度人高，经济发展也比印度快很多，但是两个国家都面临一个挑战，即调整其高等教育系统以满足入学人数增长的需求，同时保证至少系统的一部分要服务于高科技经济的需要[②]。从很多方面来看，印度需要解决的问题更多更难。

印度现任总理提出“印度制造”战略，希望以此推动经济及其他领域的发展。当以我国为代表的发展中国家和以美国为典型的发达国家，都在大力关注经济发展方式的转变，探索如何从要素驱动向创新驱动过渡的时候，印度政府的这一发展战略看起来有些落伍，但却向我们表露出其社会发展中存在的诸多问题。这些问题的核心问题之一，就是高等教育现代化水平不高，并且落后于其他多个发展中国家，而高等教育现代化发展中的短板阻碍了创新人才的培养，使其在国际竞争中处于不利位置。为解决国家发展所面临的各种难题，印度政府将会坚定不移地走扩大规模和提高质量的道路，发挥人口红利，服务国家发展。提质增量将会是印度高等教育

---

① Federation of Indian Chambers of Commerce and Industry. Higher education in India：Vision 2030［R］. New Delhi：Federation of Indian Chambers of Commerce and Industry，2013.

② 阿尔特巴赫，马越彻. 亚洲的大学：历史与未来［M］. 邓红风，译. 青岛：中国海洋大学出版社，2006：9.

现代化发展未来议程中的首要问题。用提质增量来描述这一问题，一方面是想强调印度社会的发展，特别是国家重大战略的落实离不开大量高等教育人才的支撑；另一方面是因为印度政府在接下来的发展中势必将更加重视质量问题，质量要排在数量的前面。

高等教育系统的提质增量是系统性改革，高等教育系统是与外部世界密切联系的，其现代化的发展不可能凭一己之力完成。换言之，印度高等教育现代化发展想要实现突破，如果不能在高等教育系统与其他社会系统之间形成同频共振，尤其是与经济社会、公平和文化等发展议题共同发力，这一过程势必困难重重。然而，人口基数如若得不到很好的利用，很可能会变成巨大的人口负担，高等教育自身的不均衡发展及高等教育与外部系统发展的不协调，只会扩大其社会发展的差距，衍生更多的社会问题。

（二）加强对高等教育的治理能力

对高等教育的治理能力是高等教育现代化发展中的必备能力。通过考察印度高等教育的发展，虽然其总体发展的布局中存在着诸如高等教育机构数量暴涨这样的问题，但对伦敦大学办学模式的效仿，私立高等教育的立法保护，合作办学机构的有关立法，对劣势群体受教育权的保障等，都是印度政府加强对高等教育的治理，更好地引导高等教育发展的体现。在民族保守主义有所抬头，恐怖主义恶劣影响进一步蔓延的背景下，全球化的进程遭遇了前所未有的挑战，高等教育的发展自然也不能幸免。剧烈变化的国际环境和尚有诸多问题等待解决的国内环境，都对印度高等教育提出了挑战。

加强对高等教育的治理不是一句口号，更不是某一方力量能够单独完成的，它是一个高要求的系统工程。印度政府在进入新千年之后不久，发布了《印度愿景：2020》（*Indian Vision 2020*）报告，反思社会发展中存在的问题和接下来发展的重点。2013 年，印度商业和企业联合会发布了《印度高等教育：2030 愿景》（*Higher Education in India：Vision 2030*）报告，再次展望未来。印度政府的第十二个五年计划同样对治理问题给予了高度重视。同时，印度不同层级政府之间在高等教育治理问题上的分歧及其应对，成为当前发展中的重点。[①]在全球化新时代，印度高等教育的治理不

① Carnoy M，Dossani R. Goals and governance of higher education in India［J］. Higher Education，2013，65（5）：595-612.

再只是其国内事务，而是涉及全球化的各种张力。内外张力对其高等教育的体制机制形成复杂冲击，需要强有力的治理体系来应对挑战。

（三）扩大开放是一个必然的选择

这里的扩大开放包含了两层意思。第一，印度高等教育系统要扩大对劣势群体的开放程度。因为历史的原因，印度社会仍然存在大量劣势群体，并且女性，尤其是女童的社会地位依旧低下，背后隐藏着一系列问题。接受教育，尤其是高等教育，有助于受教育者的个人发展，不但能够提升个人的素养，还有助于不同阶层之间的流动。但现状表明，以表列种姓、表列部落和其他劣势群体为代表的劣势群体的受教育权尚未得到足够的保护。与此同时，在照顾劣势群体利益的同时，处理好劣势群体与其他利益相关者之间的利益冲突也是一个重要课题，能否解决这一课题影响着印度高等教育现代化的整体发展水平。

第二，从对外的角度来看，印度高等教育的开放程度还远远不够。印度高等教育机构数量虽然全球最多，但是其负荷能力不足，其他国家的高等教育能够弥补印度高等教育自身的不足，尤其是在师资力量和硬件设施上，这对于满足印度高等教育市场中不同群体的需要具有积极的意义。可是从已有的发展环境来看，尤其是从政策环境来看，印度政府仍须加强宏观设计，完善法律法规体系，为国外高等教育机构前往印度办学提供更多的便利。

因为人口情况和地理位置上的相似，印度与我国在高等教育上有很多值得借鉴和互相学习的地方，但又因为政治体制、经济社会发展水平、语言等国情上的差异，有些经验不能照搬。高等教育现代化发展中的很多问题都在印度具体的环境中有了具体化的发展，具有鲜明的情境性，我们在思考其发展成就和问题的时候，需要全方位地进行系统考察。

第五章　中国高等教育现代化的发展选择

各国高等教育现代化之路受到国情、高等教育发展状况、文化传统、政治经济制度等因素的影响。总体上，高等教育现代化的发展选择呈现出多样性。具体到特定国家的高等教育现代化则显现出继承性、创新性、特殊性。我国高等教育现代化的发展选择须基于高等教育的内外部发展规律，继承“中国基因”、适合我国的政治体制，开拓性地创新发展之路才能够促进高等教育事业的发展。

第一节　高等教育现代化的“中国基因”

使用“基因”这一概念，是从习近平总书记不同场合讲话的相关提法中获得的启示。2014 年 5 月 4 日，习近平总书记在北京大学师生座谈会上的讲话中两次用到“基因”概念。他指出：“富强、民主、文明、和谐，自由、平等、公正、法治，爱国、敬业、诚信、友善，传承着中国优秀传统文化的基因，寄托着近代以来中国人民上下求索、历经千辛万苦确立的理想和信念，也承载着我们每个人的美好愿景。”同时他提到：“中华文明绵延数千年，有其独特的价值体系。中华优秀传统文化已经成为中华民族的基因，植根在中国人内心，潜移默化影响着中国人的思想方式和行为方式。”2014 年 9 月 9 日，他到北京师范大学看望师生时又一次提到：“应该把这些经典嵌在学生脑子里，成为中华民族文化的基因。”[①]从习近平总书记的讲话中可以得出，切实加强中华民族优秀传统文化的挖掘和阐发，努力实现中华传统文化和美德的创造性传承和创新性升华是当代中国不容忽视的任务[②]。我国高等教育现代化的发展需要尝试去总结和梳理

① 许路阳. 习近平：不赞成课本去掉古诗词 应嵌在学生脑子里［EB/OL］. http://culture.people.com.cn/n/2014/0910/c22219-25631909. html?from=singlemessage（201-09-10）［2020-07-07］.

② 孙寿涛，周德丰. 论唯物史观的中国文化基因［J］. 天津师范大学学报（社会科学版），2015（1）：11-18.

"高等教育现代化的中国文化基因"，在此基础上激活中华传统文化的优秀思想基因。同时也应该在其他层面探寻高等教育现代化的"中国基因"，激发高等教育办学活力。从纵向与横向分析，我国高等教育现代化的基因主要有历史基因、文化基因和制度基因。

一、中国高等教育现代化的历史基因

（一）移植与传统的关系处理中积淀的有益经验

自晚清以来，尤其是近 20 年来，我国高等教育的发展在办学理念和课程体系、教学内容等方面较好地处理了传统与移植的关系。改革开放背景下大的社会氛围和环境，为我国高等教育现代化全方位地博采世界各国高等教育现代化之长，提供了良好的外部环境。西方发达国家创办现代高等教育数百年来所形成的高等教育理念，所积累的高等教育办学经验受到前所未有的重视，我国高等教育的主流传统，即学术上的专制主义、高度统一，培养目标上的面向精英、培养治才及管理体制上的对政府的依附等，已经或正在受到前所未有的冲击而逐渐淡化；与此相伴随的则是我国高等教育的非主流传统，即以书院为代表的学术上的相对自由，培养目标上的相对大众化、对政府依附关系的相对松懈及对人文精神的张扬等，被社会重新认识、接受、创新、再提升，并与世界高等教育办学观念相融合，正在逐步成为创办有中国特色的社会主义高等教育现代化的精神源泉。

当然，在如何正确处理移植与传统的关系问题上，当前及今后很长一段时间还有许多工作要做。或许在高等教育现代化发展过程中如何理性科学地处理好移植与传统的关系就是一个历久弥新的课题。我国自近现代以来高等教育发展面临移植与传统的关系处理中所积淀的有益经验，都将成为中国高等教育现代化的历史基因，在现代高等教育的发展中被继承并进行自主的创新。一方面，我们应该认真吸取高等教育发展中的历史教训，另一方面，我们应该清醒地认识到 21 世纪是一个以高新技术为核心的知识经济时代，在知识经济时代，高等教育必须现代化，高等教育的发展对一个国家、一个民族的综合国力的竞争具有无法估量的作用。面对这样的时代，我国高等教育现代化在移植与传统的关系处理中积淀的有益经验启示下，就会多一点"拿来主义"，少一点历史包袱，办学视野就会更开阔一些，眼光更长远一些。对于高等教育办学传统，无论是久远的还是近现代的，都会多一些分析辨别，少一些盲目性[①]。

（二）高等教育办学教育思想与实践的紧密结合

从本质上看，发展中国家高等教育的现代化都摆脱不了西方发达国家自发走上高等教育现代化道路模式的烙印，即高等教育思想启蒙到现代化高等教育转型的路径。然而比较有趣的话题是，即使处在同一区域的不同国家在几乎同一时代面临西方文明的冲击之时，在实现高等教育现代化进程中表现的方式和速度方面也存在很大的差异。以中国和日本为例，中国高等教育思想和高等教育办学实践在推进中国高等教育现代化和推动社会现代化过程中扮演着举足轻重的角色。与日本相比，在高等教育对社会的影响方向上是一致的，但是实现的途径有很大的差别，日本的高等教育现代化是政府强制性制度安排的结果，因此高等教育产生的影响是凭借制度化力量实现的。我国高等教育现代化除了政府层面的，还有很多民间的力量也是不容忽视的，高等教育思想与实践的紧密结合构成了高等教育影响社会的一大特色。日本激进、快速的高等教育现代化道路是全盘西化的结果，更是以强烈的“实用主义”为指导的一种高等教育转型。然而由于日本和西方的文化传统在根本上是不同的，西化高等教育制度的根植性必然面临文化冲突及背离，即使是带有现代化性质和现状的高等教育对未来日本的发展也必然存在显性和隐性的弊端。至少教学中重视应用实用技术而忽视基础研究的倾向，或者说更多的实用主义教育倾向而非人文主义教育倾向正在对现代日本经济、社会发展产生消极影响；另外，强烈的实用主义教育也导致日本本土狭隘而强烈的大和民族情结与全球化时代所需要的开放、积极的心态格格不入[②]。

中国高等教育现代化道路不仅漫长而且艰难，虽然自私、保守、封闭等传统封建文化糟粕如同幽灵一样经常会袭击和冲击现代化社会，但是城市化和农业现代化的进程加快，现代社会中经济、政治民主、社会各种保障制度的完善、社会生活的网络化、高等教育大众化的实现和速度加快将有助于更多接受过高等教育的人自觉形成现代公民意识，在开放的社会中真正建立和完善以公民权利为基础的制度体系。我国高等教育办学教育思想与实践的紧密结合将由于以公民权利为基础的制度体系的完备而愈发彰显高等教育的办学活力。

---

① 田正平，张彬. 模式的转换与传统的调适——关于中国高等教育现代化的两点思考［J］. 高等教育研究，2001（2）：94-101.

② 徐雪英. 教育现代化的不同演变路径——欧美、日本与中国模式的比较［J］. 江南大学学报（人文社会科学版），2007（2）：103-107.

（三）民族情感与自主探索的特色化历史烙印

在世界文明发展的路途上，中国曾经在相当长的历史时期处于领先位置。但自欧洲文艺复兴以来，西方主要国家在近代化浪潮的推动下，相继走上资本主义道路，在发展上超过中国。中国社会面临的危机猛烈冲击着国人自强自立的民族感情，先进中国人慨然把睁眼看世界和追赶西方列强的意识纳入了历史使命之中。现代化进程在中国的发生和发展构成了中国近现代历史的长卷和主线。百余年来，先进中国人的理想，是把一个落后的中国引向现代化的中国。

面对近代中国社会的磨难和选择，中国革命者选择用俄国十月革命后学到的马克思列宁主义解决中国问题。在艰难的斗争中，以毛泽东为代表的中国共产党人摸索出适合中国实际的新民主主义革命路线，终于推翻了帝国主义、封建主义、官僚资本主义三座大山，建立起人民当家做主的新中国，并在胜利地完成新民主主义革命任务之后把中国引向社会主义发展道路。中华人民共和国的成立，打开了中国现代化建设的大门。在社会主义改造基本完成之后，毛泽东、周恩来等老一辈党的领导集体就提出了建设社会主义工业化国家的口号，并且取得了社会主义初期的建设成就。在中国社会主义发展的转折关头，党的十一届三中全会果断做出把全党工作的着重点和全国人民的注意力转移到社会主义现代化建设上来的英明决策。这次会议重新确立了社会主义现代化建设的宏伟目标，改变了中国的命运，指出了中国发展的方向，成为新时期中华民族复兴之路的坚实起点。自此，中国开始走上追赶世界现代化的新里程。

20 世纪七八十年代以后，世界发生了很大变化，经济实力成为一个国家综合国力的象征，发展与现代化日益受到不同国家、不同代表人物的关注，成为决定世界未来走势的重要因素。中国重新确立社会主义现代化目标，正是以邓小平为核心的第二代领导集体正视全球各地的新变化，正视由科学技术革命引发的激烈竞争，面向现代化、面向世界、面向未来，勇于迎接挑战的战略抉择。建设富强、民主、文明、和谐的社会主义现代化国家，极大地鼓舞着中国人民的斗志，推动着社会主义现代化建设的进程。在当代中国，社会主义现代化的宏伟目标，是党和人民的强大精神支柱，是中国各族人民同心同德、艰苦奋斗的力量源泉。为实现中国社会主义现代化而奋斗，正是中国共产党人实现社会主义和共产主义远大目标的组成部分，是党在新时代的先进性之所在。党和人民在建设中国特色社会主义构想下，根据中国的基本国情，吸取其他国家现代化建设的有益经验，走出了一条“中国式”的社会主义现代化道路①。

世界现代化进程充满了种种不确定性。在现代化的前进道路上，一个全新的中国及其独特的体制和发展道路正备受世界瞩目。中国奉行独立自主的发展战略和改革开放政策，在创造经济高速增长奇迹的同时，保持了政治和社会的稳定，人民生活水平普遍提高，综合国力不断增强。国外研究者把中国通过艰苦奋斗、自主创新和大胆实践摸索出的一种颠覆私有化和自由贸易的思想称为“北京共识”或“中国模式”，其提出的意义在于寻找一种与“华盛顿共识”不同的经验、模式和道路。实际上，“中国模式”是立足于中国国情，以建设一个富强、民主、文明、和谐、美丽的现代化国家为目标而逐步形成的道路选择。它的形成是马克思主义中国化不断深入的过程，是中国共产党在探索发展道路上积累的成功经验的总结。从其实质来看，“中国模式”就是在中国特色社会主义道路上实现现代化，从中国实际出发寻找现代化建设的方式方法。中国特色社会主义发展模式在实现经济增长的过程中，重视处理好个人利益与社会利益、眼前利益与长远利益之间的关系，能够有效协调各种利益矛盾，把全体人民的利益放在国家和企业的社会责任中，把最广大人民的利益作为执政理念的核心。中国特色社会主义发展模式在现代化过程中始终强调在逐步实现共同富裕这一目标下，满足人民对物质和文化的需求，注意调整公平与效率的关系使之适应社会发展的要求。中国坚持以人为本和协调发展的价值取向。这不仅是社会主义道德关系的本质，也是社会主义经济关系的特点和社会主义市场经济运行的制度与政策支撑。它决定了国家能够从社会宏观利益的角度来规划和引导经济的发展，保障和规范公民利益的合法取得，从而克服少数人的暴利给社会留下的不稳定因素。①习近平新时代中国特色社会主义思想，从理论和实践结合上系统回答了新时代坚持和发展中国特色社会主义的总目标等基本问题，并且根据新的实践对经济、政治、法治、科技、文化、教育等方面作出理论分析和政策指导，对党和国家事业发展具有重大指导和引领意义。②习近平新时代中国特色社会主义思想进一步指明了新阶段中国现代化建设的发展模式，即通过理论与实际、政策相结合把握中国现代化的模式。

“中国模式”概括为八个特点，也就是实践理性，中性、开明、强势政府，稳定优先，民生为大，渐进改革，顺序差异，混合经济，对外开放。③

---

① 李传兵，俞思念.“中国模式”在世界现代化进程中的地位［J］. 学习与探索，2011（2）：59-61.

② 秋石. 习近平新时代中国特色社会主义思想载入宪法是实现中国梦的重要思想保证［J］. 新长征，2018（4）：66.

③ 张维为，葛灵丹. 自信大胆肯定“中国模式”［N］. 新华日报，2012-05-09（B07）.

中国特色社会主义发展道路影响下的中国高等教育现代化发展之路，已经将这种道路自信作为一种历史积淀继承，成为中国高等教育现代化的特色、模式和亮点。

与以西方为主流的高等教育现代化之路相比，我国高等教育现代化之路确实有自己的独到之处。第一，在处理高等教育稳定、改革和发展三者的关系方面，中国找到了高等教育的平衡点，就是在保障高等教育稳定发展的前提下，大力推动高等教育改革开放和对外交流及发展。实现了中国近代史上从未有过的一个长时期、大跨度的高等教育发展时期，为中国走向一个真正的世界强国奠定了良好的基础。第二，中国高等教育现代化进程的指导方针非常务实，即集中精力满足人民最迫切的高等教育需求，为其提供高等教育入学机会，并在高等教育大众化过程中取得了显著的成绩。第三，不断进行高等教育试验，不断总结和汲取自己和他国在高等教育办学中的经验教训，不断进行大胆而又谨慎的高等教育制度创新，这使中国避免了很多发展中国家和转型国家因盲目采用西方高等教育发展模式而带来的困境，也使中国成功地抵御了西方资本主义世界试图通过对高等教育的渗透而进行“和平演变”的企图。第四，拒绝“休克疗法”，推行高等教育领域的渐进改革。这种做法比较接近英国历史上的经验主义传统，英国人相信一个民族约定俗成的文化习俗和文化判断的相对稳定性，提倡埃德蒙·伯克（Edmund Burke）所说的“有保留的改革”，并坚持一个中国原则，且保持了生命力，高等教育发展之路主要从我国的高等教育传统中逐渐衍生而来，而不是通过追求某种纯而又纯的高等教育发展理想模式而来。第五，确立了比较正确的优先顺序。中国高等教育现代化大致展现了一个清晰的格局：改革的顺序是先重点后一般；先部委高等学校，后省属地方高等学校；先效率后公平；先课程改革，后其他改革。这种做法的好处是，第一阶段的改革为第二阶段的改革创造了条件。高等教育改革不求一步到位，但求高等教育发展的持续渐进、分轻重缓急，最后通过逐步积累而完成。实践证明这是一条务实有效的高等教育现代化之路，对世界其他国家的高等教育现代化改革产生影响。以学生为本、渐进改革、科技创新是中国高等教育现代化之路的概括。

二、中国高等教育现代化的文化基因

在社会物质资料的生产实践过程中直接产生的深层的民族心理结构与价值观念，构成一个民族、一个国家历久相传的文化基因。以黄河、长江、淮河等大河沿岸流域水利灌溉系统为纽带，以祖祖辈辈定居的农耕社会为细胞的中国奴隶社会和封建社会的物质生产实践活动，以及为捍卫世代家园的浴血斗争，产生了中华民族特有的以“家国一统的爱国情怀”为轴心，以“坚守原则与维新图变的向上意志”为精神动力、以“实事求是的实践理性”及“中和有度处世法则”为基本态度的中华优秀文化传统结构，其作为世代相传的文化基因深深烙印于中国人的灵魂中，融入引领当代中国高等教育发展方向的中国特色高等教育现代化理论体系中，成为中国高等教育现代化的文化基因①。

（一）多样性、包容性的浓厚悠久的文化传统

发展中国家的高等教育现代化进程都受各国原有深厚文化传统的影响。东亚属于儒家文化圈，该文化背景对文化区域内发展中国家现代化的发展呈现出伦理性、多样性、包容性的影响力。伦理规范有利于社会的和谐、稳定。多样性则对高等教育现代化模式的选择有着积极影响。包容性则使外来文化与本土文化融为一体，推动文化的创新，其特性使该文化区域内各国的高等教育现代化模式呈现出鲜明的地域特色。

然而，文化传统对发展中国家高等教育现代化进程的影响也有着显著的差异性。东亚地区的文化传统是世俗的、务实的、功利的、理性的，这样一种传统本身具有兼容性、可变性，它比较容易面对现实、承认事实。东亚地区的文化传统中许多与现代化兼容的因素在高等教育现代化模式中不仅得到保持，而且得到发挥；传统社会的现代化潜力成为经济发展和体制创新的重要依托，传统文化的现代化基因成为高等教育现代化的内在动力。

中国作为儒家文化圈的核心，儒家文化显著的多样性和包容性特征，不仅丰富了自身文化，在国内不同区域显示出了差异性，使得各地的高等教育现代化各具特色。与外来文化的碰撞和融合使之不断推陈出新。可以说，中国的儒家文化传统深深地影响着我国高等教育现代化的进程，使我国的高等教育现代化从一开始就具有了传统文化的烙印。

（二）历久弥新的传统文化力量

我国虽然在 19 世纪中后期之后经历了半个多世纪的半殖民时期，但作为例外，各个殖民国家对我国教育和文化的影响与经济和政治上的控制

① 鲁品越. 中国特色社会主义理论的中国文化基因［J］. 社会科学家，2014（11）：7-12.

呈现出相背驰的情况。鸦片战争后，虽然对中国经济影响最大的殖民力量来自英国，但是英国对中国高等教育的影响却微乎其微，与在经济领域的影响形成巨大的反差。中国高等教育的发展，一开始是追随和效仿东京大学在 1898 年建立京师大学堂，而后转向学习德国，有德国留学经历的蔡元培把德国柏林洪堡大学的模式引入中国，而不是德国人在殖民统治时期将其高等教育模式移植中国。五四运动后，我国高等教育现代化主要表现在高等教育现代化的道路吸收、创新发挥的渐进方式上，突出反映在高等教育办学者中的思想精英界，如以蔡元培、郭秉文、竺可桢、张伯苓、马相伯等为代表的一批高等学校校长对中国高等教育现代化遵从道路的选择问题上，而这些高等教育界的思想精英们的办学理念则来自不同的文化。因此说在 20 世纪 50 年代以前，我国高等教育所受到的外来影响是多元的，进行的高等教育改革和创新也是多样的，这与 1949—1957 年唯独向苏联学习的做法有着很大区别。可以说，我国高等教育机构的设立和高等教育的发展是出于实用的目的而向西方学习，但同时却又是怀疑西方公认的学术传统，而以中国传统的文化为骄傲。我们可以发现，1949 年前和“文化大革命”后我国高等教育领域的一系列改革所体现的高等教育改革理念逐渐与五四运动以后民国时期许多高等教育改革理念遥相呼应，从中能够感受到中国传统文化的力量，而这种力量在改革开放后的一次次的高等教育改革中愈发彰显其时代活力。最近 20 年中国在高等教育领域的交流正越来越开放和多元化，中国高等教育的未来也正在走向一个国际化、全球化的开放时代。外来的带有狭隘性的民粹主义思想在多元开放高等教育发展背景下已悄然淡出高等教育的思想领域，中国高等教育正在以更加理性的态度对待东西文明的差异，以博采众长的办学思路推进高等教育现代化，以扎根传统文化，立足本土发展具有民族特色的高等教育。

（三）自觉、创新、自强的大学文化

文化建设既是高等教育现代化的重要组成部分，又是推进高等教育现代化的强劲动力。我国高等教育现代化运用现代先进的高等教育思想、科学技术和管理方法，使高等教育理念，高等教育目标，高等教育内容、方法与手段，高等教育制度和管理逐步提高到现代的世界先进水平，从而不断提高高等教育办学质量，促进人与社会的现代化。

高等教育现代化的过程包括物质、制度、精神三个层面。改革开放以来国家经济实力的增强为高等教育现代化奠定了物质基础，高等教育办学

的物质条件大为改善。大学制度的完善和现代大学制度的建立推动了高等教育管理的现代化。精神层面特指关乎大学的办学理念和价值取向，它深层次地作用于办学的实践路径，并且影响大学职能的实现。精神层面的办学理念和价值取向的影响是大学文化力量的集中体现。大学文化力量蕴含在文化自觉、文化创新、文化自强三个方面。文化自觉、文化创新是实现文化自强的基础。只有充分的文化自觉，才能知道高等教育现代化需要什么样的文化；只有通过文化创新，才能建设高质量的文化，实现文化自强，从而实现高等教育现代化①。

以大学文化自觉、文化创新、文化自强实现高等教育现代化的实践路径在于：以大学的文化自觉，增强文化责任，激发“大学人”担当高等教育现代化的使命；以大学的文化创新，打造特色文化，推进高等教育现代化；以大学的文化自强，形成品牌文化，实现高等教育现代化。

在我国，大学的文化自觉反映在“大学人”对大学文化的起源、形成、演变、特质和发展趋势的理性把握。知识分子把握和坚守先进文化的前沿，主动承担知识创新的责任。文化自觉不仅是一个抽象的理论表述，它还具有鲜明的实践品质。在社会发展的不同时期，我国大学文化自觉紧紧与社会发展的实践相联系，培育了具有社会责任担当的高等教育文化。在我国高等教育现代化的进程中，大学具有自在的、勇于担当新时期责任的使命感，更好地培养人才和为经济社会发展提供服务。这种责任担当内化在高等学校办学实践的规律中，凸显在高等教育质量建设和高等学校办学特色上。我国自觉、创新、自强的大学文化是以特色提升大学核心竞争力和获得可持续发展动力的根本所在。

（四）和合原则：高等教育现代化互动模式的文化精髓

“和”是一个非常独特的范畴，也是中国哲学史上最早出现的概念之一。最早论述这一观点的是史泊。“和实生物，同则不继”（《国语·郑语》），表现出对世界多样性的认识。在《左传·昭公二十年》记载的晏婴对“和”的论证中出现了多元因素的对立和发展的思想，并以“济其不及，以泄其过”来定义“和”。济、泄作为对立事物相互作用的形式，以此来达到“和合”的状态，故有“商契能和合五教，以保于百姓者也”。近来更有学者认为：“和合体现着中国文化的首要价值，它是中国文化的精髓，是中国文化生命的最完美的体现形式……也是世界各民族文化的基

① 成长春. 大学文化推进高等教育现代化的路径研究［J］. 国家教育行政学院学报，2013（5）：60-64.

本精神。”①

高等教育现代化以追求人的现代化和社会的现代化为最高目标，允许实行不同的高等教育现代化之路而不按照已有的模式和方式来推进高等教育现代化，是“和而不同”的具体表现。

中国文化在处理矛盾时的和合精神，不仅有着深刻的历史底蕴，而且早已渗入中国人的思维方式和具体行为中，成为中国文化传统的一个重要特征。这种文化传统在我国高等教育现代化发展过程中对于如何处理外来文化有不可低估的影响力。和，强调着中华民族在高等教育现代化之路上的团结和凝聚，不同的民族文化、多元文明、思维在中国高等教育中能实现和睦相处，或曰“异质因素的共处”。合，则表示不同民族、文明在我国高等教育现代化进程中相互碰撞、整合，逐渐实现同质化。这种高等教育现代化进程中凝聚力和离散力的相互作用的结果是不同文化或文明的冲突主体的互补互济，最终形成新主体。这一文化传统在中国文明的进化中每每发生作用，使中华文明成为一个博采众长、具有异常强大的同化力的文明主体、文化再造者。中华民族和合的文化传统，使得高等教育领域在尊重各国高等教育发展的政治制度、经济社会发展程度、文化差异的基础上，提出在高等教育现代化背景下各国高等教育发展的合作与竞争。在目前世界各国大力发展高等教育的状况下，中国文化以巨大的包容性来容纳不同的高等教育发展模式，以中国特有的和合精神来处理高等教育国际化进程中的分歧，这种崭新的思维模式超越了要么是对立，要么是同化的两极化模式；以两者的长短，在相互借鉴融合、竞争中达到各国高等教育的共同发展。这种在相互对立的事物中寻找契合点以达到对立面的有机整合，从而步入高等教育现代化更高阶段的发展机制是中华文化的特质，是中国高等教育现代化的重要因子。

（五）中庸思维：中国高等教育现代化的基本文化认知

孔子认为“中庸之为德也，其至矣乎”。“中庸至德”作为道德践履上的适中交往原则，给儒学的发展打下了深刻的烙印。然中庸之所以为人们所重视，更重要的是其作为一种思维方式对民族文化产生的巨大影响。从“中庸至德”（孔子）到“执中”、“知权”（孟子）、“比中而行”（荀子）、“中庸无对”（叶适），这种通过对事物两端的剖析，寻找两极

① 陈一平. 论“一国两制”思想中的中国文化基因［J］. 南京理工大学学报（社会科学版），2005（1）：24-28.

的折中、不偏不倚的公允，从而达到矛盾的融洽、对立的化解，实现“致中和，天地位焉，万物育焉”的中庸思维模式，成为中国人思维的又一重要特征①。

中国高等教育现代化的发展蕴含着中庸思维的基因。中国高等教育与他国高等教育在意识形态、社会制度、价值观念、政治体系、经济发展等方方面面的差异，构成了世界高等教育系统所面临的矛盾的多极。欲在旋踵之间，消除世界高等教育系统中的各种差异和隔阂，将之冶于高等教育发展一体化之中，化异为同，势不可能。中庸思维为我国高等教育与世界其他高等教育举办国的进一步协作沟通、人员交流奠定基础。

中庸思维对于主体地位的论述，强调“道也者，不可须臾离也，可离，非道也”。道，是客观规律，是主体。对“道”的坚守，就是坚持高等教育的发展规律。同时，中庸强调适度原则，也就是要考虑高等教育相关利益者各方的立场、态度和利益。这种在高等教育发展中的矛盾、对立的要素中寻找利益各方契合点以达到高等教育相关利益者各方的妥协的思维，极易寻找到一个高等教育相关利益者各方都能接受的“度”，使得高等教育现代化的选择和实施获得最大化的内在支持和外在支持。中庸思维在我国高等教育现代化的进程中，既坚持了高等教育规律，又能够处理好高等教育相关利益者的关系，还能够寻求到高等教育现代化发展的最佳平衡点，寻求适合我国高等教育现代化发展的最佳道路和方式。

三、中国高等教育现代化的制度基因

高等教育发展的关键要素是制度设计，其是推进和实现高等教育现代化的重要保障。制度创新可以加快高等教育现代化的实现步伐，合理的制度可以为高等教育现代化保驾护航。高等教育现代化是高等教育事业结构合理、系统完善与促进社会进步、人的全面发展的协调统一，其核心是高等教育制度及其发展的现代化。论及我国高等教育现代化的制度基因，主要有以下几个方面。

（一）中央集权与地方分权相结合的中国高等教育现代化制度

中央集权与地方分权的划分方式是基于高等教育现代化的权力结构。

① 陈一平. 论“一国两制”思想中的中国文化基因［J］. 南京理工大学学报（社会科学版），2005（1）：24-28.

中央集权的高等教育现代化指实施高等教育现代化的权力集中于中央政府，地方政府自主权很少，是单一制民族国家的高等教育现代化范式，如法国和日本。地方分权的高等教育现代化指实施高等教育现代化的权力分散到地方政府，中央政府只起宏观调控的指导性作用，是复合制民族国家的高等教育现代化范式，如英国和美国。一些单一制民族国家由于属于人口大国和领土大国，并且普遍存在区域经济发展失衡的问题，中央集权的高等教育现代化范式已经难以统一高等教育现代化步调并有力克服地方政府发展高等教育积极性不高的弊病；为实现区域在动态中的协调发展，高等教育现代化模式开始转向地方分权的高等教育现代化模式。我国恰恰属于中央集权与地方分权相结合的高等教育现代化制度，该种制度既有力地发挥了中央集权的高等教育现代化制度和地方分权的高等教育现代化制度的优势，又有力地规避了各自单一高等教育现代化制度的弊端，最大程度地激发了高等教育办学主体的积极性。

社会主义制度名义下的政治控制能力和计划经济体制，对于后进国家而言，在早期高等教育现代化阶段，有利于凝聚社会本身所稀缺的现代化启动所需要的权力资源、财力资源、人力资源，从而得以完成高等教育现代化的强行启动。它所起到的作用，实际上同自上而下的高等教育现代化模式有相似之处。相反，在一般资本主义制度的高等教育现代化模式下，则往往显得高等教育办学资源分散，难以有所作为。我国中央集权与地方分权相结合的高等教育现代化制度，有助于国家层面利用政策杠杆集中高等教育办学资源，重点发展，也非常容易在经济社会发展之后，采取措施鼓励多样化发展。

（二）“求同存异”的协商制度

我国高等教育现代化道路的选择，创造性地继承了“求同存异”这一独特的历史遗产。从高等教育现代化的制度视角分析，求同存异包含环环相扣的三层含义：一是承认并重视高等教育发展的差异性和多元性的存在；二是有差异的高等教育发展状况不是孤立存在，而是相互依存、有机联系的；三是有差异的甚至对立的高等教育发展理论和发展路径在本质上是可以通过高等教育系统内外的协调而达到和谐状态的，协调的标准是高等教育的公共利益。

首先，我国高等教育 “求同存异”的协商制度，是承认高等教育的发展理论是多元的，各国高等教育发展之路是有差异的。每个国家的高等教育都有自己的发展历史，都代表着各自国家的利益。正因为每个国家高等教育发展有所不同，才需要求同存异。各国高等教育发展水平及发展状况反映着各自国家不同的社会差异，更多地反映和代表它们国家的具体利益及对高等教育的寄托和要求。这种多样性和差异性，是各国高等教育发展长期存在的。我国高等教育中“求同存异”的协商制度建立在对世界高等教育发展普遍性、差异性和长期性的基础之上，有助于我国高等教育的灵活性发展和动态管理。其次，我国高等教育系统的内部与外部关系的复杂性、层次性是在多样性和差异性基础上互补互济的现实依据。我国高等教育中的“求同存异”的协商制度可以从不同视角看待高等教育领域的问题，提出发展规划。这样，反映的高等教育问题就会更具针对性，处理问题的思路就会更全面，对凝练高等教育办学理念会更有利，制定的高等教育方针政策会更加具有适切性。真诚相待、知无不言、言无不尽的“求同存异”的协商制度在革命、建设、改革时期发挥的积极作用彰显了我国政党制度的特点和优势[①]。在高等教育现代化之路中也将发挥其特有的力量。再次，共同的政治基础可以确保达成高等教育现代化共识。建立在共同政治基础之上、合作型的中国政党制度，能够有效克服竞争型的政党制度为党派和集团利益相互竞争、排斥异己甚至相互倾轧的弊端，可以广泛凝聚全社会力量达成共识。这是中国社会主义协商民主的独特优势所在，是对“求同存异”文化的继承和发展。“每一种文明都延续着一个国家和民族的精神血脉，既需要薪火相传、代代守护，更需要与时俱进、勇于创新。”[②]中国社会主义协商民主以其特有形式和独特优势延续着中华优秀传统文化的精神血脉，同时，加强社会主义协商民主建设也是新时期中华优秀传统文化在高等教育现代化理论与实践中的发展与创新。

（三）“两级管理，以省为主”的高等教育管理体制

在高等教育大众化、市场化、国际化的新形势下，现代化的高等教育制度必须适应市场经济、知识经济的需求，才能实现高等教育现代化的历史使命。从高等学校的视角来看，在高等学校外部，高等教育现代化需要有完善的政策和法律保障，需要处理好政府、社会与高等学校之间的关系；在高等学校内部，高等教育现代化需要有健全的管理制度和顺畅的运行机制，需要处理好高等教育管理者、教师和学生之间的关系。

高等教育管理体制改革不仅是高等教育现代化的内在要求，也是建立社

① 齐惠. 中国社会主义协商民主的历史原因探析［J］. 科学社会主义，2015（6）：17-20.

② 习近平. 文明交流互鉴是推动人类文明进步和世界和平发展的重要动力［J］. 前线，2019（6）：4-8.

会主义市场经济体制、全面建设社会主义现代化强国的必然要求。确立现代化的高等教育管理体制要遵循高等教育系统内在发展的逻辑，要有利于高等教育系统结构的优化组合和系统整体功能的发挥。从当前我国高等教育现代化的形势来看，创新高等教育的管理理念、转变政府教育管理职能、扩大高等学校的办学自主权、建立现代大学制度、完善高等教育管理模式、促进社会参与办学、加强中外合作交流等问题是我国实现高等教育现代化迫切需要解决的问题。实现高等教育管理体制的现代化，必须创新高等教育管理体制改革的指导思想，深化认识高等教育管理体制改革的意义；转变政府教育管理职能，由直接管理向间接监控转变；进一步完善高等学校内部治理结构，扩大办学自主权，建设现代大学制度；完善高等教育管理模式，协同发展东西部高等教育；提升高等教育对社会参与办学的吸引力，积极学习发达国家的高等教育现代化经验。其中建立现代大学制度是当前我国高等教育迫切需要解决的问题。一方面，需要正确处理政府与高等学校之间的管理问题，有效转变政府职能，扩大高等学校的办学自主权，加强高等教育的宏观调控；另一方面，高等学校内部治理结构改革已经提上日程，高等学校决策制度、组织制度、领导制度、激励制度、评价制度等需要综合改革方能见成效，以为高等教育现代化的建设目标提供制度性保障。

管理体制改革是我国实现高等教育现代化的先决条件。从计划经济体制到市场经济体制的转型出发，从我国经济、社会政治、文化发展的不平稳性和由于市场经济的发展而形成的新的区域经济格局出发，必须进一步改革现有的高等教育体制，逐步建立起与社会主义市场经济相适应，正确处理中央政府和地方政府高等教育责任的划分，处理好政府的教育责任与学校办学自主权、高等教育入学中选择性和开放性、区域高等教育的差异性与平衡性、高等教育办学模式的多样化和统一性等各方面关系，更好地构建与社会一体化发展的高等教育的新体系。我国现行的“两级管理，以省为主”的高等教育管理格局是对我国高等教育发展现实状况分析下的制度安排，基于这一管理格局进行高等教育管理体制改革将是我国高等教育现代化的一种最优选择和制度创新。“两级管理，以省为主”的高等教育管理格局完全将“自上而下的高等教育现代化”与“自下而上的高等教育现代化”相结合，一方面由地方政府制定高等教育现代化制度并在地方实施自上而下的高等教育现代化，另一方面由中央政府启动和规划高等教育现代化在全国各地普遍实施。这种管理格局顾及了区域间先发内源性高等教育现代化和复合制后发外源性高等教育现代化并存的事实，有利于高等教育整体的有序和错位发展。

第二节　中国高等教育现代化发展的基本路向

中国高等教育现代化是推动和引领国家现代化发展的重要基础和引擎，亦是我国教育现代化的重要组成部分。党的十八大以来，我国高等教育现代化在质量提升、创新人才发展培养模式、高等教育内涵式发展及治理能力等方面取得了历史性的显著成就。但高等教育现代化的实现并非一蹴而就，而是一条漫漫长路，这也决定了在建设高等教育现代化的进程中必须做好长期努力工作的充分准备，既要充分认识到实现高等教育现代化这一宏伟目标的艰巨性和困难性，同时也要敢于打破传统思维模式，勇于割除阻碍高等教育现代化向深度发展和广度发展的障碍。应当指出的是，当前我国也迎来了高等教育现代化发展的特殊机遇，正如 2016 年习近平总书记在全国高校政治思想工作会议上所指出的，我们对高等教育的需要比以往任何时候都更加迫切，对科学知识卓越人才的渴求比以往任何时候都更加强烈。[①]因此，在推进和实现高等教育现代化的历史进程中，各高等学校如何根据自身的发展条件和区域环境等因素，在国务院 2017 年印发的《关于深化教育体制机制改革的意见》的指导下，现实地选择高等教育现代化未来发展的路径与道路，无疑是当前高等教育理论界及各高等学校面临的重大课题。

高等教育现代化的路径选择，从字面上来讲是解决在推进和建设高等教育现代化的发展进程中应该走什么道路的问题。但现实中却很难确切地说，存在着某种具体而又放之四海皆准的发展路径抑或道路，从理论上讲，这也不符合高等教育可持续发展的内在逻辑。因为“健康的现代高等教育系统，在理念层面，必须突破精英化、同质化、单一化局限，形成与高等教育大众化、普及化阶段相适应的教育观、人才观和质量观；在制度层面，形成在目标、性质、类型、层次等方面具有足够灵活性和多样化的体系，以满足日益丰富的市场需求和不断扩大的社会期待，建立与之相适应的管理体制”[②]。对此，有学者指出，从更为宏观的国际视野考察，同样可以发现，世界各国高等教育现代化的发展历史可用“共同的规律，不同的道路”[③]来加以概括。

---

① 张烁. 习近平：把思想政治工作贯穿教育教学全过程 开创我国高等教育事业发展新局面［N］. 人民日报，2016-12-09（01）.

② 史静寰，叶之红，胡建华，等. 走向 2030：中国高等教育现代化建设之路［J］. 中国高教研究，2017（5）：1-14.

③ 刘继青，王孙禺，鄢一龙. 探寻高等教育强国的发展之路——中国高等教育现代化发展道路的历史与未来［J］. 中国高教研究，2017（1）：21-26.

但由于“高等教育的历史很多是由内部逻辑和外部压力的对抗谱写的，因此各个国家影响高等教育发展的结构性要素不同，表现为高等教育的发展道路各有特点，形成不同的发展模式”。[①]换言之，尽管在同一国家内的不同地域，高等教育现代化的发展水平仍然无法并肩齐驱。例如，浙江省高等教育的基础和质量长期偏弱，高等学校的层次和水平长期偏低，且层级差异大。在浙江省内的 60 所本科院校中，国内一流大学仅浙江大学 1所，浙江工业大学等 5 所省重点建设高等学校都还不是“211 工程”，只能归类三流，断层问题一直未能解决。[②]广东省委和省政府在高水平大学政策的推进中亦深刻意识到广东省高等教育与其他先进地区相比在高水平大学的数量上有所缺失，但相较于浙江省只有 1 所“985 工程”高等院校和一所“211 工程”高等学校而言，广东有 2 所“985 工程”高等学校和 4 所“211 工程”高等院校。实际上，国内其他地区在高等教育现代化发展水平上也出现了同样的问题。在这样的背景下，如果全国各地的高等学校实行统一的路径来推进高等教育现代化，而非各高等学校理性、自主地选择符合自身条件和环境区域的发展路径，就容易出现“千校一面”的现象，更遑论形成一个良性循环、和谐共处、活力多彩的高等教育生态发展局面。

因此，本书所探讨的高等教育现代化的路径选择，并非宣称在高等教育现代化的推进进程中具体有哪几种较为适切的路径，或许现实中也并不存在某种具体的路径。即使有，同一种路径在不同的发展阶段也应根据实际情况进行相应的调整。但即便如此，我们所指的高等教育现代化的路径选择更多是特指路径的思路和向度，而不是某种具体的行为方式。换句话讲，各高等学校在推进高等教育现代化的进程中该怎么去思考问题，如何更好地为路径选择提供一种思考和依据。这些思考和依据转化在实际的情况中，笔者必须处理好以下几对关系且不可偏废任何一方，才能全面认识实现高等教育现代化过程的艰巨性和复杂性，从而为实现我国高等教育现代化顺利推进铺路。

---

① 刘继青，王孙禺，鄢一龙. 探寻高等教育强国的发展之路——中国高等教育现代化发展道路的历史与未来［J］. 中国高教研究，2017（1）：21-26.

② 杨天平. 浙江高等教育现代化强省建设的战略选择［J］. 浙江师范大学学报（社会科学版），2016（6）：108-115.

一、“自上而下”与“自下而上”

以政府主导的“自上而下”推动机制是长期以来我国高等教育现代化在推进过程中的主要特点，也是我国高等教育现代化的特色所在，“当代高等教育现代化发展主要是一种自上而下的推动，是一种集体性的选择行为”[①]。“自上而下”推动机制是一种政府主导模式，这意味着政府不仅负责推进高等教育现代化的政策制定、项目选择，还主导高等教育现代化推进过程中所使用资源的筹集和分配。诚然，这可充分发挥政府作用。应当说，高等教育现代化这种“自上而下”推动机制自始至终伴随着我国高等教育领域的体制机制改革，和高等教育现代化本身所体现的一种国家意志有着必然的联系。

我国高等教育现代化的发展历程是由我国高等教育领域的一系列改革举措构成，甚至可以说，高等教育现代化与高等教育领域的改革举措是相辅相成，相得益彰的。一方面，改革是高等教育现代化推进的动力；另一方面，高等教育现代化推进过程中取得的成就又进一步深化高等教育领域的综合改革。从某种程度上讲，高等教育改革存在的问题，就如高等教育现代化推进过程中所遇到的挑战和问题一样，两者之间很难进行切割分析。但由高等教育领域综合改革促成的高等教育现代化显然也无法规避改革过程中的“自上而下”推动机制，正如个别学者所说的，“历来中国高等教育改革大都是自上而下的”，[①]这种改革在推行上的“自上而下”，与在可预见的未来由国家和政府继续推动我国高等教育现代化发展[②]，存在一种内在的契合性。

然而，是否正如学界所公认的，在过去和未来，与高等教育领域改革相伴随推进的高等教育现代化都依然实行由国家和政府主导的“自上而下”推动机制，或是在高等教育现代化的推进过程中一旦面临着政府失灵和其他政治因素干扰就不可避免地出现低效率、资源错配等突出问题时，才可能积极探索优化这种推动机制，结合“自下而上”的推动方式？因为在“自上而下”推动机制下——政府实际上就变成了一个“超级董事会”，成了高等教育现代化发展进程中的“大脑”。这个坐在办公室里的“大脑”又不见得比处在第一线的基层高等学校管理者和实践者更高明，同时它还

① 卢晓中. 深化高教领域综合改革的“自上而下”与“自下而上”[J]. 中国高教研究，2016（6）：51-55.
② 马陆亭，王静修. 我国高等教育现代化的实现特征与理论建构［J］. 大学教育科学，2017（4）：4-7.

缺乏各种信息，容易因为信息不对称而出现各种误判。

高等教育现代化的“自上而下”推动机制具体表现为国家通过制定和颁布发展规划、方针政策和基本标准来引导、影响和推进高等教育事业。政府规划发挥了“看得见的手”的作用，教育发展规划体制已经成为中国教育发展的制度优势，①尤其表现在号令性的集体举措上。例如，国务院在高等教育现代化实施过程中把创新创业教育作为一个关键领域单独提出来，并就如何推动创新创业教育融入教育全过程，提升高等学校创新创业教育的实施成效，在 2015 年 5 月印发了《国务院办公厅关于深化高等学校创新创业教育改革的实施意见》和后续提出了《推进创新创业教育改革的实施意见》等一系列方向性、全面性的相关政策法规之后，为了落实国务院办公厅在文件上提出的面向全体学生开发开设研究方法、学科前沿、创业基础、就业创业指导等方面的必修课和选修课，纳入学分管理，建设依次递进、有机衔接、科学合理的创新创业教育专门课程群。全国各省市高等学校的创业学院如雨后春笋般快速成立。例如，截至 2016 年 4 月初，浙江省高等学校已经建设了各类创业学院 99 所；②广东省 125 所高等学校中，约三分之一的高等学校专门设有创业学院。诚然，政府在创新创业教育上的发展规划就犹如给各高等学校在创新创业教育推行上打了一剂强心剂，使创新创业的列车再次提速。但不可否认的是，已有学者开始质疑高等学校成立创业学院的合法性，高等学校内部甚至开始出现了对于创业学院到底怎么办、干些什么、谁来干的疑问，抑或说新成立的创业学院是直属于学校管理，还是应该由学校的某个部门来管理，等等，诸如此类的问题时刻困扰着各高等学校。

从理论上看，高等教育现代化的不同推动机制存在了各自的优势和不足。不可否认，“自上而下”推动机制能够在较短时间内调动大范围的高等学校和群体共同推行政府所需的指向性项目，显然这能够在较短时间内使高等教育现代化向前迈进一大步，或许这也正好解释我国高等教育现代化仅仅使用几十年的时间就走过了西方两百多年的历程，实现了高等教育现代化的跨越式发展。然而，“自上而下”推动机制不可避免地存在严重束缚高等学校发展活力、办学选择的主动性和自觉性等弊端，最终也将影响到高等教育的整体发展。

因此，当前及今后较长的一段时间内，我国高等教育现代化在“自上

---

① 刘继青，王孙禺，鄢一龙. 探寻高等教育强国的发展之路——中国高等教育现代化发展道路的历史与未来［J］. 中国高教研究，2017（1）：21-26.

② 王烨捷. 一窝蜂建创业学院接下来怎么办［N］. 中国青年报，2016-06-07（12）.

而下”与“自下而上”两种推动机制的有机结合显然是一次积极探索，主要目的不仅在于弥补“自上而下”推动机制存在的难以解决的问题，更在于增强全国各高等学校自身在推行高等教育现代化中的主体意识和自主发展能力，充分调动管理者和一线工作人员参与和自我发展的积极性。实际上，我国政府在《中华人民共和国国民经济和社会发展第十三个五年规划纲要》中就指出“实行管办评分离，扩大学校办学自主权，完善教育督导，加强社会监督。建立分类管理、差异化扶持的政策体系，鼓励社会力量和民间资本提供多样化教育服务”。显然这也为构建我国高等教育现代化提供了另一种“自下而上”的思考。

虽然“自上而下”推动机制对实现我国高等教育现代化必不可少，甚至相当程度上仍然发挥着主导性、方向性和全面性作用，但历史和事实已经表明，仅强调“自上而下”推动机制难以有效地解决高等教育现代化推进过程中所面临的各种难题和挑战，尤其在调动基层高等学校积极性上更显得有所力不从心。因为伴随着高等学校深化改革的高等教育现代化发展进程中所面临的问题往往来自基层高等学校的教育实践，而且基层对教育实践中所存在的问题有特别敏感和深刻的认识，甚至即使有些问题来自上层，但往往也表征在基层。[①]应当明确的是，注重“自下而上”推动机制，并不意味着“自上而下”推动机制不重要，更不是对其简单否定，显然它依然是我国高等教育现代化发展进程中的主导方式，这是我国国情的特色所在。相反，笔者希望通过加强“自下而上”推动机制，并与“自上而下”推动机制形成良性互动，形成“上”“下”协同的综合推动方式。

高等教育现代化的“自上而下”与“自下而上”推动机制的有机结合，很好地支持党中央确立高等教育现代化发展过程中的总体思路。一方面，中央政府在制定推进高等教育现代化的相关教育发展规划和持续增加高等教育现代化建设的资金投入的同时，坚持政府的主导作用，构建了省市政府责任制的治理格局，这可更好地发挥“自上而下”推动机制的实施效果；另一方面，中央政府强调地方政府和高等学校参与在高等教育现代化中的基础作用。这反映了笔者前文论述的“自下而上”的民主决策方式的重要现实意义。这样做可提高高等学校自身参与高等教育现代化项目制定和实施全过程的主体地位，确保高等教育现代化的相关项目和措施更能因时因地做出合理安排和调整。

---

① 卢晓中. 深化高教领域综合改革的“自上而下”与“自下而上”[J]. 中国高教研究，2016（6）：51-55.

二、国际化与本土化

习近平总书记在关于我国教育事业改革发展的重要论述中提出的“中国特色”与“世界水平”现代教育理念，为我国高等教育现代化推进过程中如何处理好国际化与本土化之间的关系确立了总基调。将“中国特色”与“世界水平”融为一体，使其相互支撑与促进，是中国高等教育现代化的探索进程中最具挑战性、也最有价值的部分。①

一方面，当前我国高等教育现代化所取得的成就离不开国际化，甚至可以说高等教育现代化在未来很长一段时间内的发展离不开国际化，高等教育现代化与高等教育国际化是相伴相生的，两者之间是相互依存的关系。改革开放至今四十余年，我国派出的几十万学成回国的学生活跃在高等教育、科学研究、管理等领域，不少人已成为各自学科的带头人和单位的骨干，他们把从国外学到的新思想、新理论、新方法、新技术带回国内，填补了许多领域的空白，许多新学科、新专业的创建与广大留学归国人员的贡献密不可分。同样地，通过邀请外国教授、专家来华讲学、任教，培养了一大批优秀的教学科研骨干和国家急需的各类专业人才。通过联合国教科文组织及世界银行等国际组织，不仅为我国高等教育发展引进了大量的资金，还引进了一系列先进教育思想和教育改革经验。简言之，高等教育的国际化显然促进了我国高等教育的现代化建设，定当成为我国高等教育现代化推进进程中无法回避的话题。

另一方面，从作为特定空间范围内的经济、政治、社会及围绕我国高等教育现代化推进过程中各要素的演进与变革来看，同样离不开发达国家高等教育先进经验的影响。作为高等教育现代化的后来者，我国高等教育现代化在推进过程中不断汲取国际先进的办学经验和参照模式。从高等教育发展史上看，有代表性的有苏联模式、美国模式、德国模式、英国模式和法国模式等。例如，20 世纪 60 年代初，我国高等教育形成了苏联模式，到了 80 年代中期经过一系列的改革、调整、充实和提高工作之后，教育工作者深刻意识到高等教育的苏联模式只是特定时期的产物，并不意味着我国已找到了高等教育现代化的最佳模式。为此，探寻中国高等教育现代化的中国路径，寻求中国高等教育现代化的中国模式开始

---

① 史静寰，叶之红，胡建华，等. 走向 2030：中国高等教育现代化建设之路［J］. 中国高教研究，2017（5）：1-14.

引起人们的深思，甚至开始被提上了推进高等教育现代化的议程之中。教育工作者开始深刻意识到“在这一过程中，我们既不能简单延续中国高等教育发展的已有经验，也不能完全模仿西方发达国家高等教育的发展模式，只能在承继历史、借鉴他人的基础上，努力探索适合中国国情、具有中国特色的高等教育现代化之路”①。可见，从改革开放初期打开国门起，如何在高等教育现代化建设过程中平衡好国际化与本土化，抑或说如何不失偏颇地处理好它们两者之间的关系就成为我国实施高等教育现代化的重要组成部分。

“中国特色”与“世界水平”是本土化和国际化的表现形式。“中国特色”为我国高等教育现代化的未来发展确立了性质，即我们要扎根中国大地办大学，正如卢晓中所言：“一个国家的高等教育应找准本国的‘基因’，走特色化发展之路，最终促使这个国家高等教育迈向辉煌，应是现代高等教育发展的一个重要规律。”②与此同时，还应研究不同国家和地区高等教育发展的特殊性，为认识高等教育问题提供“宽度”，从而实现“多样化”探寻。③因为扎根中国大地办大学，尤其是办一流大学并不是关起门自娱自乐。尤其在国务院统筹推进世界一流大学和一流学科建设的大背景下，我国大学总有一天要走入世界一流大学的行列之中，世界一流大学就必须采用世界一流的标准，此时世界就犹如一个运动场，里面有许多跑道，有共同的竞技原则，看谁跑得快，我国高等教育不能离开跑道自己乱跑。换言之，世界一流的评价标准一定是世界性的，结果一定要为世界所公认，而我们推进和实施世界一流大学的建设过程却可以具有本土化的中国特色。因此，无论从推进世界一流大学和一流学科建设，还是从高等教育现代化的建设经验来看，我国高等教育现代化在未来进程中要遵循世界高等教育发展的共同规律，置于全球高等教育现代化发展的总体进程之中。如果在高等教育现代化的推进过程中我们弱化或刻意回避国际性，那我们办成的大学充其量也只能是中国一流大学而非世界一流大学，而实现高等教育现代化同样是自卖自夸。

高等教育现代化是世界潮流，也是国际竞争的重要领域。④因此，我国在推进高等教育现代化的进程中，在统筹推进世界一流大学和一

---

① 史静寰，叶之红，胡建华，等. 走向 2030：中国高等教育现代化建设之路［J］. 中国高教研究，2017（5）：1-14.

② 丁振球. 长江学者卢晓中教授谈“双一流”建设：高等教育迈向辉煌，要找到“中国基因”［N］. 华南师大报，2017-10-01（02）.

③ 卢晓中，陈先哲. 论高等教育变革背景下的高等教育发展研究［J］. 高等教育研究，2013（12）：1-7.

④ 瞿振元. 扎实推进高等教育现代化［N］. 人民日报，2016-01-31（05）.

流学科建设过程中，不要从中国看世界，而要从世界看中国，只有把中国的高等教育放在世界高等教育体系中进行评价，并在此过程中基于共同的国际规则，不断完善和提高自身的高等教育现代化水平，才能真正彰显我们提出的道路自信、制度自信和文化自信。因此，需要对国际化与本土化两者之间的关系进行概括，即站在全球和历史的制高点上，把具有中国特色、融会中西的高等教育特性锤炼得更加成熟、棱角更为分明。

从国际中较为成功的高等教育现代化的经验中可以发现，处理好国际化与本土化之间的关系不仅能够推进高等教育现代化的进程，而且还有助于本国的经济、文化等方面的进步。以美国高等教育现代化的建设经验为例。在整个 20 世纪，美国通过高等教育体系来培育全世界最好的学生而成为 20 世纪世界第一大经济体已经成为老生常谈的话题。世界上大多数国家，无论大小，其人才储备基本都来源于本国国民，然而美国却可以通过国际化的形式从全世界招募人才。应当指出的是，美国高等教育现代化建设过程中的国际化举措与其本身所拥有的多元文化背景交相辉映，正是这种本土化中所具有的包容性才促使高等教育现代化推进过程中招募的人才留下来。在高等教育现代化的建设过程中欢迎世界各地人才前往美国就学实际上是一箭双雕的行为，一方面，让有才华的外国人对美国历史、文化、生活方式有更加深刻和全面的了解；另一方面，这种做法实际上也使得美国人民更加理解和欣赏不同国家的文明，正是这种跨文化的传播与交流使得美国的高等教育、经济等各方面在 20 世纪变得如此成功，并为后续发展奠定了坚实的基础。

高等教育现代化中的国际化与本土化经验具有广泛适用性，适用于美国，也同样适用于中国。我国在高等教育现代化的后续推进过程中，尤其是基于“一带一路”倡议和教育对外开放的大背景下，可以通过吸引留学生来华就读，以及到“一带一路”沿线国家和地区开办高等教育，从全球为“一带一路”建设培养、招募人才。实际上，习近平总书记在 2017 年“一带一路”国际合作高峰论坛开幕式上就明确提出：“我们将在未来 5 年内安排 2500 人次青年科学家来华从事短期科研工作，培训 5000 人次科学技术和管理人员，投入运行 50 家联合实验室。”

中国是世界第二大经济体及“一带一路”沿线国家和地区的主要投资国，“一带一路”沿线国家和地区的留学生只有更多了解中国的经济运行情况、中国的历史文化、中国社会的发展历程等，才能了解中国成功的经济发展经验，才能在参与“一带一路”建设中进一步理解中国投资者的思维和项目操作手法，并运用在中国留学所学的知识，更好地投入到本国的发展，参与到“一带一路”建设当中。显然，通过我国高等教育为“一带一路”沿线国家和地区培养人才，这些人才再回到其所在国，为解决国家面临的共同问题贡献中国智慧和中国方案。我国高等教育现代化的推进应该从这样的高度来谋篇布局，积极参与国际组织，进行教育合作，推动更多高等学校赴海外办学，与此同时，在发展过程中我国也要继续借鉴西方高等教育现代化的成功经验。只有保持兼容并蓄的心态，我们才能平衡好国际化与本土化之间的关系，甚至可以说，高等教育现代化推进过程中国际化与本土化关系的平衡是对构建人类命运共同体重大问题的积极回应。

三、一体化与多样化

作为体现国家意志和肩负着重大历史使命的高等教育事业，我国高等教育的发展目标和发展动力主要来自国家层面。因此，高等教育现代化也无可避免地体现出一种典型的国家一体化意志。换言之，高等教育现代化中诠释的一体化是国家推进高等教育现代化中所体现的一体化，以及宏观层面的教育现代化当中的核心价值共同性，即高等教育现代化的实现必须紧紧围绕“两个一百年”奋斗目标和到 2020 年基本实现教育现代化及到 2049 年基本实现国家现代化的目标。从高等教育现代化的周期性目标而言，这个一体化则表现为到 2030 年为止，我国高等教育现代化将使教育质量进一步提高、科技创新能力显著增强、结构体系更加合理、一批学科跃居世界前列、若干大学进入世界一流大学前列。

应当指出的是，尽管中央政府在贯彻落实高等教育现代化的过程中难免在相关政策和法规上体现出一体化的引导性，但我国各省市对其回应也呈现了多样化的局面。各省市的情况千差万别，以致具体推行高等教育现代化的路径也丰富多彩。诚然，各省市高等教育回应举措上的多样化都是建立在一体化的前提之下。例如，在国务院统筹推进世界一流大学和一流大学建设总体方案的背景下，广东省、安徽省、浙江省都相应出台了推进相关的高水平大学建设方案。2015 年初，《安徽省教育厅关于地方高水平大学立项建设分类发展的意见》出台，将高水平大学分为地方特色高水平大学、地方应用型高水平大学、地方技能型高水平大学三类，推进地方高水平大学建设。同年，广东省政府同意中山大学等 7

所大学进入高水平大学的建设计划之后，又在此后相继推出了高水平理工大学、一流高职院校相关政策。因此，从广东高水平大学、高水平理工大学、一流高职院校建设计划来看，高水平大政策也开始呈现多样化取向。[①]由此可以看出，在高等教育现代化的推进过程中，国务院统筹推进的世界一流大学和一流学科建设方案为一体化，但是全国各省市的高等学校在回应世界一流大学和一流学科建设方案时，主要还是根据各省市的具体情况来落实中央政府的政策。从这方面来讲，一体化与多样化的关系就是，如何率先理顺新形势下中央与地方、“条”与“块”的高等教育管理关系。

我国高等教育现代化推进过程中一体化与多样化之间的关系实质上就是如何处理好整齐划一与多样化探索的关系。整齐划一是中央政府在高等教育现代化建设过程中通过制定教育发展规划、方针政策和基本标准，对全国各省市高等学校提出一致性要求，其内在逻辑迎合“自上而下”推动机制；而多样化是我国高等教育处于普及化阶段，各省市高等学校通过探索符合省域范围内的经济、政治、文化而谋求发展与创新的路径方式。因此，这个多样化是建立在高等教育现代化的不同阶段特征的差异性与教育工作者的首创精神上。高等教育现代化在不同阶段所表现出来的特征是有差异的，这表明推进它的方式选择也是有差异的，显然在我国，采用一种类型、一个模式和一个层次及在治理上的单一化是难以持续发展的。

再以广东省高等教育在我国整体高等教育现代化过程中的多样化探索为例。有学者经过研究指出，改革开放至今，可以将广东省高等教育现代化的推进划分为改革开放初期至 1998 年的中心城市办大学、1999 年启动高等教育大众化阶段的大学城建设及 2013 年至今实施的高等学校的“创新强校工程”和“高水平大学、高水平理工大学”建设三个阶段，[②]广东高等教育在现代化进程中的不同阶段采取不同的举措。具体而言，从改革开放初期的经国务院批准先后成立的，旨在培养“有志、有识、有恒、有为”人才的汕头大学和作为“窗口大学、特区大学和实验大学”的深圳大学等例子，到以优化大学与社会关系的大学城建设及近期仍在推行的高水平大学建设，无不说明高等教育现代化进程中的多样化路径探索。

① 刘晖，李晶. 省域高水平大学建设政策：历史演进与价值选择［J］. 高等教育研究，2017（3）：31-36.

② 陈伟. 省域高等教育系统的创业型反应——以广东为例［J］. 教育发展研究，2017（17）：10-15.

广东省在高等教育现代化推进过程的每个阶段都采取了多样化举措，甚至同一阶段所推进的方式也呈现多样化局面。应当指出，对于省域高等教育系统而言，省域高等教育现代化推进过程中所采取的多样化举措必须适应来自中央层面的政策和实践需求。当然，如果各省市高等教育现代化在推进过程中对中央政府相关政策一味地“适应”，显然是消极和被动的，甚至会使人倍感无奈，而这种“适应”是否能够从被动、消极、不情愿或无奈向积极主动和富有创新意识转化，关键是看省域高等教育现代化的推行举措是不是基于内部的调整所进行的行动。因此，在高等教育现代化的推进进程中，各省市在基于省域的经济、政治和文化的内部需求基础上对中央政府高等教育现代化的教育发展规划和基本标准所做出的反应，便是中央政府和地方政府在一体化和多样化之间的完美配合。

四、传统与现代

高等教育现代化其实是一个具有目标指向（状态）的教育发展过程。它是传统教育向现代教育转化的过程，[①]因此，在传统教育向现代教育转化的过程中是与传统割裂还是在继承传统的基础上向前推进，显然，在思维方式上把传统与现代化截然分割开来，并作为对立的两极来对待是行不通的，但是继承传统又意味着现代化不是食古不化、回归历史、重蹈覆辙，而是推陈出新、创造发展和与时俱进。基于此，高等教育现代化进程中如何处理好与过去传统教育乃至传统文化等要素的关系开始引起了学界的思考，因为发展中国家的现代化处在改变过去传统、学习现代先进的社会变革过程，无法像西方国家一样将高等教育现代化当成一种思潮来研究，但是作为一个后发型的高等教育现代化国家，我国在推行高等教育现代化的过程中难免会受到西方的影响，如果摒弃传统，则很有可能全盘西方化。尤其像中国这样一个有着五千年文化的文明古国，在实现高等教育现代化的过程中，一定要从我国的国情出发，在实现“物”的现代化的同时，更要重视“人”的现代化，以及人们的思想和精神领域的现代化。[②]

① 顾明远. 现代教育的时代特征［J］. 北京师范大学学报（社会科学版），1996（5）：66-70.

② 黄水林，田芝健. 传统文化与中国高等教育现代化［J］. 扬州大学学报（高教研究版），2004（3）：20-22.

高等教育现代化过程中要处理好传统与现代之间的关系实际上就意味着我们在推进高等教育现代化的过程中要克服传统因素对高等教育现代化的消极影响，与此同时，又要充分利用传统因素对高等教育现代化的积极影响，化传统教育或传统文化在高等教育现代化发展进程中的“阻力”为“助力”。如中国传统文化倡导积极进取、自强不息的奋斗精神，忧国忧民、为民奋进的社会责任感，群体意识、团结和谐的人际关系，自我修养、修身为本的克己思想等，形成了一整套教人如何做人的观念和规范，这是现代高等教育所应提倡的。①中国传统教育及传统文化对高等教育现代化推进的积极影响，从部分国家高等教育现代化的历史看同样有迹可循，日本、新加坡、韩国等国家在学习中国儒家文化方面获得了很大成功，世界也期望从中国古代哲人的思想中找到启发当代人，解决精神空虚、民族冲突、环境污染等困境的办法，这些都从另一侧面说明现代高等教育离不开中国优秀传统文化的滋润。

问题的关键在于，在中国高等教育现代化的推进过程中所需的内涵和推力，我们很难直接在中国传统文化中找到现成的答案，这就意味着我们要对传统教育和传统文化进行辨析，取其精华，去其糟粕，深入挖掘和利用中国传统文化对我国高等教育现代化的积极成分，发挥传统教育或传统文化精华在中国高等教育现代化过程中的正面作用，推进高等教育现代化的进程。

第三节　中国高等教育现代化的内涵式发展

高等教育的内涵式发展是高等教育现代化进行到一定阶段的必然趋势，也是当前实现我国高等教育现代化的一个重要战略选择。因此，从这一意义上高等教育内涵式发展是高等教育现代化的应有之义和重要内容。

一、高等教育内涵式发展的历史发展与时代内涵

（一）高等教育内涵式发展的动态意蕴

所谓内涵，指一个概念所反映的事物的本质属性的总和，也就是概念

① 黄水林，田芝健. 传统文化与中国高等教育现代化［J］. 扬州大学学报（高教研究版），2004（3）：20-22.

的内容。内涵式发展则是发展结构模式的一种类型，是以事物的内部因素作为动力和资源的发展模式，强调的是结构优化、质量提高、实力增强。对于高等教育内涵式发展而言，既包括高等教育体系的内涵式发展，又包括高等学校的内涵式发展。

高等教育内涵式发展在中国是一个早已存在的概念。同时，它又是一个发展的概念，在高等教育的不同发展时期对其内涵的理解和诠释并不尽一致。

比较正式的高等教育内涵式发展的提法始于 20 世纪 90 年代，1993 年《中国教育改革和发展纲要》提出："九十年代，高等教育要适应加快改革开放和现代化建设的需要，积极探索发展的新路子，使规模有较大发展，结构更加合理，质量和效益明显提高。""高等教育的发展，要坚持走内涵发展为主的道路，努力提高办学效益。"这是官方文件第一次正式使用高等教育"内涵发展"这一概念，而且，这里高等教育的"内涵发展"是从"提高办学效益"来说的，具体而言，就是指在原有高等教育规模的基础上，以挖掘高等学校内部潜力为主，来扩大高等教育容量。由此可见，"内涵发展"在当时高等教育发展的语境下主要是一个"效率"的意蕴。正是在高等教育"内涵发展"这一意蕴下，我国高等教育规模与容量有了"文化大革命"结束后的第一次较大幅度增长。1998 年，招收本专科学生突破 100 万人。1999 年初国务院批转颁布的《面向 21 世纪教育振兴行动计划》明确提出："到 2010 年，在全面实现'两基'目标的基础上，城市和经济发达地区有步骤地普及高中阶段教育，全国人口受教育年限达到发展中国家的先进水平；高等教育规模有较大扩展，入学率接近 15%，若干所高校和一批重点学科进入或接近世界一流水平；基本建立起终身学习体系，为国家知识创新体系以及现代化建设提供充足的人才支持和知识贡献。"[①]从此开启了中国高等教育以扩张为主的外延式发展模式。1999 年招收普通本专科学生约 160 万人，增幅高达 47.4 %。此后几年，在各方合力作用下，高等学校尤其是地方高等学校招生规模连年大幅度增长。2002 年，普通本专科招生 320 万人，高等教育毛入学率达到 15 %，比原计划的 2010 年提前 8 年实现了高等教育大众化的基准目标[②]。但是，由于这种扩张仍然是在传统内涵式发展思维模式之下进行的扩张，且主导思想是"增长即发展"，显然在此情形下，"内涵式发展"与"外延式发展"并无多大差异，

① 中华人民共和国教育部. 面向 21 世纪教育振兴行动计划［EB/OL］. http://www.moe.gov.cn/jyb_sjzl/moe_177/tnull_2487.html（1998-12-24）［2020-02-29］.

② 刘海峰. 跌宕起伏：中国高校招生考试 70 年［J］. 高等教育研究，2019，40（11）：9-22.

甚至可以说在本质上是高度一致的。扩张的直接后果便是生均拥有的高等教育资源锐减，高等学校的办学质量受到质疑。仅以生师比为例，1998年，在校普通本专科学生与专任教师之比为8.4∶1，1999年增长为9.1∶1，到2006年已达16∶1。

实际上，高等学校扩招带来的质量问题从一开始就引发了社会的质疑，而且这种质疑一直伴随着扩张过程。教育部也在高等学校扩招不久便正式启动了高等学校本科教学评估的试点，即针对不同层类的高等学校，分别开展了高等学校本科教学的合格评估、随机性评估和优秀评估。特别是2006年，国家“十一五”规划制定并颁布，高等教育发展的主导话语开始由“扩招”“提高大众化水平”转变为“提高高等教育质量”和“高等教育内涵发展”。2007年党的十七大报告将科学发展观作为国家改革发展的指导思想，并强调“优化教育结构，促进义务教育均衡发展，加快普及高中阶段教育，大力发展职业教育，提高高等教育质量”。显然，这一次高等教育内涵式发展是问题导向的产物，而且，它是与外延式发展相对立的，自然也与20世纪90年代所谓的高等教育“内涵发展”有完全不同的内涵，即此时的内涵式发展已不再同外延扩张近义甚至同义，而是回归其原生含义，即对高等教育发展的本质属性的关注，即强调高等教育“质”的发展。尤其是2012年党的十八大报告明确提出：“办好学前教育，均衡发展九年义务教育，基本普及高中阶段教育，加快发展现代职业教育，推动高等教育内涵式发展，积极发展继续教育，完善终身教育体系，建设学习型社会。”将以提高质量为核心的高等教育内涵式发展作为高等教育发展的核心任务，内涵式发展的出发点和归宿点都高度聚焦到高等教育质量上。

（二）新时代高等教育内涵式发展的时代内涵

党的十九大报告提出：“加快一流大学和一流学科建设，实现高等教育内涵式发展。”将十八大报告的“推动高等教育内涵式发展”，改为“实现”这一发展，这一方面体现了中国从高等教育大国向高等教育强国目标迈进的坚定信心和决心，另一方面也表明要成为高等教育强国，首要条件便是高等教育内涵获得充分发展。“时代是思想之母”，新时代高等教育内涵式发展的时代内涵主要包括以下几方面。

1. 高等教育内涵式发展的核心是人才培养质量

20世纪80年代以来，“质量”是联合国教科文组织提出的三大核心概念之一，且至今没有变化。同时，该组织认为高等教育质量是一个多层次的概念，包括高等教育的所有方面和一切功能。人才培养无疑是高等教育质量的主要方面。比如，当前的一流大学和一流学科建设重在内涵建设，其核心是人才培养质量。脱离人才培养质量这一核心，没有一流的人才培养质量，就很难称得上一流大学或一流学科。目前我国高等学校办学存在一些突出问题，比如，人才培养事实上并没有成为高等学校的根本任务，教学与科研“两张皮”的状况还比较普遍，甚至不少高等学校教学与科研呈现出某种对立状况。如何确立人才培养的核心地位，解决好教学与科研“两张皮”现象，真正做到以高水平的科研支撑高质量的人才培养，应当是当前高等学校首先必须面对和解决的问题；还有，在培养什么样的人、如何培养人、为谁培养人这样一些重大问题上，一些高等学校在办学过程中并没有完全认识到位，在全面实施素质教育、培养适应时代发展需要的高素质人才方面仍存在不小差距。

2. 高等教育内涵式发展的关键是体制机制创新

党的十九届四中全会指明了坚持和完善中国特色社会主义制度、推进国家治理体系和治理能力现代化的总体目标及具体路径，这对于高等教育而言具有十分重要的指引意义。新时代我国高等教育改革发展的主要路向就是“中国特色、世界水平”，即扎根中国大地办世界先进水平的高等教育。要办“中国特色、世界水平”的高等教育，一个关键因素，便是高等教育治理现代化的中国特色与世界水平。

没有治理的世界水平就谈不上高等教育的世界水平，高等教育现代化的关键在于高等教育治理现代化。中国特色的高等教育又在相当程度上体现为高等教育治理的中国特色。从中国高等教育改革发展的历史来看，高等教育治理现代化的中国特色与世界水平存在内在的高度一致性，即中国特色表征世界水平和中国特色成就世界水平。前者是中国特色符合世界水平的事实特征，也就是我国大学治理的中国特色与当今世界现代大学治理的一些共同特征高度契合；后者是高等教育治理通过走中国特色化发展路径，来促进国家高等教育发展水平的提升，并使一些大学发展成为世界一流大学。不论是高等教育治理现代化的中国特色表征世界水平，还是中国特色成就世界水平，关键在于如何将高等教育治理现代化的中国特色有效转化为成就世界水平高等教育的治理优势和治理效能。高等教育治理现代化很大程度是体现在体制机制改革创新上，具体可从以下方面来认识。

首先是创新人才培养机制。这里有以下三个方面的问题值得探讨。一是十八届三中全会就提出："创新高校人才培养机制，促使高校办出特色争创一流。"这里蕴含了一个值得高度关注的问题，便是高等学校办出特色要聚焦在人才培养机制的创新上，这也是高等学校体制改革亟须破解的难题。二是大力推进"产教融合、校企合作"。实际上"校企合作"并不是一个新提法，它与过去的产学研相结合是近义的概念，不过以往这种合作大多是基于各利益主体，从取长补短的角度，通过合作促使各分主体的利益最大化。"产教融合、校企合作"的不同在于，通过建立深度融合机制，将各利益主体一体化为共同的利益主体，即"命运共同体"，这个"命运共同体"的最大特征，就是利益的共同体、发展的共同体。三是落实人才培养的协同育人机制。包括高等学校人才培养与中小学人才培养的相互衔接，一流大学以高水平的科研支撑高质量的人才培养等。

其次是"放管服"改革。要从传统管理，到现代治理，最终达成善治，关键在于构建一个为大学组织成员广为认同并尊重的制度。因为一种制度能否有效实行，主要取决于该制度所制约的大多数人对制度的认同和尊重程度。只有个体的制度认同得以内化，并产生制度期待行动，制度的工具性功能和制度化过程才宣告实现。笔者曾调查不同发展目标定位的高等学校的学术制度施行状况，分析身在其中的高等学校青年教师对本校学术制度的认同情况，并与其学术发展行动联系起来加以分析，探究不同类型高等学校的青年教师对学术制度的认同情况如何影响学术发展。研究表明，当前以少数拔尖人才为目标的学术锦标赛制设计与多数青年教师的利益偏好和价值信念并不相吻合，因此青年教师的制度认同度普遍较低，其学术行动多属于制度压力下的应激行动，不利于长远的学术发展①。

最后是从固化身份到动态身份。对于身份，英国学者斯图亚特•霍尔（Stuart Hall）曾提出过一个重要观点，即身份与其说是"我们是谁"或"我们来自何方"，不如说是在我们可能会成为什么、我们一直以来怎样表现及我们有可能怎样表现上施加了怎样的压力②。身份作为社会系统中的一种客观的现实存在，实际上是难以"去"掉的，而且它作为一种可能的未来存在所具有的内在动力机制功能，对于组织和个体的发

① 陈先哲. 学术锦标赛制：中国学术增长的动力机制与激励逻辑［J］. 高等教育研究，2017（9）：30-36.
② 霍尔，杜盖伊. 文化身份问题研究［M］. 庞璃，译. 开封：河南大学出版社，2010：4.

展必不可少。但一旦身份固化，身份带来的内在动力便失去了持续性。比如，当前一流大学和一流学科建设的要旨在于动态身份，而不是去除身份。除了组织（高等学校）外，对于个体（如教师）来说，动态身份的意义也是如此。近年来在高等教育领域里“重岗位、轻身份”的人事制度改革，其旨趣也在于建立动态身份机制，优化师资结构，形成教师的内在动力机制。从宏观的高等教育体系而言，高等教育内涵式发展还涉及高等教育结构的优化、效益的提高等方面，这也有赖于高等教育体制机制的创新。

3. 高等教育内涵式发展的高度是大学文化的价值建设

真正意义的世界优秀大学，无一例外都有优秀的大学文化。综观世界优秀的大学文化，大致可归纳出以下几个基本的价值特征：一是对“学”的追求，这是大学文化的本质价值，大学对知识、对真理的执着追求，使大学区别于其他社会机构；二是学术的自由，这是大学文化的永恒价值，也被认为是大学“永恒不变的原则”，历久弥新；三是自我的坚守，这是大学文化的精神价值，也使之成为人类社会的精神高地；四是开放的办学，这是大学文化的现代价值。现代大学应当走出“象牙塔”，主动回应经济社会发展的需求；同时，现代大学要走向国际化，与世界高等教育发展的主流趋势相适应。如果说以上对优秀大学文化的价值认识具有相当的国际化成分，本土的优秀传统文化应当成为世界优秀大学文化的重要组成部分。我们应当像对待任何文化传统一样，一方面要进一步增强文化自信和文化自觉，更加珍视我国大学的文化传统，特别是对那些优秀的文化传统的继承和发扬光大；另一方面也需要对一些不合时宜的文化传统进行符合时代发展需要的改造，赋予其时代的内涵。这便是中华优秀传统文化的创造性转化和创新性发展在优秀大学文化建设中的具体体现，也是大学自身文化的传承与创新。值得特别提及的是，优秀大学文化建设的关键是价值建设。反映在一流大学和一流学科建设过程中我们会时常面对要做出事实判断和价值判断的情形，如一流大学和一流学科建设评价中的事实判断与价值判断。所谓事实判断，更多着眼于一流大学和一流学科的量化指标的达成而言，而价值判断则关注和强调大学的发展方向和终极价值。一流大学和一流学科建设必须建立起事实判断与价值判断的内在联系，也就是说事实判断中要有价值引导，而价值判断中则须以事实判断为依据。目前，过于量化的事实判断缺乏价值的引导，如对教师的业绩认定与评价往往侧重于简单的量化数字，并以此做出价值判断，从而产生了错误的价值导向。实际上，“从某种意义上来说，把一名教授终身工作的质量还原为一个简单的数字是完全没有道理的。事实上，要对一种思想、一种理论或研究发现的质量进行量化看来是不可能的”[①]。因此，一流大学和一流学科建设须选择反映现代大学的现代价值的指标导向，尤其应注意选择与现代大学发展方向和规律相一致的指标导向。同时，一流大学和一流学科建设要十分重视非量化指标性的一流建设，如大学精神、大学文化、现代大学制度等，尤其是通过完善高等学校内部治理结构，形成调动各方积极参与的长效建设机制。

以上高等教育内涵式发展所涉及的人才培养、体制机制、文化价值三个方面，实际上也体现了高等教育现代化的内涵式发展趋向。下面我们还将选择各自的一个具体问题再作深入阐述。

二、中国高等教育现代化的“人”性回归

教育现代化作为当今教育改革发展的时代趋向，其核心是人的现代化，即教育如何培养现代化的人。其中，素质教育作为一种现代教育理念，通过回答如何培养现代化的人而深度嵌入教育现代化进程之中，成为今天教育现代化的主旋律，也深刻昭示了教育现代化的“人”性回归。

（一）教育现代化与人的现代化

对于“教育现代化的核心是人的现代化”这一常被提及的命题，可作以下几种理解：一种理解是通过人的现代化来推进或实现教育现代化，如通过教师的现代化来促进教育现代化等，从这一意义上，人的现代化往往外在于教育现代化。显然，这是从工具理性的角度来理解和认识人的现代化与教育现代化的关系；另一种理解是人的现代化是教育现代化的题中之意，也就是说教育现代化本身就包含人的现代化，而且人的现代化是教育现代化的关键和核心，也是教育现代化的终极旨归所在，没有人的现代化就没有教育现代化，这主要是从教育是培养人的活动的角度来认识教育现代化，这里所指的人即学生，这也是从价值理性的角度来理解和认识人的现代化与教育现代化的关系。还有一种理解是将前面两种理解结合起来认识人的现代化与教育现代化的关系，即通过教育现

① 卢晓中，谢静. 大学教师荣誉制度与荣誉体系刍议［J］. 江苏高教，2017（11）：1-6.

代化过程来促进人的现代化，它包含培养现代化的学生和教师自身的现代化，其中，教师和学生是教育现代化这一过程的“双主体”，同时也是教育现代化的“双客体”。对人的现代化与教育现代化关系的这一认识似乎更为全面和贴切。

根据以上认识，我们还须进一步回答“什么是人的现代化”？简单说来，就是教育把人“化”为现代人的过程，而在这一教育过程中人的现代性要素不断生成与增长。何谓人的现代性要素呢？通俗来讲就是现代人的素质或现代性要素区别于传统人的素质或传统素质，显然从这一意义上，教育现代化与现在所讲的素质教育又是紧密关联的，或者说在一定意义上教育现代化与素质教育存在内在的、本质的联系，如果说教育现代化的核心是人的现代化，那么“素质教育是教育的核心”（习近平总书记在2016年北京市八一学校考察时提出）[①]。应当说，人的现代性要素所涉及的素质这一概念是一个历史范畴，不同时期对于现代人的素质的认识并不一致。现代性要素的生成与增长包括两层含义，一层含义是针对现代性要素缺失而言的，主要是现代性要素的生成问题。比如，在过去相当长的一个时期，对人的素质要求主要是如何能够更好传承上一代人的知识、经验等，学习也主要是一种维持性学习[②]，因此，人的素质养成（培养与生成）也主要是这种“维持型”素质。进入现代社会，特别是在日新月异的当今时代，对人的创新型素质提出了更高的要求，教育必须着眼于“为一个尚未存在的社会培养新人”“替一个未知的世界培养未知的儿童”[③]，创新性学习与教育应运而生，并致力于培养和生成人的创新型素质；另一层含义是针对现代性要素不足来说的，这主要是一个现代性要素的增长问题。也就是说，有的现代性要素尽管受到关注，但重视不够，以至于养成不足，需要强化，以促进其不断增长。当然，无论是人的现代性要素的缺失还是不足，也都与人的现代化是一个历史范畴密切关联。

众所周知，人的发展是一个连续的过程，人的现代性要素的生成与增长同样是一个不断累积的过程。教育过程又构成了一个相互衔接的系统，教育现代化也是一个持续不断的过程。人的素质的阶段性特征和素质养成

---

① 瞿振元. 素质教育要再出发［J］. 中国高教研究，2017（4）：26-29，36.

② 博特金，埃尔曼杰拉，马利察. 回答未来的挑战——罗马俱乐部的研究报告《学无止境》［M］. 林均，译. 上海：上海人民出版社，1984：21.

③ 联合国教科文组织国际教育发展委员会. 学会生存——教育世界的今天和明天［M］. 华东师范大学比较教育研究所，译. 北京：教育科学出版社，1996：46.

的连续性，决定了素质教育既要针对不同年龄阶段所必备的素质要求来展开，同时又需关注各阶段教育的前后衔接要求。实际上，素质教育便是教育后一阶段在前一阶段素质“存量”基础上的现代素质“增量”过程，而所谓的现代性要素“增量”，既包含现代性要素的增加（这是一个“生成”过程），更包含对现代性要素的“存量”进行更具时代性的内涵丰富，从这一意义上，“增量”即“增长”。如果说在基础教育领域各阶段，由于其基础性特征，使得现代性要素“增量”的“增长”意义更为突出，那么，对于高等教育阶段而言，由于处于教育体系的最后一层级（即第三级教育），该层级的某些阶段性特征更为突出，这便决定了大学所致力的现代性要素“增量”更兼具现代素质的“生成”与“增长”的双重意蕴。比如，当前“专业性”仍然是高等教育领域有别于基础教育领域的一个突出的阶段性特征，所以这种现代性要素的“增量”具有相当的“生成”性。但素质养成的连续性又决定了这种“生成”性并不绝对和完全，也就是说高等教育的“专业性”也需要以基础教育的“基础性”为基础。所以说，人的现代性要素中的“存量”与“增量”并不像物质意义上的事物可以精准区分，而“增量”中的“生成”与“增长”也往往难以决然分开，它们常常是相互关联的，归根结底，这是由人的成长规律和教育规律所决定的。

值得特别提及的是，由于人的素质养成在一定程度上具有不可逆性，因此，教育既要有预见性，比如，教育应致力于培养人的哪些现代性要素，这是设立教育目标时就必须首先明确的；同时，教育各阶段又要相互衔接，瞻前顾后，这就涉及人的培养的系统化问题，比如，人的创新型素质应当是从小开始养成的，而不能仅仅寄希望于大学阶段的培养努力。我们难以想象一个学生在基础教育阶段浸染于应试教育环境中，而在大学教育阶段却突然能使其“井喷”出创新型素质。再如，立德树人是德育的一项重大任务，然而在现实中我们经常看到这样一种情形：中学抱怨小学没有养成学生良好的心理素质和行为习惯，以至于进入中学后学生抗挫折力差，有些基本的道德行为失范；而大学则抱怨中学只教书不育人，尤其是缺乏理想教育，以至于学生进入大学后只关注脚下而不仰望星空，甚至沦为“精致的利己主义者”。学校教育后一阶段总认为要为前一阶段“补”德育课，出现德育“倒挂”现象也就在所难免了。导致以上情形的原因是多方面的，但其中一个重要原因就是学校教育各阶段的德育衔接不够，彼此相互脱节，各行其是。因此，教育各阶段仅有形式意义上的相互衔接是远远不够的，而是要从教育各阶段的人才培养机制诸方面真正相互衔接起来。

不论如何解读教育现代化与人的现代化的关系，在不同的教育领域似乎还有些许差异。如果说在基础教育领域“教育现代化的核心是人的现代化”这一命题的指涉还是明确且有共识性的话，那么在高等教育领域对“教育现代化的核心是人的现代化”这一命题的认识却往往不具唯一确定性，甚至在实践中也未必具有共识度。这与高等教育机构的任务和职能的特殊性尤其是其多重性有相当大的关系，因为高等教育机构除了人才培养这一根本任务和主要职能外，还具有科学发展、社会服务、文化传承创新、国际交流合作等职能，而且，由于种种原因，目前不少大学在实际办学过程中并没有把人的现代化作为其核心或关键，以致“教育现代化的核心是人的现代化”在高等教育领域还只能是一个或然性的命题。应当说，在高等教育领域长期存在的重科研、轻教学的状况和当前一些大学出现的培养人才这一根本任务和主要职能“说起来重要、做起来次要”的现象，可能正是对这一命题在认识上的不确定性的现实反映。当然，更深层次的问题是对大学价值的认识及评价，比如，大学的种种制度性学术平台及科研产出构成的关键性指标，学术平台诸如博士点、重点学科、重点实验室、重点研究基地等，科研产出则包括发表在SCI、SSCI、CSSCI等期刊上的论文、承担重大科研项目和获得重大科研成果奖等，这些关键性指标也常常被视为大学发展的价值根本，并被当作大学质量和水平的主要标志进入官方或民间的各类评价体系或排行榜，政府的资源配置也往往以此为主要依据。实际上，这是一种类似经济“GDP”的高等学校学术“GDP”现象，正如经济“GDP”常常被看作政府的政绩表征，这些学术“GDP”也同样被视为大学办学者的“政绩”表征，从这一意义上大学的学术“GDP”也是一种政绩“GDP”。

虽然近年来培养人才这一根本任务和主要职能受到各方较多的重视，也具有了广泛的共识，但在现实中大学重科研、轻教学这一状况还没有得到根本扭转和改善，教学与科研之间的互促机制还未真正建立起来。究其症结，关键是评价导向尚未真正转变。因此，仅有基本的共识是不够的，如果对大学的评价导向问题解决不了，尤其是外部评价依然维持原有的价值导向，那么，“失去灵魂的卓越”[①]的现象将会长时间存在下去，“教育现代化的核心是人的现代化”也将继

① 刘易斯. 失去灵魂的卓越：哈佛是如何忘记教育宗旨的［M］. 侯定凯，译. 上海：华东师范大学出版社，2007：1.

续作为一个或然性命题，或是一种选择性命题在高等教育领域长期存在下去。这也意味着大学素质教育难以真正地落地生根和取得应有的成效。

（二）人的现代化与大学素质教育

大学素质教育要致力于促进学生的现代性要素的生成与增长，培养其现代素质，无疑应是高等教育不容回避的教育责任。

自素质教育这一概念在我国产生后，它就逐渐成为“最具中国特色的教育思想和教育话语”[①]。如果说当时提出的素质教育主要是在基础教育领域，尤其是针对中小学片面追求升学率的应试教育而提出来的，那么后来素质教育拓展到高等教育领域，则主要针对高等教育过分专业化和实用化取向，在一定程度上忽视这一教育的最高层级的性质和其所肩负的使命。从我国高等教育培养目标和专业设置及教育教学内容等情况来看，长期存在两大问题。一是对专业性的过分追求。后来在 20 世纪 80 年代由于我们对学非所用和专业不对口的不恰当认识，使得这一现象并没有得到有效的改观。二是对实用化取向的过分强调。“文化大革命”结束以后，当人们对教育的经济功能与经济价值重新予以肯定和重视时，相伴而来的是高等教育出现一种实用化的倾向，即从培养目标、专业设置到教学内容，强调学以致用、为经济建设服务、适应经济发展的需要。比如，当时在许多大学办学取向上提出的是“经济建设需要什么专业，我们就办什么专业”“经济建设需要什么样的人，我们就培养什么样的人”。

作为专业教育的高等教育，无疑应当强调其专业性；作为与社会、经济密切相关的高等教育，无疑应当强调其实用性。但如果这种强调达到一个不适当的程度，就会出现偏颇。首先，过去我们在谈使学生适应经济发展的需要时，更多的是注重专业知识与技能素质层面，而对人文、精神和心理素质，则出现了相对的忽视，造成人的素质发展畸形化和片面化。这是与现代大学精神相背离的，是“当代教育最基本的缺失”[②]。其次，过分实用化、专业化取向造成高等教育难以培养出学贯中西、融通文理的大师级人才。人类社会发展的历史表明，这样的大师对社会的进步与发展起着十分重要的作用。高等教育的一个重要使命就是培养大

① 瞿振元. 素质教育要再出发［J］. 中国高教研究，2017（4）：26-29，36.

② 鲁洁. 通识教育与人格陶冶［J］. 教育研究，1997（4）：16-19.

师，来影响和推动社会进程。这种鸿硕之才的造就，是与过分实用化、专业化的高等教育取向不相容的。最后，人的素质表现出很强的结构特征，即素质的各要素元之间互相依赖、相互制约，而且在经济、社会和科学技术高度综合化的今天，对人的综合素质的要求越来越高。因此，过分实用化、专业化的高等教育取向不仅不利于学生素质的有机整合，不利于适应社会发展需要的综合素质的全面提高，并且可能会使关注的专业素质的提高过早进入“高原状态”，最终难以实现人的可持续发展的目标[①]。

2010年《国家中长期教育改革和发展规划纲要（2010—2020年）》提出：“坚持以人为本、全面实施素质教育是教育改革发展的战略主题。”今天，有识之士大力呼吁高等教育领域“面向教育现代化，素质教育要再出发”[②]，应当说，这首先是“不忘初心、继续前进”，是对素质教育这个“初心”的坚守和对以往推进素质教育过程中出现偏差的反思与纠偏。同时，高等教育领域这个“初心”又是一种发展着的“初心”，即与起初大学素质教育针对的“一过四偏”（即人文教育过弱、教学内容偏旧、教育方法偏死、专业口径偏窄、外语水平偏低）[②]相比较，无论是在内涵还是在外延上都理应进行时代的丰富和拓展。大学素质教育的具体路向主要包括如下方面[①]。

1. 着眼于人的可持续发展

2016年联合国发布《2030可持续发展议程》，它将人类社会的可持续发展问题提升到一个新高度，也提供了一些新视角。人的可持续发展和教育的可持续发展问题也成为联合国教科文组织《教育2030行动框架》的重要目标之一：“到2030年，确保所有学习者获得促进可持续发展所需的知识和技能，包括通过教育实现可持续发展和可持续的生活方式、人权、性别平等、促进和平与非暴力文化、全球公民意识、理解文化多样性和文化对可持续发展的贡献。”联合国教科文组织在2016年发布的另一份重要报告书《反思教育：向“全球共同利益”的理念转变？》，在第一章“可持续发展：核心关切”中强烈表达了对于可持续发展的人的发展和社会发展的关切，特别是强调了可持续发展和可持续发展教育对我们人类共同利益的重要性。高等教育处在教育的可持续发展的一个极其重要的阶段，对人的可持续发展意义重大。另外，由于高等教育与社会、经济有着直接的

① 卢晓中. 素质教育——高等教育不容忽视的命题［J］. 江苏高教，1998（6）：52-54.

② 瞿振元. 素质教育要再出发［J］. 中国高教研究，2017（4）：26-29，36.

密切关系，其培养的人才如何，对社会、经济的可持续发展有着极大的影响。因而，这对高等教育的人才培养提出了新课题：一是由于现代科学技术的迅速发展，使得属于专业教育的高等教育，将面临所传授的某些专业知识与技能更易老化和陈旧的困扰。二是过去高等教育阶段是被视为一个人接受教育的最高阶段，也是终结阶段，这便意味着一个人在这一教育阶段结束时，他必须拥有应付其以后全部人生生涯的知识和技能。面对瞬息万变和高度信息化、数字化的当今社会，终身教育思想越来越显示出强大的生命力。显然高等教育将面临不再是人接受教育的最后阶段的全面调适，这里包括大学的教育观念与思想、专业设置和教育内容、教育方法与手段等多方面。因此，《教育 2030 行动框架》特别提出“包括大学在内的高等教育机构，应该支持和倡导提供公平、优质的终身学习的政策制定”。① 三是高科技和高度信息化、数字化社会不仅对学生的专业知识与技能提出了新要求，而且对人的精神和心理方面的要求也越来越高，只有具有良好的心理和精神素质的人，才能持续获得更好的生存和发展。四是对于在市场经济条件下的当今社会，人们将面临职业不断变换的形势，而作为具有职业倾向性质的高等教育，无疑面临着如何培养学生来适应这一形势的问题。

从根本上来说以上诸问题反映出“社会剧变” 的时代特征。因此，大学素质教育必须充分考虑这一时代特征。从总的思路上，大学素质教育应当着眼于“以不变应万变”。这主要包括两方面内容：一方面是在专业知识与技能的获得上强化选择性，即在继续重视专业知识与技能的教与学的同时，应充分考虑到选择使学生掌握什么样的专业知识与技能，这里要体现出一种“不变”的思想，如强化专业知识与技能的基础性等。另一方面则包括两层含义，一是着力培养学生一种能在其一生中更好地生存、持续发展的素质。这种素质的养成具有稳定性，能使人终生受用。一旦当学生拥有了这种素质，在其以后的人生道路上可以更好地持续学习和发展；二是这种素质的养成、发展与完善又是一个长期的，甚至是贯穿人的一生的过程。因此，从这两层含义上，大学素质教育是与终身教育思想一致的，体现了教育对社会和对人自身的终极关怀，也反映了社会和人的可持续发展的辩证关系。

---

① 熊建辉，臧日霞，杜晓敏. 迈向全纳、公平、有质量的教育和全民终身学习——《教育 2030 行动框架》之具体目标和指示性策略［J］. 世界教育信息，2016（2）：18-27.

教育作为培养人的社会活动，终归要落实到人的培养上。从根本上来说，着眼于人的可持续发展，为人的终身幸福奠基，应当是现代教育的终极旨归。这便决定了教育决不能过于功利化，教育质量决不能仅以某些狭隘的、短期的功利目标为取向。当前大学人才培养出现的一个突出问题是，许多大学（甚至包括一些处在我国高等教育体系顶部的研究型大学）越来越成为培养适应学生求职需要的知识和技能等素质的“加工厂”，而对学生心理素质、道德品质、社会责任意识等可持续发展素质的养成却相对忽视，正如钱理群先生尖锐指出的那样，我们的一些大学，包括北京大学，正在培养一些“精致的利己主义者”[①]。2014 年 9 月16日清华大学教授施一公院士在欧美同学会暨中国留学人员联谊会第三届年会上也坦言当前中国大学的根本导向出了问题，他所在的清华大学的学生从入学开始，就要接受“就业引导教育”，教育学生以就业为目的去学习，在他看来这是不可思议的，“大学办好了自然就会就业，怎么能以就业为目的来办大学”。

因此，大学教育必须从根本上转变人才培养现行的“加工厂”质量观和学术“GDP”发展观，确立大学发展的绿色“GDP”发展观，实际上这就是一种大学素质教育的思想。绿色“GDP”（可持续收入）的基本思想是由希克斯（Hicks）在其 1946 年的著作中提出的，它指将经济活动中所付出的资源耗减成本和环境降级成本从 GDP 中扣除后的计算结果。绿色“GDP”占 GDP 的比例越高，表明国民经济增长的正面效应越高，负面效应越低，反之亦然。在大学发展中引入绿色“GDP”这一概念，旨在强调大学的管理和评估除了要关注可量化的产值外，更需要关注大学全面的、长效性的、可持续的发展。如大学特色的形成和发展要聚焦在人才培养模式的创新上；重视大学文化的建设，充分发挥文化对学生品性养成的熏陶作用，等等。由此可见，大学绿色“GDP”发展观的一个核心就是着眼于大学和人的可持续发展。

2. 着眼于人的素质的综合发展

人的素质的结构化性质决定了素质要素之间的相互依赖、相互促进及相互制约的关系，从而也决定了人的素质培养与生成的整合性特征。这是从素质教育为什么要重视人的综合素质培养的一般意义而言的。具体来说，主要可从以下两方面来认识学生的素质综合发展问题。

---

① 谢湘，堵力. 钱理群：北大等在培养利己者 他们掌权比贪官危害更大［N］. 中国青年报，2012-05-03（03）.

第一，应当立足于学生全面素质的培养。根据未来社会对人的现代素质要求及大学教育现状，从弥补不足的角度，当前大学素质教育应特别加强社会责任意识与品德素质、专业知识基础素质、批判性思维与创新素质、人文素质、合作与交往素质、精神和心理素质、信息素养等的培养。正如《教育 2030 行动框架》所指出的，教育 2030 目标是“将确保每一个人都获得坚实的知识基础，发展创造性思维、批判性思维以及合作性技能，培养其好奇心、勇气及坚韧性”①。

第二，应当根据未来社会发展对人的合理的素质结构的要求，以及学生的个性特征，对学生的素质进行有机整合，使之既能适应未来社会对人的合理素质结构的要求，又能满足学生个性发展的需要。这里还需要澄清几个认识问题。第一个问题是专业教育与素质教育并非是“非此即彼”的一对对立的概念范畴（类似“应试教育”与“素质教育”），不能说专业教育不属素质教育。姑且不论在专业教育过程中，可以也应当着力于专业素质以外的普通（通识）素质的养成，如自然科学学科中所蕴含的人文教育内容对学生人文素质的养成具有重要作用，即使专业素质本身，也是人极其重要的素质要素。相对专业教育而言，素质教育是作为一种教育理念，而专业教育则可视为践行这一教育理念的素质教育实践。我们所针砭的是目前高等教育领域仅仅重视专业素质教育（注意专业素质教育与专业教育的区别），忽视其他素质尤其是人文素质的教育，应当说这种专业教育是一种不完全的素质教育。有学者把大学素质教育与专业教育决然分开，而仅仅局限于“普通教育”或“通识教育”，这不仅在学理上值得商榷，而且也会给大学教育教学实践带来误导，比如，从事专业课教学的教师还要不要对学生进行素质教育（通识教育），或者说还有没有这个职责？

第二个问题是近年来大学素质教育比较重视和强调学生的人文教育问题，主要还是针对当前大学生人文素质的缺失而言的，这仍是今后大学素质教育的一个重要路向。《反思教育：向“全球共同利益”的理念转变？》就明确提出教育应该以人文主义为基础，尊重生命和人类尊严②。但这并不意味着科学素质教育已经做得很好而不需要进一步加强，更不意味着科学素质教育不重要。对人文素质和人文教育的强化，一定不能以对科学素质和科学教育的弱化为代价。在高科技和高度信息化、数字化的当

---

① 熊建辉，臧日霞，杜晓敏. 迈向全纳、公平、有质量的教育和全民终身学习——《教育 2030 行动框架》之具体目标和指示性策略［J］. 世界教育信息，2016（2）：18-27.

② 联合国教科文组织. 反思教育：向“全球共同利益”的理念转变?［M］. 联合国教科文组织总部中文科，译. 北京：教育科学出版社，2017：28，24.

今时代，需要倡导的是科学精神与人文精神的高度整合。值得指出的是，过去人们常常是把人文教育与人文学科教育混为一谈，似乎人文素质培养需要加强人文教育，也就是人文学科教育。实际上人文教育是一个内涵更为丰富的概念，它包括人文学科教育中的人文素质培养、自然学科教育中的人文素质培养，以及其他一切有利于人文素质的养成的教育活动。我们今天所谈的科学教育也应当是一个“大科学”的概念，即不仅是自然科学的教育，还包括人文科学、哲学社会科学的教育，所致力培养的是学生的“大科学” 素质。从以上的视角出发，我们更容易理解科学教育与人文教育整合的使然性，以及素质教育的综合性。

第三个问题是关注人的素质的综合。强调全面发展并不否定人的个性发展，更不意味着大学培养千人一面、整齐划一的人。一方面，人的素质的结构化特征，并不表明对每个人来说这种结构的同一性。即使我们可以假设一般人的素质要素是相同或相似的（关于这个问题仍颇有争议，甚至包括素质概念本身），但涉及具体的人，由于受先天因素及后天环境的影响，在某个或某些素质要素方面人与人之间必定存在差异。特别是经过素质要素间的有机组合而形成人的整体素质结构以后，这种差异性会更加凸显，即出现类似化学分子结构中的“同分异构”现象，由此也从素质结构上体现出人的个性特征。另一方面，从培养社会人的角度来说，大学教育必须尊重人的个性发展，同时也需要通过培养各具个性的人才来满足和适应现代社会多元化的需要。因此，无论是从人的素质的客观性质及特征，还是从社会和人的发展的实际需要考虑，都要求尊重人的个性差异这一客观性质，重视人的个性发展。

3. 着眼于人的适应与创造的一致性发展

长期以来大学教育的培养目标更强调所培养的人才对环境和社会的适应，而这种适应只是在外界环境压力下被迫做出的反应性调整，或对一个预设的和定型的未来社会的被动调适。这里就存在两方面问题。一是教育是为未来社会培养人的，而这个未来社会可以是人们的预设，而不是现实，一旦这个预设与未来的现实不符，教育培养的人就面临着一种不适应。二是从根本上来说，未来原本就不存在，需要我们教育培养的人去创造。因此，这便要求教育培养人极大地发挥主观能动性和创造性，主动去改造环境，创造未来，使环境、社会与人处在一种良性互动的适应状态。在这种状态下，人将遵循自然与社会发展的客观规律，并按照自己的主观意志，促使环境与社会产生积极变化，同时又自觉地与之相适应。正如澳大利亚未来委员会主席埃利雅德（Eliyad）博士为该委员会立下的座右铭所言：

“未来并不是我们要去的地方，而是一个我们要创造的地方。通向它的道路不是人找到的，而是人走出来的。走出这条道路的过程既改变着走出路的人，又改变着目的地本身。”①这也是大学素质教育为什么要致力于培养人的适应性与创造性相统一的素质的合理诠释，也可促使大学毕业生“不再仅仅是求职者，而首先将成为新工作岗位的创造者”②。

三、中国高等教育现代化的体制创新

改革成为当下教育领域的一个“热词”，而这一“热词”的“热点”往往是源于对过往教育改革的“冷思考”，如近年来人们在检视和反思教育改革的基础上，提出中国要“重启教育改革”或“教育改革再上路”，并要大力推进教育领域的“真改革”。在教育领域进行一场“真正的改革”的同时，还应避免教育改革的“高开低走”。实际上，自改革开放以来，中国教育改革就一直在路上，从这一意义上，“重启教育改革”或“教育改革再上路”所表达的实质上是对教育领域“真改革”的一种期许。那么，认识和分辨教育改革的真伪，我们认为可从以下两方面研判：一是从改革的实质而言，即“改革的实质是体制创新”③。基于对改革这一实质的认识，应当说过去许多所谓的“教育改革”，并不涉及创新体制或变革制度，因此很难谈得上是“真改革”。甚至“迄今为止的高等教育领域综合改革基本上是在‘浅水区’蹒跚而行。”④也有将“改革发展”视作一个概念，把一些正常的教育发展问题甚至做法，当成是教育改革问题⑤，模糊了改革与发展、做法的区别，从而消弭了改革的“创新度”，降低了改革的“难度预期”，这也是造成“真改革”不多的重要缘由之一；二是从改革的进程及其效果来考察，虽然一些教育改革也是着力于创新体制和变革制度，但在教育改革的实际推进过程中并没有真正体现教育改革的创新精神，不少教育改革虎头蛇尾，以致常常“高开低走”。

如何才能确保高教领域的“真改革”呢？一种有代表性的观点认为，当前高教领域综合改革须通过选择“自上而下”的改革，继续强化和落实

---

① 国家教育发展研究中心，中国联合国教科文组织全国委员会秘书处. 未来教育面临的困惑与挑战——面向21世纪教育国际研讨会文集［C］. 北京：人民教育出版社，1991：26.

② 联合国教科文组织. 21世纪的高等教育：展望和行动世界宣言［J］. 教育参考资料，1999（1）：6-9.

③ 陈俊宏. 中国特色社会主义理论体系核心观点解读［M］. 北京：中共中央党校出版社，2011：75.

④ 王建华. 重启高等教育改革的理论思考［J］. 高等教育研究，2014（5）：1-10.

⑤ 吴全华. 教育改革与教育发展关系概论［J］. 现代教育论丛，2013（6）：15-20，30.

政府作为教育改革推进者的主体地位，来开启“真改革”和避免改革的“高开低走”①。

应当说，历来中国高等教育改革大都是“自上而下”的，如果说高等教育领域的“真改革”尚不多是一个事实，似乎也很难简单归因于“自上而下”改革的缺失。实际上高等教育改革存在的问题，就如高等教育本身存在的问题一样，其原因是比较复杂和多样的。但以上观点提出了一个高等教育改革发展必须认真面对和回答的问题，即当下深化高教领域综合改革究竟需要“自上而下”，抑或是“自下而上”的改革？也就是我们究竟需要一种怎样的改革方式，才能使改革“真”起来，并持续保持“高开高走”的态势？因此须对这一问题做一初步探讨，以寻求一个正确的认识。

（一）高等教育体制改革的“自上而下”与“自下而上”

改革的“自上而下”（以下简称“上”）与“自下而上”（以下简称“下”），主要指改革发动者是源自改革主体的系统上端或系统下端。应当说，改革的“上”和“下”既是一个认识论问题，更是一个方法论问题，两者之间关系比较复杂，同时也具相对性，难以做出简单的归类或进行非此即彼的“二分法”。

从改革的“上”“下”的历史与现实样态来看，不同历史时期的改革“上”“下”可能不一样；不同区域改革的“上”“下”也会有所差异；不同系统改革的“上”“下”也常常不一致；不同层面改革的“上”“下”也是相对的，尤其是对于不同主题的改革，“上”“下”更可能是选择的方法论问题，如涉及管理体制的改革往往选择“上”，而关乎课程和教学方面的改革则以“下”居多。

值得指出的是，改革的“上”与“下”作为一种主动行为，更多地表现为基于改革认识上的一种策略选择。如有的改革可能是形“下”实“上”，而有的改革却是形“上”实“下”；一些改革是先“上”而后“下”，另一些改革则可能是先“下”而后“上”。无论是何种情形，都涉及对改革的认识及推进改革的策略选择。

如果将改革看作一个系统，它可以概分为五个层次：第一层次为改革的愿景与纲领；第二层次为改革的目标与定位；第三层次为改革的思路与路径；第四层次为改革的实施与推进；第五层次为改革的监督与评价。

① 罗志敏. 高校治理改革：怎么做才是“真改革”［N］. 光明日报，2015-06-23（13）.

应当说，确定一项改革的“上”或“下”，与改革的层次密切关联，即改革的“上”与“下”，很大程度上取决于改革发动者的上端或下端所涵盖的改革层次。一般而言，当上、下端的改革发动者至少主导改革系统的前三个层次，方可确定改革的“上”或“下”，或被认定为改革的“上”或“下”。假若仅仅是主导其中某一个层次，尚不能确定改革的“上”或“下”。如上端的改革发动者所主导的仅是改革的第一层次“改革愿景与纲领”，就很难说此改革为“上”改革。以一项省域层面的课程改革为例，尽管这类改革的愿景或纲领大都由省级教育主管部门提出，但改革的目标与定位、思路与路径、实施与推进等，皆为基层主动而为，并最终引领和带动了全省的课程改革。此改革应归属于“下”改革而非“上”改革。同时，改革的“上”可以转化为“下”，即先“上”后“下”。同样地，改革的“下”也可以转化为“上”，也就是先“下”后“上”。改革的“上”“下”是一个相对的概念，同一改革过程之中往往两者兼具。如何使这种改革的“上”“下”兼具从自发到自觉，并依据其内在联系，建立起两者良性互动、有序运行的改革机制，应当是解决当前教育领域改革的“真”“伪”问题，避免“高开低走”的关键所在，也应是“重启教育改革”或“教育改革再上路”的基本路向。因此，必须基于“上”“下”协同来深化高等教育领域的综合改革。

1. 深化高等教育领域综合改革的“自上而下”

从当前深化高等教育领域综合改革来说，其着力点主要聚焦在大学治理现代化和现代大学制度建设方面，具体包括推行高教领域的“管办评分离”和“放管服”改革，落实与扩大高等学校办学自主权，设立政府管理高等学校的“负面清单”；建立高等学校自主办学、自我约束的自我发展机制；强化高教评估的科学性、客观性、专业性，引进第三方专业评估，以及加强国际性专业评估；建立完善的高等学校分类发展政策体系，推进高校分类评价，引导高等学校科学定位，特色发展；等等。显然，从这些改革的发动、主题及其推进策略等因素来看，具有较为明显的“上”改革特征。

如高等学校如何在获得自主权的同时，不断完善其内部治理结构，从而达成善治，是当前深化高等学校内部管理体制改革的关键所在。国家层面对高等学校这一重大改革问题的顶层设计所涉及的思路和内容，主要包括制定高等学校章程，健全高等学校学术委员会制度，探索高等学校建立理事会制度，完善高等学校党委领导下的校长负责制等方面，而且这些改革方面近年来都出台了相应的政策规定，如《国家中长期教育改革和发展规划纲要（2010—2020年）》提出："探索建立高等学校理事会或董事会，健全社会支持和监督学校发展的长效机制。"中共中央办公厅印发的《关于坚持和完善普通高等学校党委领导下的校长负责制的实施意见》，教育部发布的《高等学校学术委员会规程》，等等，明确了改革的方向和要求。

再如在人才培养体制改革方面，十八届三中全会通过的《中共中央关于全面深化改革若干重大问题的决定》强调："创新高校人才培养机制，促使高校办出特色争创一流。"这为高等学校人才培养改革确立了路线图和着力点，即高等学校办出特色争创一流的着力点要放在人才培养机制的改革上。应当说，这对于纠偏长期以来存在的高等学校特色建设游离人才培养这一中心和一流大学创建仅发力于提升学术指标而疏于人才培养以致出现的"失去灵魂的卓越"现象[①]，无疑具有十分重要的现实指导意义。

当前深化高等教育领域综合改革，除了深受改革的文化传统与路径依赖的影响外，更因为深化高等教育领域综合改革的主题及其确立方式决定了这一改革的"自上而下"，甚至某些改革项目的任务书、路线图和时间表，都为上端所确立。如作为依法治校和现代大学治理的标志性改革的高等学校章程建设，从制定的要求，到完成的时间，教育部皆分类并作出了明确、具体的规定要求。另外，许多深化高等教育领域综合改革在相当意义上具有某种"革命"的性质，往往需要"革"上端的"命"方能顺利推进，诸如推进"管办评分离"，落实与扩大高等学校办学自主权等。如何促使上端的"自我革命"则应是改革的最佳选择。毫无疑问，这种"自我革命"也在相当程度上决定了改革"自上而下"的必要与必须。此外，不少深化高等教育领域综合改革举措有赖于上端创设良好的政策制度环境，为改革领航和护航。尤其是当改革进入到"深水区"，急需攻坚克难，这种"领航"和"护航"就显得尤其重要。

2. 深化高等教育领域综合改革的"上""下"协同

虽然"自上而下"的改革对于当前深化高等教育领域综合改革必不可少，甚至在相当程度上是主导性改革，但历史和事实已表明，仅强调"自上而下"的改革并不能解决长期以来高等教育领域改革碰到的种种难题和痼疾。可以认为，当下高度关注并推动"自下而上"的改革，并与"自上而下"的改革相呼应，主动促进两者的相互转化与互动，从而形成"上""下"协同的改革机制，对于深化高等教育领域综合改革具有更为

---

① 刘易斯. 失去灵魂的卓越：哈佛是如何忘记教育宗旨的［M］. 侯定凯，译. 上海：华东师范大学出版社，2007：1.

重要的现实意义。这里之所以特别主张高等教育领域“自下而上”的改革，除了当下此类改革的实际缺失以致改革难以深化外，更因为其特有的优势和功效。

第一，推动“自下而上”的改革有利于找准“真问题”，从而推动“真改革”。习近平总书记指出“改革是由问题倒逼而产生，又在不断解决问题中而深化。”[①]“真改革”要从“真问题”着手，一些“伪改革”主要是缘于“伪问题”。特别是教育作为百年树人的崇高事业及其育人本质，在相当程度上决定了教育改革应着力于治本而非治标，甚至从某种意义来说教育改革只有治本没有治标，而找准教育的“真问题”则是治本的逻辑起点。找准教育的“真问题”通常有两种情形：一是教育的“真问题”大都来源于基层的教育实践，而且基层对教育实践中的“真问题”有特别的敏感和深刻的认识；二是虽然教育的一些“真问题”在上层，但往往表征在基层。因此，在基层教育实践过程中可以发现“真问题”，从而提出“真问题”，并寻求解决“真问题”的改革途径。同时，改革的“真”与否也需要接受实践的检验，从这一意义上，实践同样是检验“真改革”的唯一标准，也就是改革有没有真正解决高教实践中的“真问题”。

第二，推动“自下而上”的改革有利于激发基层改革的积极性、主动性，增强基层改革的责任感。基层不仅能发现和找准“真问题”，而且对“真问题”带来的危害更具深刻的认识，甚至有切肤之痛，对解决“真问题”的“真改革”有着更为真切的期待。因而，“自下而上”的改革对于调动基层的积极性、主动性和增强责任意识，其作用是显而易见的。

第三，推动“自下而上”的改革有利于激发基层改革的创造性。改革的本质在于创新，而基层蕴藏着巨大的创新力。从我国近几十年来的教育改革看，在微观领域那些影响大、成效大、共识高且具有持久生命力的“真改革”，许多都出自教育基层或教育一线。推动“自下而上”的改革有利于因地制宜、因校制宜。各地各校情况千差万别，碰到的教育难题也五花八门，着眼于难题破解的改革不可能“一刀切”，而必须根据具体情况和实际问题进行富有针对性的改革施策。

值得注意的是，注重高等教育领域“自下而上”的改革，并不意味着“自上而下”的改革不重要，更不是对其简单否定，而是要着眼于通过加强推进高等教育领域“自下而上”的改革，并与“自上而下”的改革形成

---

① 习近平. 习近平在布鲁日欧洲学院的演讲（全文）［EB/OL］. http://xinhuanet.com/world/2014-04/01/c_1110054309.htm（2014-04-01）［2016-04-10］.

良性互动，形成“上”“下”协同的综合改革机制。应当说，这种“上”“下”协同的综合改革机制无疑是教育改革综合性的重要体现，也是教育改革的深化之途和治本之策，反映了当前教育改革“综合”“深化”“治本”三者之间的本质联系和高度一致的时代特征，即教育改革的“治本”，有赖于“深化”，而“深化”教育改革，又必须“综合”施策。

要真正形成“上”“下”协同的综合改革机制，当前急需解决“权力”下放问题，这里包括强化省级政府对高等教育的统筹权和落实高等学校的办学自主权，而后者显得更为迫切。如果说当前高等教育改革的一个重要旨趣在于落实与扩大高等学校办学自主权，那么落实与扩大高等学校改革的自主权应是题中应有之义。1985 年《中共中央关于教育体制改革的决定》就指出：“对不同的高等学校，国家还可以根据情况，赋予其他的权力。”特别强调使高等学校拥有改革的自主权。

具体而言，高等学校改革的自主权涉及两个相互关联的问题：一是如何为高等学校改革自主权的行使留下足够空间，即“留白”改革。当前各级政府推进的“负面清单”的改革模式便是一种典型的“留白”改革，它旨在释放高等学校改革的自主权，扩大高等学校自主改革空间，增强高等学校自主发展活力；二是如何确保获得改革自主权的高等学校用好权、善用权和责权相称。2010 年《国家中长期教育改革和发展规划纲要（2010—2020 年）》则提出进一步完善高等学校内部治理结构，包括完善党委领导下的校长负责制，制定大学章程，切实落实校务公开、民主管理等制度，建立健全自我约束的运行机制。

3. 深化“上”“下”协同的高等教育领域综合改革路径选择

第一，试点改革。以“自下而上”改革为切入点，最终达成“上”“下”协同的综合改革机制的重要方式，也是一种既往常用的典型方式。如习近平总书记指出的：“试点是改革的重要任务，更是改革的重要方法。试点能否迈开步子、趟出路子，直接关系改革成效。要牢固树立改革全局观，顶层设计要立足全局，基层探索要观照全局，大胆探索，积极作为，发挥好试点对全局性改革的示范、突破、带动作用。”[①]改革历史证明，试点关乎改革成效，不试点，再宏伟的蓝图也难以下笔，再伟大的设计也难以施工，再正确的理论也难以实践[②]。在试点改革中，改革的愿景与纲领（改革的第一层次）源于改革系统的上端，同时通过充分调动

① 习近平. 在中央全面深化改革领导小组第十三次会议上的讲话［N］. 人民日报，2015-07-03（01）.
② 李永忠. 试点关乎改革成效［N］. 人民日报，2015-07-03（05）.

基层改革的积极性、主动性和创造性，“自下而上”地推动改革不断深入。在“试点—总结—改进”的循环过程中不断累积改革的经验、形成改革的模式。然后，通过从点到面的推广，“自上而下”地推动全面改革。上海在2014年选择7所高等学校首批试点建设现代大学制度，并确立了现代大学制度建设的通则（愿景与纲领）。通则主要涉及以下方面：全面推进高等学校章程建设，包括通过章程明确学校与政府之间的权利与义务，明确内部治理结构和组织运行制度，稳步推进学校“去行政化”改革；探索高等学校治理新机制，包括探索建立由举办者代表、学校党政负责人、教职工代表、企业行业代表和社会知名人士等多元参与的校务委员会（董事会、理事会）制度，健全社会支持和监督学校发展的长效机制；建立以学术委员会为核心的学术管理体系，包括完善二级院系学术管理，发挥专家教授在学科建设、教学科研等学术事务中的主导作用，探索教授治学的有效途径，推动“学术权力”和“行政权力”相对分离；探索以创新人才培养体系为核心、以二级学院为基础单位的综合改革，包括健全院系领导决策管理和教职工代表大会的民办管理等制度，给予院系在学生招录与选拔、人才培养、师资聘任及考核、经费使用等方面的主导权，激发院系办学活力①。在以上通则基础上，试点高等学校可根据各自校情自主进行大胆探索，积累改革经验和成功做法，使试点真正成为改革克难关、解难题的利器。

试点改革的另一种情形是，通过发现基层自主改革的典型，并将其纳入试点改革的制度安排，以点带面，进一步寻求其放大效应。这就需要密切关注和联系基层，特别是加强对基层自主改革的调研，善于发现基层自主改革的典型。

第二，契约改革，即以契约精神引领体制创新②。“契约”一词源于拉丁文，在拉丁文中的原意为交易，契约是人类在相互交往中产生的，是商品经济的必然产物，而契约精神是商品经济发展到一定程度所形成的一系列原则和规范所凝聚而成的精神，其中契约自由原则、平等原则、权利原则是其核心内涵③。虽然现代意义上的契约精神源于西方，但契约改革在欧美也曾面临种种困境。如何复兴和推进以现代契约精神为引领的契约改革成为当下西方高度关注的问题。如2014年欧洲中央银行行长德拉吉

---

① 杨育才. 上海7所高校首批试建现代大学制度［N］. 新闻晨报，2014-09-24（A14）.

② 冯蕾. 投融资改革：以契约精神引领体制创新［N］. 光明日报，2015-08-04（01）.

③ 杨先保. 政治视野中的契约精神——社会契约论的挑战与复兴［J］. 华中科技大学学报（社会科学版），2006（3）：30-34.

（Draghi）指出，需要建立欧洲层面的改革规则来推进结构性改革，从而重新激活欧洲的“改革契约”[①]，这是继 2013 年德国提出“改革契约”后试图将之上升至全欧洲的集体行动。

伴随着新公共管理理论向教育领域的渗入且影响不断扩大，契约改革也在教育领域兴起，尤以美国为代表。20 世纪 80 年代以来，美国的学校教育改革经历了传统意义上的改革、校本管理、磁石学校、学券制、特许学校和特许学院等多种形式，契约学校是当前制度及前面所施行策略的“混合物”[②]。2002 年 1 月，乔治·布什（George Bush）总统正式批准通过“不让一个小孩落后”的《初等及中等教育修正法案》（*The Elementary and Secondary Education Act*，ESEA）。该法案要求大力发展契约学校，如“补助 2 亿元帮助新成立的 700 所新契约学校，并提供额外的协助给现有超过 1000 所的契约学校”。如今，契约学校在美国发展迅速，合同制被认为是为公立学校提供了一种全新的治理模式[③]。

对于深化高等教育领域综合改革而言，契约改革的推进包括：改革的愿景与纲领（改革的第一层次）由上层提出，改革的具体目标与思路、路径及推进路线、时间表由基层设计，并以契约的方式实施。契约改革强化了改革的目标、任务、路线、时间和需获得的支持（政策、资源等）、成效评估与问责，重在调动基层改革的积极性、主动性，增强基层改革的责任感。同时，契约改革也保证了上层的引领与支持，从而使“上”“下”改革真正做到协同与互动，最终推动改革目标的达成。缺乏引领与支持的“自下而上”的改革往往难以成功，或改革成效难以放大。

（二）高等学校的效率与自主权

高等学校的效率与自主权是高等教育体制改革中两个重要且密切相关的理论和实践问题。高等学校效率有其特殊性。高等学校自主权具有两种意蕴与旨趣：一种是扎根于学术自由传统的高等学校自治，注重大学精神的坚守和大学品质的追求；另一种是基于市场经济规则的高等学校自主，讲求效率优先，强调高等学校主动适应经济社会发展的需要，强化量化产出与成本核算。高等学校应当通过完善内部治理结构、促进高等学校

---

① European Central Bank. Memorial Lecture in Honour of Tommaso Padoa-Schippa［EB/OL］. http://www.ecb.europa.eu/press/key/date/2014/html/sp140709_2.en.html（2014-07-09）［2020-09-27］.

② Ravitch D，Vitentti J P. New Schools for a New Century［M］. London：Yale University press，1997：62，61.

③ 盛冰. 契约学校：美国学校教育改革的新动向［J］. 教育科学，2003（6）：58-61.

内部治理体系与治理能力现代化来提高效率。

高等学校的效率与自主权是高等教育领域中两个重要且密切相关的理论和实践问题。一方面，高等学校自主权的落实和扩大是世界高等教育发展的一般趋势，而自主权的落实和扩大又与高等教育系统内部的竞争相伴而生，一所高等学校如何在竞争中求得更大的生存和发展空间则有赖于其效率的提高；另一方面，高等学校自主权的落实与扩大的一个重要趣旨就在于提高高等学校效率。下面试对高等学校效率与自主权的关系进行探讨，并对完善高等学校内部治理结构、提高高等学校效率提出若干思考。

1. 效率与高等学校效率的特殊性

（1）何谓效率？“效率”（efficiency）一词源于物理学，后逐渐引入经济学，并成为经济管理中的重要概念之一。新古典经济学的“效率”强调稀缺资源的配置问题，即如何分配和使用各种资源以最大限度地满足需求。美国经济学家保罗・A. 萨缪尔森（Paul A. Samuelson）认为：“在一个经济资源和技术既定的条件下，如果该经济组织能够为消费者提供尽可能的各种物品和劳务的结合，那么这个经济就是有效率的。”[①]可见，当前经济学对效率的界定至少包含两方面含义：一是配置效率，即在完全竞争的市场中使生产要素在不同行业或部门间自由流动，衡量资源是否分配到最适宜的使用方向上以获得有效产出；二是组织效率，就是在现有资源配置不变的情况下，通过改进管理、技术进步来获得更多的产出，反映的是内部组织状况对产出的影响。无论是对资源利用率的衡量，还是测定内部组织状况对产出的影响都离不开投入与产出的比值，故而效率的核心内容即投入、产出及两者的比例关系。简而言之，效率是一种比例关系，反映单位时间内的投入与产出之比。

（2）高等学校效率的特殊性。随着效率概念在经济领域中的广泛运用，它也开始对包括高等教育领域在内的其他领域产生重要影响。20 世纪 80 年代，联合国教科文组织就明确提出：效率是高等教育发展的核心概念之一。高等教育资源的稀缺性催生了“效率”这一概念由经济领域向高等教育领域的移植，成为高等教育现代化的一个重要因素。20 世纪 90 年代随着知识经济时代的到来，世界各国的高等教育需求不断增加，同时受新公共管理理论的“有限政府”思想影响，高等教育面临着资源不足与发展需求不断增长的尖锐矛盾。如何使有限的教育资源得到

① 萨缪尔森，诺德豪斯. 经济学［M］. 萧琛，译. 北京：商务印书馆，2010：207.

最优化的配置和最高效的产出成了解决高等教育供需矛盾的突破口。另外，现代高等学校的资源不足与效率低下往往并存，与其他类似的现代社会组织一样，组织运行的高效率就成为当前高等学校改革发展中的普遍追求。

从词源意义上，“高等学校效率”顺承了对“效率”的一般解析，是将高等教育作为生产或经济活动而出现的范畴，指高等学校生产中资源的有效配置和使用，表现为投入到高等学校中的各种资源与产出成果之比。[①] 然而，从教育学角度而言，“高等学校效率”作为教育领域的研究对象，又不是对经济学意义上“效率”的简单移植而有其特殊性。首先，高等学校效率是质与量的统一，且具有明显的滞后效应。高等学校效率中质的规定性集中表现为产出成果自身的品质优劣及其社会影响的良性与否。高等学校产出包括培养的人才、科研成果和直接为社会提供的服务等，其中高等学校培养的人才是最基础、最重要的产出，而这种产出的质的规定性常常是滞后的。此外，质与量的统一不仅体现在产出环节，也贯穿于办学的全过程，如时间和教学设备的有效利用率、师资安排的合理程度等，也就是说，不仅关注教育资源投入数量的多少、质量的优劣，更强调对投入资源的合理配置和充分利用，强调消耗适当的教育资源生产出满足社会需求的高质量的人才、科研成果及社会服务成果。只有将质与量视为高等学校效率共生的内涵，才能摒弃有量无质的效率观，实现高等学校有序、健康、可持续发展。其次，高等学校效率的衡量具有模糊性，就高等学校投入与产出的难以量化和教育生产与消费过程的统一性来看，高等学校效率必然是一个难以精确测量和客观量化的对象。通常高等学校的投入不仅包括一定量的人、财、物资源，还包括高等学校内外部的制度、政策等因素，对上述投入要素的测量很难量化和统计。同样，高等学校的产出也并非都是可以直接量化的物质产品，而主要是难以直接用货币计量的人才等，同时还要综合考量高等学校培养人才的质量，以及所提供社会服务的优劣等。此外，高等学校生产过程和消费过程具有同一性，表现为学生作为高等教育服务的主要消费者，直接参与到高等学校生产的过程中。换言之，高等学校的投入与产出反映的是生产者与消费者共同的劳动贡献，难以简单分开测量。

高等学校效率的特殊性还源于大学的文化传统和高等教育的产业属性。所谓文化传统，即大学“闲逸好奇”的原生禀赋。正如弗莱克斯纳所

① 王善迈. 教育投入与产出研究［M］. 石家庄：河北教育出版社，1996：188.

言："他们力求了解他们所生存的世界，就像做一件好奇的事情一样。"[①]这种闲逸好奇表明学者是在一种清闲舒适、恬静安逸的环境中，出于浓厚的兴趣而展开对事物的研究、对真理的探寻[②]。"清闲舒适"是对时间和精力的"放纵"，这恰恰与高效率中所要求的低投入相悖；"浓厚兴趣"则意味着在一定程度上忽视外界的需求，这似乎又与产出尽量符合社会需求的要求常格格不入。

高等教育具有非营利性的产业属性。虽然高等教育在占用一定资源的条件下，对文化、精神等无形产品进行生产，存在一定的投入与产出的关系，并联结一定的经济活动，无疑是一种产业，但较之于普通的产业，高等教育产业具有非营利性特征。这种非营利性特征得益于国家行政管理的需要：国家行政管理的目的之一是缓和社会各阶层间的对立和利益冲突，集中反映在缩小各阶层对物质财富和精神财富占有情况的差距[③]。为了实现对精神财富占有的相对自由、平等，国家诉诸教育——将教育视为准公共产品，赋予其非营利性的属性。高等学校作为非营利性机构，既无提高效率的内在动力，也无外在压力。一方面，非营利性意味着高等学校的盈余不得进行分红或变相分红，只能继续投入以扩大办学规模或改善办学条件，这就使得高等学校内部人员失去了提高效率的动力，导致一味投入、不管产出；另一方面，社会普遍将教育视为消费和福利而不求利润和回报，容易使得高等学校缺乏提高效率的外在压力，从而忽视效率。

2. 高等学校自主权与效率

（1）高等学校自主权的意蕴。自主权是与高等学校效率密切相关的一个概念，如果说提高高等学校效率是高等学校改革发展的内在诉求，那么落实和扩大高等学校自主权便是实现这一诉求的有效途径。高等学校自主权也是与高等学校自治、自我调节等基本同义或近义的概念，主要指高等学校拥有决定学校专业和学科设置、人事和师资的任免和聘任、课程发展、学位资格的审查认可及授予、学生入学与分配等方面的权力，即大学自主地治理学校、自主地处理学校内部事务，最小限度地接受外界的干预和支配[④]。

---

① 布鲁贝克. 高等教育哲学［M］. 王承绪，等译. 杭州：浙江教育出版社，1987：12.

② 王同亿. 新现代汉语词典［第2版（修订本）］［M］. 海口：海南出版社，1996：991，354.

③ 戴继强. 入世后，能放弃教育事业的非营利性原则吗？［J］. 世界教育信息，2002（2）：6-9.

④ 卢晓中. 自主权·竞争·特色化——高等教育未来发展的现实思考［J］. 教育研究，1995（5）：21-25.

高等学校自主权经历了漫长的历史演变过程。中世纪大学诞生于宗教与世俗力量的博弈之间，为了尽可能争取大学这股新鲜的社会力量，王室与教会纷纷以特许状的形式赋予大学自治权等特权。然而中世纪晚期，由于大学与王室、教会的冲突加剧，王室和教会相继撤销大学享有的特权，大学自治跌入低谷，并开始进入“冰河期”。直至19世纪初，威廉·洪堡（Wilhelm Humboldt）以学术自由为核心思想，创办了柏林大学，才再次重振大学自治的价值。威廉·洪堡认为大学有其自身的规律，国家的行政干预只会适得其反，扼杀大学的活力，故而主张大学独立于政府管理系统，独立于经济社会生活。此后，大学自治的理念在西方国家得到了普遍传承。现代大学由社会边缘走向社会中心，更加关注与经济、社会政治的关系和对社会承担相应的责任与义务。基于对大学职能的新认识，西方国家在不断加大对教育财政投入的同时，也越来越多地通过各种可能的途径和方式干预高等学校办学。尤其在市场经济体制下，“高等教育作为国家头等重要的事业，其活动原则必须符合国家需要和广泛接受的社会标准”①。这就意味着高等学校在追求自治的同时，也要对社会、对国家尽责，特别是强调高等学校产出对社会政治、经济的推动作用。

我国对高等学校自主权问题的重视旨在增强高等学校活力、提高办学效率。改革开放以来，扩大和落实高等学校自主权一直是我国高等教育改革的中心议题之一，并通过政府管理体制改革逐步推进。1985年出台的《中共中央关于教育体制改革的决定》将办学效率不高的主要原因归结于高等学校对政府的依附关系，提出扩大办学自主权是高等学校体制改革的关键，并将提高办学效率视为基本的政策价值理念。20世纪90年代以后，随着市场经济体制的确立和高等教育国际化，市场机制逐渐引入高等教育领域，更加强调质量和效率意识②。1993年《中国教育改革与发展纲要》明确指出要为高等学校自主办学提供一个宽松的环境，逐渐形成市场调节和政府宏观调控相结合的资源配置方式，同时进一步明确学校的权利、义务和责任，使高等学校真正成为面向社会自主办学的法人实体。该纲要特别提出高等学校要善于行使自己的权力，承担应负的责任，建立起自我发展、自我约束的运行机制。进入21世纪，伴随着我国现代大学制度建设的不断推进，落实和扩大高等学校自主权问题再次凸显。尤其是十八届三

---

① 吴松. 大学学术组织的理性思考与改革尝试［J］. 中国高等教育，2006（8）：28-31.

② 周光礼. 中国大学办学自主权（1952—2012）：政策变迁的制度解释［J］. 中国地质大学学报，2012（3）：78-86.

中全会通过的《中共中央关于全面深化改革若干重大问题的决定》提出："深入推进管办评分离，扩大省级政府教育统筹权和学校办学自主权，完善学校内部治理结构。"特别是2017年教育部等五部门共同印发《关于深化高等教育领域简政放权放管结合优化服务改革的若干意见》，破除束缚高等教育改革发展的体制机制障碍，进一步向地方和高校放权，给高校松绑减负、简除烦苛，为高校依法办学营造了良好的制度环境。2020年教育部印发《关于进一步加强高等学校法治工作的意见》，加大落实高校办学自主权。纵观我国高等学校自主权政策近35年（1985—2020年）的演进历程，由关注理顺政府与高等学校间的关系，到着力于完善高等学校内部治理结构，呈现出由强调政府推进"下放权"，到注重高等学校"用好权"的变化。

从中西方高等学校自主权的演进历程及现状来看，高等学校自主权实际上包含两种意蕴与旨趣：扎根于学术自由传统的高等学校自治和基于市场经济规则的高等学校自主。实际上，无论是大学精神的坚守，还是主动回应经济社会发展的需要，都表征了高等学校的发展，而且高等学校自主权的两种意蕴与旨趣在高等教育发展的理论与实践中正呈现逐渐趋同的态势。但不可否认，在我国，当高等学校与经济社会的关系越来越密切、高等学校的量化产出大幅度提升时，大学精神却日渐衰微，官本位、功利性、学术不端等现象日益严重。正如有学者所言："现代大学在轰轰烈烈令人兴奋的包括规模扩大、条件改善的高速发展中，似乎缺失了一种灵魂性的东西，而这种东西正是在以往大学可以感知、可以体悟并让人景仰、神往和激奋的大学精神。"①注重量化产出就意味着高等学校以效率优先，将有限的教育资源用在能产出成果的地方，并促使高等学校"快出成果""早出成果"，这样就难免急功近利、重量轻质，更与教育百年树人和高等学校学术自由的情怀相去甚远。

（2）高等学校自主权与效率的关系。首先，落实和扩大高等学校自主权是提高高等学校效率的基础。一方面，高等学校作为一个特殊的社会组织，有别于一般组织的根本特征在于对高深学问的探究，在于知识的专业性和权威性。故而只有从事高等教育的专业人员才有权力和能力就高等学校事务做出正确决策，从根本上保证高等学校效率；另一方面，根据认知距离理论，较之于政府部门，高等学校作为直接参与办学活动的实体，对社会的办学需求和自身利益诉求反应更灵敏。高等学校享有自主权就意味着能及时对社会的办学需求和自身利益诉求做出回应，以更好履行高等学

① 眭依凡. 大学何以要倡导和守护理想主义［J］. 教育研究，2006（2）：11-15.

校职能，追求高等学校效率。

其次，缺乏自主权或绝对自主均不利于高等学校效率的提高。自主权过小甚至没有自主权就意味着高等学校丧失了其作为学术组织所享有的学术独立性，而沦为政府部门的附属物。一旦高等学校成为政府部门的附属机构，就会处于一种内无动力、外无压力的境遇，自然谈不上讲求效率。反之，当高等学校走向另一极端，即失去约束而处于绝对自主状态时，其弊端又是显而易见的。缺乏权力约束可能导致高等学校在市场经济环境下、在自身利益诱使下盲目追求量化产出和短期效率。譬如高等学校为尽可能多地争取教育经费而片面追求规模扩张，引发教育规模越大，学校管理效能越低下的问题[①]。此外，片面倚重数量势必造成质量下降，并淡化高等学校立足之基的大学精神和大学品质，不利于高等学校可持续发展。

最后，提高高等学校效率和落实与扩大高等学校自主权都离不开国家宏观调控和社会力量参与。国家宏观调控的范围、方式和力度决定了高等学校自主权的大小和范围，直接影响到高等学校效率。国家通过政策引导、经济调控、法律规范等调控手段保证高等学校基本的办学规模、结构和办学质量，以保障最基本的效率。同时，社会力量参与高等学校的运行、管理和决策，有助于促使高等学校发展与社会需求相契合，即通过为社会发展提供服务以提高高等学校效率。此外，国家和社会能对高等学校自主权的行使进行有效监控，既能坚持高等教育的发展方向，又能防止高等学校权力腐败，还能保证高等学校在追求效率的同时坚守学术性的价值取向。

3. 完善高等学校内部治理结构与提高效率

通过落实与扩大自主权来提高高等学校效率主要涉及两个层面[②]：一是政府通过法律、政策文本等法制形式，转变政府管理方式，让渡或下放给高等学校适度的自主权以形成讲求效率的动力；二是高等学校进一步调整和完善内部治理结构，增强依法治校、自主治校的能力，提高高等学校效率。其中政府管理方式的转变，很大程度上取决于社会组织自身在多大程度上拥有自我管理的条件和能力。由此可见，完善高等学校内部治理结构、促进高等学校内部治理体系与治理能力现代化是落实与扩大高等学校自主权、提高办学效率、促使高等学校“用好权”的关

① 吴全华. 教育改革与教育发展关系概论［J］. 现代教育论丛，2013（6）：15-20.

② 杨际军. 自为与自律：高等教育扩大办学自主权的关键［J］. 现代教育科学，2007（7）：111-114.

键所在。完善高等学校内部治理结构以提高办学效率可以从以下四方面着手。

（1）落实高等学校独立法人地位。高等学校法人化有利于理顺政府和高等学校的关系，为高等学校内部治理结构改革提供外部制度保障。法人化意味着高等学校不再是政府的附属机构，而是被众多利益相关者共同影响的独立社会机构。高等学校可以在法律规定的范围内，多渠道筹集教育经费，自主支配人财物资源，获得由此带来的利益，同时也承担“声誉受损”“亏本破产”等风险。一方面，通过落实高等学校独立法人地位，使高等学校成为具有一定自主决策权力和独立利益的法人实体，有助于明确高等学校的权利和责任，形成高等学校追求效率的内在动力。如通过明确高等学校的目标、绩效和后果，使得高等学校自身成为行为的获益者和负责者，进而激发高等学校成员价值观、行为规范及发展目标的改变，即让每个人都成为自觉的行动者，积极参与高等学校教育教学活动，激发提高效率、增强竞争力的内在动力。另一方面，通过落实高等学校独立法人地位，明确高等学校所承担的社会职责具有宣示效应，有助于吸纳众多利益相关者共同参与高等学校管理来推动高等学校发展。知识经济时代，高等学校已不再仅是承担学术责任的“象牙塔”，同时也是承担相应社会责任的社会机构，其利益相关者的覆盖面也就不断扩大，涵盖企业、地方政府、合作办学者、教职工、学生、家长、社会组织等。多方利益相关者共同参与高等学校管理、决策，既体现了高等学校的民主价值和公益使命，又有助于提高高等学校管理的效率。

（2）明确高等学校内部权力边界。明确高等学校内部权力边界以构建顺畅的权力运行机制，是落实与扩大高等学校自主权的内部要求。由于权力来源不同，我国高等学校内部存在政治、行政和学术三元权力机构，划清三者间的权力界限有助于形成结构合理、决策科学、监督有力、运行顺畅的权力运行机制。三种权力各司其职需要厘清两对关系。首先，进一步明晰、规范党委和行政的权责，防止政治权力或行政权力泛化。我国高等学校实行的是党委领导下的校长负责制，一方面，党委是高等学校内部管理体制的核心，负责总揽全局，把握高等学校的发展方向和目标；另一方面，校长是高等学校的法人代表和最高行政首长，在党委的集体领导下，全面负责教学、科研管理等行政工作。明确党委权力和行政权力的界限，能有效防止高等学校内部组织机构臃肿，办事效率低下，以党代政，决策缺乏科学、民主，党政不分，关系不畅等弊病，从而提高办学效率，降低决策风险①。其次，建立保障学术权力的制度规范，防止行政权力侵蚀学术权力。明确学术权力和行政权力的划分，实质上就是通过调整内部治理结构来改善资源配置的体制，实现行政权力和学术权力在资源配置中的均衡地位，能有效提高资源利用率。学术委员会是高等学校学术权力运行的主要组织，其主要成员包括大学教授和专家代表。目前，我国多数高等学校的学术委员会仅充当行政部门的参谋咨询机构，是学校行政部门的附属物。加强学术权力行使的组织化、制度化，形成以学术委员会为主体，兼有职称评审委员会、教学指导委员会等的多元一体的高等学校内部学术体制，有助于高等学校按学术发展的规律提高效率。值得注意的是，高等学校在处理具体事务时，既要明确各类权力的边界，也要注重不同权力间的协作，避免一方独揽大权和权力效应相互抵消的局面。

（3）健全自我约束机制。根据权力制衡理论，为了防止权力异化，需要在高等学校内部建立良好的监督反馈机制，以对自主权的行使进行有效约束，提高权力运行效率。鉴于高等学校自主权的权威性、广泛性和复杂性等特点，外部力量的约束难以深入高等学校内部，故而建立专门的内部监督机构是实现对高等学校权力约束的关键。目前，教职工代表大会是我国高等学校内部的主要监督机构，它既有民主监督的功能，又有一定的审议功能和信息反馈功能，有利于高等学校管理的科学化、民主化。充分发挥教职工代表大会监督职能的关键在于通过立法和章程从制度上明确教职工代表大会的监督地位，使其依法对校内事务的决策、执行等实施监督，增强其权威性。同时，要合理配置教职工代表大会中不同类型人员的比例，以保证行政系统以外的学术力量及各种基层人员能够参与到高等学校决策和管理活动中，充分彰显高等学校自主权运行的民主化②。此外，实行校务公开制度能够形成校内外共同监督的约束机制：对于高等学校改革和发展的重大决策、学校财务收支情况等涉及教职工权益的事项，要及时向教职工公布，广泛听取教职工的建议，接受监督；对于学校的招生计划、收费项目和标准等要向学生、家长和社会公开，接受社会监督。只有建立健全高等学校自我约束机制，才能有效防止权力腐败，提高效率。

① 任蓓蓓. 我国高校办学自主权探析［D］. 南京：河海大学，2006.

② 毕颖慧. 高校办学自主权探究［D］. 北京：中国政法大学，2008.

（4）尊重高等教育发展规律。一是按高等教育发展的规律办学，明了高等学校效率的特殊性。高等学校不同于追求行政效率最大化的政府机构和追求投资收益最大化的企业实体，其特有的学术属性决定了高等学校并非单纯追求量化意义上的效率最大化，而必须理性对待高等学校效率中质与量的问题。如根据科研产出周期规律鼓励“十年磨一剑”的精品产出，建立教学与科研的互动机制等。二是人才培养是高等学校的根本任务和中心工作。如前所述，人才培养质量是高等学校效率中的主要产出，这也决定了对效率的评价要坚持以人才培养质量为核心要素，而且对人才培养质量的评价不仅是着眼于当下或以后一个时期，更应关注学生的持续发展和终身发展。同时，根据人才培养质量的长期和滞后效应，应注重高等学校效率评价的发展性①。

四、中国高等教育现代化的质量文化建设

高等教育内涵式发展是一种发展模式，也是一种发展理念与发展价值。发展模式与发展价值的高度内洽便成为高等教育发展的一种文化样态。如果说质量是新时代高等教育内涵式发展的核心，那么质量文化则更注重高等教育内涵式发展中质量的价值建设。近年来高等教育的质量文化问题受到广泛关注，2009 年 7 月世界高等教育大会在法国巴黎召开，大会公报《2009 年世界高等教育大会公报：高等教育与研究在促进社会变革和发展中的新动力》明确提出：质量保障不仅要求建立质量保障体系和评价模式，而且要求促进机构内部质量文化的发展②。这为深入认识高等教育质量问题提供了一个崭新视角。这至少表明了以下两方面意蕴：一是高等教育质量保障必须着眼于作为质量主体的高等学校，二是高等教育质量保障应着力于高等学校质量文化的发展。

何谓高校质量文化，简单地说，就是高等学校在长期的人才培养、科学研究、为社会服务和文化传承创新过程中逐步形成的具有高等学校特点的质量观念、质量意识、质量规范、质量精神、质量形象、质量行为方式等软因子及高等学校向社会提供的“产品”（人才、科研成果等）硬因子的总和，其核心就是通过建立一套价值体系，使高等学校内部形成统一的质量价值观。由于人才培养是高等学校的第一要务和中心工作，所以对人

① 卢晓中，谢静. 论高校效率与自主权［J］. 江苏高教，2015（1）：6-10.

② 联合国教科文组织. 2009 年世界高等教育大会公报：高等教育与研究在促进社会变革和发展中的新动力［J］. 熊建辉，译. 世界教育信息，2009（9）：23-27.

才培养的质量应当给予更多的文化关注，这也是高等学校质量主要指涉。高等学校质量文化是大学文化的重要组成部分，下面着重从精神文化的角度阐述高等学校质量文化。

（一）高等学校质量保障的现状与问题

自 20 世纪末以来，伴随着我国大力推进高等教育大众化进程，高等教育质量问题引起了政府、高等学校及社会的高度关注，各种质量保障的政策举措也纷纷出台，如高等学校本科教学水平评估、各个层面的高等教育质量工程等，这些政策举措无疑对保障和提升高等教育质量发挥了积极作用。但也毋庸讳言，这些质量保障的政策措施收到的成效并不尽如人意。主要体现在以下几个方面：一是这些政策举措使得对高等教育质量保障的制度性约束大为加强，尤其是对影响质量的负面行为进行了有效约束。但因其带有强烈的"自上而下"倾向，这些政策措施实际上也约束了作为质量主体高等学校的主动性、积极性和责任感；二是这种制度性约束过于"刚性"（如主张标准化的量化评价等），与高等学校质量的多样性、发展性、内涵性的"柔性"特质并不相符，甚至因有时由于过于追求量化指标的"标准"而背离了高等教育质量的本质。

特别值得关注的是，由于某些功利目标及认识误区，使得许多政策举措并未得到有效实施，制度性约束的"刚性"往往变为实施过程中的"弹性"。比如，近年来教育部和各高等学校都有相关政策规定，明令教授必须给本科生上课："教授必须完成一年 400 学时的任务""教授连续两年不承担教学任务，不为本科生上课将转为研究员，不能做教授"。之所以规定教授要为本科生上课，从其初衷而言，首先在于高等学校的基本职能和中心工作就是培养人才，因此教学是所有高等学校教师的一项基本职责，教授概莫能外；同时，教授给本科生上课，让处在大学基础学习阶段的大学生有机会领略一些学术名家的学术思想和学术精神，有助于陶冶大学生的学术情操和培养其学术素养，也有利于开拓学生的学科专业视野，这对于提高学生的培养质量无疑都是极其重要的。但是，这一政策规定在不少高等学校实际上却难以实施。据调查，有相当一部分教授尤其是一些学科带头人、知名教授并没有真正到本科教学第一线为本科生授课，当然这些教授也没有因此而"不能做教授"。甚至有一种观点认为，要教授上本科生的课是一种"人力资源的浪费"，因为它不能给关乎高等学校评价排名的一些关键性指标带来显性的提升。在一些高等学校看来，与其让这些知名教授花费时间和精力上本科生的课，倒不如让其有更多的时间和精力为学校“上水平、上层次”做贡献，而所谓“上水平、上层次”，就是由种种制度性学术平台及科研产出构成的关键性指标，学术平台诸如博士点、重点学科、重点实验室、重点研究基地等，科研产出则包括发表 SCI、SSCI、CSSCI 等期刊上的论文，这些关键性指标也常常被视为学校发展的根本，被当作学校质量和水平的主要标志进入官方或民间的各类评价体系或排行榜的指标，政府的资源配置也往往以此为主要依据。实际上，这是一种类似经济“GDP”的高等学校学术“GDP”现象，教师，尤其是教授们则是高等学校学术“GDP”的主要产出者和承担者。就个体发展而言，教授自身也承受着求生存、谋发展的压力，其面临的业绩考核、职称评定及职位晋升，主要是以科研项目的承担、学术论文的发表及科研成果的获奖等指标作为评判依据，而这些都与高等学校学术“GDP”密切相关，甚至高度一致。所有这些，都是导致高等学校和教授们“重科研、轻教学”的重要原因。另外一个重要的原因在于，相对于科研投入和科研成果所带来的丰厚回报而言，教师在教学中的付出及他们的教学成果，并未能给其带来相应的回报。正是由于整个高等教育评价体系和模式的学术“GDP”功利导向，促使教师们把更多的时间和精力用在科研方面而疏于本科教学，因此，出现教授鲜见于本科课堂的现象就不足为怪了。尽管高等学校学术“GDP”上去了，甚至卓越了，但是，这是一种如刘易斯所说的“失去灵魂的卓越”。①

以上状况实际上反映了当下高等学校质量观上的一个严重误区，一些高等学校逐渐成为追名逐利的“名利场”，比如，近年来出现的“大学排行榜”热，就是“名利场”在高等学校的一种典型反映。目前有来自政府和社会的形形色色的“大学排行榜”，对高等学校办学行为和社会心理的导向影响很大。一些高等学校热衷于学校排名，把办学的目标与行为紧盯在排行榜上，似乎学校是为“排行榜”而办学，而不是为培养人才办学，甚至有的高等学校完全被“大学排行榜”所绑架，以致为了提升学校在排行榜上的排位而不择手段，这实际上还是政绩“GDP”在作祟。学校如此，学校里的人（管理者、教师、学生等）自然也难以免俗。当前，一些高等学校急功近利、追名逐利已然成为一种常态，正如刘道玉先生所言，“我们的高校生病了，犯了狂躁病”②。

---

① 刘易斯. 失去灵魂的卓越：哈佛是如何忘记教育宗旨的［M］. 侯定凯，译. 上海：华东师范大学出版社，2007.

② 秦小艳. 刘道玉：高校得了“狂躁病”须“第三方”诊治［EB/OL］. http://edu.people.com.cn/GB/227065/17999104.html（2012-05-28）［2020-04-16］.

由此可见，高等学校质量仅有制度性约束（约束力来自“刚性”的奖励和惩罚）是不够的，特别是这种约束所产生的效果往往是短期的、表面的。如果这一制度性约束违背了人的成长规律和人才培养质量的本质，就更无效果可言。特别若还存在一种与保障人才培养质量完全相悖的制度性约束，且更为“刚性”，并拥有更为强力的功利导向，加之个体的趋利行为，将大大抵销人才培养质量“刚性”约束的效果，甚至给人才培养质量带来摧毁性的后果，从而可能将使整个高等学校“失去灵魂”。

（二）高等学校质量文化构建的价值观及其路径

1. 高等学校质量文化价值观

当下高等学校质量建设更需要正确的文化引领，并通过文化的功能与力量使高等学校质量保障从一种被动、外在的规约要求，逐步转化为一种主动、内在的动机需求。要实现这一转化，则需要回答以下两个关键性问题：一是高等学校质量究竟需要什么样的文化价值引领，实际上这涉及高等学校内部的质量文化价值观问题；二是高等学校内部如何构建这样的质量文化，也就是高等学校质量文化的构建途径问题。

对于高等学校质量文化价值观问题，我们应当从高等学校作为教育机构的教育属性来认识高等学校质量文化的基本立足点，回答什么才是正确的教育质量，来审视当前高等学校质量观存在的种种问题。

2. 高等学校质量文化的构建途径

对于高等学校质量文化的构建途径问题，从高等学校质量文化系统的角度，它通常是由观念文化、制度文化和物质文化三个相互联系、相辅相成的层面来构成，因此，我们对高等学校质量文化系统的构建也可从这三个层面着手，来实现从政绩“GDP”到绿色“GDP”的根本转变。具体可从高等学校特性和当前高等学校质量误区等方面来寻求构建良性的高等学校质量文化的思路；二是高等学校质量亟须形成一种“柔性”约束，而这种所谓的“柔性”约束，也就是一种高等学校质量文化的形成和发展，实质上它更多地体现为一种价值性约束。正如刘振天教授所指出的，这种质量文化强调质量本身的目的性、质量主体的内在自觉性，改变长期以来高等教育保障的外在性和技术性，使质量管理和质量保障真正成为国家、社会、高等学校及师生等每一个质量主体的内在成长需要，成为质量提升的内在动力。唤醒每一个主体的质量意识、质量责任、质量态度和质量道德[①]。构建良性的高等学校质量文化的价值向度及路径选择可从以下五个方面着手。

第一，高等学校质量文化应当体现人本价值。这与人文主义教育观的时代趋势相一致。具体而言，高等学校必须围绕学生成长成才和教师专业发展来构建质量文化。高等学校的根本任务是培养高级专门人才，这就决定了高等学校的一切活动和所有功能都必须服务于人才培养，如建立教学与科研的融合和内洽机制，设立高等学校科研评价的“教学因子”，将科研成果转化为人才培养的资源作为评价教师科研的重要标准。新时代教师的高素质、专业化、创新型的要求与教师岗位的幸福感、事业的成就感、职业的荣誉感须建立起内在的关联。这里特别值得提及的是，联合国教科文组织在 20 世纪 90 年代提出过一个著名观点“高等教育的质量是一个多层面的概念，应包括高等教育的所有功能和活动：各种教学与学术计划、研究与学术成就、教学人员、学生、校舍、设施、设备、社区服务和学术环境等”[②]。显然这里所说的高等教育质量不仅指人才培养质量。但不可否认，人才培养质量是高等教育的主要质量，而且它与其他方面的质量也是密不可分的，即人才培养质量有赖于其他方面的质量提供保障。

第二，高等学校质量文化应当体现创新开放。高等学校质量文化是发展着的文化，包括创新发展与开放发展。创新发展，就是要促使高等学校现有质量文化与时俱进地进行创造性转化和创新性发展，如在高等学校质量标准上更注重培养创新性人才，更重视人的思维力、学习力的培养，更关注人工智能时代对高等学校人才培养提出的新要求和教师角色的转变。开放发展则是从高等学校与社会、与世界更为密切的关系来定义高等学校质量的理念、标准和模式等质量文化要素。

第三，高等学校质量文化应当体现宁静致远。高等学校质量文化构建首先要从安得下一张“安静的书桌”开始，特别是面对“外面的世界很精彩”，高等学校如何做到气定神闲，而不为眼花缭乱的现实功利需求所迷惑，以至于急功浮躁、迷失自我。同时，高等学校不能只培养“关注脚下”的人，更要培养时常“仰望星空”的人，而培养“仰望星空”的人，同样离不开一张“安静的书桌”，亟须大力倡导“板凳甘坐十年冷”的精神。

---

① 刘振天. 为何要提“高等教育质量文化”［N］. 光明日报，2016-06-07（13）.

② 联合国教科文组织. 21 世纪的高等教育：展望和行动世界宣言［J］. 教育参考资料，1999（1）：6-9.

第四，高等学校质量文化应当体现个性多样。不同高等学校有自己的质量文化，避免“千校一面”有赖于高等学校质量文化的异彩纷呈。被誉为“最具影响力的教育家”的肯·罗宾逊（Ken Robinson）认为，未来的教育不应是标准化的，而应该是定制化的，我们需要的教育不是提倡集体思维和“去个性化”的教育，而是培养真正具有深度和活力的各种人才的教育①。他对比了餐饮业里两种截然不同的质量保障模式：快餐模式与米其林指南模式。快餐模式，是一种典型的标准化模式，在这种模式下食物的质量是有保证的。快餐连锁店会指定什么应该出现在菜单上，用什么油来炸薯条……一切都是标准化的。这种标准化的快餐，不仅缺乏选择，甚至还不利于健康。米其林指南模式则着重于确立优秀的餐饮具体标准，但并不明确如何满足标准的方法，而由餐厅自己裁量。每个餐厅都会以他们认为最好的方式来达到这种标准，结果是每一家米其林餐厅都是个性化的。当下在重视高等学校质量标准化管理的同时，应从过程意义上为每所高等学校质量文化的特色化发展、个性化成长留出足够的空间和余地。

第五，高等学校质量文化应当体现刚柔并济。即在对高等学校质量保障上要把“刚性”约束与“柔性”约束紧密结合起来，且相辅相成、相互转化。具体来说，“刚性”约束要承载着“柔性”约束的价值主张，并通过长期不懈的坚持，最终使“刚性”约束升华为一种高等学校质量文化。2009 年 10 月由欧洲大学联合会发起了对欧洲各高等学校进行的一次质量文化调查。这次调查是利用问卷调查，以实证的方式对抽象质量文化进行具体化考察，成为文化研究领域的突破。特别是巧妙而严谨的问卷设计，将质量文化的元素体现在质量保障的各项活动中，并以具体项目的形式反映出质量文化建设的进程和内部质量保障构建的进展。当前，质量文化建设成为欧洲高等学校推动内部质量保障进程的一种新路径②。实际上，这次调查的技术路线实现了“柔性”的价值约束与质量保障制度的“刚性”约束的有机结合。

值得特别注意的是，高等学校质量文化的构建不单是高等学校自身的事，而有赖于全社会的共同努力，尤其亟须政府从政策制度层面为构建良性的高等学校质量文化创设一个优良的外部环境。

---

① 罗宾逊，阿罗尼卡. 让天赋自由［M］. 李慧中，译. 杭州：浙江人民出版社，2017.

② 文静. 质量文化调查：欧洲高校内部质量保障强化的新路径［J］. 洛阳师范学院学报，2012（6）：1-4

第四节 中国高等教育现代化的信息化发展

从20世纪五六十年代以来，以信息技术为代表的新一轮技术创新驱动了新一轮的产业革命（信息革命），标志着人类社会进入第二次现代化进程，教育现代化也是这一次现代化进程中的重要组成方面。教育信息化又是伴随着教育现代化进程而出现和发展起来的，因此，它与教育现代化有着十分密切的内在关联，教育信息化离不开教育现代化。本节从教育信息化与教育现代化关系的角度，来审视我国教育信息化历史发展历程及特征、制约因素，并探讨高等教育现代化的信息化发展的未来路向。

一、我国教育信息化发展历程及特征

从教育信息化与教育现代化关系的角度，我国高等教育信息化经历了教育信息化“即是”教育现代化、教育信息化“带动”教育现代化、教育信息化“引领”教育现代化三个重要时期。

（一）教育信息化“即是”教育现代化时期（1978—2000年）

在我国，“教育信息化”这一概念的提出，并与“现代化”首次同时出现在国家层面的官方文件，是1999年《中共中央 国务院关于深化教育改革，全面推进素质教育的决定》，该决定提出“大力提高教育技术手段的现代化水平和教育信息化程度”。但教育信息化实践则远早于其概念的提出，它是伴随着国家改革开放的启动，以电化教育的推动为肇始。邓小平同志在1978年4月召开的全国教育工作会议富有远见地指出：“要制订加速发展电视、广播等现代化教育手段的措施。”[①]随后，国家又成立中央电化教育馆，批准设立电化教育学科，成立中国电化教育协会，电化教育开始得到有力推动。1997年《全国电化教育“九五”计划》明确指出：“电化教育已经成为推动我国教育现代化发展的重要力量。”显然，这里已将电化教育与教育现代化紧密关联起来。随着现代信息技术的发展，计算机教育和计算机辅助教学（computer aided instruction，CAI）的兴起不断推动电化教育转向信息化教育，信息化教育就是信息时代的电化教育，也就是教育信息化。进入20世纪90年代末，教育信息化得到国家高度重视，在诸多政策文件中均表明教育信息化在促进教育改革和发展中的重要作

① 任友群. 我们该怎样研讨“教育信息化2.0”？[J]. 远程教育杂志，2018，36（4）：3.

用。1998 年 12 月，教育部制定的《面向 21 世纪教育振兴行动计划》提出实施“现代远程教育工程”，形成开放教育网络，构建终身学习体系。该计划指明了我国教育信息化在新世纪的发展方向和重要任务，教育信息化事业开始蓬勃发展。

但此时，人们对信息技术在教育中的影响与作用的认识还比较初步，尤其是在理论认识、政策解读及实践上也出现了一个明显的误区，即把教育现代化等同于教育信息化，把教育信息化狭隘理解为教育手段和教育装备的信息化。如 1983 年出版的《电化教育》指出：“电化可以理解为现代化，代表最新科技成就，电化教育可以理解为教育的现代化或现代化教育。”①此外，一些省份在推进区域教育现代化实践中，出现了把教育装备的信息化标准当作教育现代化主要标准的情况。如江苏省 1996 年发布的《江苏省乡镇教育基本实现现代化建设标准（试行）》将“教育装备水平”作为评估教育现代化水平的核心指标②，由此可见，这一时期教育信息化的突出特征就是教育信息化“即是”教育现代化，两者基本没有区别。

（二）教育信息化“带动”教育现代化时期（2001—2015 年）

2001 年《全国教育事业第十个五年计划》提出：“要把教育信息化工程列入国家重点建设工程，以信息化带动教育现代化。”这是在阐述两者关系时首次使用“带动”一词。直到 2016 年《国家开放大学改革建设“十三五”规划》发布之前，无论是官方文件还是学者文章，对教育信息化与教育现代化的关系表述基本都采用了“带动”一词，即教育信息化“带动”教育现代化。“带动”一词包括两方面含义，一是带头引导前进；二是通过动力使有关部分相应地动起来。教育信息化“带动”教育现代化主要是，一方面教育信息化要作为教育现代化的核心内容，为教育现代化提供保障条件和支撑环境；另一方面教育信息化要以特有的技术创新力量，成为驱动教育的理念、目标、体系、制度、内容、方法、治理等要素现代化的动力。梳理这一时期教育信息化发展的基本脉络，基本也能反映其对教育现代化的这种“带动”作用。

2001—2015 年我国教育信息化的发展，可以大致分为建设驱动期和应用驱动期。实际上，自 1998 年《面向 21 世纪教育振兴行动计划》提出实施“现代远程教育工程”后，我国高等教育领域便开始围绕现代远程教育

① 李祺. 电化教育与教育的现代化、信息化、最优化［J］. 电化教育研究，2003（1）：3-8.

② 江苏省教育厅. 江苏省乡镇教育基本实现现代化建设标准（试行）［J］. 江苏教育，1996（4）：4-5.

工程进行“中国高等教育文献保障体系”项目、大学数字博物馆和数字图书馆工程、国家精品课程评审项目和国家精品开放课程、“中国教育和科研计算机网示范工程”“全国高等学校图书馆事实数据库”“国家教育法规数据库”“中国教育信息库”等网络课程资源与教育硬件平台建设①。经过21世纪前十年的建设驱动期，我国教育信息化的基础网络设施和应用支撑平台已初具规模。2012年3月，教育部印发《教育信息化十年发展规划（2011—2020年）》，指出要坚持“应用驱动”的工作方针。随后，以应用驱动建设的“班班通”和“人人通”工程开始在全国推进，教育信息化由基础设施建设转向资源和环境的共享与应用。这一时期，在国家“三通两平台”工程的推动下，教育信息化各项工作取得突破性进展。根据《中国教育信息化发展报告（2017）》统计数据，截至2017年底，CERNET已发展成为全世界最大的国家学术互联网，联网的大学、科研单位超过3000个，用户超过3000万人；80%以上的高等学校使用网络教学功能，使用网络开始和教学资源管理功能的高等学校达60%以上；校均国家精品视频公开课程数为1.31门，校均国家级虚拟仿真实验教学中心的数量为0.30个；全国共有27个院校具有教育技术学博士授予权，7个教育技术学博士后流动站，参加各级教育信息化培训覆盖教师比例达43.78%②。教育信息化对教育现代化的推动作用也逐步显现：智能一体机、电子白板、电子书包、移动学习终端构建的数字化教学环境，使教学空间拓展为物理空间、资源空间、社区空间的无缝链接；教育资源服务体系全面建成，优质教育资源得到广泛使用和共享；教师信息技能得到提升，开始有意识的引入信息技术变革教学方法；教育主管部门和学校开始采用信息技术来提高教学管理效率。

从总体上看，这一时期我国教育信息化发展以“建设”和“应用”为抓手，基本实现了信息承载数字化、环境设施网络化、资源呈现多媒体化，为实现教育变革提供了外部条件支撑。但遗憾的是，大部分学校并未利用技术将课程转化为更个性化、更吸引人的学习体验，而只是将网络学习环境和在线教育资源作为传统教学任务自动化的一种手段，如自动评分、自动考勤、自动指导反馈。因此，在一定程度上可以说，学校教育采纳技术的目的不是为了变革，而是为了提高教育效率和节约教育成本。事实证明，完备的基础设施和技术工具的常态化应用虽能大大

---

① 钟志贤，张琦．我国教育信息化发展历程回眸［J］．中国教育信息化，2007（12）：8-11.

② 教育部教育信息化战略研究基地（华中）．中国教育信息化发展报告（2017）［M］．北京：人民教育出版社，2018：81-88.

提升教育的技术水平和教学的效率，但这种技术带来的便利性并不能产生直接的教育价值。尤其是信息化教学环境支撑下的教学模式变革、教育体系重构并未得到充分彰显。由此，教育信息化对教育现代化的带动作用遭遇了诸多质疑。究其原因，源于人们受技术乐观主义情绪感染，没有充分认识到教育变革的复杂性和系统性，将教育信息化视为纯技术问题，盲目地以为只要应用了最先进的技术就能实现教育现代化，以至于人们将过多精力放在硬件建设和资源开发上，而忽视了那些能从根本上变革教育的新理念、新思想及新技术环境下的学习方式和教学方式等其他教育要素的创新。值得特别提及的是，这一时期教育信息化在相当程度上是作为教育现代化的一种外在力量，并内化于教育现代化之中，以至于出现教育信息化与教育现代化相对独立的“两张皮”状况，教育信息化缺乏对教育现代化带动的内生动力。

（三）教育信息化“引领”教育现代化时期（2016年至今）

随着推进教育现代化理论与实践的深化，人们逐步认识到教育现代化不仅是一个物质建设工程，更是一个体制与文化变革的过程；信息技术并不会直接带来真正意义上的教育现代化，只有当信息技术与教育深度融合，推动教育理念更新、教育制度变革、教育体系重构，教育信息化赋能的教育现代化才有可能全面实现。进入“十三五”规划期间，我国教育信息化开始由“建设驱动与应用驱动”的“第一步”阶段进入“融合创新、智能引领”的“第二步”阶段。2016年《国家开放大学改革建设“十三五”规划》提出“以教育信息化引领教育现代化”，2018年《教育信息化2.0行动计划》强调“将教育信息化作为教育系统性变革的内生变量，支撑引领教育现代化发展”，2019年《中国教育现代化2035》重申信息化对教育变革的内生作用①。由此，教育信息化从“带动”教育现代化转向“引领”教育现代化的新时期。“带动”与“引领”有本质区别，“带动”遵循技术逻辑，强调以技术为工具对传统教育的物质形态进行改造，而不涉及教育理念、教育目标、教育制度、教育治理等深层次变革；“引领”是将信息技术由外在于教育场域的器具变成与个体生命成长共生的内蓄力量，其深刻内涵是颠覆、变革、重构和再生，即利用信息技术对教育实行全方位改造、颠覆性重构，使其升华为信息时代的新形态。概而论之，教育信息化

---

① 中华人民共和国教育部. 中共中央、国务院印发《中国教育现代化2035》［EB/OL］. http://www.moe.gov.cn/jyb_xwfb/s6052/moe_838/201902/t20190223_370857.html（2019-02-23）［2019-08-20］.

引领教育现代化的核心要义主要在于“技术与教育的深度融合”“教育的系统性变革”“信息技术的拟人化发展”三个方面：

1. 技术与教育的深度融合

融合是指不同个体或群体以互补的方式共同发展，产生实质的、有意义的联系，最终融为一体的过程[①]。信息技术最初是作为外在工具引入教育领域的，其目的是提高知识传播的效果和效率，最终只带来教学媒介的转换，并未催生教育创新。《教育信息化 2.0 行动计划》提出“坚持信息技术与教育教学深度融合的核心理念”，要求我们必须重新审视信息技术在教育中的角色定位，也就是信息技术对教育变革的作用要超越工具的常态化运用，逐步渗透到教育教学全方位，内嵌于教育主体、教育活动、教育环境、教育内容之中，以信息人、信息资源、泛在学习环境、个性化学习路径构成的教育信息生态呈现出来。在教育信息生态系统中，信息技术不仅是承载信息的媒体，更是沟通学习者社群、学校教育环境和社会文化环境、实体空间和虚拟空间的连接点，使教育的各个要素以最优化的方式共同作用于学习者个体成长。此外，技术与教育的融合并非是技术的单路冒进，而是二者的双向融合。在转换信息技术角色的同时，教育自身也做出调整，为技术变革价值的发挥创造空间。如“众创空间”、STEAM 教育、创客教育、学分银行等新兴教育实践，都是信息技术与教育深度融合的产物。此时的信息技术已逐渐由一种外在于教育过程的技术工具，走向教育过程的内生元素甚至成为教育本身。传统教育在经过技术化改造后，自身的关系和结构也得以优化。

2. 教育的系统性变革

如果说在“第一步”阶段，教育信息化实际上仅仅是对传统教育的局部优化，那么在第“第二步”阶段的教育信息化则着眼于推动教育系统性变革，承担引领全面实现教育现代化的角色。教育的系统性变革包括教育系统内部变革和教育系统外部变革两方面，教育内部变革的目的在于构建开放、公平有质量的全纳教育体系，教育外部变革的目的在于创建教育发展与国家战略需求间的良性互动关系[②]。就教育系统内部变革而言，主要依托于技术创新优化教学过程和驱动教育供给侧改革。如依托网络学习空间集成在线教学、资源推送、学籍管理、学习生涯记录等功能，诱发个性化学习、差异化教学、证据型管理和智能化服务；依托互联网平台和智能

---

① 余胜泉. 推进技术与教育的双向融合［J］. 中国电化教育，2012（5）：5-14.

② 胡钦太，张晓梅. 教育信息化 2.0 的内涵解读、思维模式和系统性变革［J］. 现代远程教育研究，2018（6）：14-22.

终端，使互联网企业和社会教育培训机构成为教育服务的重要供给方，打破学校实体围墙的限制，创建低成本的、灵活的、与社会融合的终身教育服务体系。就教育系统外部变革而言，当前我国教育信息化已进入由点到面发展的关键期，教育信息化不仅要着眼于课堂教学的微观层面和学校教育的中观层面，更要从世界政治经济格局和国家的经济、科技、社会诸方面发展等宏观背景进行全面认识。教育信息化在发挥教育内部变革优势的基础上，配合国家整体战略部署，担负起构建教育强国和社会主义现代化强国，助力精准扶贫、乡村振兴和“一带一路”倡议，实现中华民族伟大复兴的历史使命。

3. 信息技术的拟人化发展

信息技术在教育中的应用已近半个世纪，但由于最初的技术并不成熟，且社交网络尚未建立，信息技术只能作为准确表征和单向传递教学信息的实体工具。信息技术“工具论”造成教育过程中重教轻学、重物轻人的异化现象，人的主体地位被遮蔽。事实上，任何信息技术都由去情境性的代码和算法构成，而教育却是个体在活动和互动过程中内化而成的。要在教育领域发挥作用，信息技术就要从单纯的“工具”，变成“学习伙伴”。信息技术拟人化将人类独有的特质赋予技术实体①，刺激人与技术之间的良性互动，避免技术异化现象的出现，走向技术服务于个体生命成长，这是与教育现代化本质追求相一致的方面。近年来，物联网、大数据、云计算、机器学习、机器语言等一系列核心技术的发展使人机交互成为拟人化研究的重点领域，并开始赋予机器以人工智能，具备一定人工智能特征的机器可以为人类提供更加个性化、灵活、真实的学习体验。2018 年 4 月，我国教育部印发了《高等学校人工智能创新行动计划》②，2019 年 3 月，联合国教科文组织发布《教育中的人工智能：可持续发展的机遇和挑战》报告③，教育与人工智能融合成为教育变革的强大动力。目前人工智能及相关技术在教育领域的应用主要在自适应/个性化学习、虚拟导师、教育机器人、基于编程和机器人的科技教育、基于虚拟现实/增强现实的场景式教育五大方面④，随着技术拟人化的蓬勃发展，人工智能将渗入教学内容、

① Gray H M，Gray K ，Wegner D M. Dimensions of mind perception. Science［J］. 2007（24）：315-619.

② 中华人民共和国教育部. 教育部关于印发《高等学校人工智能创新行动计划》的通知 ［EB/OL］. http://www.moe.gov.cn/srcsite/A16/s7062/201804/t20180410_332722.html（2018-04-03）［2019-08-20］.

③ UNESCO. The Challenges and Opportunities of Artificial Intelligence in Education［EB/OL］. https://en.unesco.org/news/challenges-and-opportunities-artificial-intelligence-education（2019-03-07）［2019-08-20］.

④ 杨现民，张昊，郭利明，等. 教育人工智能的发展难题与突破路径［J］. 现代远程教育研究，2018（3）：30-38.

教学方法、教学模式、教育评价、教育治理乃至整个教育体系，教育将在技术的助推下更加接近其本质。

二、教育信息化引领教育现代化的制约因素

作为当下和未来教育信息化的基本样态和发展趋势，教育信息化对教育现代化的支撑引领主要体现在两个层面：量变层面和质变层面①。“教育信息化带动教育现代化”阶段以“量变”为主要特征，教育信息化亟待解决的任务是加快教育基础设施建设，增强师生的教育技术能力，以信息技术手段快速改变教学环境和信息传递方式。“教育信息化引领教育现代化”阶段以“质变”为主要特征，注重教育信息化的创新作用，引领教育变革，重塑教育生态。变革取向的转变决定了“教育信息化引领教育现代化”实践工作的难点不再是建设技术环境和推动技术应用，而是如何把技术在工具层面的先进性转化为教育变革的内蓄力量。从理论层面上看，世界各国均对教育信息化寄予了极高的期望，但从历史的经验和当前的实践情况来看，技术的先进性未必能有效转化为教育的有效性。自 1928 年到现在，不断有研究证明：不同的技术手段对教学效果的影响不存在显著差异②。进入 21 世纪，我国“三通两平台”项目的推进虽然改变了教育的“器物层面”，却仍未引发教育的革命性变化。技术的先进性为何不能如期地转化为教育的有效性？这是在教育信息化引领教育现代化进程中不得不面对的问题。对于这一问题，许多研究者先后从学校教育与信息技术的关系③、教育过程的复杂性④、教育理念⑤等方面进行探寻。但这些研究所关注的要素，并不是制约技术先进性转化为教育有效性的最大变量。事实上，我国教育信息化的开展一直都秉持先进的教育理念，且信息技术的先进性已经诱发了金融、医疗、交通、军事等社会各个领域的结构性变革，却独独对教育影响甚微。笔者认为制约技术先进性转化为教育有效性的关键因素表现在以下两个方面。

---

① 杨宗凯. 教育信息化 2.0：颠覆与创新［J］. 中国教育网络，2018（1）：18-19.

② 杨浩，郑旭东，朱莎. 技术扩散视角下信息技术与学校教育融合的若干思考［J］. 中国电化教育，2015（4）：1-6，19.

③ 王亦标. 信息技术何以未能有效变革教育的框架分析——兼论技术变革教育的“社会变革中介论”[J]. 电化教育研究，2012（2）：12-15.

④ 李怀龙，李慧，裴新宁. 教育过程复杂性及对技术变革教育的制约［J］. 现代远程教育研究，2014（5）：46-52.

⑤ 王珠珠. 信息技术促进教育变革的内涵及其难点探析［J］. 中国电化教育，2015（7）：1-5.

（一）技术的外生性导致信息技术与教育融合的滞后

从经济学角度看，以云计算、大数据、物联网等为基础的颠覆性技术能够提升要素生产率，产生实际的经济价值，因而能被各行业领域迅速采纳。这种靠技术革新提高生产率的方法，是现代组织的命脉。但当涉及教育时，情况却大为不同，技术之于教育，不仅在于提高教学过程的效率，更在于提升教育的内在品质，为人的终身幸福奠基。只有当技术成为教育的有机组成部分时，才能真正发挥有效性。但大部分技术都产生于教育之外的其他社会领域，一项新技术顺利进入学校教育，并得到有效的推广和使用，一般要经过技术→引入教育领域→二次开发→推广应用→技术整合的演进周期[①]，期间会受到学校组织文化、教育主体的行为习惯和各种社会制度的干扰，这就注定了技术与教育融合的滞后。此外，不同于原始手工技术和近代机械技术必须依赖于人的肢体操作，现代信息技术逐渐形成自己的演进体系和发展逻辑，成为独立于人的存在物。特别是人工智能技术不断彰显出“取代人”甚至“超越人”的价值，对一部分技术使用者而言，技术成了外在的、异己的、必须与之对抗的东西。在教学中，教师必须努力更新自己已有的教学观念、知识体系和能力结构才能控制技术。这种人对技术控制的过程实际上变成了技术对人的反控制，进而引发教师的焦虑感和无所适从感，这在一定程度上会延缓技术的采纳与扩散。

（二）教育的制度惰性消解信息技术变革的有效性

制度惰性指由于生产力发展水平、社会意识的历史继承性、正式与非正式规则的约束、利益集团的利益冲突等因素的制约，制度变迁不会随着经济和社会收益的扩大即刻发生，而是有着极为鲜明的外生后发性特征，表现出很强的惰性[②]。众所周知，现行的教育体系脱胎于第一次工业革命时期，兴盛于第二次工业革命时期，其目的在于满足社会大生产对大批量标准化技术工人的需要。学校教育就是按照工业体系标准化、集约化、规模化的模式发展起来，经过长时间的演化形成高度固化的学校教育制度，运行至今 200 多年。自现代学校制度建立以来，人们对教育的时空认识便是，把学生集中在固定的地方、规定的时间内，采取基于年龄和学科的学习组织模式，对同一学习内容采用相同的教学方式。基于这样的认识，家

① 左明章. 技术—教育—人的发展：教育技术价值论［M］. 北京：科学出版社，2018.

② 涂晓春. 制度惰性与我国的体制改革［J］. 改革与开放，2007（4）：7-9.

长按照规定的时间送孩子入学，高等学校按照学科培养教师，企业按照学业成绩等标准招录职员，政府管理部门通过集中管控式的方式对学校进行管理，从而形成家长群体、教师教育机构、公司、政府管理部门等组织间正式和非正式的规则、习俗和利益。任何一方的改变，都将引发“牵一发而动全身”的效应。以上因素相互作用，形成教育的制度惰性，在这种情况下，任何变革的尝试都将弱化或表面化。信息技术作为一个外来力量引入教育领域，目的在于打破教育原有的生态平衡，推动教育服务模式、管理模式和教育组织体系的创新，这些创新实际上已突破了教育制度的规限，势必遭到教育生态系统的排异。如果没有新制度环境的供给与支撑，信息技术的先进性可能永远无法转化为教育的有效性。

三、教育信息化引领高等教育现代化的未来路向

基于以上对教育信息化引领教育现代化的制约因素的分析，着眼于未来，我们必须为教育信息化引领教育现代化确立基本路向。实际上1972年联合国教科文组织国际教育发展委员会报告《学会生存——教育世界的今天和明天》就指出：“问题不仅是从外部使教育现代化（虽然这是人们时常想做的事情），不仅是简单地解决设备问题，……只有当教育技术真正统一到整个教育体系中去的时候，只有当教育技术促使我们重新思考和革新这个教育体系的时候，教育和技术才会有交织。”[①]教育信息化已经在一定程度上对教育变革产生了深远影响，但信息化只能赋能现代化，而不必然导致现代化。这就要求我们立足新的时代背景，准确把握教育信息化与教育现代化的时代内涵，创新建设现代教育制度，理性守护教育的精神特质与伦理诉求。

（一）准确把握教育信息化与教育现代化关系的时代内涵

首先需要深入思考的是教育信息化与教育现代化的现代关系，我们可从以下两个维度来认识：

第一，面对信息时代的来临，技术的领跑态势催生了诸多领域的颠覆性创新，推动了社会第二次现代化进程，加速推进了信息时代的高等教育现代化。“数字制造”和“工业4.0”正在改变资本投资和劳动力投资的相

① 联合国教科文组织国际教育发展委员会. 学会生存——教育世界的今天和明天［M］. 北京：教育科学出版社，1996：166-167.

对营利能力，这种带技术偏好的经济变革引发的失业问题及人力资本新需求已经成为未来就业讨论的中心议题。在经济变革和就业压力等多种因素的推动下，非传统生源逐渐成为高等教育规模的最大增长点，催生学习需求的个性化。受市场需求的驱动，大批互联网企业和传统教育培训机构纷纷瞄准在线教育“蓝海”市场，通过个性化和定制化等新兴教育形式不断挤压高等学校的生存空间。高等教育和社会之间形成的契约关系，不可能继续建立在工业社会所依赖的条款上。高等教育机构必须开拓新的道路来突破业已滞后的人才培养格局和服务方式，变得更加开放、多元、全纳和终身，这便是信息时代的高等教育现代化。

第二，信息技术具有变革教育的巨大潜力，以信息技术深度融合于教育的重要标志，即教育信息化高度内洽于信息时代的教育现代化。当前，在线学位、开放徽章（Open Badge）学习成果认证、斯坦福大学“开环大学计划”（Open Loop University）、密涅瓦大学（Minerva Schools）O2O 办学体制等高等教育信息化创新实践，不断彰显信息技术开放、共享机制与教育现代化创新发展的高度一致性。这种高度一致性形塑着新时代高等教育的理念、目标、体系、制度、内容、方法、治理的现代化样态，准确构建并丰富其关系内涵。当前教育信息化与教育现代化的互动关系如图 5-1 所示。

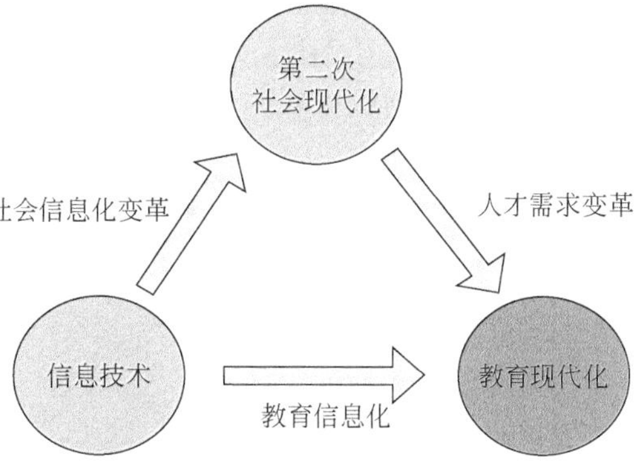

图 5-1　教育信息化与教育现代化的互动关系

值得反思的是，在过去很长一段时间，技术都是作为外在工具发挥作用，造成教育与技术关系的异化。技术“工具论”是与传统的教育观相适应的，传统的教育观把知识看作对外部事物的客观表征，教师先于学生获得知识，教师通过教学工具把知识准确地传递给学生，就达成了有效教学。在这种教育观下，教师和教材是知识的唯一来源，技术是承载和传递知识的媒介，学生是知识的被动接受者，教学过程是教学设计的重演。如果我们只是一味地在传统教育框架下，进行简单的技术叠加，即便再先进的技术也无法改变教育的现有面貌。但互联网的免费与共享机制，虚化了大学的虚实界限，使学习者可以不受时间、地点和人数的限制，跨越学校围墙、突破国籍分享世界各地的优质教育资源。在线职业培训和大规模开放在线课程的破坏式创新不断创造出新的教育形式和课程市场来挑战我们过往对高等教育的经验和认识。在这个时间节点，教育信息化引领教育现代化面临不是技术挑战，而是教育挑战。所有的利益相关者都必须以深刻的方式抓住这些变化，重新思考教育的本质是什么，什么是最重要的学习内容，学习和工作转换之间的关系发生了什么变化。从某种意义上讲，我们需要对整个高等教育体系进行一定程度上的解构和重构，重新规划适应时代需求和技术特性的学校观、教师观、学生观、课程观、质量关和发展观，以引领和推动教育的内生性变革。

（二）创新建设现代教育制度

创新包括技术创新和制度创新，二者是密不可分，相互促进。制度创新决定技术创新，好的制度选择促进技术创新，不好的制度选择会遏制技术创新①。技术创新与制度创新的这一关系，同样适用于高等教育领域。先进技术可以用更低成本为更多人提供更具个性化的教育，但技术却无法突破教育隐性的围墙，教育隐性的围墙比它的实际校门难进得多，这堵围墙是制度、习惯和相关的社会资本集结而成的历史产物。当下技术引发了社会的深刻变革，但却依旧游走于学校边缘，这也从侧面反映出现有教育制度与技术创新之间的不协调。教育信息化引领教育现代化的一个重要旨趣就在于借助信息技术的破坏性创新之力，打破传统教育的僵化格局，构建学校教育与社会教育、正式学习与非正式学习、线上学习与线下学习无缝连接的开放、公平、优质的现代教育体系，这就必然涉及学校的课程管理、学籍管理、学位管理乃至学校的一些组织架构等一系列制度转型与变革，来为更好地发挥信息技术在当代教育中的优势提供基础和保障。教育部《关于“十三五”期间全面深入推进教育信息化工作的指导意见（征求意见稿）》指出，高等教育要通过消化吸收大规模开放在线课程、翻转课堂等新型教育模式，创新高等学校教学、管理模式，提升创新人才培养能力；积极推动跨学校、跨地区课程共享服务，推动线上课程学分互认，促

---

① 李玉虹，马勇. 互动：技术创新与制度创新关系的理论比较［J］. 经济学家，2001（1）：73-79.

进高等教育优质资源广泛共享；充分利用大数据、云计算等新技术，以信息化促进高等学校提升科研能力和成果转化能力，推动跨校协同创新[①]。在我国当前特有的高等教育管理体制下，我们仍然可以探索政府购买服务的新型教育信息化资源服务供给方式，开展基于大规模开放在线课程的混合式教学，推进非正式学习成果认证等符合中国特色的教育信息化工作机制创新，为高等教育现代化转型与变革提供指引甚至主导，并创设必要的政策环境，这往往是至关重要的。

（三）理性守护教育的精神特质与伦理诉求

当下，信息技术正在以不可逆转之势融入教与学的各个方面，在信息技术的介入下，学习环境具有了明显的智能化特征，学习方式、教学交互、组织管理、服务方式、教学评价也发生了一些改变，但技术引领的教育变革仍存在建设和使用相关的诸多障碍。如何突破地理阻隔与空间障碍，实现优质教育资源共建共享？如何提升教师的数字胜任力，有效整合技术与课程教学？如何培养个体的自控力，引导学生成为理性的互联网学习者？如何在教育信息化高投入的背景下，准确测评技术投入与教育产出的关系？如何调节技术创新与原有教育体系观念、思维、制度、模式之间的冲突？以上诘问将伴随教育信息化引领教育现代化的整个进程，对此无论国际还是国内，都还处于摸索之中，并无太多成功经验可供参考。如果说信息化具有效率至上的价值诉求，那么教育作为培养人的社会活动，又具有“百年树人”的精神特质。这便决定了教育信息化的未来趋势是一个复杂系统的渐变过程，需要以理性的态度对待教育信息化这一“慢性特征”，共同守护教育的精神特质。

如何避免教育信息化进程中可能出现的一些伦理诉求也是值得给予足够的理性关注。大规模开放在线课程的发展为世界搭建了一个开放课程的交流与共享、博弈与对决的平台，并逐渐成为世界各国争夺教育主导权、进行价值输出的重要载体。我国有着最为庞大的高等教育市场，但大部分高等学校的教育水平远落后于国外顶尖高等学校，而我国学生对优质教育资源的需求又极其旺盛，国外高等学校大规模开放在线课程凭借自身优势，严重挤压我国本土课程，并趁此进行宗教信仰、政治倾向、生活方式和价值取向的输出。如何防止境外课程的文化意识形态渗透是教育信息化

① 教育部. 教育部办公厅关于征求对《关于“十三五”期间全面深入推进教育信息化工作的指导意见（征求意见稿）》意见的通知［EB/OL］. http://www.moe.gov.cn/srcsite/A16/s3342/201509/t20150907_206045.html（2015-09-02）［2020-03-21］.

建设中必须思考的问题。此外，在以物联网、人工智能、云计算、大数据为特征的人工智能时代，面对的教育伦理问题不仅会增多，而且更为多样、更加复杂。教育现代化具有强烈的价值属性和伦理规范，技术在教育领域的变革与其他社会领域的变革间具有明显的差异，这是在讨论教育信息化引领教育现代化时必须坚守的一个基本立场。正如联合国教科文组织在《北京共识——人工智能与教育》中所指出的，支持对人工智能领域深层次伦理问题进行稳妥、长期的研究，确保善用人工智能，防止其有害应用[①]。虽然技术进步的步伐加快了，但对技术伦理和人的主体地位的思考必须持续进行下去。如果要实现技术创新服务于教育和人，就必须重申以人类价值为中心的技术使用方法和伦理规范，关注高等教育现代化肩负的维护民族文化自信、促进科学技术与人文关怀和谐共生的人本价值属性。

① 苗逢春. 引领人工智能时代的教育跃迁：2019 年北京国际人工智能与教育大会综述［J］. 电化教育研究，2019（8）：5-14，29.